智能驾驶汽车规划控制算法及仿真应用

胡明辉　黎万洪　著

科学出版社

北　京

内 容 简 介

本书立足于国家智能网联汽车重大战略发展方向，以智能驾驶汽车规划控制算法作为研究对象，从算法原理、伪代码分析、理论推导、仿真案例等多个方面详细阐述 34 种规划控制算法，有助于推动我国智能汽车产业及行业人才事业的蓬勃发展。

本书可作为智能驾驶规划控制方向产业应用、学术研究的基础技术资料，可供智能驾驶应用算法工程师、规控算法研究学者查询算法。

图书在版编目（CIP）数据

智能驾驶汽车规划控制算法及仿真应用 / 胡明辉，黎万洪著. -- 北京：科学出版社，2024.9 (2025.9 重印) . -- ISBN 978-7-03-078880-1

Ⅰ. U463.61

中国国家版本馆 CIP 数据核字第 2024CM5769 号

责任编辑：孟　锐 / 责任校对：彭　映
责任印制：罗　科 / 封面设计：墨创文化

斜 学 出 版 社 出版

北京东黄城根北街16 号
邮政编码：100717
http://www.sciencep.com

四川青于蓝文化传播有限责任公司印刷
科学出版社发行　各地新华书店经销

*

2024 年 9 月第　一　版　　开本：787×1092　1/16
2025 年 9 月第二次印刷　　印张：22
字数：522 000

定价：168.00 元
（如有印装质量问题，我社负责调换）

前　　言

　　智能化是汽车产业的主流发展方向之一，其中智能驾驶是集环境感知与认知、规划与决策、控制与执行于一体的复杂系统，是汽车智能化最具挑战性的应用，也是学术界和工业界广泛且深度研究的领域。

　　多年以来，本书作者及其科研团队与国内大型企业、科研机构紧密合作，承担了多项国家和地方重点科研项目，围绕算法出处、算法伪代码、算法理论介绍、公式推导及MATLAB 仿真应用等方面，逐步掌握了一套智能驾驶规控算法研究学习的经验方法，积累了较为丰富的理论和实践经验。2020 年 12 月，黎万洪在哔哩哔哩网站以博主身份首次推出了规控算法系列学习视频——《路径规划与轨迹跟踪系列学习视频》，截至 2024 年 8 月，在哔哩哔哩网站陆续推出了共五期 50 余讲系列学习视频，总播放数 80 余万次。本书的撰写，一方面是对作者及其科研团队近年来的实践经验和研究心得的总结；另一方面也希望与更多的科研和技术工作者分享、交流与相互学习，共同为我国汽车的智能化技术发展贡献一份力量。

　　本书主要介绍自动驾驶汽车常见的规划与控制算法的原理推导、算法介绍和MATLAB 仿真实例应用，分为四大部分。第一部分(第 1 章、第 2 章)是基本知识篇，介绍自动驾驶汽车规控算法的相关概念，以便读者对规控算法的知识框架有一个整体的了解，从而在后续的学习中更容易接受提及的各类算法，并介绍 MATLAB 的基本操作和应用案例；第二部分(第 3 章～第 5 章)是全局路径规划算法篇，分别介绍基于拓扑图、栅格图、采样等的共计 11 种算法；第三部分(第 6 章～第 9 章)是局部路径规划算法篇，分别介绍基于参数曲线、基于数学优化、基于智能优化及其他常见的共计 16 种算法；第四部分(第 10 章～第 12 章)是控制算法篇，首先介绍车辆运动学和动力学模型，随后介绍基于车辆运动模型及基于状态空间方程的共计 7 种算法。本书力求从整体论述到分类剖析，从抽象理论到算法实践，全面、系统而翔实地对自动驾驶汽车的规划与控制算法进行论述。

　　本书的编辑与出版得到许多同行的指导和支持，也得到了科学出版社的大力支持，在此深表感谢，同时对所参考的众多文献的作者表示深深的感谢。重庆大学曹开斌、冉莎、朱光曜、胡嘉敏等为本书的撰写及出版做了许多工作，在此表示衷心的感谢。

　　由于作者学识有限，且智能驾驶算法的新知识、新思想、新方法发展更新迭代迅速，书中难免有疏漏和不足之处，敬请读者朋友们批评指正。

目　　录

第一部分　基础知识篇

第二部分　全局路径规划算法篇

第四部分　控制算法篇

第一部分

基础知识篇

第1章 绪 论

1.1 智能驾驶汽车概述

1.1.1 智能驾驶汽车的发展

近年来，随着电子信息领域新技术的发展，物联网、云计算、大数据、移动互联等新技术正在向传统行业渗透。在汽车行业，智能汽车、车路协同、出行智能化、便捷服务、车联网等都已成为当前的技术热点，并且正在引起巨大的行业变革。以传统汽车技术作为基础平台，汽车电子技术、新一代信息技术和智能交通技术的融合，正在成为推动现代交通运输发展的主要动力之一。车载传感器、红外设备、可视设备、控制器、执行器等电子设备，形成一种可以在任意地点、任意时刻接入任意信息的模式，为汽车提供智能环境的支持，可达到提高车辆安全性的目的。安全辅助驾驶系统和车载信息服务系统目前已经成为汽车智能化的亮点和卖点。另外，随着专用短程通信技术、传感器技术、车辆控制技术越来越成熟，智能驾驶和无人驾驶技术从实验室走向实际应用的步伐正在加快。特斯拉、谷歌、百度等公司相继进行了无人驾驶技术相关的测试。

随着全球新一轮科技革命的蓬勃发展，智能汽车已经成为汽车产业发展的重要战略方向之一。为了掌握行业话语权并引领产业发展，近年来发达国家或组织密集出台了推动智能驾驶汽车发展的相关政策，如美国交通运输部在 2018 年 10 月发布了《自动驾驶汽车 3.0：准备迎接未来交通》，欧盟于 2018 年 5 月发布了《通往自动化出行之路：欧盟未来出行战略》。我国也十分重视智能汽车的发展。工业和信息化部 2018 年发布了《车联网（智能网联汽车）产业发展行动计划》，2019 年发布了《2019 年智能网联汽车标准化工作要点》；2020 年世界智能网联汽车大会发布了《智能网联汽车技术路线图 2.0》；工业和信息化部 2021 年发布了《智能网联汽车道路测试与示范应用管理规范（试行）》，2022 年发布了《车联网网络安全和数据安全标准体系建设指南》；等等。

在政策和市场的共同作用下，我国智能汽车技术发展迅猛，智能汽车领域相关系统以及应用软件的开发已经初步成形。智能汽车系统的开发和应用，将为新的智能交通技术提供应用场景，其市场空间巨大。业内的整车厂、供应商、中大型技术公司和初创公司纷纷进入，跨界合作，跨行业融合，协同创新，创造实际的价值，发掘新的商业机会。智能汽车的发展，必将为公众提供绿色、高效、便捷、安全的出行环境，创造更加美好的生活。

智能汽车最具挑战的应用便是智能驾驶，智能驾驶汽车是指能够感知环境、自动规划路线并控制汽车到达目的地的一种智能汽车。智能驾驶汽车利用车载或路侧传感器感知汽车周围环境，并根据传感器所获得的道路、汽车位置和障碍物等信息来规划、控制汽车的转向和速度，从而使汽车能够安全、可靠、守法地在道路上行驶。智能驾驶汽车是计算机科学、模式识别和智能控制技术高度发展和应用的产物。

1.1.2 智能驾驶汽车分级

智能驾驶技术的发展并非一蹴而就，从手动驾驶到完全自动驾驶，需要经历相当长的缓冲时期。统一自动驾驶等级的概念对于这一发展过程具有非常重要的意义，它有助于消除人们对自动驾驶概念的混淆，实现对不同自动驾驶能力的区分和定义。

当前，全球汽车行业中两个最权威的分级系统分别由美国国家公路交通安全管理局（National Highway Traffic Safety Administration，NHTSA）和国际自动机工程师学会（Society of Automotive Engineers，SAE）提出。两个分级标准拥有一个共同之处，即智能驾驶汽车和非智能驾驶汽车之间存在一个关键区别，也即汽车本身是否能控制一些关键的驾驶功能，如转向、加速和制动。在对智能驾驶汽车的描述上，尽管两种标准中使用的语言略有不同，但都使用相同的分类系统。本书以 SAE 定义的自动驾驶分级作为标准进行介绍，具体内容如表 1-1 所示。

表 1-1 SAE 定义的自动驾驶分级

分级	名称	定义	驾驶操作	周边监控
L0	人工驾驶	由人类驾驶员全权驾驶汽车	人类驾驶员	人类驾驶员
L1	辅助驾驶	汽车对方向盘和加减速中的一项操作提供驾驶，人类驾驶员负责其余的驾驶动作	人类驾驶员和汽车	人类驾驶员
L2	部分自动驾驶	汽车对方向盘和加减速中的多项操作提供驾驶，人类驾驶员负责其余的驾驶动作	汽车	人类驾驶员
L3	条件自动驾驶	由汽车完成绝大部分驾驶操作，人类驾驶员需要保持注意力集中以备不时之需	汽车	汽车
L4	高度自动驾驶	由汽车完成所有驾驶操作，人类驾驶员无须保持注意力，但限定道路和环境条件	汽车	汽车
L5	完全自动驾驶	由汽车完成所有驾驶操作，人类驾驶员无须保持注意力	汽车	汽车

1.1.3 智能驾驶汽车关键技术

自动驾驶是一个复杂的软硬件结合的系统，主要分为地图定位系统、环境感知系统、规划决策系统和控制执行系统四大技术模块，如图 1-1 所示。

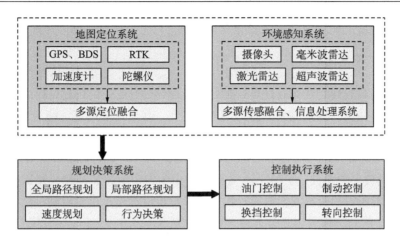

图 1-1　智能驾驶汽车四大关键技术模块

1. 地图定位系统

智能驾驶汽车的地图定位系统解决的是"我在哪里"的问题，车辆定位是让无人驾驶汽车获取自身确切位置的技术，在智能驾驶技术中定位担负着相当重要的职责。车辆自身定位信息获取的方式多样，涉及多种传感器类型与相关技术。

(1)卫星导航定位系统是星基无线电导航系统，以人造地球卫星作为导航台，为全球海陆空的各类军民载体提供全天候的、高精度的位置、速度和时间信息，因而又被称作天基定位、导航和授时系统。卫星导航系统包括美国的全球定位系统(global positioning system，GPS)、中国的北斗卫星导航系统(BeiDou satellite navigation system，BDS)、欧盟的伽利略卫星导航系统。

(2)差分定位系统利用已知位置的基准站或流动站将公共误差估算出来，通过相关补偿算法完成精确定位，消除公共误差，从而提高定位精度。根据差分校正量分为位置差分、伪距差分和载波相位差分，其中载波相位差分又称实时动态差分(real time kinematic，RTK)技术，其应用较广。

(3)惯性导航系统(inertial navigation system，INS)基于经典的牛顿定律不与外界发生任何光电联系，仅靠系统本身就能对车辆进行连续的三维定位和三维定向。惯性导航系统可以理解为一个由惯性传感器和积分器组成的积分系统，该系统通过加速度计测量车辆在惯性参考系中的加速度，通过陀螺仪测量载体旋转运动，可以进行惯性坐标系到导航坐标系的转换，将角速度相对时间进行积分，结合车辆的初始运动状态(速度、位置)，就能推算出车辆的位置和车身的姿态信息。

2. 环境感知系统

智能驾驶汽车的环境感知系统解决的是"我周围环境是什么"的问题，利用各种主动、被动传感器获取周围环境的信息，这些传感器包括摄像头、毫米波雷达、激光雷达、超声波雷达等高精度传感器，对传感器数据进行处理、融合、理解，实现智能汽车对行驶环境中的车辆障碍物、行人、车道线以及红绿灯等的检测，给车辆的自主导航和路径规划提供依据。环境感知与识别能力是智能驾驶汽车安全、自主、可靠行驶的前提和基础。

3. 规划决策系统

智能驾驶汽车的规划决策系统解决的是"我应该做什么"的问题,行为决策使智能驾驶车像熟练的驾驶员一样规划安全合理的驾驶行为,其设计准则可总结为:良好的系统实时性;安全性最高优先级(车辆具备防碰撞、紧急避障故障检测等功能);合理的行车效率优先级;结合用户需求的决策能力(用户对全局路径变更、安全和效率优先级变更等);乘坐舒适性(车辆转向稳定性、平顺性等)。对于适用于城市道路和高速公路工况的行为决策系统,设计准则还包括:右侧车道通行优先;保持车道优先;速度限制;交通标志及交通信号灯限制等。规划决策可以划分为全局路径规划、局部路径规划、速度规划和行为决策,将在 1.2 节中具体介绍。

4. 控制执行系统

智能驾驶汽车的控制执行系统解决的是"我应该怎样控车"的问题,控制执行系统是一个直接和车辆底层控制总线接口对接的模块,其核心任务是接收上层动作规划模块的输出路径点和速度指令,通过系列结合车身属性和外界物理因素的动力学计算,转换成对车辆油门、刹车、换挡及方向盘的控制,尽可能地控制车辆去满足规划层的路径和速度目标。控制执行系统将在 1.3 节中具体介绍。

1.2　规划决策系统概述

1.2.1　术语概念

规划决策系统在智能驾驶汽车四大技术模块中起着承上启下的关键作用,主要分为规划和决策两个板块。规划板块主要解决如何生成参考路径序列和速度序列,决策板块则解决是否换道、是否超车、是否跟驰行驶等问题。规划决策系统涉及较多的术语,本书首先对这些术语进行概念区分。

1. 环境地图表示方法

欲进行路径规划,首先要建立包含障碍区域与自由区域的环境地图场景,以及在环境地图中选择合适的路径搜索算法,从而快速实时地搜索可行驶路径。路径规划结果对车辆行驶起着导航作用,它引导车辆从当前位置行驶到达目标位置。常见的局部环境地图表示方法有如下几种。

(1)几何表示法利用包括点、线、多边形在内的几何元素来表示环境信息。相比其他环境地图表示方式,优点是几何特征地图更为紧凑,有利于位置估计和目标识别;缺点是环境几何特征提取困难。几何特征地图适合于在环境已知的室内环境提取一些简单的几何特征,而室外环境下的几何特征较难提取。泰森多边形是一种常见的几何表示法,是由俄国数学家格奥尔吉·沃罗诺伊(Georgy Voronoy)提出的一种空间分割算法。它通过一系列的种子节点(seed points)将空间切分为许多子区域,每个子区域称为一个元胞(Cell),每个元胞中的所有点到当前元胞中的种子节点的距离小于到其他所有种子节点的距离。

(2)空间分解法是把环境分解为类似于栅格的局部单元,根据它们是否被障碍物占据来进行状态描述。如果栅格单元被障碍物占据,则为障碍栅格;反之,则为自由栅格。空间分解法通常采用基于栅格大小的均匀分解法和递阶分解法。均匀分解法中的栅格大小均匀分布,占据栅格用数值表示,均匀栅格地图在度量地图路径规划中最为常用,把环境分解为一系列离散的栅格节点,所有栅格节点大小统一、均匀分布,因此能够快速直观地融合传感器信息。栅格用值占据方式来表示障碍物信息,如使用最简单的二值表示方法,1表示障碍栅格,不可通行;0表示自由栅格。但是,均匀分解法采用相同大小栅格会导致存储空间巨大,大规模环境下路径规划计算复杂度高。为了克服均匀分解法中存储空间巨大的问题,递阶分解法把环境空间分解为大小不同的矩形区域,从而减少模型所占用的内存空间。

(3)拓扑地图模型用节点表示道路上的特定位置,并用节点与节点间的关系来表示道路间联系。这种地图表示方法具有结构简单、存储方便、全局连贯性好、规划效率高、鲁棒性强等特点,适合于大规模环境下的道路规划,但它包含信息量少,需要借助其他传感器来对道路环境做进一步细化描述。

2. 全局路径规划与局部路径规划

基于时空大小可以将路径规划划分为全局路径规划和局部路径规划。汽车全局路径规划也称为路线规划(route planning),是指根据驾驶员偏好需求及路网权值规划一条从出发地至目的地的最佳行驶路线,驾驶员偏好需求包括路程最短、时间最短、红绿灯最少等。路网权值包括路段长度、行程时间、路段能耗等。

局部路径规划(local path planning)考虑当汽车遇到障碍物或欲换道行驶时,从安全性和舒适性、法规性角度合理规划汽车的微观行车路径。图 1-2 所示为局部路径规划示意图,黄车是主车,前方蓝车是一个静态障碍物,黄车需要进行向左换道的局部路径规划以避障。

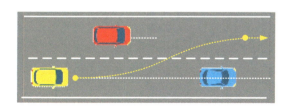

图 1-2　局部路径规划示意图(见彩图)

综上,全局路径规划和局部路径规划的最大区别就是时空大小的不同:全局路径规划生成的路径时空跨度较大,时间一般达到了分钟级,距离一般达到了千米级;局部路径规划生成的路径时空跨度较小,时间为秒级,距离为米级。

值得注意的是，全局路径规划与局部路径规划并没有严格的定义界限，在不同的场景和时空维度下，两者可以交替使用。例如，从家里开车到公司车库停车的整个场景，当利用各类手机地图软件规划从家到公司的路线时，该路线只表示了在每个交叉路口的行驶方向以及行驶车道，显然可以理解为全局路径；当到达公司车库入口后，汽车重新规划一条到目标停车位的路径，这条路径只是告诉了汽车在每个路口应该怎样行驶，以及目标停车位在什么方向，汽车欲安全到达目标停车位，还需要不断地进行局部路径规划，输出一条满足车辆运动学约束的平滑路径。那么，从车库入口到目标停车位规划的完整路径可视为全局路径，汽车行驶过程动态规划的路径则视为局部路径。

综上，本书给出如下定义：凡是满足汽车基本运动学约束要求，可以直接输出给路径跟踪控制模块的平滑路径称为局部路径，否则称为全局路径。

3. 完整约束与非完整约束

完整约束与非完整约束是由德国物理学家赫兹在描述力学系统时提出的，其中的理论较为晦涩，本书列出两个例子，帮助读者快速理解其核心概念。

首先来看完整约束的例子，现有一个在铁环内运动的滚珠系统，滚珠在铁环的每个点都会受到铁环的约束作用，导致滚珠只能在铁环的周长范围内做圆周运动，因此无论滚珠如何移动、滚动，都无法到达除了圆周之外的任何位置，因而铁环给予了滚珠"完整约束"。

再来看非完整约束的例子，现有两个相邻的垂直泊车位，左边停车位停放了一辆汽车，我们希望将车辆挪动到右边车位。在不考虑地面任何滑移的情况下，车辆无法直接进行横向运动，故车辆只能先前进挪出本车位，再后退到右边车位，整个过程还需要方向盘配合转动一定角度，车辆才能停到理想位置。尽管轮式车辆系统约束了车辆不能直接进行横向运动，但通过其他自由度的协作运动依然可以到达目标点，换言之就是"给予了一定约束，但没有完全约束"，故称之为非完整约束。

理解轮式车辆这一非完整约束系统，将有利于理解"横向规划"与"纵向规划"这对术语概念。

4. 路径规划(横向规划)、速度规划(纵向规划)与轨迹规划

图 1-3 为车辆路径规划(这里特指局部路径规划)与速度规划示意图，图中形象地表示了红车为本车，在图中位置欲向左换道，进入中间车道后直行经过前方十字路口的路径与速度规划示意。

路径规划指在道路平面内，规划一条满足车辆运动学和动力学约束、符合交规的平滑路径，路径点只需要包含空间位置信息和姿态信息，而不需要与时间相关。如图 1-3 所示，红车总共规划了三段路径，第一段是规划向左换道的路径，第二段是规划一条沿中间车道中心线至路口停止线的路径，第三段是经过十字路口的直行路径。这三段路径均不包含任何时间信息，故只需要基于本车建立自车坐标系，用 x 与 y 两个维度的坐标即可完全表示。值得注意的是，图 1-3 右侧的 ST 图在 $0 \sim t_1$ 时间段为匀速行驶，那么设想在这种速度一定

的情况下,路径规划要解决的就是方向盘如何转动,使得红车从右边车道运动到中间车道,故路径规划也称为横向规划。

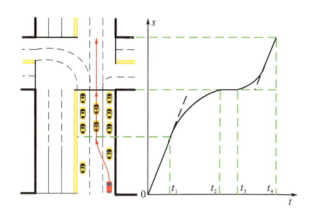

图 1-3　路径规划与速度规划示意图(见彩图)

速度规划指在既有规划路径的基础上,汽车以怎样的速度经过这条路径。图 1-3 右侧的 ST 图展示了汽车的速度规划,在第一段向左换道路径中汽车匀速行驶至时间 t_1,由于中间车道前方有车辆停车等候绿灯,故第二段路径对应的 ST 曲线斜率逐渐减小为 0,表明在 t_2 时刻红车接近路口停止线前刚好减速停车,到了 t_3 时刻红灯变绿开始起步直行。因此,速度规划必然与时间相关,基于规划路径建立 Frenet 坐标系(关于 Frenet 坐标系的详细介绍请参阅 7.1.3 节内容),用 s 与 t 两个维度的坐标也可完全表示。值得注意的是,当路径规划完成后,车辆只需要沿着路径进行加减速即可,从 Frenet 坐标系来看也就是规划纵向的运动,故速度规划也称为纵向规划。

上述介绍的路径规划与速度规划是解耦进行规划的,两者所用的规划算法也彼此独立,如路径规划采用贝塞尔曲线法,速度规划采用动态规划与二次规划联合算法。对于五次多项式曲线轨迹算法来说,此算法在进行规划时会同时规划路径和速度,即路径规划和速度规划两者耦合在一起,我们将这种融合了时间信息的规划称为轨迹规划。轨迹规划的目的是生成一系列轨迹点,每个轨迹点都有一个时间戳,将时间戳与预测模块的输出结合起来,以确保汽车在通过时轨迹上的每个点都未被占用。

1.2.2　全局路径规划

全局路径规划对应的是路由寻径部分,其作用在简单意义上可以理解为实现智能驾驶汽车软件系统内部的导航功能,即在宏观层面上指导智能驾驶汽车软件系统的规划控制模块按照什么样的道路行驶。它根据起点和终点信息,采用路径搜索算法找出一条最优(时间最短、距离最短等)路径。这种规划可以在行驶前离线进行,也可以在行驶中不断地重规划。

1. 静态路径规划与动态路径规划

路径规划可分为静态路径规划和动态路径规划,其中,静态路径规划是主要以静态道路交通信息(如道路长度)为基础的路径规划;而动态路径规划是主要以动态交通信息(如车流量)来确定路权大小,以起始点和终止点间的交通阻抗最小为原则确定路径规划的最小代价路线。交通阻抗根据实际应用的不同,可采取不同的标准,如最短行车距离、最少旅行时间、最低通行收费、最低能耗等,而距离、时间、收费等信息可存储在数字道路地图图层的道路属性中。最终计算道路网络中两点之间的最优路径问题便可归结为图论中求解带权有向图的最短路径问题。因此,由于问题特征、网络特征复杂性的不同,最短路径算法也表现出多样性。

动态路径规划将路网权值视为动态变化的,当路网权值发生改变时不断滚动规划路径,常见的便是行程时间最短路径规划。如图1-4所示,在交叉口2规划至目标交叉口11的路径为绿色路径,车辆到达交叉口6后根据预测信息或实时交通信息更改为黄色路径,进一步推广,便是动态路径规划的概念。动态路径规划主要研究未来交通信息的预测以及信息的融合处理,不断调用静态路径规划算法获得实际行驶路径。

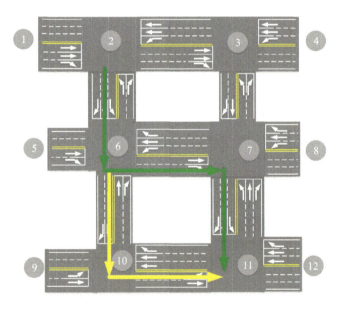

图1-4　静态路径规划与动态路径规划示意图(见彩图)

2. 基于图的路径规划算法

基于图的全局路径规划算法包括基于拓扑图的路径规划算法、基于栅格图的路径规划算法和基于采样的路径规划算法。

1)基于拓扑图的路径规划算法

基于拓扑图的路径规划算法的研究对象是拓扑图,当把城市路网的交叉口视为节点、路段视为边、路阻值视为边的权重时，城市路网就可以抽象为一张庞大的拓扑图，这张拓扑图详细地展示了交叉口之间的连接、通行关系及路阻大小，是全局路径规划算法的基础数据。

适用于在拓扑图中进行全局路径规划的算法包括 Dijkstra 算法、Floyd 算法、动态规划算法等，其中 Dijkstra 算法和 Floyd 算法适用于一般的带权拓扑图，节点的排布无特殊需求，两种算法都能实现在固定权重拓扑图中的全局最优路径规划，是经典的路径规划算法。动态规划算法要求分成清晰的若干阶段，每个阶段存在若干可行状态，前一阶段的若干状态只能与后一阶段的若干状态进行连接，简言之就是一种多阶段决策问题的拓扑图。因此，本书第 3 章开篇首先介绍基于拓扑图的两种全局路径规划算法，即 Dijkstra 算法和 Floyd 算法。由于动态规划算法是一种数学规划算法，本书将其安排在第 7 章。

2) 基于栅格图的路径规划算法

栅格图的栅格颗粒度可以视环境大小及计算耗时等进行自由调节，相比拓扑图可以更加细节地展示汽车周边的障碍物等。由于栅格图将汽车周边的环境全部划分为一系列栅格，在进行路径规划时每个栅格有上、右上、右、右下、下、左下、左、左上共 8 个可能的方向，最终规划的路径就是由 8 个方向组成的，故必然是一些折线段。考虑到汽车的运动学和动力学约束，之后还需要利用其他算法平滑这些折线段，形成平滑的可进行路径跟踪控制的曲线。从时空规模来看，基于栅格图的全局路径规划范围通常要小于基于拓扑图的全局路径规划。

基于栅格图的最经典的全局路径规划算法当属 A*算法，本书将在第 4 章首先介绍 A*算法，之后陆续介绍它的三种改进算法，包括 D*算法、LPA*算法及 D*Lite 算法等。

3) 基于采样的路径规划算法

简单理解，基于采样的路径规划算法是连接在无障碍的空间中随机采样的一系列点，试图建立一条从初始状态到目标状态的路径。与最完备的路径规划算法相反，基于采样的方法通过避免在状态空间中显式地构造障碍物，以减小大量的计算开销。即使这些算法没有实现最优规划，但是它们具有一定的概率完备性，随着样本量的增加，规划结果将无限接近最优路径。

本书将在第 5 章介绍基于采样的路径规划算法，包括 PRM 算法、RRT 算法、RRT-Connect 算法、RRT*算法及 Informed RRT*算法。

1.2.3　局部路径规划

局部路径规划是在全局路径引导下，依据传感器感知到的局部环境信息来实时生成车辆所需要行驶的路径。在规划过程中不仅要考虑影响当前任务完成的最优原则，如车辆行驶安全性和舒适性等，而且还要考虑动态环境带来的约束问题。

1. 基于参数曲线的局部路径规划算法

规划的全局路径一般是由若干折线段构成的，该路径仅为汽车提供基本的行驶通路，无法满足汽车的运动学约束要求，故需要对该路径做进一步平滑处理。基于参数曲线的局部路径规划算法聚焦于如何通过数学参数方程(表达式)构造一条可多阶求导的平滑曲线，常见的基于参数曲线的局部路径规划算法曲线包括多项式曲线、贝塞尔曲线等。这些曲线通过在平面坐标系下建立 x 与 y 坐标的参数依赖关系，将两者进行有机结合，从而使该曲线满足汽车的运动学约束要求，例如，局部路径要求曲率连续时，则路径曲线必须二阶可导。

本书将在第 6 章分别介绍五次多项式曲线(包括三种子类型曲线)、Dubins 曲线、贝塞尔曲线、B 样条曲线和三次样条曲线，让读者逐步学习如何通过折线或离散点构造满足车辆运动学约束的平滑曲线。

2. 基于数学规划的局部路径规划算法

数学规划(mathematical programming)，也称数学优化(mathematical optimization)，是数学中的一个分支，它主要研究的目标是在给定的区域中寻找可以最小化或最大化某一函数的最优解。常见的数学规划算法包括线性规划、动态规划、二次规划等。

路径规划问题可以理解为在满足障碍物位置、道路边界、可行区域等约束条件下，尽可能使规划的路径时效性更强、经济性更好及舒适性更高。因此可以利用数学规划算法进行解决。本书在第 7 章将分别介绍动态规划算法和二次规划算法，并详细阐述这两种算法在局部路径规划领域和速度规划领域的应用。

3. 基于群智能优化的局部路径规划算法

群智能优化算法主要模拟昆虫、兽群、鸟群和鱼群的群体行为，这些群体按照一种合作的方式寻找食物，群体中的每个成员通过学习它自身的经验和其他成员的经验来不断地改变搜索食物的方向。在群体中，每个成员搜索食物的能力可以用适应度表示，适应度越大则表明该成员适应种群生活的能力越高、存活概率越高，凭借"优胜劣汰，自然选择"的自然生存法则，适应度高的成员越有可能把这种优势迭代传递下去。

常见的群智能优化算法包括遗传算法、粒子群算法、蚁群算法等，其不局限于某种技术问题，因而适用性非常广泛。具体到路径规划算法，由于群智能优化算法均蕴含个体寻优与群体迭代的更新机制，可以在路径规划的解空间内首先搜索若干个有代表的散点，然后将这些散点视为控制点或型值点，利用某参数曲线法生成一条经过该控制点或型值点的平滑曲线，并将这条曲线视为个体的解，随后引入相关评价函数评价该曲线得到具体的评价数值，该数值就作为个体的适应度。有了个体解及适应度，群体就能通过不断迭代寻优，最终收敛到一个较理想的解，也就成功规划出一条较优的路径曲线。

值得注意的是，这类群智能优化算法往往都会陷入局部最优，故最终得到的解不是全局最优解，而是一个次优解。本书将在第 8 章分别介绍常见的群智能优化算法，包括：遗传算法、粒子群算法、蚁群算法、人工鱼群算法、人工蜂群算法及狼群算法。

1.2.4　速度规划

当局部路径规划给定一条或者若干条选出的路径曲线之后,速度规划模块需要解决的问题是在此局部路径的基础上加入与速度相关的信息,这一过程被称为速度规划。速度规划的目标是在给定的局部路径曲线上,在满足反馈控制的操作限制及符合行为决策的输出结果这两个前提下,向路径点赋予速度及加速度信息,速度规划主要考虑的是对动态障碍物的规避。

速度规划有以下常见的方法。

(1)样条插值:其解决方案是将时间域划分为若干区间,使用速度关于时间的三次样条函数来插值,这一方法容易产生加速度变化率较大的问题。

(2)函数拟合:直接用速度关于路径长度的二次多项式来生成速度,这种方法较为简单。

(3)目标时刻点法:速度规划部分首先根据对障碍物未来运动状态的预测,在规划路径与时间这两个维度构成的二维图中标记障碍物在未来一段时间内所占据的区域。以目标汽车当前车速匀速通过规划路径所需要的时间为基准,根据一定原则创建一组目标时刻点,在此二维图中以目标时刻点为目标点搜索产生一组速度规划方案。

(4)二次规划算法:这一方法引入了 ST 图的概念,并把智能驾驶汽车速度规划归纳为 ST 图上的搜索问题进行求解。ST 图是一个关于给定局部路径纵向位移和时间的二维关系图。任何一个 ST 图都基于一条已经给定的局部路径曲线。根据智能驾驶汽车预测模块对动态障碍物的轨迹预测,每个动态障碍物都会在这条给定的路径上有投影,从而产生对于一定 ST 区域的覆盖。

1.3　控制执行系统概述

运动控制是智能驾驶汽车研究领域中的核心问题之一,控制系统根据当前周围环境和车体位置、姿态、车速等信息按照一定的逻辑做出决策,并分别向油门、制动及转向等执行系统发出控制指令。运动控制作为智能驾驶汽车实现自主行驶的关键环节,其研究内容主要包括横向控制、纵向控制以及横纵向协同控制。横向控制主要研究智能驾驶汽车的路径跟踪能力,即如何控制汽车沿规划的路径行驶,并保证汽车的行驶安全性、平稳性与乘坐舒适性;纵向控制主要研究智能驾驶汽车的速度跟踪能力,控制汽车按照预定的速度巡航或与前方动态目标保持一定的距离。

控制执行系统有较多的术语概念,本节结合相关参考资料,对其中几组较关键的术语进行简要介绍。

1.3.1　横向控制与纵向控制

横向控制与纵向控制的概念,与横向规划和纵向规划的概念是一致的。

横向控制主要是对方向盘转角的控制，根据参考路径的参考点位置和切向角，以及车辆当前的位置、速度和航向角等信息，基于车辆相关跟踪模型（如阿克曼转向模型），推导计算得到前轮转角（方向盘转角）。

纵向控制主要为速度控制，是基于加速踏板与制动踏板的控制与协调切换，从而控制汽车加速、减速，实现对智能驾驶汽车纵向期望速度的跟踪与控制。纵向控制作为智能驾驶汽车运动控制的重要组成部分，也是智能驾驶研究领域的核心难题之一。

1.3.2　路径跟踪控制与轨迹跟踪控制

在路径跟踪过程中，参考路径曲线可与时间参数无关。在进行跟踪控制时，不受制于时间约束，只需要在一定误差范围内跟踪期望路径。可以假设智能汽车以当前速度匀速前进，运动控制就是寻找一个有界的控制输入序列，以使智能汽车从一个初始位姿到设定的期望位姿，以一定的代价规则跟随参考路径。因此，路径跟踪控制可以理解为对方向盘转角（或前轮转角）的控制，考察在一组方向盘转角控制指令的输入下，车辆最终形成的行驶路径与参考路径的偏差。

在进行轨迹跟踪时，参考路径曲线与时间和空间均相关，并要求智能驾驶汽车在规定的时间内到达某一预先设定好的参考路径点。这就要求同时对方向盘转角和加速踏板、制动踏板等进行综合协同控制，使汽车以某个预定速度经过某个预定参考点。由于汽车是一个强非线性系统，前轮转角控制会随着行驶速度的变化而呈非线性变化，故轨迹跟踪相比路径跟踪的要求更加严格。

1.3.3　分层控制

控制器的概念非常广泛，分层控制可以理解为把汽车的某个控制主体按照时序分为多个控制阶段，每个阶段的输出控制量不同，随着时序越靠后，控制量越来越接近车辆底层硬件。

以纵向控制为例，由于智能驾驶汽车纵向动力学模型为复杂多变量非线性系统，且存在较大的参数不确定性及测量不精确性，因此通过单个控制器实现多性能控制较为困难。为了降低纵向控制系统的设计难度，许多研究者基于分层控制结构，根据控制目标的不同，将智能驾驶汽车纵向控制系统分为上位控制器和下位控制器进行单独设计。上位控制器控制策略设计的目的是产生期望车速或者期望加速度，下位控制器接受上位控制器产生的期望状态值，并按照其控制算法产生期望的制动压力值与期望的油门开度值，从而实现汽车纵向车间距离或速度跟踪控制的功能。

1.3.4　反馈控制

反馈控制是指将系统的输出信息返送到输入端，与输入信息进行比较，并利用二者的偏差进行控制的过程。反馈控制其实是用过去的情况来指导现在和将来。在控制系统中，若返回信息的作用是抵消输入信息，则称为负反馈，负反馈可以使系统趋于稳定；若其作用是增强输入信息，则称为正反馈，正反馈可以使信号得到加强。考虑到控制系统的稳定性，一般使用负反馈。

对智能驾驶汽车运动控制来说，常使用负反馈控制器来消除系统存在的误差。为了满足控制系统的控制要求，并使控制系统构成全状态反馈控制系统，需要设计的反馈控制律为

$$u = -Kx \tag{1-1}$$

式中，u 为控制量；K 为反馈增益；x 为状态量。

本书将在 11.3 节、11.4 节和 12.1 节分别介绍前轮反馈、后轮反馈和线性二次型调节器(LQR)三种反馈控制算法。

第 2 章　MATLAB 基础操作指南

MATLAB 是美国 MathWorks 公司出品的商业数学软件，用于数据分析、无线通信、深度学习、图像处理与计算机视觉、信号处理、量化金融与风险管理、机器人、控制系统等领域。MATLAB 功能十分强大，应用范围广泛，是各大公司、科研机构、高校相关专业的专用软件。

本书将会陆续介绍智能驾驶汽车的规划与控制算法，仿真应用部分涉及较多 MATLAB 程序代码，这些代码包含了许多编程技巧，故本章对关键技巧进行介绍。本书定位为一本算法查询工具书，而非软件使用操作说明书，故本章主要介绍后续的算法代码中经常使用的一些编程技巧，更多关注的是如何简洁、高效地基于 MATLAB 编程解决算法问题。在介绍编程技巧时具有较强的案例针对性和跳跃性，这就要求读者具有一定的 MATLAB 软件使用基础，如需更多、更详细的 MATLAB 操作说明，请参阅其他专业书籍。

2.1　MATLAB 编程技巧

2.1.1　数据类型的选择

1. 矩阵数组类型

MATLAB 最基本、最常用的数据类型是数组类型，数组类型又可分为向量类型和矩阵类型，其本质都是一个变量类型为 double 型的矩阵 (matrix)，仅仅是维度有所差别而已。在未专门定义某变量的数据类型时，MATLAB 默认该变量为 double 型的矩阵数组类型。

矩阵数组类型在编程计算时有较多的优势，例如，可以直接利用矩阵的某行、某列或分块矩阵简单表示便可实现矩阵运算，丢掉 for 循环，实现复杂遍历功能，提高了编程效率，使工程技术和科研人员从烦琐的语言编程中解脱出来，将工作重心更多地关注到如何将工程问题转换为 MATLAB 可解决的数学问题上来。

例如，我们用车辆编号 (ID)、位置坐标 (x,y)、速度 (v_x,v_y)、加速度 (a_x,a_y) 描述一个交通场景中若干车辆的运动状态，如表 2-1 所示。

表 2-1　车辆运动状态信息

ID	x/m	y/m	v_x/(m/s)	v_y/(m/s)	a_x/(m/s^2)	a_y/(m/s^2)
1	0	1.75	10	0.20	0.2	0.0

续表

ID	x/m	y/m	v_x/(m/s)	v_y/(m/s)	a_x/(m/s²)	a_y/(m/s²)
2	0	−1.75	11	0.30	0.3	0.1
3	30	−1.80	15	0.50	1.2	0.2
4	50	1.80	14	0.15	0.2	0.1

用矩阵数组类型存放上述信息时，代码如下。

```
1. %% 构造车辆信息矩阵数组
2. ID = [1 2 3 4]';
3. x = [0 0 30 50]';
4. y = [1.75 -1.75 -1.80 1.80]';
5. v_x = [10 11 15 14]';
6. v_y = [0.20 0.30 0.50 0.15]';
7. a_x = [0.2 0.3 1.2 0.2]';
8. a_y = [0 0.1 0.2 0.1]';
9. vehInfo_mat = [ID, x, y, v_x, v_y, a_x, a_y];
```

2. 结构体数组类型

最常用的矩阵数组类型也有其弊端，那就是随着矩阵里所包含的属性越多，矩阵的可读性越差。

当默认选用矩阵数组类型时，由于此类型不支持字符串的存储，想要存储表 2-1 的有效数据，只能将所有非字符串的数据类型进行存储，那么表 2-1 的表头属性就无法存储，且需要事先定义好矩阵数组每一列具体代表车辆运动状态的什么属性。例如，当后续编程需要读取 y 方向速度这一列数据时，只能通过引用第 5 列序号的方式进行数据读取，无法通过属性 v_y 进行读取。若列数较多，想要正确读取某列的属性必须与列序号完全对应，这要求编程人员须牢记每列的属性，否则容易读取错误。

因此，当一个研究对象的属性过多或属性含有字符串时，推荐使用结构体(struct)数组类型。当在大型项目需要若干技术人员协同开发时，利用结构体数组类型可以快速地存储、读取数据。我们定义一个结构体数组类型，存放表 2-1 的所有信息，代码如下。

```
1. %% 构造车辆信息结构体
2. vehInfo = struct;
3. for i = 1:4
4.     vehInfo(i).ID = ID(i);
5.     vehInfo(i).x = x(i);
6.     vehInfo(i).y = y(i);
7.     vehInfo(i).v_x = v_x(i);
8.     vehInfo(i).v_y = v_y(i);
9.     vehInfo(i).a_x = a_x(i);
10.     vehInfo(i).a_y = a_y(i);
11. end
```

据此得到车辆信息结构体，MATLAB 结构体截图如图 2-1 所示。可以看出，利用结构体数组类型存储有多个字段属性的研究对象，对于信息的读取十分便利，增强了代码的可读性和维护性，对大型研究项目的多人协同开发十分友好。

字段	ID	x	y	v_x	v_y	a_x	a_y
1	1	0	1.7500	10	0.2000	0.2000	0
2	2	0	-1.7500	11	0.3000	0.3000	0.1000
3	3	30	-1.8000	15	0.5000	1.2000	0.2000
4	4	50	1.8000	14	0.1500	0.2000	0.1000

图 2-1   利用结构体数组类型存储车辆运动状态信息

3. 元胞数组类型

设想如下编程问题：智能驾驶汽车所在路段一共 4 个车道，每个车道传感器探测到的车辆数量不一致，每辆车的基本运动状态信息包含表 2-1 的 7 个属性且需要按照车辆所在车道对车辆进行分组。若需要用一个变量有效存储上述所有信息，一般的矩阵数组类型显然不满足要求，若用结构体存储则会涉及多层嵌套，也不方便使用。因此，当希望在某个矩阵元素里存放更多的子元素信息时，就要用到元胞(cell)数组类型。

元胞数组是 MATLAB 中特有的一种数据类型，是数组的一种，其内部元素可以属于不同的数据类型。利用元胞数组存放 4 个车道的车辆信息，代码如下(为简化程序，设 4 个车道均是表 2-1 的相关车辆信息)。

```
1. %% 构造元胞数组类型
2. vehInfo_cell = cell(1, 4);
3. vehInfo_cell{1, 1} = vehInfo_struct;
4. vehInfo_cell{1, 2} = vehInfo_struct;
5. vehInfo_cell{1, 3} = vehInfo_struct;
6. vehInfo_cell{1, 4} = vehInfo_struct;
7. v = vehInfo_cell{1, 2}(3).v_x;                    % 车道 2 第 3 辆车的 x 方向速度
```

代码中还展示了如何读取车道二第三辆车的 x 方向速度，供读者参考。

2.1.2   矩阵操作技巧

矩阵是 MATLAB 中应用最广泛的一种数组类型，掌握了矩阵计算的一些操作技巧，能极大提高编程效率，快速实现仿真。

1. 矩阵创建与元素追加

一般的主流编程语言(如 C/C++等)在使用变量时一般须首先定义变量及其维度，后续在给变量赋值时不允许修改变量类型及越界，这尽管为程序语言提供了统一的编程规范，但一定程度上也增大了初学者的学习成本。与之不同的是，MATLAB 的 M 语言有一个较方便的特性，就是在定义变量时可以不必预先定义变量维度，甚至可以无须提前定义变量而直接对变量进行赋值(不建议此类操作)，允许用户在后续编程过程中自由拓展矩阵维度，将精力投入到主体算法功能的实现，而不必拘泥于具体编程语言规范的限制。如下代码展示了元素追加。

```
1. data = [];                                        % 初始化 data 为空矩阵
2. for i = 1:100                                      % 从 1 循环到 100
3.     data(i) = i;                                   % 不断给 data 矩阵进行元素追加
4. end
```

2. 向量化操作避免烦琐的循环遍历

MATLAB 软件基于矩阵进行数据存储，而矩阵又基于向量进行基本运算，因此很多场合利用向量化操作方式可以避免对数据的循环遍历，从而极大提高编程语言精简性。

如下代码展示了向量化操作的基本用法。首先创建了一个由 X 和 Y 构成的位置数组序列，然后创建了另一个位置坐标 (x,y)。若此时需要分别计算位置数组序列到位置坐标的距离，可以直接利用向量化操作，避免使用 for 循环逐步遍历计算距离。

```
1. X = 1: 1: 10;  Y = 1: 1: 10;                    % 创建一个位置数组序列
2. x = 4;  y = 0;                                  % 另一个位置坐标
3. dist = sqrt((X - x).^2 + (Y - y).^2);           % 计算距离
```

2.1.3　MATLAB 常用库函数

1. 常用数学计算函数

MATLAB 拥有强大的数学计算函数库，常用的函数如下。

（1）min()和 max()用于求最小值和最大值，除此之外还可以返回最小值和最大值所在的索引。

（2）abs()、mean()、sqrt()、sin()和 cos()分别用于求解绝对值、平均值、平方根、正弦值和余弦值。

（3）diff()函数可以求解数组序列的一阶差分或多阶差分，在计算一串路径参考点的累积距离时，常常需要用后一个参考点的坐标减去前一个坐标，得到坐标偏差值，然后通过平方和再开方得到相邻两点间的距离。

上述函数的用法都相对简单，不再细述。需要格外说明的是，在计算角度时常常需要用单反正切函数，MATLAB 提供了 atan()和 atan2()两种函数，初学者对此有较大困惑。本书给出简单释义：反正切函数的定义域为整个实数域，其值域一般默认为$[-\pi/2,\pi/2]$，故通过 atan()函数求解得到的角度被限制到$[-\pi/2,\pi/2]$区间，考虑到正切函数的最小正周期为 π，故无法正确表示$[-\pi/2,\pi/2]$区间之外的角度。

考虑到此缺陷，MATLAB 引入了 atan2()函数，该函数的值域为$[-\pi,\pi]$。相比 atan()函数，atan2()函数需要输入两个变量，分别是 Δy 和 Δx，根据 Δy 和 Δx 正负号的不同，可以分为四种情况，也就对应了平面坐标系的四个象限。故 atan2()函数通过判断 Δy 和 Δx 的正负号，输出位于$[-\pi,\pi]$区间的角度值。

2. 随机数生成函数

在基于采样的路径规划中，常常需要用到随机数生成函数，MATLAB 提供了多种随机数生成函数。

（1）rand()函数用于生成一个$(0,1)$之间均匀分布的随机数，当需要生成一个指定范围内的随机数时，可采用如下案例进行构造。

```
1. range = [20, 60];                               % 随机数生成范围
2. rand_num = rand * (range(2) - range(1)) + range(1);   % 生成随机数
```

（2）randi()函数用于生成指定范围的随机整数。

（3）randn()函数用于生成正态分布的随机数，此函数与 rand()函数用法类似，只是两者服从的分布规律有所差别。

（4）randperm()函数用于生成随机分布的整数序列，例如，在遗传算法中需要随机从种群中挑选若干个体进行选择操作时，可以先生成一个随机分布的整数序列，然后取前面几个索引对应的整数值，代表选择的个体，代码如下。

```
1. M = 10;                                        % 种群个数
2. N = 3;                                         % 需要选择的个数
3. rand_sequence = randperm(M);                   % 生成种群个数的随机整数序列
4. selectedIdx = rand_sequence(1:N);              % 得到种群筛选的随机索引值
```

3. 其他常用函数

（1）inpolygon()函数可以用于判断某个点是否位于某个多边形封闭区间内，返回一个逻辑判断布尔值。在路径规划障碍物碰撞检测中常常会用到，示例代码如下。

```
1. poly = [0, 0; 1, 0; 1, 1; 0, 1];                          % 多边形区域
2. point = [2, 5];                                           % 欲判断的点
3. in = inpolygon(point(1), point(2), poly(:, 1), poly(:, 2)); % 判断 point 是否位于 poly 内
```

（2）linspace()函数可以生成线性间距向量，例如，需要在两个点间均匀生成 100 个点时，可以采用本函数。

```
1. x1 = 1;
2. x2 = 100;
3. sequence = linspace(x1, x2, 100);
```

（3）sub2ind()与 ind2sub()函数常常用在栅格地图中，将线性坐标和行列坐标进行相互转换，应用示例如下。

```
1. rows = 10;   cols = 5;                          % 行数和列数定义一个 10 行 5 列的栅格图
2. row_1 = 4;   col_1 = 3;                          % 第 4 行第 3 列
3. ind_1 = 24;                                      % 线性坐标为 24
4. ind_2 = sub2ind([rows, cols], row_1, col_1);     % 将第 4 行第 3 列转为线性索引
5. [row_2, col_2] = ind2sub([rows, cols], ind_1);   % 将线性坐标 24 转为行列索引
```

（4）interp()函数用于一维查表插值，interp2()函数则可以进行二维插值。

（5）isequal()函数可以用于判断两个数是否相等，与之类似的还有 ismember()函数，判断某个数组内是否包含某个元素，并返回索引，示例如下。

```
1. x = [1, 3, 5, 7, 9];                            % 数组
2. y = 5;                                          % 元素值
3. [in, idx] = ismember(y, x);                     % 判断数组是否包含该元素，并返回索引
```

2.2 MATLAB 自动驾驶工具箱

MATLAB 自动驾驶工具箱主要为辅助驾驶系统和自动驾驶系统提供了设计、模拟和测试的算法和工具。用户可以设计和测试视觉、激光和雷达感知系统，传感器融合、路径规划以及车辆控制器。工具箱的可视化工具——用于传感器覆盖、检测和跟踪的鸟瞰图，可用于视频、激光雷达和地图的显示。工具箱允许导入和使用高清实时地图数据和

OpenDRIVE 道路网络。

　　MATLAB 自动驾驶工具箱包含驾驶场景设计器(driving scenario designer)及众多库函数，前者为用户提供了可视化拖动操作界面，方便用户快速搭建自动驾驶场景，后者形成了强大的库函数生态链，支持用户利用 M 语言开发自动驾驶算法。

2.2.1　驾驶场景设计器

　　驾驶场景设计器可前往 MATLAB 的 App 里面查找，或在命令行窗口输入 drivingScenarioDesigner，即可弹出如图 2-2 所示的可视化操作界面。驾驶场景设计器主要分为 6 个功能板块，接下来分别介绍。

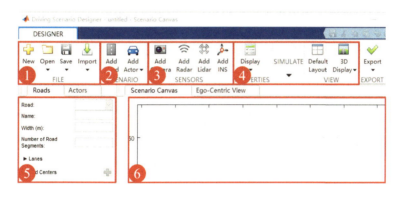

图 2-2　驾驶场景设计器可视化界面

　　序号 1 为文件操作区域，主要用于新建、打开、保存、导入自动驾驶文件。

　　序号 2 为场景搭建工具栏，包括道路搭建和交通参与者搭建。点击"Add Road"并拖动到区域 6，即可搭建一条直行路段；点击"Add Actor"，可以选择添加车辆、行人、骑行者等不同交通参与者，同样拖动到区域 6，即可创建交通参与者。

　　序号 3 为传感器工具栏，此工具栏囊括了摄像头(camera)、毫米波雷达(radar)、激光雷达(lidar)、惯性导航系统(INS)四类常见的自动驾驶前端传感器硬件，当车辆创建完毕后，即可为车辆选择相应传感器，模拟车载传感器的使用。

　　序号 4 为场景显示栏，通过点击不同按钮可以实现俯视图、鸟瞰图、车辆追逐图的场景转换，方便用户以不同视角全方位观测自动驾驶场景，提高开发效率。

　　序号 5 是对象属性定义栏，对象可以是道路、车辆及传感器等，当鼠标单击场景中的某个对象时，对象属性定义栏即弹出该对象可以编辑修改的属性框，用户可以按照属性框的介绍自定义对象。

　　序号 6 是自动驾驶场景画布，前面提到的道路、车辆等对象均被拖动到此区域用于创建自动驾驶场景。

　　图 2-3 所示为 MATLAB 内置十字路口驾驶场景，其中主车配置了前视摄像头和毫米波雷达，在路口规划直行。本书涉及的 MATLAB 自动驾驶工具箱主要是各种库函数，故

对场景设计器不做过多介绍，感兴趣读者可以在驾驶场景设计器点击"Open""Prebuilt Scenario"了解更多更详细的场景示例。

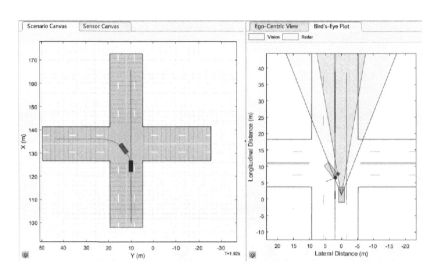

图 2-3　MATLAB 内置十字路口驾驶场景

2.2.2　自动驾驶函数库

在实际的基于 MATLAB 的自动驾驶仿真中，更多的还是利用它的库函数搭建场景。MATLAB 的自动驾驶工具箱提供的库函数包括以下几类：①驾驶场景函数，主要用于创建道路、车道规范、交通参与者、参与者运动轨迹等，是使用频率最高的一类函数；②鸟瞰图函数，主要用于创建鸟瞰图和追逐图、绘制运行轨迹、车道轮廓等；③环境感知函数，主要用于配置相机参数、坐标系转换、目标检测、创建三维点云等；④路径规划函数，主要用于创建车辆成本图、提供快速扩散随机树(rapidly-exploring random tree，RRT)路径规划器、路径平滑等，内置了丰富的停车场泊车路径规划案例，供用户学习研究；⑤目标跟踪函数，提供了基于运动学模型的多种线性和非线性的卡尔曼滤波器，用于跟踪目标位置和速度，并能输出检测报告。

常见的自动驾驶函数及其功能介绍如下：

(1) drivingScenario()函数，用于创建自动驾驶场景，函数常见调用示例 s=drivingScenario，后续增加的道路、车辆、运动轨迹等参数均追加到 s 中。

(2) road()函数，用于在驾驶场景中添加道路，函数常见调用示例为 road(s, roadCenters,'Lanes', lanespec([4,4]))，表示在场景 s 中，以 roadCenters 作为车道中心点，生成左右各 4 车道的路段。

(3) roadBoundaries()函数，获得道路边界点，从而可以间接求得车道中心线，函数常见调用示例为 rdbdy = roadBoundaries(s)。

(4) vehicle()函数，在驾驶场景中添加车辆，函数常见调用示例为 vehicle(s,'ClassID', 1, 'Position', [1,1,0])，表示在场景 s 中的位置[1,1,0]处创建一个车辆类型为 1 的车辆。

（5）actor（）函数，在驾驶场景中添加交通参与者，actor（）函数比 vehicle（）函数功能更加丰富，除了可以添加车辆，还可以添加行人等，actor（）函数调用格式与 vehicle（）函数类似。

（6）trajectory（）函数，为交通参与者创建运动轨迹，函数常见调用示例为 trajectory（egoCar，waypoints，speeds），表示为车辆 egoCar 赋予运动轨迹，运动轨迹包括路径点序列和速度点序列，轨迹的路径点序列为 waypoints，轨迹的速度点序列为 speeds。

（7）actorPoses（）函数，获取驾驶场景中所有交通参与者位姿信息，包括全局坐标系下的三维位置信息以及航向（yaw）角、俯仰（pitch）角、横滚（roll）角等，函数常见调用示例为actorPoses（s）。

据不完全统计，MATLAB 自动驾驶工具箱提供的函数有上百个，本书不再一一细述，感兴趣读者可以参考《MATLAB 自动驾驶函数及应用》详细学习研究。

2.2.3　自动驾驶场景案例

在 MATLAB 主界面右上角输入 Automated Driving Toolbox 进入搜索结果页面，点击左侧"按类型分类"的示例，可以看到众多官方提供的示例文件，包括 m 脚本文件和 Simulink 文件。这些文件包含感知、融合、预测、决策、规划、控制等各个方面的示例，是一个很好的学习宝库。本书筛选 MATLAB2021a 自动驾驶工具箱内置的两个自动驾驶场景案例，对其做简要改进，为读者详细介绍自动驾驶函数的具体应用方法。

1. 十字路口转向场景

图 2-4 是十字路口转向仿真场景示例图，图中蓝车首先从起点(-20,2)朝路口直行，到达路口后左转并到达点(2,20)，然后车辆倒退行驶至点(5,2)，最后再直行到达点(-20,2)。

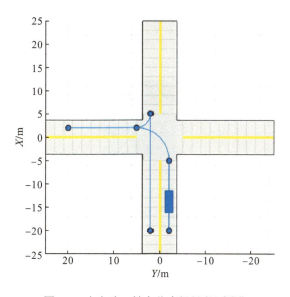

图 2-4　十字路口转向仿真场景（见彩图）

十字路口转向场景的代码如下。

```
1.  %% 创建自动驾驶场景
2.  scenario = drivingScenario;                                    % 创建场景
3.  road(scenario, [0 -25; 0 25], 'lanes', lanespec([1 1]));      % 创建水平道路
4.  road(scenario, [-25 0; 25 0], 'lanes', lanespec([1 1]));      % 创建竖直道路
5.  turningCar = vehicle(scenario, 'ClassID', 1);                 % 创建转向车辆
6.  waypoints = [-20 -2; -5 -2; 2 5; 2 20; 2 5; 5 2; -20 2];      % 车辆参考路径点序列
7.  speed = [6 5 5 0 -2 0 5];                                     % 车辆参考速度序列
8.  yaw =  [0 0 90 90 -90 0 -180];                                % 车辆参考航向角序列
9.  smoothTrajectory(turningCar, waypoints, speed, 'Yaw', yaw)    % 为转向车辆生成平滑轨迹
10. %% 仿真
11. plot(scenario, 'Waypoints', 'on')
12. chasePlot(turningCar, 'ViewHeight', 3)                         % 画自动驾驶平面俯视图
13. while advance(scenario)                                        % 画 3D 场景追逐图
14.     pause(0.001)                                               % 步进仿真
15. end                                                            % 暂停 0.001s，便于观察动图
```

代码具体介绍如下。

(1)创建自动驾驶场景，场景变量为 scenario。

(2)创建水平道路和竖直道路，在创建道路时可以为道路的生成指定一些重要的路径点，以水平道路为例，[0 -25;0 25]是起点为(0,-25)、终点为(0,25)的一条直线路段，若需要生成弯道，则至少需要三个不共线的路径点；'lanes'是 road 函数里表示车道属性的配置选项，lanespec([1 1])是配置一个左右均为单车道的车道规范。

(3)创建一个车辆类型为 1 的转向车辆，具体类型为"Car"，即小汽车。

(4)分别为车辆创建参考路径点序列、速度序列和航向角序列，需要注意速度序列若维度为 1，表示按照该速度数值匀速行驶，否则其序列长度必须和路径点序列长度相等。

(5)基于路径点序列、速度序列、航向角序列为转向车辆生成一条平滑轨迹。

(6)分别绘制自动驾驶平面俯视图和 3D 场景追逐图，平面俯视图如图 2-4 所示，3D 场景追逐图如图 2-5 所示。

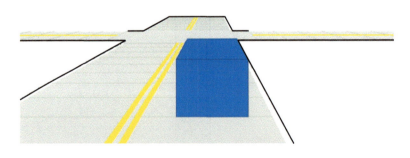

图 2-5　十字路口的 3D 场景追逐图

2. 停车场自动泊车场景

智能驾驶汽车的商业化应用场景包括基于高速公路场景的高级辅助驾驶，以及基于停车场/车库场景的自动泊车驾驶，其中自动泊车场景的率先量产应用为智能驾驶汽车的可持续发展注入了强劲动力。MATLAB 还提供了自动代客泊车(automated valet parking,

AVP）的全套仿真主题案例，该主题案例聚焦自动泊车场景，内置了大量的函数库，供用户深入学习。

图 2-6 为停车场自动泊车场景案例，其中深红色代表障碍物区域，淡红色为膨胀区域，白色代表自由区域，利用内置的路径规划器规划了一条起讫点的可行路径。

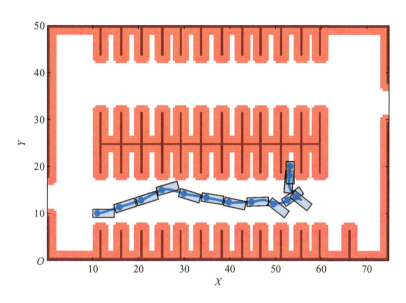

图 2-6　停车场自动泊车场景案例（见彩图）

图 2-6 泊车场景的代码如下。

```
1.  %% 路径规划处理
2.  data = load('parkingLotCostmapReducedInflation.mat');      % 加载停车场文件
3.  costmap = data.parkingLotCostmapReducedInflation;          % 成本图
4.  startPose = [11, 10, 0];                                   % 设置初始姿态
5.  goalPose = [53.25, 20, -90];                               % 设置目标姿态
6.  planner = pathPlannerRRT(costmap);                         % RRT*路径规划器
7.  planner.ConnectionMethod = 'Reeds-Shepp';                  % 泊车采用 Reeds-Shepp 曲线
8.  refPath = plan(planner, startPose, goalPose);              % 路径规划
9.  isPathValid = checkPathValidity(refPath, costmap);         % 检查路径规划是否有效
10. transitionPoses = interpolate(refPath);                    % 插入车辆姿态
11. %% 画图
12. plot(costmap)                                              % 绘制停车场车辆成本图
13. hold on
14. plot(refPath)                                              % 绘制参考路径
```

代码具体介绍如下。

（1）第 2 行代码加载自动驾驶工具箱内置的停车场文件，然后获取其中的成本图，用于路径规划。

（2）第 4 行和第 5 行代码设置了车辆的初始姿态和目标姿态，值得注意的是车辆的目标点（11,10,0）的第三维代表车辆的航向角，即要求在目标停车点的车头指向 Y 轴负方向。

（3）第 6 行代码调用 RRT*路径规划器，RRT*路径规划器通过构建随机无碰撞树来探索车辆周围的环境，关于 RRT*路径规划的具体原理可参考 5.4.2 节。

（4）路径规划器的 "ConnectionMethod" 属性默认为 Dubins 曲线，此曲线不支持泊车过程遇到的倒退行驶情况，故第 7 行代码将规划器的"ConnectionMethod"属性更改为 Reeds-Shepp 曲线，关于 Dubins 曲线的具体原理可参考 6.3 节。

(5)第 8 行代码生成参考路径，第 9 行代码用于检查路径规划是否有效，若返回 1 则表明规划的路径满足碰撞检测要求。

(6)绘制成本图和参考路径。

第二部分

全局路径规划算法篇

第3章 基于拓扑图的全局路径规划算法

基于拓扑图的全局路径规划算法是一类较经典的路径规划算法,本章通过介绍经典的 Dijkstra 算法和 Floyd 算法,带领读者踏入路径规划算法的学习之门,逐步了解路径规划算法的核心要义。

3.1 术语概念

3.1.1 算法的复杂度

算法(algorithm)是指用来操作数据、解决程序问题的一组方法。对于同一个问题,使用不同的算法,也许最终得到的结果是一样的,但在过程中消耗的资源和时间却会有很大的区别。本书利用"时间"和"空间"两个维度考量算法:①时间维度是指执行当前算法所消耗的时间,通常用时间复杂度(time complexity)来描述;②空间维度是指执行当前算法需要占用多少内存空间,通常用空间复杂度(space complexity)来描述。因此,评价一个算法的优劣主要是看它的时间复杂度和空间复杂度。然而,时间和空间通常是不可兼得的,那么就需要从中取一个平衡点。

1. 时间复杂度

时间复杂度的度量一般不能直接根据程序运行时间去判断,因为这种方式非常容易受运行环境的影响,在性能高的机器上运行出来的结果与在性能低的机器上运行的结果相差会很大,这样也就失去了可比性,而且与测试时使用的数据规模也有很大关系。

因此,一般用大 O 符号表示法表示算法的时间复杂度,其公式为

$$T(n) = O[f(n)] \tag{3-1}$$

式中,$f(n)$ 表示每行代码执行次数之和;O 表示正比例关系。这个公式的全称是算法的渐进时间复杂度(asymptotic time complexity)。大 O 符号表示法并不用于真实代表算法的执行时间,而是用于表示代码执行时间的增长趋势。

常见的时间复杂度量级有:①常数阶 $O(1)$;②对数阶 $O(\log N)$;③线性阶 $O(n)$;④线性对数阶 $O(n\log N)$;⑤平方阶 $O(n^2)$;⑥立方阶 $O(n^3)$;⑦k 次方阶 $O(n^k)$;⑧指数阶 (2^n)。以常见的线型阶为例做简单介绍,如以下 M 语言代码。

```
for i = 1: n
    j = i;
    j = j + 1;
end
```

对于上面的程序块，假设每行代码的执行时间都是一样的，用 1 单位时间来表示，那么这个例子的第 1 行位于循环体的头部，耗时可以粗略表示为 1 个单位时间，第 2 行和第 3 行位于循环体内部，耗时则是 n 个单位时间，那么总的单位时间就是

$$T(n) = O(1 + 2n) \tag{3-2}$$

若 n 趋于无限大，上式中的倍数 2 和常量 1 就没有意义了。因此将上述算法代码的时间复杂度直接简化为

$$T(n) = O(n) \tag{3-3}$$

上述示例代码较形象地展示了利用大 O 符号表示法表示时间复杂度的过程，其他时间复杂度量级的示例介绍较为复杂，本书不再赘述。

2. 空间复杂度

空间复杂度全称是渐进空间复杂度 (asymptotic space complexity)，表示算法的存储空间与数据规模之间的增长关系。如果算法执行所需要的临时空间不随着某个变量 n 的大小而变化，即此算法空间复杂度为一个常量，可表示为 $O(1)$，请阅读下列 M 语言代码：

```
i = 1;
b = [];
for i = 1: n
    b(i) = i * i;
end
```

类似时间复杂度的分析，第 1 行代码中，申请一个空间存储变量 i，它是常量阶的，与数据规模 n 没有关系，所以可以忽略。第 2 行申请一个空矩阵变量，该变量在第 4 行的循环体中赋值，其规模可以理解为大小为 n 的数组。除此之外，其余代码都没有占用更多的空间，所以整段代码的空间复杂度就是 $O(n)$。

3.1.2 拓扑图简介

图论 (graph theory) 是数学的一个分支，它以图 (graph) 为研究对象。图论中的图由若干给定的顶点 (vertex) 或节点 (node) 及连接两点的边 (edge) 构成，其中用顶点代表事物，用连接两点的边表示相应两个事物间所具有的某种关系，并用连接权重 (weight) 量化这种关系。

图的分类较多，根据边的连接权重是否有方向可将图分为有向图和无向图，如图 3-1 所示。对于有向图而言，两个顶点所构成的边的连接权重与方向相关性较大，因此本章的算法仅介绍权重固定、无方向的带权无向图。

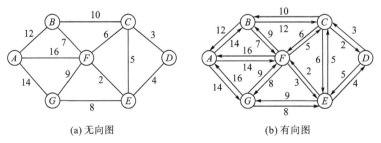

(a) 无向图   (b) 有向图

图 3-1 带权无向图和有向图

图3-2为局部城市路网示意图及对应的抽象拓扑图,可以将每一个交叉路口视为节点,每两个交叉路口之间的路段视为边,经过该路段的花费视为连接权重。这就将庞大的城市路网简化、抽象为一张拓扑图,简记为 $G=(V,E,W)$,其中,V 代表顶点集合;E 代表边集合;W 代表连接权重集合。

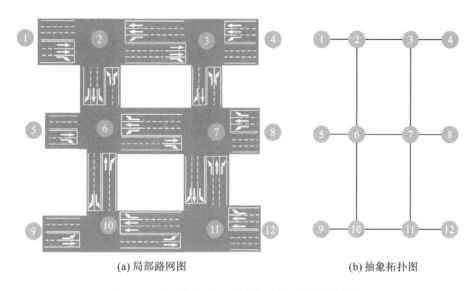

(a) 局部路网图　　　　　　　　　　　　　　(b) 抽象拓扑图

图 3-2　局部城市路网示意图及对应的抽象拓扑图

从图 3-2 可以看出,城市路网经过拓扑图的简化之后,只保留了交叉路口间的连接关系及连接权重,剔除了冗余繁杂信息,最大限度地保留了路网的重要基本信息,因此将城市路网进行拓扑抽象化表示,可以很方便地进行全局路径规划。

3.1.3　广度优先搜索和深度优先搜索

拓扑图的搜索按照搜索方向和顺序有两种方式,分别是广度优先搜索(breadth first search)和深度优先搜索(depth first search),两者的过程基本相同,都是在一个给定的拓扑图(或状态空间)中,通过遍历所有节点的方式,寻找需要的目标点及其路径。不同之处在于两者对顶点的查找方向和顺序不同。在拓扑图规模不大的情况下,这两种算法都适用。

1. 广度优先搜索

广度优先搜索又称宽度优先搜索,从源节点逐层搜索,距离源节点最近的那些节点将首先被访问,较远的那些节点则随后被访问,通过系统地展开、检查并遍历图中的所有节点,以找寻目标节点。广度优先搜索不具有特定的方向性,故属于一种盲目搜索。

图 3-3 所示的树结构节点为广度优先搜索示意图,以节点 A 为源节点,目标节点为 L,广度优先搜索的步骤为

步骤 1：选择节点 A 作为源节点，此节点作为最顶层的节点，将其染成淡青色，余下的节点全部为白色。

步骤 2：将源节点放入队列中。

步骤 3：从队列首部选出一个节点，显然当前选出的节点必然是源节点，并找出所有与之邻接的节点，将找到的第 2 层级的邻接节点 B、C、D 依次放入队列尾部，将已访问过的节点染成淡红色。

步骤 4：针对刚放入队列中的三个节点，分别访问每个节点的邻接节点，即第 3 层级的节点，由图可知第 3 层级的节点包含 E、F、G、H，将第 3 层级的节点染成淡绿色。

步骤 5：同理，搜索第 4 层级的 I、J、K、L 节点，将第 4 层级的节点染成淡蓝色。

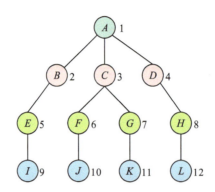

图 3-3　广度优先搜索示意图（见彩图）

按照上述方法，最终得到如图 3-3 所示的搜索顺序，该图形象展示了广度优先搜索的访问遍历顺序。总结起来，广度优先搜索方法中靠近源节点的层级将优先被搜索，同一层级的节点按照从左到右的顺序依次搜索。

2. 深度优先搜索

深度优先搜索方式是按照一定的顺序先查找某一个分支，尽可能深地搜索该分支，直到遍历该分支的所有节点。若此时图中还有未被搜索过的分支，则返回继续遍历其他分支，直到找到目标节点。

图 3-4 所示为深度优先搜索示意图，以节点 A 为源节点，目标节点为 L，深度优先搜索的步骤为

步骤 1：选择节点 A 作为源节点，此节点作为最顶层的节点，将其染成淡青色，余下的节点全部为白色。

步骤 2：搜索节点 A 的邻接节点，有 B、C、D 三个节点，按照从左到右的顺序将首先访问节点 B。

步骤 3：考察节点 B，发现其仍有邻接节点 E，故继续访问节点 E，同理，访问到节点 I。

步骤 4：至此，深度优先遍历的第 1 层级节点全部访问完毕，将其染色为淡青色。

步骤 5：返回 *A* 节点的第 2 个邻接节点 *C*，按照步骤 2～步骤 3 不断遍历，得到第 2 层级的节点，染色为淡红色。

步骤 6：同理，得到第 3 层级和第 4 层级的节点，分别染成淡绿色和淡蓝色。

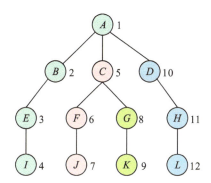

图 3-4　深度优先搜索示意图（见彩图）

按照上述方法，最终得到如图 3-4 所示的搜索顺序，该图形象展示了深度优先搜索的访问遍历顺序。总结起来，深度优先搜索尽可能深地遍历某节点分支的所有节点，直到该分支已无节点可访问，再重新遍历其他分支。

在进行深度优先搜索时，常利用回溯算法进行递归求解，现利用回溯算法对图 3-4 进行路径求解，代码如下。

```
1. clc
2. clear
3. close all
4. %% 设定起点和目标点
5. node_now = 'A';
6. node_goal = 'L';
7. %% 构建联通关系
8. links{1, 1} = 'A';  links{1, 2} = 'BCD';
9. links{2, 1} = 'B';  links{2, 2} = 'E';
10. links{3, 1} = 'C';  links{3, 2} = 'FG';
11. links{4, 1} = 'D';  links{4, 2} = 'H';
12. links{5, 1} = 'E';  links{5, 2} = 'I';
13. links{6, 1} = 'F';  links{6, 2} = 'J';
14. links{7, 1} = 'G';  links{7, 2} = 'K';
15. links{8, 1} = 'H';  links{8, 2} = 'L';
16. links{9, 1} = 'I';  links{9, 2} = '0';          % 节点 I 无后续节点，设为 0
17. links{10, 1} = 'J';  links{10, 2} = '0';        % 节点 J 无后续节点，设为 0
18. links{11, 1} = 'K';  links{11, 2} = '0';        % 节点 K 无后续节点，设为 0
19. links{12, 1} = 'L';  links{12, 2} = '1';        % 节点 L 是目标点，设为 1
20. %% 初始化当前路径点，并调用回溯算法函数开始搜索
21. path = node_now;                                 % 当前节点
22. [path,flag]=backtracking(path,links,node_now,node_goal);   % 调用回溯算法
23. disp(path)                                        % 在命令行窗口打印路径信息
24. %% 回溯算法
25. function [path,flag]=backtracking(path,links,node_now,node_goal)
26. flag = 0;                                         % 初始化 flag=0
27. if node_now == node_goal                          % 若当前节点为目标节点，令
28.     flag = 1;                                     flag 为 1，退出递归循环；则
29.     return                                        执行本节点的下一层节点，直到
```

```
30.  end                                                          找到目标节点或遍历到根节点
31.  if node_now == '0'                                           % 判断若到达根节点,返回递归
32.      return                                                   循环
33.  else                                                         % 若未到达根节点,根据联通关
34.      [~, idx] = ismember(node_now, links(:, 1));              系得到本节点的下一层所有节点
35.      nodes_next = links(idx, 2);
36.      for i = 1: length(nodes_next{1})                         % 遍历当前节点的下一层所有
37.          node_next = nodes_next{1}(i);                        节点
38.          path(end+1) = node_next;                             % 暂将其追加到 path 中
39.          node_now = node_next;                                % 将下一个节点视为当前节点
40.          [path,flag] = backtracking(path, links, node_now,    % 递归循环
    node_goal);
41.          if flag == 1                                         % 若返回的 flag 为 1,表明找
42.              return                                           到目标点,继续返回
43.          else
44.              path(end) = [];                                  % 否则表明此节点不通,删除
45.          end                                                  path 最后一个节点
46.      end
47.  end
48.  end
```

上述代码可分为以下 3 个步骤进行理解。

步骤 1：设定起点和目标点。

步骤 2：利用元胞数组构建节点间的联通关系,第 1 列存放父节点,第 2 列存放父节点的若干子节点。

步骤 3：调用回溯算法,回溯算法被封装成一个函数,在内部通过递归调用得到从起点到终点的路径。

为了使不同的路径规划算法尽可能多地应用于不同的地图类型,基于拓扑图,本章从宏观层面向读者介绍两种较经典的路径规划算法,分别是 Dijkstra 算法和 Floyd 算法,值得注意的是,上述算法并不局限于拓扑图,对于栅格图也同样适用,核心算法思想是一致的,只是存储、访问节点的方式有差别。

3.2　Dijkstra　算　法

3.2.1　Dijkstra 算法简介

荷兰计算机科学家 Dijkstra 于 1959 年提出了迪杰斯特拉(Dijkstra)算法,它是一种适用于非负权值网络的单源最短路径算法,同时也是目前求解最短路径问题理论上最完备且应用最广的经典算法,可以给出从指定节点到图中其他节点的最短路径,以及任意两点的最短路径。Dijkstra 算法是一种基于贪心策略和广度优先的最短路径算法,该算法的原理是按照路径长度逐点增长的方法构造一棵路径树,从而得出从该树的根节点到其他所有节点的最短路径。

作为路径规划领域最经典的算法,Dijkstra 算法对其他后续路径规划算法产生了极其重要而又深远的影响。由于该算法概率完备且规划的路径最优,受到了广大研究学者及工程技术人员的青睐,基于 Dijkstra 算法的各种改进算法层出不穷,推陈出新,应用领域非常广泛,如网络路由、城市车载路径导航等。

3.2.2　伪代码及分析

设带权无向图 $G=(V,E,W)$，Dijkstra 算法伪代码如下。

Dijkstra 算法

---

1. $S=\{s\}$，$U=V-\{s\}$
2. $\text{dist}[s,s]=0$
3. **for** all $u \in U$
4. 　　**if** $\text{edge}(s,u)==1$
5. 　　　　$\text{dist}[s,u]=\omega(s,u)$
6. 　　**else**
7. 　　　　$\text{dist}[s,u]=\infty$
8. **while** $U \neq \varnothing$
9. 　　$u_{\min}=\arg\min_{u \in U}\text{dist}[s,u]$
10. 　　**for** all $u \in U$
11. 　　　　**if** $\text{dist}[s,u_{\min}]+\omega(u_{\min},u)<\text{dist}[s,u]$
12. 　　　　　　$\text{dist}[s,u]=\text{dist}[s,u_{\min}]+\omega(u_{\min},u)$
13. 　　$S=S\bigcup\{u_{\min}\},U=U-\{u_{\min}\}$

从伪代码的第 9 行可以看到，Dijkstra 算法在 U 集合首先遍历找到一个距离源节点最近的节点，然后再判断、更新该节点的邻近节点，这一搜索过程显然符合广度优先搜索算法思想。设拓扑图 $G=(V,E,W)$ 的顶点个数为 v，边个数为 e，因此第 8 行的 while 循环最多循环 e 次，其复杂度为 $O(e)$；第 10 行的 for 循环可以考虑往优先队列中添加删除数据，其复杂度为 $O(\log v)$，因此 Dijkstra 算法总的时间复杂度是 $O(e\log v)$。

整体分析 Dijkstra 算法的伪代码，总体可分为以下两个步骤。

步骤 1：初始化，对应伪代码第 1~7 行。先定义两个集合 S 和 U，并将源节点 s 放入 S 集合中，将节点集 V 中除了源节点 s 以外的所有节点放入 U 集合中；定义 $\text{edge}(u_1,u_2)$ 函数，若节点 u_1 与 u_2 直接连通，则两者构成的边具有确定的连接权重，返回布尔值 1，否则返回布尔值 0。遍历 U 集合中的每一个节点，若 $\text{edge}(s,u)$ 函数返回 1，则将两者的连接权重赋值给数组 $\text{dist}[s,u]$，否则将 $\text{dist}[s,u]$ 赋值为无穷大，表明此时还未搜索到从 s 到 u 的路径。

步骤 2：循环遍历，对应伪代码第 8~13 行。若 U 集合不为空集，则进入 while 循环。首先在 U 集合中获取满足 $\text{dist}[s,u]$ 数值最小的对应的节点 $u_{\min}$；然后遍历 U 集合的每一个节点 u 的最小距离节点，判断 $\text{dist}[s,u]+\omega(u_{\min},u)$ 与 $\text{dist}[s,u_{\min}]$ 的大小关系。若前者小于后者，表明从源节点 s 到节点 u 有权重更小的路径，且是一条经过了节点 $u_{\min}$ 再到达 u 的路径，故更新 $\text{dist}[s,u]$ 及对应的路径。最后将节点 $u_{\min}$ 从 U 集合移到 S 集合中。

Dijkstra 算法可以规划拓扑图里从源点到任意节点的最短路径，这种全局搜索虽然保证了结果的全局最优性，但搜索时间、内存占用等开销也较大。鉴于上述矛盾，不少文献从缩小搜索范围、优化节点存储、优化内存空间等方面对算法做改进。

3.2.3 案例精讲

如图 3-5 所示,设带权无向图 $G=(V,E,W)$,现结合上文的伪代码介绍如何规划源节点 D 到目标节点 A 的最短路径。

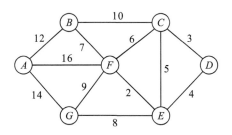

图 3-5 带权无向拓扑图

(1)初始化。由于源节点 D 到自身的最小距离是确定且唯一的,考虑到该拓扑图的权重非负,必然是最短路径,因此将源节点 D 从 U 集合移到 S 集合;与 D 相邻的节点有 C 和 E ,且 D 到 C 和 E 的距离分别为 3 和 4,其余不与源节点 D 直接相邻的节点尚无法确定两者之间的最小距离,故暂设为∞。为简单起见, S 集合与 U 集合表示如下: $S=\{D(0)\}$, $U=\{A(\infty),B(\infty),C(3),E(4),F(\infty),G(\infty)\}$ 。如图 3-6(a)所示,灰色节点代表位于 S 集合的节点,白色节点则位于 U 集合。

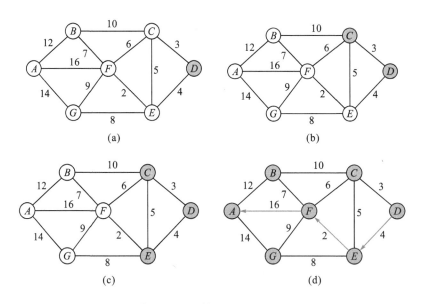

图 3-6 利用 Dijkstra 算法规划最优路径示意图

(2)循环遍历。首先在 U 集合里找到距源节点距离最近的节点 C ,那么可以肯定 $D→$ C 的最短路径距离即为 3(关于这一点可以反证:若还存在其他比 3 更短的距离,那么从 D

出发就必然首先绕开 C 而去选择 U 集合里的其他节点后再到达 C，然而根据上面的分析，经过其他节点的距离至少大于 4，也就说明不存在比 3 更短的距离），C 节点的最短路径一旦确定，将会对它的邻近节点产生影响，与 C 节点相邻且位于 U 集合的节点包括 B、F 与 E，那么接下来判断并更新这三个节点的最短距离：①对于节点 B，$\mathrm{dist}[D,C]+\omega(C,B)=13<\mathrm{dist}[D,B]=\infty$，故从源节点 D 到节点 B 目前初步规划了一条路径 DCB，距离为 13。"初步规划"是指相比之前尚未找到任何通往节点 B 的路径而言，此路径只是一条暂时性的路径，在后续的搜索中，可能还会存在更短的路径；②对于节点 F，有 $\mathrm{dist}[D,C]+\omega(C,F)=9<\mathrm{dist}[D,F]=\infty$，同理对节点 F 做更新；③对于节点 E，$\mathrm{dist}[D,C]+\omega(C,E)=8>\mathrm{dist}[D,E]=4$，故到节点 E 的最短距离不做更新。

至此，与 C 节点相邻且位于 U 集合的节点全部判断、更新完毕，然后将节点 C 从 U 集合移动到 S 集合。此时，S 集合与 U 集合分别为：$S=\{D(0),C(3)\}$，$U=\{A(\infty),B(13),E(4),F(9),G(\infty)\}$。为方便理解，将拓扑图的 C、D 节点标成灰色，如图 3-6 的 (b) 所示。

同理，继续从 U 集合选取最短距离节点 E［图 3-6(c)］，并更新与节点 E 相邻且位于 U 集合的节点（F 和 G），判断更新之后的 S 集合和 U 集合：$S=\{D(0),C(3),E(4)\}$，$U=\{A(\infty),B(13),F(6),G(12)\}$，之后再将节点 E 从 U 集合移动到 S 集合。后续过程将依次选取节点 F、G、B、A，不再赘述。最终的 S 集合和 U 集合：$S=\{D(0),C(3),E(4),F(6),G(12),B(13),A(22)\}$，$U=\varnothing$，如图 3-6(d) 的箭头所示的路径即为从源节点 D 到目标节点 A 的最优路径。

从上述分析可以看出，Dijkstra 算法的执行时间和占用空间与拓扑图中节点数目有关，当节点数目较大时，Dijkstra 算法的运行耗时将急剧增加。当拓扑图规模较大时，直接应用该算法会存在速度慢或空间不够的问题。所以，在大的城市交通网络图中直接应用 Dijkstra 最短路径算法是很困难的。路径规划作为无人驾驶汽车导航系统的重要功能模块，其算法的优劣非常重要，评价该算法的主要性能指标是它的实时性和准确性。Dijkstra 算法作为经典的路径规划算法，在实验地图数据量较小的情况下可得到很好的规划结果，但在实验地图数据量较大的情况下则很难满足路径规划的实时性要求，往往需要对算法进行适当改进。

3.2.4　MATLAB 仿真

为了方便利用 MATLAB 编程，将图 3-5 中的字母节点编号改用数字节点编号表示，用 1～7 分别代表字母 A～G。

1. 拓扑图构建

欲进行路径规划，首先需要利用相关变量存放拓扑图信息。对于拓扑图而言，其最主要的信息包括节点连通关系、连接权重，考虑到元胞数组变量类型可以存放多种不同维度的变量，其特别适合于拓扑图信息存储。

图 3-6(d) 中虚线所示的路径是从源节点到目标节点的最优路径，该图是通过 Visio 绘图软件进行绘制的。为了能将 MATLAB 输出的最优路径结果画在图 3-6 中进行查看，可以利用 MATLAB 的 ginput 函数对拓扑图进行坐标标识。

拓扑图构建的代码如下。

```
1. clc
2. clear
3. close all
4. %% 构造节点元胞数组
5. nodesInfo = cell(0);
6. nodesInfo(1, : ) = {1, [2, 6, 7], [12, 16, 14]};
7. nodesInfo(2, : ) = {2, [1, 3, 6], [12, 10, 7]};
8. nodesInfo(3, : ) = {3, [2, 4, 5, 6], [10, 3, 5, 6]};
9. nodesInfo(4, : ) = {4, [3, 5], [3, 4]};                      % 初始化节点元胞数组
10. nodesInfo(5, : ) = {5, [3, 4, 6, 7], [5, 4, 2, 8]};
11. nodesInfo(6, : ) = {6, [1, 2, 3, 5, 7], [16, 7, 6, 2, 9]};
12. nodesInfo(7, : ) = {7, [1, 5, 6], [14, 8, 9]};
13. %% 导入拓扑图, 生成坐标
14. figure
15. topography = imread('拓扑图.png');                          % 导入拓扑图
16. imshow(topography);                                         % 画图
17. [nodeCoordinate(: , 1), nodeCoordinate(: , 2)] = ginput(7);  % 调用鼠标标识坐标函数
18. %% 保存
19. save nodeInfo.mat nodesInfo topography nodeCoordinate
```

上述代码利用元胞数组变量 nodesInfo 存放拓扑图信息，其中第 1 列代表拓扑图的每个节点，第 2 列代表与该节点相邻的邻接节点集合，第 3 列代表该节点到邻接节点的距离权重。在拓扑图导入中，首先在 MATLAB 当前工作路径预备一张"拓扑图.png"的图片，然后调用 imread 函数读取该图片的图像信息并将数据结果赋值给 topography 变量，接着调用 imshow 函数新建图窗并显示 topography 的图像信息，再调用 ginput 函数标识生成的拓扑图的 7 个节点坐标，每用鼠标左键单击拓扑图的节点一次，MATLAB 就将该鼠标指针位置的坐标信息保存下来，当单击 7 次后，自动退出图像标识函数，并将 7 个节点坐标赋值给 nodeCoordinate 变量，最后将相关变量进行保存，方便后续路径规划脚本文件直接调用拓扑图信息。

2. Dijkstra 算法路径规划

上文创建了拓扑图相关信息，现在进行路径规划，程序如下。

```
1. clc
2. clear
3. close all
4. load nodesInfo.mat                                   % 从当前目录导入节点信息
5. %% 算法初始化
6. sourceNode = 4;                                       % 源节点
7. targetNode = 1;                                       % 目标节点
8. S = [sourceNode, 0];                                  % 初始化S集合和U集合,第1列表
9. U(: , 1) = [1, 2, 3, 5, 6, 7];                        % 示节点,第2列表示到此节点的距离
10. U(: , 2) = [inf, inf, 3, 4, inf, inf];               % 最优路径信息元胞数组初始化
11. pathInfo = cell(7, 2);                               % 写入源节点信息
12. pathInfo(4, : ) = {4, 4};                            % 暂时最优路径元胞数组初始化
13. path_temp = cell(7, 2);
14. path_temp(3, : ) = {3, [4, 3]};                      % 源节点到节点 3 的距离为 3
15. path_temp(4, : ) = {4, 4};
16. path_temp(5, : ) = {5, [4, 5]};                      % 源节点到节点 5 的距离为 5
17. %% 循环遍历所有节点
18. while ~isempty(U)
19.     [dist_min, idx] = min(U(: , 2));                 % 在 U 集合找出当前最小距离值
20.     node_min = U(idx, 1);                            % 及对应节点,并移除该节点至 S
```

```
21.        S(end+1, : ) = [node_min, dist_min];              集合中
22.        U(idx, : ) = [];
23.        pathInfo(node_min, : ) = path_temp(node_min, : );  % 将该节点添加到最优路径集合
24.        for i = 1: length(nodesInfo{node_min, 2})          % 依次遍历该节点的邻节点
25.            node_temp = nodesInfo{node_min, 2}(i);         % 某个邻节点
26.            idx_temp = find(node_temp == U(: , 1));        % 该邻节点在 U 中的索引
27.            if ~isempty(idx_temp)                          % 若索引不为空
28.                if dist_min + nodesInfo{node_min, 3}(i)<…  % 且若经由该节点到邻节点的距
                    U(idx_temp, 2)                             离更小
29.                    U(idx_temp, 2) = dist_min+…            % 更新到该邻节点的距离
                        nodesInfo{node_min, 3}(i);
30.                    path_temp{node_temp, 1} = node_temp;   % 更新暂时最优路径
31.                    path_temp{node_temp, 2} =
                        [pathInfo{node_min, 2}, node_temp];
32.                end
33.            end
34.        end
35. end
36.
37. %% 输出
38. path_opt = pathInfo{targetNode, 2};                       % 最优路径
39. disp(strcat('源节点', num2str(sourceNode), '到目标节点',  % 输出最优路径打印消息
    num2str(targetNode), '的最短路径为: '))
40. path_str = num2str(path_opt(1));
41. for i = 2: length(path_opt)
42.     path_str = strcat(path_str, '→', num2str(path_opt(i)));  % 打印箭头符号
43. end
44. disp(path_str)
45. imshow(topography);                                       % 生成拓扑图
46. hold on
47. plot(nodeCoordinate(path_opt, 1), nodeCoordinate(path_opt, 2),  % 画最优路径
    'r', 'linewidth', 2);
```

上述代码主要分为以下 4 个部分。

(1) 导入上文建立的拓扑图节点信息。

(2) 对 Dijkstra 算法进行初始化，首先确定源节点和目标节点，然后根据拓扑图及起讫点信息确定 S 集合和 U 集合，最后根据拓扑联通关系初始化暂时路径信息元胞数组 path_temp，path_temp 的第 1 列是欲到达的节点，第 2 列是从源节点到该节点的具体路径。

(3) 进入主循环体，不断将 U 集合的节点移到 S 集合，移动节点的过程就是更新源节点到拓扑图其余节点最短距离的过程。

(4) 将最优路径通过指令窗口打印输出，并基于拓扑图图像信息画出最优路径，该图像与图 3-6(d) 类似，不再展示。

3.3　Floyd　算　法

3.3.1　Floyd 算法简介

斯坦福大学计算机科学系教授罗伯特·弗洛伊德于 1962 年提出了一种用于求解带权拓扑图中所有节点对之间的最短路径规划算法，该算法以其发明人 Floyd 进行命名，又称

为插点法。

该算法在求解过程中，将每个节点轮流作为源节点，重复执行 N 次 Dijkstra 算法，其基本思想是通过一个图的权值矩阵求出它的每两点间的最短路径矩阵。首先，从任意一条单边路径开始，所有两点之间的距离是边的连接权重，如果两点之间没有边相连则权重赋值为无穷大；然后，对于每一对节点 u 和 v，查看是否存在一个顶点 w，使得从 u 到 w 再到 v 比已知的路径更短，如果是则进行更新。

Floyd 算法是一种动态的规划算法，在稠密图中效果最佳，节点间的连接权值可正可负。此算法简单有效，结构紧凑，可以算出拓扑图中任意两个节点之间的最短距离。因为含有三重循环，对于稠密图时的路径规划效率要高于 Dijkstra 算法。该算法也容易理解，且三重循环结构紧凑，代码编写简单，但由于时间复杂度比较高，不适用于计算大量数据，对于稀疏图将会生成稀疏矩阵，极大浪费储存空间。

3.3.2 伪代码及分析

设带权无向图 $G=(V,E,W)$，Floyd 算法伪代码如下。

Floyd 算法

---
1. $n=\text{length}(V)$
2. **for** $(i=1;i<=n;i++)$
3.   **for** $(j=1;j<=n;j++)$
4.   **if** $\text{edge}(i,j)==1$
5. $\text{dist}[i,j]=\omega(i,j)$
6.   **else**
7. $\text{dist}[i,j]=\infty$
8. **for** $(i=1;i<=n;i++)$
9.   **for** $(j=1;j<=n;j++)$
10.   **for** $(k=1;k<=n;k++)$
11.   **if** $\text{dist}[j,k]>\text{dist}[j,i]+\text{dist}[i,k]$
12. $\text{dist}[j,k]=\text{dist}[j,i]+\text{dist}[i,k]$

Floyd 算法的伪代码比较简单，整体结构由三层 for 循环构成。

(1)初始化。与 Dijkstra 算法类似，先根据拓扑图的连接关系进行初始赋值，若两个节点 i 与 j 直接连通，则将边的权重赋值给 $\text{dist}[i,j]$ 数组；否则赋值为无穷大。

(2)进入嵌套的三层循环。第 1 层循环遍历每一个中介点，第 2 层循环遍历源节点(即除中介点以外的剩余节点)，第 3 层循环遍历目标节点(即除源节点和中介点以外的剩余节点)。

(3)判断更新。从源节点出发，判断经过此中介点到达目标节点的累积距离是否更小，进而更新。

分析伪代码的第 8~10 行可以看出：①Floyd 算法在构建一组源节点、中介点和目标节点时，均循环遍历了拓扑图的每一个节点，这一搜索过程显然符合广度优先搜索算法思想；②三层嵌套 for 循环的复杂度为 $O(n^3)$。

　　相比 Dijkstra 算法的单源最优路径搜索，Floyd 算法可以规划拓扑图里任意两个节点的最短路径，算法容易理解且实现了最优规划，但三层循环嵌套极大地增加了运算时间和数据内存。因此，针对 Floyd 算法的改进多聚焦于降低时间复杂度这一方向。

3.3.3　案例精讲

　　同样以图 3-7 带权无向图为例，介绍如何利用 Floyd 算法规划路径。

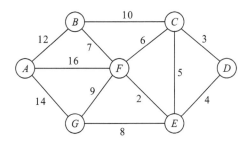

图 3-7　带权无向图

　　(1)初始化。首先，根据图 3-7 的节点总数，定义一个 7×7 的矩阵，矩阵的第 m 行第 n 列元素值代表节点 m 与节点 n 的连接权重。针对矩阵的第 m 行第 n 列元素，若节点 m 和节点 n 直接相邻，将两节点的连接权重赋给该矩阵元素值，否则赋值为无穷大。考虑到节点到自身的距离为 0，故矩阵的对角线全部为 0。至此，矩阵元素如式(3-4)所示。

$$
\begin{array}{c}
\begin{array}{c} A \\ B \\ C \\ D \\ E \\ F \\ G \end{array}
\begin{bmatrix}
0 & 12 & \infty & \infty & \infty & 16 & 14 \\
12 & 0 & 10 & \infty & \infty & 7 & \infty \\
\infty & 10 & 0 & 3 & 5 & 6 & \infty \\
\infty & \infty & 3 & 0 & 4 & \infty & \infty \\
\infty & \infty & 5 & 4 & 0 & 2 & 8 \\
16 & 7 & 6 & \infty & 2 & 0 & 9 \\
14 & \infty & \infty & \infty & 8 & 9 & 0
\end{bmatrix} \\
\ \ \ A \ \ \ B \ \ \ C \ \ D \ \ E \ \ F \ \ G
\end{array}
\qquad (3\text{-}4)
$$

　　(2)进入嵌套的三层循环。以中介节点 A 为例，分别以节点 B、C、D、E、F、G 为源节点，以剩余节点为目标节点，判断更新源节点经中介节点 A 到其他节点的累积权值，这里面又涉及剩余的两层 for 循环：第 2 层是循环遍历节点 B、C、D、E、F、G，使其充当源节点；第 3 层是循环遍历除了源节点和中介节点之外的其余节点，使其充当目标节点。

　　(3)判断更新。设 B 节点为源节点，F 节点为目标节点，则源节点 B 经中介节点 A 到目标节点 F 的累积距离为 $\mathrm{dist}[B,A]+\mathrm{dist}[A,F]=12+16=28$，根据式(3-4)可知 $\mathrm{dist}[B,F]=7$，显然不必对节点 B 到节点 F 的路径进行更新；又如，节点 B 经节点 A 再到节点 G 的累积

距离为 $\text{dist}[B,A]+\text{dist}[A,G]=12+14=26$，而 $\text{dist}[B,G]=\infty$，故从节点 B 到节点 G 的路径存在较短路径需要更新。以节点 A 为中介节点，完成两层 for 循环的遍历后得到更新之后的矩阵，如式(3-5)所示。

$$
\begin{array}{c}
\begin{array}{c} A \\ B \\ C \\ D \\ E \\ F \\ G \end{array}
\begin{bmatrix}
0 & 12 & \infty & \infty & \infty & 16 & 14 \\
12 & 0 & 10 & \infty & \infty & 7 & 26 \\
\infty & 10 & 0 & 3 & 5 & 6 & \infty \\
\infty & \infty & 3 & 0 & 4 & \infty & \infty \\
\infty & \infty & 5 & 4 & 0 & 2 & 8 \\
16 & 7 & 6 & \infty & 2 & 0 & 9 \\
14 & 26 & \infty & \infty & 8 & 9 & 0
\end{bmatrix} \\
\;\; A \quad B \quad C \quad D \quad E \quad F \quad G
\end{array}
\tag{3-5}
$$

参照上述步骤，以节点 B 为中介节点，分别以节点 A、C、D、E、F、G 为源节点，以剩余节点为目标节点，判断更新源节点经中介节点 B 到其他节点的累积权值。具体步骤与中介节点 A 类似，不再赘述，更新之后的矩阵为

$$
\begin{array}{c}
\begin{array}{c} A \\ B \\ C \\ D \\ E \\ F \\ G \end{array}
\begin{bmatrix}
0 & 12 & 22 & \infty & \infty & 16 & 14 \\
12 & 0 & 10 & \infty & \infty & 7 & 26 \\
22 & 10 & 0 & 3 & 5 & 6 & 36 \\
\infty & \infty & 3 & 0 & 4 & \infty & \infty \\
\infty & \infty & 5 & 4 & 0 & 2 & 8 \\
16 & 7 & 6 & \infty & 2 & 0 & 9 \\
14 & 26 & 36 & \infty & 8 & 9 & 0
\end{bmatrix} \\
\;\; A \quad B \quad C \quad D \quad E \quad F \quad G
\end{array}
\tag{3-6}
$$

再分别以节点 C、D、E、F、G 作为中介节点，按照上述步骤进行更新，最终更新矩阵为

$$
\begin{array}{c}
\begin{array}{c} A \\ B \\ C \\ D \\ E \\ F \\ G \end{array}
\begin{bmatrix}
0 & 12 & 22 & 22 & 18 & 16 & 14 \\
12 & 0 & 10 & 13 & 9 & 7 & 16 \\
22 & 10 & 0 & 3 & 5 & 6 & 13 \\
22 & 13 & 3 & 0 & 4 & 6 & 12 \\
18 & 9 & 5 & 4 & 0 & 2 & 8 \\
16 & 7 & 6 & 6 & 2 & 0 & 9 \\
14 & 16 & 13 & 12 & 8 & 9 & 0
\end{bmatrix} \\
\;\; A \quad B \quad C \quad D \quad E \quad F \quad G
\end{array}
\tag{3-7}
$$

至此，拓扑图的所有节点均完成了遍历寻优，从式(3-7)可知，任意两个节点的距离均可直接读取，如节点 A 到节点 D 的最短距离为 22。

3.3.4　MATLAB 仿真

Floyd 算法的代码如下。

```
1.  clc
2.  clear
3.  close all
4.  load nodesInfo.mat                                            % 导入拓扑图节点信息
5.  %% 算法初始化
6.  sourceNode = 4;                                               % 源节点
7.  targetNode = 1;                                               % 目标节点
8.  n = 7;                                                        % 节点总个数
9.  map = inf(n, n);                                              % 初始化节点距离 map
10. path = cell(n, n);                                            % 存放对应的路径
11. for i = 1: n                                                  % 循环遍历 n 个节点
12.     startNode = nodesInfo{i, 1};                              % 起点
13.     neighborNodes = nodesInfo{i, 2};                          % 起点的邻接节点
14.     neighborNodesWeight = nodesInfo{i, 3};                    % 起点的邻接节点的权重
15.     for j = 1: length(neighborNodes)                          % 循环遍历每一个邻接节点
16.         map(startNode, neighborNodes(j)) = neighborNodesWeight(j);  % 赋值距离
17.         path{startNode, neighborNodes(j)} = [startNode,       % 赋值路径
                neighborNodes(j)];
18.     end
19. end
20.
21. %% 进入三层主循环
22. for i = 1: n                                                  % 第 1 层: 中介节点
23.     for j = 1: n                                              % 第 2 层: 源节点
24.         if j ~= i
25.             for k = 1: n                                      % 第 3 层: 目标节点
26.                 if k ~= i && k ~= j
27.                     if map(j, i) + map(i, k) < map(j, k)      % 若源节点经中介节点
28.                         map(j, k) = map(j, i) + map(i, k);    % 到目标节点的距离小于
29.                         path{j, k} = [path{j, i}, path{i, k}(2: end)];  % 之前的值,则更新距离和
30.                     end                                       % 路径
31.                 end
32.             end
33.         end
34.     end
35. end
36.
37. %% 找出目标最优路径
38. path_opt = path{sourceNode, targetNode};                      % 最优路径
39. disp(strcat('源节点', num2str(sourceNode), '到目标节点',       % 输出最优路径打印消息
        num2str(targetNode), '的最短路径为: '))
40. path_str = num2str(path_opt(1));
41. for i = 2: length(path_opt)
42.     path_str = strcat(path_str, '→', num2str(path_opt(i)));   % 添加箭头符号
43. end
44. disp(path_str)                                                % 打印最优路径
```

Floyd 算法的代码主要分为以下几个部分。

(1) 与 Dijkstra 算法类似,导入拓扑图节点信息。

(2) Floyd 算法初始化,首先确定源节点和目标节点,然后定义 map 变量和 path 变量,用于存放具体路径及路径权重代价,值得注意的是,map 变量是一个利用 inf 函数定义的所有元素值均为无穷大的矩阵,方便后续进行路径长度比较更新。

(3)进入节点循环,逐个确定某节点到周边邻接节点的路径及路径权重值,从而为 map 变量和 path 变量赋值。

(4)进入 Floyd 算法的核心,即三层主循环体,通过起点、中介点、终点之间的路径权重判断,不断更新 map 变量和 path 变量。

(5)输出最优路径,并打印。

3.4 基于拓扑图的路径规划实战案例

拓扑图作为一类抽象化的地图,适用于节点、边及权重三大元素有明确含义的领域,最典型的莫过于城市交通路网。本节的实战案例将基于重庆大学城城市路网,抽象成一张拓扑图,利用 Vissim 仿真软件建立该路网并实现交通仿真,再基于动态行程时间规划全局最优路径。

3.4.1 路段行程时间的周期相似性

黎万洪等(2021)提出了一种基于路网权值时变特性的全局最优路径规划,该思想的前提是考虑路网权值是动态变化的,但又不是完全随机变化的,而是存在一种周期相似性。

城市交通车流量的获取过程可以参考图 3-8,其中路侧设备实时采集车流量数据,将其传回数据中心,数据中心通过统计便可获得该路段在不同日期、不同时段的车流量数据。

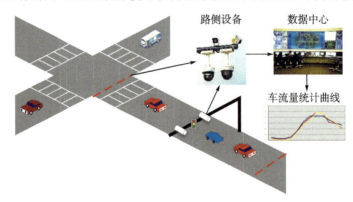

图 3-8 某路段的车流量获取示意图

孙湘海等(2008)指出在不考虑节假日、临时突发重大交通事故的前提下,城市交通流具有显著的周期性,简称周期相似性,如式(3-8)所示。

$$q_i = f_q(w_i, d, t) \approx f_q(w_i + nw, d, t) \tag{3-8}$$

式中, q_i 代表某一路段的车流量; w_i 代表周期 w 的编号; f_q 代表周期、日期、时刻与车流量的函数映射关系; t 代表每日的任意时刻; n 代表一定范围的整数。假设本周二早上 8:00 至 9:00 某一路段的车流量,与上一周二或者下一周二早上 8:00 至 9:00 同一路段的车流量大致相等。这是通过大量数据统计、研究得出的城市交通自有规律。

美国联邦局曾于 1964 年提出具有代表性的通行时间路阻函数模型, 如式 (3-9) 所示。

$$r_t = f_t(q) = t_0\left[1 + \alpha\left(\frac{q}{C}\right)^{\beta}\right] \tag{3-9}$$

式中, r_t 为路段行程时间; f_t 为路段行程时间的映射函数; t_0 为路段自由流行程时间; α、β 为模型常量参数; C 为路段实际通行能力。

式 (3-9) 表明当路段一定时, 其实际通行能力和自由流行程时间即为常数, 故路段行程时间仅与路段的实际车流量相关。因此式 (3-9) 可以改写为

$$r_{t,i} = t_0\left[1 + \alpha\left(\frac{f_q(w_i, d, t)}{C}\right)^{\beta}\right] = t_0\left[1 + \alpha\left(\frac{f_q(w_i + nw, d, t)}{C}\right)^{\beta}\right] \tag{3-10}$$

综上, 从统计学角度出发, 可以认为某条具体路段在某天的任意时间段的行程时间, 是可以通过前期的路侧设备统计车流量并基于式 (3-10) 映射为行程时间从而提前获知的。那么若设车流量的时变周期为 T, 则路段行程时间也将按照周期 T 进行更新, 由此可以建立路段行程时间的动态变化数据库, 这对车辆的全局路径规划具有重要意义。

3.4.2　传统路径规划思想的缺陷

首先给出术语定义: ①路径规划算法是指 Dijkstra 算法、Floyd 算法等特定的路径搜索算法, 这些算法对于任意的路网拓扑结构均可以规划路径, 但规划结果优劣不一; ②路径规划思想是指静态路径规划 (static path planning, SPP)、动态路径规划 (rolling path planning, RPP) 等不同的规划路径思路, 路径规划思想必须以具体的算法作为载体才能真正实现路径规划; ③路径规划方法则是具体算法与具体思想的结合, 可以直接用于路径规划。

图 3-9 是一个示例路网, 该路网的路段行程时间以周期 T 动态更新, 将每一个更新周期命名为一个时段, 表 3-1 展示了两个相邻时段 1 和 2 的路段行程时间。假设当前车辆位

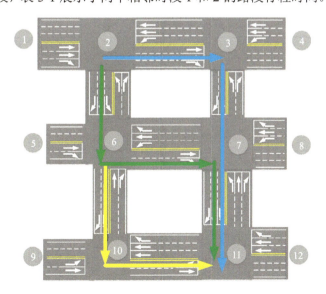

图 3-9　示例路网及路径规划思想比较 (见彩图)

表 3-1　示例路网的时变路段行程时间

时段	不同路段的行程时间						
	2→3	2→6	3→7	6→7	6→10	7→11	10→11
1	56	56	61	37	57	47	62
2	42	58	43	65	49	39	50

于交叉口 2，当前时刻 t_0 处于时段 1，目标交叉口为 11，现探讨起讫点为 (2,11) 的传统路径规划思想。

静态路径规划只考虑路网当前时刻的权值，根据时段 1 的权值分布计算得到的最优路径为 2→6→7→11，如图 3-9 绿色路径所示。现假设车辆到达交叉口 6 的时刻恰好是时段 1 和时段 2 的临界时刻，路网权值随即更新为时段 2 的权值，则车辆在经过 6→7→11 时所耗费的行程时间应当参考时段 2 的权值分布，那么在时段 1 规划的所谓"最优路径"也就无法证明在时段 2 是否继续保持最优。因此，静态路径规划的路径是特定时域（时段 1）的最优路径，无法实现在全时域保持最优。

考虑到静态路径规划的缺陷，研究人员提出了动态路径规划思想。参考静态路径规划在交叉口 2 规划的绿色路径，当车辆到达交叉口 6 时，路网权值发生更新。此时动态路径规划根据时段 2 的权值立即重新规划剩余的道路网络路径，计算发现黄色路线的累积权值小于绿色路线的累积权值，因此将行驶路线更改为黄色路线。动态路径规划的两次路径规划起点分别为交叉口 2 和交叉口 6，对应的路径分别为 2→6 和 6→10→11，路径规划的空域显然不同。因此，动态路径规划的实际行驶路径是由特定空域中的局部最优路径拼接而成的，局部最优的叠加并非全局最优，故动态路径规划无法在全空域保持最优。

实际上，根据表 3-1 的权值变化通过计算可以证明图 3-9 的蓝色路径才是最优路径。三种路径规划思想的实际行程时间如表 3-2 所示。

表 3-2　三条路径的实际行程时间

路径颜色	路径	累积权值
绿色	2→6→7→11	56+65+39=160
黄色	2→6→10→11	56+49+50=155
蓝色	2→3→7→11	56+43+39=138

为更加直观地展示三种路径规划思想的区别，绘制了三种路径规划思想的途经交叉口与起点的直线距离随时间变化的示意图，简称为 D-T 图，利用 D-T 图可以较直观地观察每一条路径所经过的交叉口与起点的直线距离随时间的变化关系，可以反映出不同路径的行程时间变化趋势，如图 3-10 所示。图 3-10 中车辆从交叉口 2 出发，随时间推移到达交叉口 11。其中，SPP_1 表示车辆在交叉口 2 利用静态路径规划思想计算得到的理想直线距离变化曲线，但由于车辆在交叉口 6 时路网权值更新，车辆继续按照预先规划路径行驶的实际直线距离变化曲线如 SPP_2 所示。值得注意的是，蓝色最优路径在时段 1 并未体现其优势，进入时段 2 却率先到达了目标点。

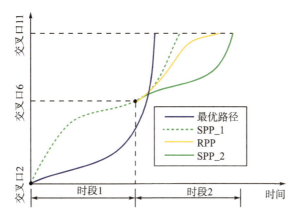

图 3-10　不同路径规划思想与起点的直线距离变化示意图（见彩图）

以上示例探讨了当前两种常见路径规划思想无法实现全局最优的缺陷，因此有必要深入研究图 3-9 蓝色最优路径的生成原理，探索一种新的基于城市动态路网的全局最优路径规划思想。

3.4.3　路网建模仿真及数据库建立

图 3-11 为重庆大学城局部卫星地图，可以看出大学城路网是一个典型的城市路网结构，密集分布着近 30 所大、中、小学校，以及一些商务住宅楼宇和企事业单位等。

图 3-11　重庆大学城局部卫星地图

截取局部路网，并挑选出其中的交叉路口、路段和车道，做一些简单的加工处理，大致生成了一张重庆大学城局部路网拓扑图，如图 3-12 所示。经过一些处理后，该路网共有 230 个节点，778 条路段，总面积近 70 平方千米。节点 82 周围的蓝色节点表示子节点，绿色节点表示邻近子节点。

利用交通建模及仿真软件 Vissim 建立重庆大学城局部路网，并实现交通仿真，具体步骤如下。

步骤 1：为了保证记录的数据特性一致，路网所有车辆的车型设为一致。

步骤 2：为每个路段添加数据采集器，用于采集经过本路段的所有车辆的编号、路段行程时间、速度和加速度序列等信息。

步骤 3：结合重庆大学城实际交通情况和路网建模环境，在路网边沿若干重要路段设置两组车流量，分别模拟该路网早高峰时段 8:17～8:30 和 8:30～8:43（以下分别称为时段 1 和时段 2，并设路网权值时变周期为 780s）的交通车流情况。

步骤 4：为了让车流充分融入路网内部以体现不同路段的交通特性，在 1800s 仿真后再开始记录数据。

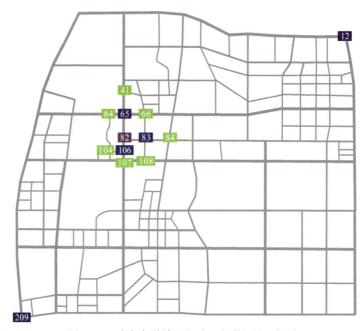

图 3-12　重庆大学城局部路网拓扑图（见彩图）

步骤 5：计算经过某条路段的所有车辆行程时间的平均值，用于反映经过该路段所花费的时间。

根据上述步骤建立重庆大学城路段行程时间动态数据库，命名为 Database_time，该数据库将用于下文的动态路网路径规划。由于数据库的数据量过于庞大，在此仅展示以节点 82 作为父节点的部分仿真行程时间数据，如表 3-3 所示。

表 3-3　部分仿真行程时间数据

父节点	时段	子节点	路段权值/s	不同转向节点的延误权值/s		
				左转节点/权值	直行节点/权值	右转节点/权值
82	1	65	45.6	64/12.8	41/8.2	66/9.7
		83	52.9	66/13.8	84/9.6	108/6.5
		106	17.1	无/∞	107/10.8	104/7.8
	2	65	48.1	64/13.4	41/9.6	66/9.9
		83	54.5	66/12.9	84/9.8	108/7.2
		106	18.6	无/∞	107/11.3	104/8.4

3.4.4　动态路网的全局最优路径规划思想

通过分析图 3-9 可以发现，静态路径规划思想错过了蓝色路径的原因是当车辆位于起始节点 2 时，认为路径 2→3→7→11 在时段 1 的行程时间较长，却忽略了路段 3→7 在时段 2 的行程时间将变化到较小值；动态路径规划思想错过了蓝色路径的原因是当车辆位于节点 6 重新进行路径规划时，尽管车辆获知了路径 3→7 在本时段 2 的行程时间较短，但此时车辆已经位于节点 6，路径 3→7 已经不再位于考察路段范围。

为此欲在节点 2 就能计算出蓝色路径的累积行程时间最短，需要对整个路网的时段 1 和时段 2 的行程时间权值进行综合分析，设想有三辆车同时从节点 2 分别沿着绿色、黄色及蓝色路径行驶，那么在权值更新时刻，三辆车在路网的位置是确定的。这三处位置就代表了车辆在时段 1 的 t_0 时刻从节点 2 向路网外围扩散的过程中，到达权值更新时刻时车辆在三条不同路径上能够到达的最远位置，这个最远位置通常位于路段上，而非恰好位于交叉口上。因此，对于任一动态路网，若车辆在起始点位于时段 1，那么首先利用 Dijkstra 算法基于时段 1 的权值可以计算车辆从起始点向外行驶能够到达的最远位置，在时段 1 已经遍历到的节点的路径是确定的、最优的；然后更新路网权值，进而在这些最远位置基于时段 2 的权值继续遍历余下未访问的节点，若时段 2 内还未遍历完整的路网，则基于时段 3 的权值继续遍历剩余节点，直到遍历完整的路网。

综上所述，在路网的拓扑结构一定及权值更新周期规律已知的前提下，可以规划路网的全局最优路径，其关键是计算车辆在每一个时段到达最远位置所处路段的实际权值。因此，本节以 Dijkstra 算法作为载体，融合上述全局最优路径规划思想，对 Dijkstra 算法进行适当改进，新增跨时段路段的实际权值计算环节，提出了基于 Dijkstra 算法的全局最优路径规划 (global optimal path planning，GOPP) 思想，如图 3-13 所示。

以图 3-9 的示例路网为例，介绍 GOPP 思想的 5 个步骤。

步骤 1：初始化。设源节点为 s，目标节点为 t，源节点 s 到节点 i 的最小累积权值为 d_i，到节点 i 所经过的路径节点集合为 p_i，最小累积权值已知节点的集合为 S，最小累积权值未知节点的集合为 U，则初始时刻，节点 s 的邻近子节点的权值 d_i 和路径 p_i 可以通过读取路网数据直接得到，不相邻的节点最小累积权值设为 ∞。在图 3-9 中，设源节点为 1，目标节点为 11，路网权值时变周期为 T，时段编号为 $T_{num}=1$，车辆在源节点 1 的时刻为 t_0，则 $t_0+T_{num}\cdot T$ 为权值更新时刻。初始时刻 $S=\{1\}$，$U=\{2,3,4,5,6,7,8,9,10,11,12\}$。节点 2 与节点 1 相邻，故由 d_2 可知，其余节点累积权值均为 ∞。

步骤 2：遍历未知节点集。进入循环，在 U 中搜索距源节点 s 权值最小的节点 k，将该点从 U 移到 S 中，同时将该点 k 的权值和对应的路径分别存放到 d_k 和 p_k 中。在步骤 1 的基础上，设集合 U 中节点 2 具有最小累积权值 d_2，故 $S=\{1,2\}$，$U=\{3,4,5,6,7,8,9,10,11,12\}$。

步骤 3：比较更新邻近节点权值。设节点 k 至邻近子节点 j 的路段权值与转向权值之和为 $w(k,j)$，判断 $d_k+w(k,j)$ 与 d_j 的大小，更新 s 至 j 的最小权值 d_j 和对应路径 p_j。在步骤 1 的基础上，节点 2 的邻近节点包括节点 3 和节点 6，由于节点 3 和节点 6 的累积权值为 ∞，故此时应当更新 d_3 和 d_6。传统 Dijkstra 算法从步骤 1 到步骤 3 不断循环，直至 $U=\varnothing$。本节所提出的 GOPP 算法新增跨时段路段的实际权值计算环节，该环节将判断路网权值是否更新并计算跨时段路段的实际权值，如图 3-13 虚线框所示，具体如步骤 4 和步骤 5 所示。

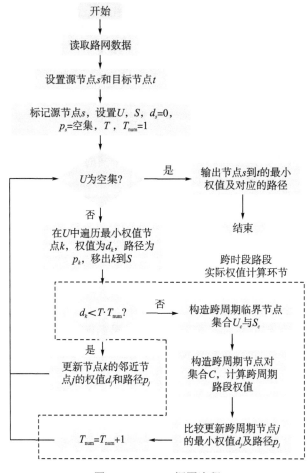

图 3-13　GOPP 框图流程

步骤 4：判断路网权值是否更新。若至节点 k 的最小权值 $d_k > T \cdot T_{num}$，表明在到达节点 k 的路段将经历路网权值更新。在前三步基础上，设当前 $S=\{1,2,3,6\}$，$U=\{4,5,7,8,9,10,11,12\}$，集合 U 中节点 10 具有最小累积权值 d_{10}，且 $d_{10} > T \cdot T_{num}$，表明按照路径 $1 \rightarrow 2 \rightarrow 6 \rightarrow 10$ 经历了权值更新，且发生在路段 $6 \rightarrow 10$。定义节点 6 为临界父节点，节点 10 为临界子节点，节点 6 与节点 10 共同构成临界节点对。

步骤 5：计算临界节点对的实际累积权值。在步骤 4 的基础上，设临界路段 $6 \rightarrow 10$ 在时段 1 和时段 2 的权值分别为 $\omega_{6\_10\_1}$ 和 $\omega_{6\_10\_2}$，车辆在路段 $6 \rightarrow 10$ 于时段 1 的行驶路程比例为

$$r = \frac{T \cdot T_{num} - d_6}{\omega_{6\_10\_1}} \tag{3-11}$$

则路径 $1 \rightarrow 2 \rightarrow 6 \rightarrow 10$ 的实际累积权值为

$$d_{10} = d_6 + r\omega_{6\_10\_1} + (1-r)\omega_{6\_10\_2} \tag{3-12}$$

据此将集合 S 中的所有临界父节点构成集合 S_c，将集合 U 中的所有临界子节点构成集合 U_c，进而组成临界节点对集合 C。参照式(3-11)与式(3-12)，可以计算临界节点对集合的所有跨时段路段实际权值，之后更新时段编号 T_{num}，然后循环步骤 2～步骤 5，直到 $U=\varnothing$。

3.4.5　全局最优路径规划思想的仿真试验验证

本节将以 Database_time 作为行程时间动态数据库，用于比较静态路径规划、动态路径规划和 GOPP 在动态路网路径规划中的优劣。

以重庆大学城局部路网的(12,209)作为仿真试验的起讫点，设车辆位于源节点 12 的时刻为早上 8:17(即时段 1 的起始时刻)，路网的权值将在 8:30 更新，利用 Dijkstra 算法分别采用静态路径规划(SPP)、动态路径规划(RPP)和 GOPP 三种思想进行路径规划，结果见图 3-14。

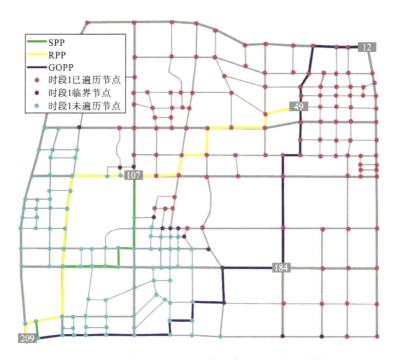

图 3-14　三种路径规划思想的仿真结果比较(见彩图)

计算图 3-14 的三种路径的累积行程时间，如表 3-4 所示。

表 3-4　三种路径规划结果累积行程时间比较

路径规划思想	路径颜色	累积行程时间/s
SPP	绿色	1341.9
RPP	黄色	1145.9
GOPP	蓝色	1099.5

在图 3-14 中，绿色、黄色和蓝色路径分别代表 SPP、RPP 和 GOPP 规划路径。粉红色节点代表的是 GOPP 在时段 1 的 780s 内能遍历的所有节点，紫色节点代表余下还未遍历到的、与粉红色节点相邻的节点，青色节点代表余下还未遍历到的、不与粉红色节点相邻的节点。那么，紫色节点与相邻的粉红色节点所构成的路段即为上文提及的跨时段路段，这类跨时段路段的实际行程时间需要按照式(3-11)与式(3-12)进行计算。值得注意的是，某些紫色节点的邻近粉红色节点不止一个，那么构成的跨时段路段也不止一条，因此就需要分别计算这些跨时段路段的累积行程时间，并从中挑选累积权值最低的那一条。

参照图 3-10 绘制三种路径规划思想的 D-T 图，用于清晰比较不同路径规划思想的差异性，如图 3-15 所示。

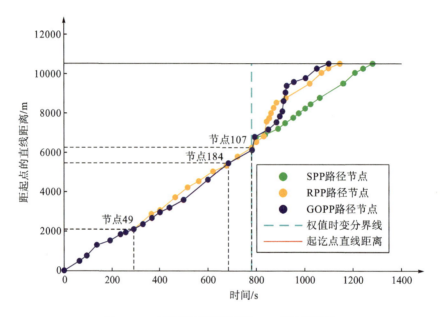

图 3-15　三种路径规划思想的 D-T 图（见彩图）

观察图 3-14、图 3-15 及表 3-4，并结合重庆大学城实际交通情况，可以看出：

(1)三条路径在源节点 12 至节点 49 重合，然后 GOPP 出现分离；SPP 和 RPP 在节点 49 朝西延伸至节点 107，之后再次出现分离；而 GOPP 在节点 49 朝南延伸直至目标节点。

(2)节点 107 南向路段(大学城中路)分布有重庆大学、重庆一中等学校，北向路段分布有重庆师范大学、大学城地铁站，仿真结果表明 SPP 和 RPP 到达节点 107 的时刻为 8:30:11，此时正是早高峰拥堵时段，路网权值已经更新。因此，动态路径规划将在节点 107 基于时段 2 的路网权值重新规划剩余路径，规划结果表明节点 107 沿西(大学城南路)行驶可以有效避免拥堵。

(3)节点 184 东西路段(大学城南路)是大学城路网的骨干路段，南北路段分布有华润微电园、固废流转中心等企业，在时段 1 交通较为拥堵，进入时段 2 逐渐缓解，因此图 3-15 蓝色曲线在经过了节点 184 后便较快到达了终点且累积权值仅为 1099.5s，相比 SPP 和 RPP 分别减少了 242.4s 和 46.4s。

　　上述仿真实验以 (12,209) 作为起讫点，验证了 GOPP 相比 SPP 和 RPP 在实现全局最优路径规划方面的优越性。实际上，任意选择一组起讫点，SPP、RPP 及 GOPP 的累积行程时间的大小关系可以表示为

$$T_{\text{GOPP}} \leqslant T_{\text{RPP}} \leqslant T_{\text{SPP}} \tag{3-13}$$

　　对式 (3-13) 的大小关系做进一步说明：

　　(1) 若在动态路网中，选择的目标节点位于本时段车辆能遍历的最远节点范围内 (图 3-14 的节点 49 在时段 1 便被遍历)，则有 $T_{\text{GOPP}} = T_{\text{RPP}} = T_{\text{SPP}}$。

　　(2) 若在动态路网中，选择的目标节点位于本时段车辆能遍历的最远节点范围外，即跨过了时变周期 (图 3-14 的节点 209 在时段 2 才会被遍历)，RPP 与 GOPP 的关系需要进一步分析，但两者的累积时间必然小于 SPP，即 $T_{\text{GOPP}} < T_{\text{SPP}}$ 且 $T_{\text{RPP}} < T_{\text{SPP}}$。

　　(3) 若在动态路网中，选择的目标节点位于本时段车辆能遍历的最远节点范围外，且剩余未遍历节点的若干路段在下一时段的权值存在变小的情况，可能存在到目标节点权值最小的路径 (图 3-14) 中，节点 184 向左的蓝色路径在时段 2 权值变小，从节点 184 到达节点 209 的蓝色路径累积行程时间，要小于从节点 107 到节点 209 的行程时间)，则有 $T_{\text{GOPP}} < T_{\text{RPP}} < T_{\text{SPP}}$。

　　综上，基于 Dijkstra 算法的 GOPP 思想在行程时间动态变化的路网中能够规划全局最优路径，可以为驾驶员缩短交通出行时间，具有一定的实用价值，同时，这一性质可以推广到任意权值发生动态变化的路网中，如路段平均速度、能耗等。

第4章 基于栅格图的全局路径规划算法

4.1 术 语 概 念

4.1.1 栅格图简介

第 3 章介绍了基于拓扑图的全局路径规划算法，拓扑图适用于节点、边及权重三大元素有明确含义的领域，如宏观层面的城市交通路网建模。对于比较微观层面的场景，如室内机器人领域的地图构建、自动泊车领域的车库地图构建等，栅格图更加适用。

图 4-1 为栅格图(grid map)，栅格图将环境划分成一系列栅格，每一个栅格用不同数值代表其起点、终点、障碍物、自由空间等属性。除了用具体数值，还可以用不同颜色以更加直观地表示栅格属性，如蓝色代表障碍物、绿色代表起点、红色代表终点。栅格的尺寸(或称颗粒度)可以自由定义，尺寸越大则所建立的地图越粗糙，描述场景的特征边界越模糊，尺寸越小则栅格图越精细。

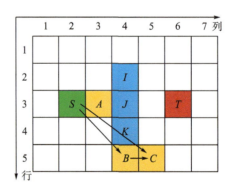

图 4-1 栅格图(见彩图)

栅格图有较多术语概念，以下分别进行介绍。

1. 行列坐标与线性坐标

一般来说，栅格图的坐标系不同于常见的笛卡儿坐标系，而更类似于图像坐标系，其具体定义为：栅格坐标系的原点在栅格矩阵的左上角，将横向的一排栅格称为一行(row)，那么这一行的不同栅格就代表不同的列，所以图 4-1 的水平方向用列(column，通常简写为 col)表示坐标；纵向的一排栅格称为一列，那么这一列的不同栅格就代表不同的行，所以图 4-1 的竖直方向用 row 表示坐标。针对栅格地图的某一个节点，基于栅格坐标系的坐标表示方法又可以分为以下两种：

(1) 行列下标(row and column subscripts)。行列下标是将节点所在的行序号和列序号一起表示，如图 4-1 所示的源节点 S 位于第 3 行第 2 列，故其行列坐标可以表示为(3,2)，这种表示方法比较普遍，适用于栅格矩阵的左上角原点较为固定的场景。

(2) 线性索引(linear indices)。线性索引则是将行和列通过式(4-1)转换为一个单独的数值坐标：

$$\text{linear indices} = (\text{col}-1)\text{Row} + \text{row} \tag{4-1}$$

式中，Row 代表栅格图的总行数；row 和 col 分别代表行列下标，如源节点 S 的线型坐标就为(2-1)×5+3=8。线性坐标适用于栅格图的行数固定的场合，可以仅用一个数值直观地表示栅格节点位置。

2. 欧氏距离与曼哈顿距离

本章所介绍的路径规划法会涉及距离预估的概念，常见的距离计算方式有欧氏距离法、曼哈顿距离法等。

(1) 欧氏距离也称欧几里得距离(Euclidean distance)，是最常见的距离度量。在二维和三维空间中的欧氏距离就是两点之间的实际距离。图 4-1 中节点 S 和节点 K 的欧氏距离计算公式为

$$\begin{aligned}\text{dist}_E(S,K) &= \sqrt{(\text{row}_S-\text{row}_K)^2+(\text{col}_S-\text{col}_K)^2}\\&=\sqrt{(3-4)^2+(2-4)^2}=\sqrt{5}\end{aligned} \tag{4-2}$$

(2) 曼哈顿距离(Manhattan distance)取名来自美国纽约的曼哈顿街区，该街区高楼林立、街道纵横，俯视图就如同一系列栅格。由于街道很规则，从一个路口到另一个路口往往就只有横向移动和纵向移动两种方式，两个路口实际经过的距离不再是两者的欧氏距离，而是横向移动与纵向移动的距离之和。图 4-1 中节点 S 和节点 K 的曼哈顿距离计算公式为

$$\begin{aligned}\text{dist}_M(S,K) &= |\text{row}_S-\text{row}_K|+|\text{col}_S-\text{col}_K|\\&=|3-4|+|2-4|=3\end{aligned} \tag{4-3}$$

一般来说，栅格图的距离预估多采用曼哈顿距离。

3. 前驱节点(父节点)和后继节点(子节点)

为了更方便描述栅格图中相邻节点间的相互关系，引入了前驱节点(predecessor node)和后继节点(successor node)的概念。图 4-1 中，从节点 S 开始搜索，节点 A 是它的邻近节点，那么可以称节点 S 是节点 A 的前驱节点，节点 A 是节点 S 的后继节点，因此这里的"前驱"与"后继"可以理解为"父"与"子"的关系。推广来说，当搜索到节点 B 但还未搜索到节点 C 时，一般会将节点 S 到节点 C 的距离代价设为无穷大，故从节点 S 到节点 B 的距离代价加上节点 B 到节点 C 的距离代价之和必然小于从节点 S 到节点 C 的距

离代价，此时节点 B 就为节点 C 的前驱节点。前驱节点和后继节点的概念在栅格图中十分重要，读者须深入理解前驱节点和后继节点的内在联系以便快速掌握相关算法。

4.1.2 启发式搜索和增量式搜索

3.1.3 节介绍了拓扑图的两种搜索方式，即广度优先搜索和深度优先搜索。当拓扑图结构规模较大时，上述两种搜索方式都存在逐个遍历搜索的缺陷。这种遍历的搜索过程具有盲目性，因此效率比较低，而且在有限的时间内可能无法搜索到目标点，此时就要用到启发式搜索。

启发式搜索是指在状态空间的搜索过程中建立启发函数，加入与问题有关的启发式信息，引导搜索朝着最优的方向前进。该方法会评估每一个搜索到的节点，通过比较搜索到节点的评估值选择出最好的节点，再将这个最好的节点作为下一次搜索的起始点，沿着搜索的方向继续搜索，直到搜索到目标点。由于启发式搜索不需要遍历网络中的所有节点，这样就可以忽略大量与启发信息无关的节点，提高了搜索效率。在启发式搜索中，对节点的估价十分重要，采用不同的估价标准会产生不同的结果。相比深度优先搜索和广度优先搜索，启发式搜索是一种"智能"搜索，典型的算法有 A*算法、D*算法等。

增量式搜索是指通过对以前的搜索结果筛除无关信息保留有效信息，从而实现对历史信息的再利用，最大限度地实现高效搜索，大大减少搜索范围和时间，典型的算法有 LPA*算法、D*Lite 算法等。

4.2 A* 算 法

4.2.1 A*算法简介

A*算法由 Hart 等于 1968 年提出，该算法的问世为人工智能领域带来了重大的影响，吸引了无数学者的研究和改进。A*算法已逐渐广泛地应用于各个领域，如无人驾驶汽车、室内机器人和其他求解最小费用的领域。

A*算法是一种启发式智能搜索算法。它通过引入与目标点有关的启发式信息，指引算法沿着最有希望的方向进行搜索，使搜索方向更加智能地趋向于终点。选择带有合理、准确的启发式信息的估价函数，有助于减小搜索空间、提高效率。采用启发信息的目的是估计当前节点与目标节点之间的距离，由于在进行节点的选择时，A*算法优先选择具有最小估价值的节点，该算法搜索的节点数少，占用的存储空间也少。相比追求全局最优的 Dijkstra 算法，A*算法试图寻求搜索效率和搜索结果的平衡，以提高路径规划的综合性能。

4.2.2 伪代码及分析

A*算法伪代码如下。

A*算法

---

1. Calculate the estimated value of S to T and assign it to $h(S)$
2. $g(S)=0, f(S)=g(S)+h(S)$
3. OPEN $=\{S\},$ CLOSE $=\varnothing$
3. **while** $T \notin$ CLOSE
4. 　　　pred $= \arg\min_{u\in\text{OPEN}} f(u)$
5. 　　　Find the feasible neighbors of pred and assign them to Suc
6. 　　　**for** all suc $\in$ Suc
7. 　　　　　$g(\text{suc})=g(\text{pred})+\omega(\text{pred},\text{suc})$
8. 　　　　　$f(\text{suc})=g(\text{suc})+h(\text{suc})$
9. 　　　　　**if**　suc $\in$ OPEN
10. 　　　　　　　**if** $f(\text{suc})<$ OPEN$(\text{suc}).f$
11. 　　　　　　　　　OPEN$(\text{suc}).f = f(\text{suc})$
12. 　　　　　　　**else**
13. 　　　　　　　　　OPEN $=$ OPEN$\cup$ suc
14. 　　　　　　　　　OPEN$(\text{suc}).f = f(\text{suc})$
15. 　　　Remove pred from the OPEN
16. 　　　CLOSE $=$ CLOSE$\cup\{\text{pred}\}$

由伪代码可知，A*算法结合了贪心算法(深度优先算法)和 Dijkstra 算法(广度优先算法)思想，是一种启发式搜索算法。

(1)初始化，对应伪代码第 1～3 行。首先，A*算法定义了一种路径优劣评价方法，定义 $g(n)$ 是在从源节点到本节点 n 的实际距离，$h(n)$ 是从本节点 n 到目标节点的估计代价，$f(n)$ 是从源节点到本节点的实际距离与本节点到目标节点的预估距离之和，则有

$$f(n)=g(n)+h(n) \tag{4-4}$$

在进行路径规划前首先确定源节点 S 和目标节点 T，然后在栅格图中根据节点 S 和节点 T 的相对位置关系计算曼哈顿距离，此距离是从起点到终点的一个初步估计值，由于中途往往有障碍物阻挡，此值与最终规划路径的距离存在一定差距。这个预估值充当着方向指引的作用，可以使当前节点尽量沿着朝目标点方向的栅格进行路径搜索，此即为"启发式搜索"。将这个估计值存入到 h 函数，代表此源节点与目标点的估计距离。由于源节点到自身节点的实际距离为 0，g 函数赋值为 0。在后续的栅格路径搜索过程中，将根据 f 函数的数值大小判断某一个栅格节点的优劣，从而选择性地进行路径规划。最后，定义两个状态表，OPEN 表由待考察的节点组成，CLOSE 表由已经考察过的节点组成(类似于 Dijkstra 算法的 U 集合和 S 集合)。初始化的时候 OPEN 表存放源节点 S，CLOSE 表为空集。

(2)确定前驱节点及邻近的后继节点，对应第 4～5 行伪代码。首先进入 while 循环，当 CLOSE 表存在目标节点 T 时，表明已经搜索到终点，退出循环；然后在 OPEN 表中找出 f 函数值最小的节点，将其命名为 pred；最后以节点 pred 作为前驱节点，搜索周围的若

干个可行的邻近后继节点，"可行"是指需要排除障碍物和已经位于 CLOSE 表中的节点，并赋值到集合 Suc。

（3）计算后继节点的 f 函数并与原 f 值比较更新，对应第 6～14 行伪代码。针对后继节点集合 Suc 的每一个节点，首先计算从源节点经前驱节点再到本节点的实际移动距离，并赋值给 $g(\text{suc})$；然后预估本节点到目标节点的曼哈顿距离并赋值给 $h(\text{suc})$，两者之和即为本节点的 f 函数值。判断节点 suc 是否属于 OPEN 表，若不属于，则将其追加到 OPEN 表中，用于下一次循环的判断比较；若属于，则比较此时计算的 f 数值是否小于节点 suc 之前存储的 f 数值的大小，若前者小于后者，表明此时从源节点经前驱节点到本后继节点的路径可能更短，那么就更新节点 suc 的 f 函数值。这里"可能"的含义是指目前还未完全搜索整个栅格地图，故无法保证沿着这个栅格搜索未来的路径一定是全局最优路径，只是当前条件下的暂时性局部最优，故这里体现了贪心搜索的思想。

（4）处理 OPEN 表和 CLOSE 表，对应第 15～16 行伪代码。由于节点 pred 在 OPEN 表中已经是 f 函数值最小的节点了，表明在现有的搜索范围内已经达到最优，将其从 OPEN 表中移到 CLOSE 表中。之后继续执行循环体，直到搜索到目标节点为止。

4.2.3　案例精讲

以图 4-1 的栅格图为例，介绍如何利用 A*算法规划路径。

（1）初始化。节点 S 和节点 T 的行列下标分别为 $(3,2)$ 和 $(3,6)$，因此节点 S 到节点 T 的曼哈顿预估距离为 4，那么有 $f(S)=g(S)+h(S)=0+4=4$。同时，将源节点 S 放入 OPEN 表中。

（2）确定前驱节点及邻近的后继节点。此时 OPEN 表仅有节点 S，直接将该节点作为前驱节点 pred。节点 S 的邻近后继节点有 A、B、C、D、E、F、G 和 H，后继节点构成集合 Suc，如图 4-2(a) 的黄色栅格所示。

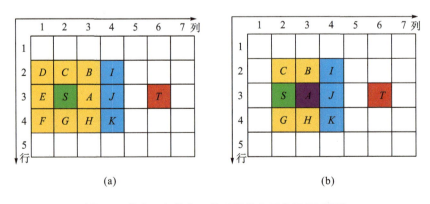

图 4-2　节点 S 和节点 A 的后继节点示意图（见彩图）

（3）比较更新。针对集合 Suc 的 8 个后继节点，分别计算距离代价，如式(4-5)所示。这些后继节点都是初次搜索，故全部追加到 OPEN 表中。

$$\begin{cases} f(A)=g(A)+h(A)=1+3=4 \\ f(B)=g(B)+h(B)=1.4+4=5.4 \\ f(C)=g(C)+h(C)=1+5=6 \\ f(D)=g(D)+h(D)=1.4+6=7.4 \\ f(E)=g(E)+h(E)=1+5=6 \\ f(F)=g(F)+h(F)=1.4+6=7.4 \\ f(G)=g(G)+h(G)=1+5=6 \\ f(H)=g(H)+h(H)=1.4+4=5.4 \end{cases} \tag{4-5}$$

（4）处理 OPEN 表和 CLOSE 表。将节点 S 从 OPEN 表移入 CLOSE 表中，此时 OPEN={A, B,C,D,E,F,G,H}，CLOSE={S}。

至此，已完成了第 1 次 while 循环，接下来继续搜索路径。如图 4-2（b）所示，从现有的 OPEN 表中挑出 f 函数值的最小节点 A，将其命名为前驱节点 pred（用紫色栅格表示）。节点 A 的邻近节点包括 I、B、C、S、G、H、K 和 J，其中节点 S 已经位于 CLOSE 表中，节点 I、J、K 为障碍节点，除去障碍节点和位于 CLOSE 表中的节点后的后继节点还剩 B、C、G、H，再计算从源节点 S 经由前驱节点 A 到达这些后继节点，最终到达目标点的估计距离，如式（4-6）所示。

$$\begin{cases} f(B)=g(B)+h(B)=g(A)+\omega(A,B)+h(B)=1+1+4=6 \\ f(C)=g(C)+h(C)=g(A)+\omega(A,C)+h(C)=1+1.4+5=7.4 \\ f(G)=g(G)+h(G)=g(A)+\omega(A,G)+h(G)=1+1.4+5=7.4 \\ f(H)=g(H)+h(H)=g(A)+\omega(A,H)+h(H)=1+1+4=6 \end{cases} \tag{4-6}$$

B、C、G 及 H 四个节点在上一次循环中都全部加入到了 OPEN 表中，故需要与之前存放的 f 函数值比较大小，通过比较可以发现上述 4 个节点的 f 函数值都比之前的大，故无须更新。实际上，从栅格图也能直观地观察到这点，以节点 C 为例，在上一次 while 循环中，直接从源节点 S 到达节点 C；本次循环中，要求节点 S 先经过前驱节点 A 再到达节点 C，显然上一次循环的路径更优。尽管第 2 次的路径更差，但这却是启发式搜索必不可少的过程。最后，再把前驱节点 A 从 OPEN 表移到 CLOSE 表，此时 OPEN={B,C,D,E,F, G,H}，CLOSE={S,A}。

执行第 3 次 while 循环，继续搜索路径。从现有的 OPEN 表中挑出 f 函数值最小的节点 B（实际上，节点 H 的 f 函数值与 B 相同，这里按照 OPEN 表的先后顺序取节点），同样将其命名为前驱节点 pred（用紫色栅格表示），如图 4-3（a）所示。节点 H 周围除去障碍节点和位于 CLOSE 表中外的邻近后继节点还有 G、L、M、N。先计算从源节点 S 经由前驱节点 H 到达这些后继节点，最终到达目标点的估计距离，如式（4-7）所示。

$$\begin{cases} f(G)=g(G)+h(G)=g(H)+\omega(H,G)+h(G)=1.4+1+5=7.4 \\ f(L)=g(L)+h(L)=g(H)+\omega(H,L)+h(L)=1.4+1.4+6=8.8 \\ f(M)=g(M)+h(M)=g(H)+\omega(H,M)+h(M)=1.4+1+5=7.4 \\ f(N)=g(N)+h(N)=g(H)+\omega(H,N)+h(N)=1.4+1.4+4=6.8 \end{cases} \tag{4-7}$$

    L、M、N 三个节点是最新搜索到的节点，故直接追加到 OPEN 表。G 节点的 f 函数值仍比第 1 次循环的数值大，无须更新。最后把前驱节点 H 从 OPEN 表移出到 CLOSE 表，此时 OPEN=$\{B,C,D,E,F,G,L,M,N\}$，CLOSE=$\{S,A,H\}$。

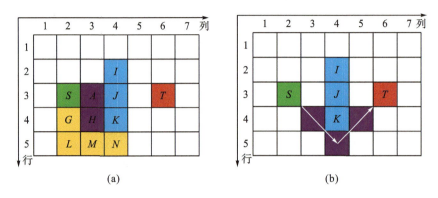

(a)   (b)

图 4-3   节点 H 的后继节点示意图（见彩图）

    后续过程继续执行 while 循环，不断从 OPEN 表中挑出 f 函数值最小的节点到 CLOSE 表中，同时对该节点的后继节点更新 f 函数值。最终的搜索路径如图 4-3(b) 所示。

4.2.4   MATLAB 仿真

    欲利用 MATLAB 进行基于栅格图的路径规划仿真，首先需要建立栅格图场景。具体代码如下。

```
1. clc
2. clear
3. close all
4. %% 初始化栅格图
5. rows = 20;                                    % 行数
6. cols = 20;                                    % 列数
7. cmap = [1 1 1; …                              % 定义颜色属性:1-白色-空地
8.     0 0 0; …                                  % 2-黑色-静态障碍
9.     1 0 0; …                                  % 3-红色-动态障碍
10.    1 1 0; …                                  % 4-黄色-起始点
11.    1 0 1; …                                  % 5-品红-目标点
12.    0 1 0; …                                  % 6-绿色-到目标点的规划路径
13.    0 1 1];                                   % 7-青色-动态规划的路径
14. colormap(cmap);                              % 构建颜色 MAP 图
15. field = ones(rows, cols);                    % 定义栅格图全域，并初始化空
16. %% 定义起点、终点、障碍物区域                   白区域
17. startNode = 4;                               % 起点
18. goalNode = rows*cols-2;                      % 终点
19. field(startNode) = 4;                        % 栅格图起点坐标赋颜色值
```

```
20. field(goalNode) = 5；                                    % 栅格图终点坐标赋颜色值
21. field(2：2：5) = 2；                                      % 栅格图障碍物区域赋颜色值
22. field(5：3：5) = 2；
23. field(4，11：15) = 2；
24. field(2，13：17) = 2；
25. field(7，14：18) = 2；
26. field(3：10，19) = 2；
27. field(15：18，19) = 2；
28. field(3：10，19) = 2；
29. field(3：10，7) = 2；
30. field(9：19，2) = 2；
31. field(15：17，7) = 2；
32. field(10，3：7) = 2；
33. field(13，5：8) = 2；
34. field(6：8，4) = 2；
35. field(13：18，4) = 2；
36. field(6：16，10) = 2；
37. field(19：20，10) = 2；
38. field(17，13：17) = 2；
39. field(18，6：11) = 2；
40. field(10：17，13) = 2；
41. field(10，13：17) = 2；
42. field(14，15：19) = 2；
43. field(7，12) = 2；
44. %% 画图
45. image(1.5，1.5，field)；                                 % 根据定义的栅格坐标画图
46. grid on；                                                % 打开网格
47. set(gca，'gridline'，'-'，'gridcolor'，'k'，'linewidth'，   % 设置网格线型、颜色、线宽
    1.8，'GridAlpha'，1)；
48. set(gca，'xtick'，1：cols+1，'ytick'，1：rows+1)；          % 设置横纵坐标刻度
49. axis image；                                             % 设置标准横纵网格图像
```

上述代码分为如下三个部分。

第 1 部分进行栅格图的初始化，首先定义栅格图的行数和列数，定义颜色属性 cmap，cmap 是一个三列的矩阵变量，每一行用不同颜色的 RGB 值唯一定义，那么后续只需要将栅格图的栅格属性数值赋值为行序号；然后调用相应函数则可以绘制包含不同颜色栅格的栅格图，例如，cmap 的第 4 行是黄色，用于代表起点；最后初始化栅格图变量 field，该矩阵变量的所有元素数值初始化均为 1，联系 cmap 变量的定义可知栅格图全部初始化为自由空间。

第 2 部分定义起点、终点和障碍物区域，以起点为例，定义起点的颜色属性值为 4，则直接赋值为 field(startNode)=4。

第 3 部分是画图，调用一些绘图函数和属性赋值。执行上述代码，将绘制如图 4-4 所示的栅格图，图中黄色和红色栅格分别代表起点和终点，黑色栅格代表障碍物区域，其余白色栅格代表自由空间，利用此栅格图进行路径规划将非常利于可视化。

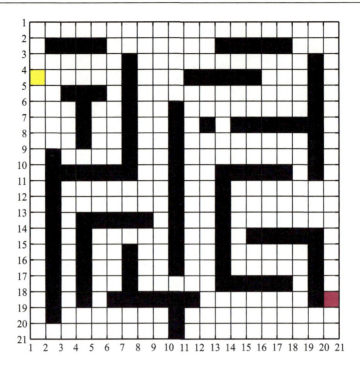

图 4-4   定义栅格图场景(见彩图)

建立栅格图后，便可以利用 A*算法进行路径规划，具体代码如下。

```
1. clc
2. clear
3. close all
4. %% 栅格界面、场景定义
5. rows = 20;                                          % 栅格图行数
6. cols = 20;                                          % 栅格图列数
7. startNode = 4;                                      % 起点
8. goalNode = rows*cols-2;                             % 终点
9. [field, cmap] = defColorMap(rows, cols);           % 调用栅格图构造函数
10. field(startNode) = 4;                              % 栅格图起点坐标赋颜色值
11. field(goalNode) = 5;                               % 栅格图终点坐标赋颜色值
12. %% 预处理
13. parentNode = startNode;                            % 起点作为父节点
14. closeList = [startNode, 0];                        % 初始化 closeList
15. openList = struct;                                 % 初始化 openList 为结构体
16. childNodes = getChildNode(field, closeList, parentNode); % 根据当前父节点获取子节点
17. for i = 1: length(childNodes)                      % 循环遍历每个子节点
18.     [row_startPos, col_startPos] = ind2sub         % 将起点的线性索引转为行列坐标
        ([rows, cols], startNode);
19.     [row_goalPos, col_goalPos] = ind2sub          % 将终点的线性索引转为行列坐标
        ([rows, cols], goalNode);
20.     [row, col] = ind2sub([rows, cols], childNodes(i)); % 将子节点的线性索引转为行列坐标
21.     openList(i).node = childNodes(i);              % 将子节点存入 openList 结构体
22.     openList(i).g = norm([row_startPos, col_startPos] - % 计算子节点的 g 值
        [row, col]);
23.     openList(i).h = abs(row_goalPos - row) +       % 计算子节点的 h 值
        abs(col_goalPos - col);
24.     openList(i).f = openList(i).g + openList(i).h;  % 计算子节点的 f 值
25. end
```

```
26. for i = 1: rows*cols
27.     path{i, 1} = i;                              % 元胞数组 path 的第 1 列代表某节点
28. end
29. for i = 1: length(openList)
30.     node = openList(i).node;
31.     path{node, 2} = [startNode, node];           % 根据 openList 更新 path
32. end
33. %% 开始搜索
34. [∼, idx_min] = min([openList.f]);               % 在 openList 开始搜索移动代价最
                                                      小的节点, 令其为父节点
35. parentNode = openList(idx_min).node;
36. while true                                        % 进入循环
37.     childNodes = getChildNode(field, closeList,  % 获取父节点的子节点
                parentNode);
38.     for i = 1: length(childNodes)               % 依次遍历每一个子节点
39.         childNode = childNodes(i);
40.         [in_flag, idx] = ismember(childNode,     % 判断子节点是否位于 openList 中
                [openList.node]);
41.         [row_parentNode, col_parentNode] =       % 将父节点的线性索引转为行列坐标
                ind2sub([rows, cols], parentNode);
42.         [row_childNode, col_childNode] =         % 将子节点的线性索引转为行列坐标
                ind2sub([rows, cols], childNode);
43.         [row_goalPos, col_goalPos] = ind2sub([rows,  % 将目标节点的线性索引转为行列坐
                cols], goalNode);                     标
44.         g = openList(idx_min).g + …              % 计算节点的 g 值
                norm([row_parentNode, col_parentNode] -...
                [row_childNode, col_childNode]);
45.         h = abs(row_goalPos - row_childNode) +   % 计算节点的 h 值
                abs(col_goalPos - col_childNode);
46.         f = g + h;
47.         if in_flag                               % 计算节点的 f 值
48.             if f < openList(idx).f                % 若子节点位于 openList 中
49.                 openList(idx).g = g;              % 若上述计算的 f 值小于之前存放的 f 值
50.                 openList(idx).h = h;              % 更新 openLis 的 g 值
51.                 openList(idx).f = f;              % 更新 openLis 的 h 值
52.                 path{childNode, 2} =             % 更新 openLis 的 f 值
                    [path{parentNode, 2}, childNode]; % 更新路径
53.             end
54.         else                                     % 若子节点不位于 openList 中
55.             openList(end+1).node = childNode;     % 先将此子节点追加到 openList
56.             openList(end).g = g;                  % 更新 openList 的 g 值
57.             openList(end).h = h;                  % 更新 openList 的 h 值
58.             openList(end).f = f;                  % 更新 openList 的 f 值
59.             path{childNode, 2} = [path{parentNode, 2},  % 更新路径
                childNode];
60.         end
61.     end
62.     closeList(end+1, : ) = [openList(idx_min).node,  % 将代价最小的节点追加到 closeList
                openList(idx_min).f];
63.     openList(idx_min)= [];                       % openList 移出代价最小的节点
64.     [∼, idx_min] = min([openList.f]);           % 从 openList 重新搜索代价最小的节点
65.     parentNode = openList(idx_min).node;         % 赋值为新的父节点
66.     if parentNode == goalNode                    % 判断是否搜索到终点
67.         closeList(end+1, : ) = [openList(idx_min).node,  % 将该节点追加到 closeList
                openList(idx_min).f];
68.         break                                    % 退出循环
69.     end
70. end
71. %% 画路径
72. path_target = path{goalNode, 2};                 % 目标最优路径
73. field(path_target(2: end-1)) = 6;                % 栅格图路径点坐标赋颜色值
```

```
74. image(1.5, 1.5, field);                              % 根据定义的栅格坐标画图
75. grid on;                                             % 打开网格
76. set(gca, 'gridline', '-', 'gridcolor', 'k', 'linewidth',  % 设置网格线型、颜色、线宽
    1.8, 'GridAlpha', 1);
77. set(gca, 'xtick', 1: cols+1, 'ytick', 1: rows+1);    % 设置横纵坐标刻度
78. axis image;                                          % 设置标准横纵网格图像
79. hold on
80.  [path_target_sub(:, 1), path_target_sub(:, 2)] =    % 将最优路径转为行列坐标
     ind2sub([rows,  cols], path_target);
81. path_target_xy(:, 1) = path_target_sub(:, 2)+0.5;    % 将行列坐标转为 xy 坐标
82. path_target_xy(:, 2) = path_target_sub(:, 1)+0.5;
83. plot(path_target_xy(:, 1), path_target_xy(:, 2), 'r',  % 画折线路径
    'linewidth', 2)
```

上述代码分为：第 1 部分定义栅格地图场景，主要调用构建栅格图场景的函数，该函数的主体程序在前文已介绍；第 2 部分进行 A*算法的预处理，包括对 openList、closeList，以及 path 变量的初始化，其中 openList 定义为一个结构体，该结构体包含 node，g，h，f 四个属性变量；第 3 部分进入 A*算法的主循环体，该循环体的逻辑结构与伪代码类似，不再细述，值得注意的是，在根据父节点查找周围的子节点时，调用了 getChildNode 自定义函数，该函数的功能是根据当前父节点的行列下标，遍历该节点的周边 8 节点，并判断邻近节点是否为障碍物；第 4 部分为画图，首先根据目标节点从 path 变量中找到最优路径，然后画栅格图，最后画出折线路径。值得注意的是，在画折线路径时，因为前面得到的路径是线性索引坐标 path_target，所以首先需要先转换为行列下标 path_target_sub，又因为 MATLAB 画图坐标与栅格坐标定义不同，所以需要再次转化为基于画图坐标系的路径坐标 path_target_xy。最终得到如图 4-5 所示的规划路径图。

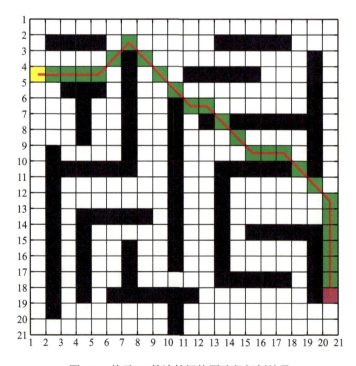

图 4-5　基于 A*算法的栅格图路径规划结果

4.3　D*　算　法

4.3.1　D*算法简介

D*算法是 Dynamic A*的简称，由 A*算法发展而来，该算法由卡耐基梅隆大学机器人研究所的 Stentz 教授于 1994 年和 1995 年提出，主要用于机器人探路，是最早用于火星探测器进行路径搜索的算法。

D*算法是一种启发式的路径搜索算法，适合面对周围环境未知或者周围环境存在动态变化的场景。与 A*算法和 Dijkstra 算法相比：①D*算法主要应用于动态环境下的路径优化，也能兼容静态环境，而 Dijkstra 算法、A*算法只能用于静态环境下的路径优化；②D*算法的实现过程中与 Dijkstra 算法和 A*算法相似，在初始路径规划的过程中是一个反向 Dijkstra 算法，在途中遇到障碍重新规划的过程中可看作一个 A*算法，只是起点是一些不固定的点。因此，D*算法分为两个阶段：第 1 阶段基于 Dijkstra 算法或者 A*算法从目标点往起点进行搜索，得到搜索区域节点距离目标点最短路径的信息；第 2 阶段是动态避障搜索阶段。

4.3.2　伪代码及分析

D*算法伪代码如下。

D*算法

Function : PROCESS_STATE()

1. $X = \arg\min_{x \in OpenList} k(x)$

2. $k_{\text{old}} = k(X)$

3. Delete X in OpenList

4. **if** $k_{\text{old}} < h(X)$

5. 　　**for** all $Y \in$ Neighbors of X

6. 　　　**if** $h(Y) \leqslant k_{\text{old}}$ **and** $h(X) > h(Y) + c(Y, X)$

7. 　　　　$b(X) = Y$; $h(X) = h(Y) + c(Y, X)$

8. **if** $k_{\text{old}} = h(X)$

9. 　　**for** all $Y \in$ Neighbors of X

10. 　　　**if** $t(Y) = $ NEW **or**

11. 　　　　$\big(b(Y) = X$ **and** $h(Y) \neq h(X) + c(X, Y)\big)$ **or**

12. 　　　　$\big(b(Y) \neq X$ **and** $h(Y) > h(X) + c(X, Y)\big)$

13. 　　　　$b(Y) = X$; INSERT$\big(Y, h(X) + c(X, Y)\big)$

14. **else**

15. 　　**for** all $Y \in$ Neighbors of X

16. 　　　**if** $t(Y) = $ NEW **or**

D*算法

17.	$\left(b\left(Y\right)=X \text{ and } h\left(Y\right)\neq h\left(X\right)+c\left(X,Y\right)\right)$
18.	$b\left(Y\right)=X;\text{INSERT}\left(Y,h\left(X\right)+c\left(X,Y\right)\right)$
19.	**else**
20.	**if** $b\left(Y\right)\neq X \text{ and } h\left(Y\right)>h\left(X\right)+c\left(X,Y\right)$
21.	$\text{INSERT}\left(X,h\left(X\right)\right)$
22.	**else**
23.	if $b\left(Y\right)\neq X \text{ and } h\left(X\right)>h\left(Y\right)+c\left(Y,X\right)$ **and**
24.	$t\left(Y\right)=\text{CLOSED} \text{ and } h\left(Y\right)>k_{\text{old}}$
25.	$\text{INSERT}\left(Y,h\left(Y\right)\right)$

Function : MODIFY_COST(X,Y,cval)

1. $c\left(X,Y\right)=\text{cval}$
2. **if** $t\left(X\right)=\text{CLOSED}$ **then**
3. $\text{OpenList}=\left\{\text{OpenList},X\right\}$

D*算法将每一个节点分为三类标识：还未被遍历到的节点标识为 new，已经在 OpenList 表的标识为 open，曾经在 OpenList 表但现在已经被移出的标识为 closed。与 A* 算法类似，每个节点到目标节点 T 的预估代价仍用 h 表示，两个节点 X 与 Y 之间的代价用 $c(X,Y)$ 表示。值得注意的是，由于 D*算法在第 1 次初步规划时是从目标节点向起点进行搜索的，这里的前驱节点和后继节点与 A*算法的方向刚好相反。因此对于节点 X，若它的前驱节点为 Y，那么 X 与目标节点的预估代价可以表示为

$$h(X)=h(Y)+c(Y,X) \tag{4-8}$$

节点 X 在不断遍历过程中，与目标节点的预估代价 h 会动态变化，设变量 k 始终是 h 变化的最小值。换言之，对于标识为 new 的节点，表明还未搜索遍历到，那么 $k=h=\infty$；对于标识为 open 或 closed 的节点，$k=\min\left(k,h_{\text{new}}\right)$。D*算法根据节点 X 中 k 与 h 的大小还定义了两种状态：若 $h=k$，记为 Lower 态；若 $h>k$，记为 Raise 态，表明有更优的路径。

D*算法伪代码主要由两个函数组成，第 1 个函数 PROCESS_STATE（）主要用于处理节点信息，第 2 个函数 MODIFY_COST 主要用于修正若干个受障碍物影响而导致代价值发生变化的那些节点信息，具体步骤如下：

步骤 1：对应伪代码第 1~3 行：在 OpenList 中找到 k 值最小的那个节点 X 及对应的 k_{old} 值，并从 OpenList 移除。

步骤 2：对应伪代码第 4~7 行：判断 k_{old} 与 $h(X)$ 的大小，若前者小于后者，表明现在计算的预估代价小于节点 X 之前存放的预估代价，因此节点 X 到目标节点存在更短路径，那么就应当遍历 X 的所有可行邻节点，考察是否能够以某个邻节点 Y 作为 X 的前驱节点[用 $b(X)=Y$]，使 $h(X)$ 变小。初学者可能对这段语句描述有些困惑，这里可以设想节点 X 与目标节点之间的路径之前有障碍物，现在障碍物消失，那么预估代价值就相应减小，障碍物栅格消失这一影响会逐步向外传递。为了加深对"障碍物消失会将预估代价扩散开来"的理解，给出如图 4-6 所示的示意图。

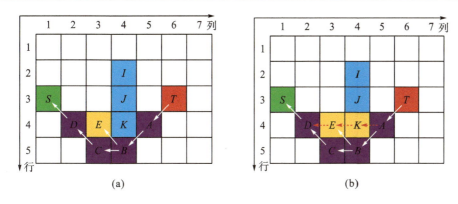

图 4-6　"障碍物消失会将预估代价扩散开来"示意图（见彩图）

图 4-6(a) 中，紫色栅格是 D*算法在第 1 次启用 A*算法从目标节点到源节点的规划路径，箭头的头部和尾部各代表后继节点和前驱节点。针对节点 E，它的前驱节点是节点 B，现在汽车在源节点沿着紫色路径向目标节点前进。当智能汽车运行到节点 D 后，此时障碍物节点 K 突然消失，那么 k_{old} 会小于 $h(K)$，节点 K 的前驱节点会成为节点 A，这一变化会直接影响到节点 K 的邻近节点 E，因为此时节点 E 以节点 K 作为前驱节点后到目标点的预估代价，会小于以节点 B 作为前驱节点的预估代价，节点 E 受到影响后又会将此传递给当前节点 D，由此便逐步扩散"障碍物消失"这一现象，如图 4-6(b) 的红色箭头所示。回到伪代码，当执行上述步骤只表明 $h(X)$ 可以减小，但与 k_{old} 的大小关系还尚未可知，需要继续判断。

步骤 3：对应伪代码第 8～13 行。若 $k_{old}=h(X)$，X 状态为 Lower 态，X 无须判断，但需要通过以下三种情况判断邻节点 Y 是否有必要以节点 X 作为前驱节点：①若节点 Y 的标识为 NEW，表明邻节点 Y 还未纳入 OpenList，既然此时节点 X 到目标节点已经存在一条可行路径（尽管不一定最优），那么节点 Y 就能借助节点 X 的路径到达目标节点，因此将节点 X 作为节点 Y 的前驱节点；②若节点 Y 的前驱节点是节点 X，且 $h(Y) \neq h(X)+c(X,Y)$，表明前驱节点 X 有过更新，这可能是由于障碍物突然消失或出现引起的，仍然保持将节点 X 作为节点 Y 的前驱节点；③若节点 Y 的前驱节点不是节点 X，且 $h(Y)>h(X)+c(X,Y)$，表明节点 Y 可以通过将节点 X 作为前驱节点，使得 $h(Y)$ 更小。

上述三种情况，都应该使 $b(Y)=X$，并把 Y 移到 OpenList 后，再进一步考察。

步骤 4：对应伪代码第 14～25 行。①若不满足步骤 3 的判断条件，即 $k_{old} \neq h(X)$，X 状态为 Raise 态，说明节点 X 受到了影响，因此考察其邻节点使节点 X 状态恢复为 Lower 态。与步骤 3 部分情况类似，若 Y 的标识为 NEW，或者虽然节点 Y 的前驱节点是节点 X，且 $h(Y) \neq h(X)+c(X,Y)$，都应该将 X 作为 Y 的前驱节点，并将节点 Y 追加到 OpenList 中。②若不满足上述两个或条件[若节点 Y 的标识先 NEW 或虽然节点 Y 的前驱节点为节点 X，但 $h(Y) \neq h(X)+c(X,Y)$]，需要进一步判断。若节点 Y 的前驱节点不是节点 X，且 $h(Y)>h(X)+c(X,Y)$（对应伪代码第 20 行），表明节点 Y 可以通过将节点 X 作为前驱节点，使 $h(Y)$ 更小，且当前的 X 自身还是 Raise 态，故要先将节点 X 追加到 OpenList，待下一次循环满足条件后便可将节点 X 作为节点 Y 的前驱节点。再进入下一层判断，若节点 Y

的前驱节点不是节点 X，且 $h(Y) > h(X) + c(X,Y)$，节点 Y 已经从 OpenList 移出，且当前从 OpenList 取出的最小值 k_{old} 居然比 $h(Y)$ 小，上述 4 个条件表明已经从 OpenList 移出的节点 Y 受到了障碍影响导致 h 值升高，故要重新将节点 Y 置于 OpenList 中，进行下一轮考察。

4.3.3　案例精讲

从 4.3.2 节的伪代码可以看到 D*算法的逻辑十分复杂、严密，也正是这样才使得该算法能够及时有效地处理栅格图的动态环境变化。为了进一步加深理解，给出如图 4-7 所示的案例，介绍 D*算法的实际应用。

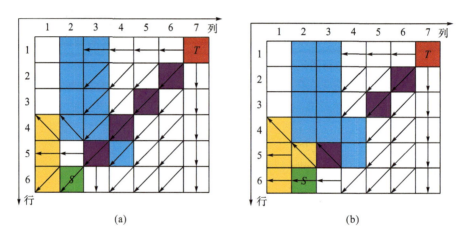

图 4-7　D*算法路径规划示例（见彩图）

图 4-7 中，绿色栅格为源节点，红色栅格为目标节点，蓝色栅格为障碍区，橙色栅格为 open 标识，紫色栅格为规划的路径，其余为自由空间栅格。第 1 次搜索时采用 A*算法从目标节点 T 向源节点 S 规划路径，A*算法在搜索结束后部分栅格节点被放置到了 OPEN 表，因此这些栅格在 D*算法中相应被标记为 open。路径搜索完成后，被遍历过的节点都存在一个前驱节点，图中箭头的头部代表后继节点，尾部代表前驱节点，那么图中的栅格可以根据箭头的指向快速定位它的前驱节点并逐步溯源到目标节点，因此也可以将箭头视为一个反向指针。

现在汽车从源节点 S 开始沿着反向指针朝目标节点运动，当汽车运动到节点 $(3,2)$ 后，发现前面的栅格 $(4,4)$ 变为了障碍物，那么节点 $(4,4)$ 的 h 会被改为无穷大，显然节点 $(4,4)$ 的 h 值大于 k 值，变成了 Raise 态。这时会执行伪代码的第 4 行，在节点 $(4,4)$ 周围搜索邻节点使节点 $(4,4)$ 的 h 降低。若存在这样的邻节点作为 $(4,4)$ 的前驱节点，使 h 能够降低到 $h=k$，表明图中还存在另外一条与第 1 次搜索的代价值相等的路径，那么节点 $(4,4)$ 便可以恢复为 Lower 态。若 h 降低之后仍大于 k，则第 1 次搜索的路径中以节点 $(4,4)$ 作为前驱节点的那些节点必然受到牵连，故程序会执行第 14 行后面的语句，将节点 $(4,4)$ 变为障碍的这一信息扩散出去。

第 1 次搜索时 (4,4) 作为了 (5,3) 的前驱节点，故 (5,3) 也会因为 (4,4) 变为障碍物而使得 h 值变为无穷大，从而导致节点 (5,3) 的 $h>k$，变成了 Raise 态，那么现在正处于节点 (5,3) 的机器人就要找其他节点进行移动。遍历节点 (5,3) 的 8 个邻节点，显然邻节点 (4,2)、邻节点 (4,3)、邻节点 (4,4) 和邻节点 (5,4) 被排除，邻节点 (5,2)、邻节点 (6,2)、邻节点 (6,3) 和邻节点 (6,4) 可作为备选前驱节点。

经过计算，若节点 (5,3) 以节点 (6,4) 作为父节点，h 和 k 值最低。此时节点 X 的 h 和 k 的和为 6.2+1.4=7.6 ，状态变为 Lower 态。因此，只需要把节点 (5,3) 的父节点从节点 (4,4) 改为节点 (6,4) 即可，后面到目标点的路径在第 1 次已经搜索，因此不必计算，这样就保证了对动态障碍物再规划的效率。

4.3.4　MATLAB 仿真

利用 D*算法进行路径规划，具体代码如下。

```
1.  clc
2.  clear
3.  close all
4.  %% 初始化
5.  rows = 20;                                        % 行数
6.  cols = 20;                                        % 列数
7.  [field, cmap] = defColorMap(rows, cols);          % 调用栅格图构造函数
8.  startPos = 4;                                     % 起点
9.  goalPos = rows*cols-2;                            % 终点
10. field(startPos) = 4;                              % 栅格图起点坐标赋颜色值
11. field(goalPos) = 5;                               % 栅格图终点坐标赋颜色值
12. %% 第1阶段：搜索路径
13. field1 = field;                                   % 将栅格图赋值给 field1
14. Nodes = struct;                                   % 初始化 Nodes 结构体
15. for i = 1: rows*cols
16.     Nodes(i).node = i;                            % 节点线性索引
17.     Nodes(i).t = 'new';                           % 该节点的状态
18.     Nodes(i).k = inf;                             % 该点与目标节点的累计最小距离
19.     Nodes(i).h = inf;                             % 该点与目标节点当前计算距离
20.     Nodes(i).parent = nan;                        % 后继节点
21. end
22. Nodes(goalPos).t = 'open';                        % 目标节点的状态
23. Nodes(goalPos).k = 0;                             % 目标节点与目标节点的累计最小距离
24. Nodes(goalPos).h = 0;                             % 目标节点与目标节点的距离
25. Nodes(goalPos).parent = nan;                      % 后继节点
26. openList = [goalPos, Nodes(goalPos).k];           % 把 goalPos 放到 openList
27. while true                                        % 循环迭代
28.     [Nodes, openList, k_old] = process_state      % 调用 process_state 函数
          (field1, Nodes, openList, goalPos);         % 当判断条件为 Nodes(startPos).t ==
29.     if isempty(openList)                          % 'closed'，程序退出，此时类似 A*算法；
30.         break                                     % 当判断条件为 isempty(openList)，程序
31.     end                                           % 退出，此时类似 Dijstra 算法
32. end
33. node = startPos;
34. path1 = node;                                     % 将起点赋值给 path1
35. while true                                        % 循环遍历，从起点开始不断搜索其父节
36.     path1(end+1) = Nodes(node).parent;            % 点，直到父节点为目标节点，表明已经搜索
37.     node = Nodes(node).parent;                    % 到路径，退出循环
```

```
38.     if node == goalPos
39.         break
40.     end
41. end
42. field1(path1(2: end-1)) = 6;                          % 栅格图路径点坐标赋颜色值
43. image(1.5, 1.5, field1);                              % 根据定义的栅格坐标画图
44. grid on;                                              % 打开网格
45. set(gca, 'gridline', '-', 'gridcolor', 'k',           % 设置网格线型、颜色、线宽
    'linewidth', 1.8, 'GridAlpha', 1);
46. set(gca, 'xtick', 1: cols+1, 'ytick', 1: rows+1);     % 设置横纵坐标刻度
47. axis image;                                           % 设置标准横纵网格图像
48. hold on
49. [path1_target_sub(: , 1), path1_target_sub(: , 2)]    % 将最优路径转为行列坐标
= ind2sub([rows,  cols], path1);
50. path1_target_xy(:,1) = path1_target_sub(:,2)+0.5;     % 将行列坐标转为 xy 坐标
51. path1_target_xy(:,2) = path1_target_sub(:,1)+0.5;
52. plot(path1_target_xy(: , 1), path1_target_xy(: ,      % 画折线路径
2), 'r', 'linewidth', 2)
53. %% 第 2 阶段：遭遇障碍物，重新搜索路径                    % 另外弹出图窗
54. figure                                                % 在图窗上建立新的颜色图
55. colormap(cmap);                                       % 在第 1 次路径上突遇障碍物
56. obsNode = path1(8: 11);                               % 重新赋值一个栅格地图
57. field2 = field;                                       % 栅格地图障碍物坐标赋颜色值
58. field2(obsNode) = 3;                                  % 当前位置
59. node = startPos;
60. path2 = node;                                         % 初始化标志位为 0
61. flag = 0;                                             % 若当前节点未到达目标点，持续运行
62. while node ~= goalPos                                 % 若标志位为 1
63.     if flag == 1                                      % 栅格图动态规划路径赋颜色值
64.         field2(path2(flag: end)) = 7;
65.     else                                              % 栅格图静态规划路径赋颜色值
66.         field2(path2) = 6;
67.     end                                               % 栅格图起点赋颜色值
68.     field2(startPos) = 4;                             % 栅格图目标点赋颜色值
69.     field2(goalPos) = 5;                              % 若父节点 parentNode 是静态或动态障
70.     parentNode = Nodes(node).parent;                  碍，则重新执行 process_state 函数体
71.     if field2(parentNode)==2 || field2(parentNode)== 3
72.         Nodes(parentNode).h = inf;                    % 若 node 标识为 closed,则修改其 h 值,
73.         if isequal(Nodes(node).t, 'closed')           并添加到 openList
74.             Nodes(node).h = inf;
75.             [Nodes, openList] = insert(Nodes,
                openList, node, Nodes(node).h);
76.         end
77.         while true                                    % 调用 process_state 函数
78.             [Nodes, openList, k_min] =
                process_state(field2, Nodes, openList
                goalPos);
79.             if k_min >= Nodes(node).h                 % 若 k_min >= Nodes(node).h, 退出
80.                 break                                 循环
81.             end
82.         end
83.         flag = length(path2);                         % 标记当前路径 path2 的数据长度，用于
84.     end                                               另一种颜色画图
85.     node = Nodes(node).parent;
86.     path2(end+1) = node;
87. end
88. %% 画图
89. image(1.5, 1.5, field2);                              % 根据定义的栅格坐标画图
90. grid on;                                              % 打开网格
91. set(gca, 'gridline', '', 'gridcolor', 'k', 'linewidth', 1.8,   % 设置网格线型、颜色、线宽
```

```
        'GridAlpha', 1);
92. set(gca, 'xtick', 1: cols+1, 'ytick', 1: rows+1);   % 设置横纵坐标刻度
93. axis image;                                          % 设置标准横纵网格图像
94. hold on
95. [path2_target_sub(:,1),path2_target_sub(:,2)]=ind2sub  % 将最优路径转为行列坐标
    ([rows,  cols], path2);
96. path2_target_xy(:,1) = path2_target_sub(:,2)+0.5;   % 将行列坐标转为 xy 坐标
97. path2_target_xy(:,2) = path2_target_sub(:,1)+0.5;
98. plot(path2_target_xy(: , 1), path2_target_xy       % 画折线路径
    (: , 2), 'r', 'linewidth', 2)
```

　　上述代码分为如下两个阶段：第 1 阶段，主要调用 process 函数进行常规的路径规划，得到最优路径 path1，同时保存了首次路径规划时的相关信息，便于后续进行增量式重规划；第 2 阶段，设汽车当前到达(2,7)位置，前方规划路径突然出现障碍物，此时重置栅格场景，并借助初次规划相关信息进行重规划。

　　执行程序得到如图 4-8 所示的基于 D*算法的栅格图路径规划结果。

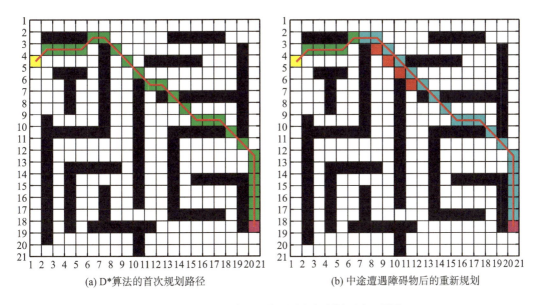

(a) D*算法的首次规划路径　　　　　　　　　　　　(b) 中途遭遇障碍物后的重新规划

图 4-8　基于 D*算法的栅格图路径规划结果(见彩图)

　　图 4-8(b)中，汽车到达节点(2,7)位置时，前方路径的节点(3,8)、节点(4,9)、节点(5,10)和节点(6,11)四个栅格出现了动态障碍物，变为了红色，算法将前方障碍信息进行扩散传递，基于首次规划信息进行增量式的重规划，通过比较，得到新的场景图下的最优青色路径。

4.4　LPA*　算　法

4.4.1　LPA*算法简介

　　终身规划 A*算法(lifelong planning A*，LPA*)是基于 A*算法发展而来的，由 Koenig

和 Likhachev 于 2001 年首次提出，可以处理动态栅格环境下从给定源节点到给定目标节点的最短路径问题。

与 A*算法类似，LPA*算法是一种启发式算法，它通过构造优先队列实现初步路径搜索，同时，它也是一种增量式算法，如发生变化后的栅格环境与最初的地图信息相差不大，则可以通过增量式搜索利用先前存储信息来提高二次、三次及以后的搜索效率。与 A*算法相比，LPA*算法反复规划从源节点到目标节点之间的最短路径，起始点是固定不变的，所以当智能汽车移动且环境信息改变后，规划出的路径对于当前时刻的智能汽车而言往往并非最优。

4.4.2 伪代码及分析

LPA*算法伪代码如下。

LPA*算法

Function : CalculateKey(s)

1. $k_1 = \min\big(g(s), \mathrm{rhs}(s)\big) + h(s)$

2. $k_2 = \min\big(g(s), \mathrm{rhs}(s)\big)$

3. $k = [k_1; k_2]$

Function : Initialize(s)

1. $U = \varnothing$

2. **for** all $s \in S$

3. $\mathrm{rhs}(s) = g(s) = \infty$

4. $\mathrm{rhs}(s_{\mathrm{start}}) = 0$

5. $U.\mathrm{Insert}\big(s_{\mathrm{start}}, \big[h(s_{\mathrm{start}}); 0\big]\big)$

Function : UpdateVertex(u)

1. **if** $u \neq s_{\mathrm{start}}$ **then**

2. $\mathrm{rhs}(u) = \min_{s' \in \mathrm{pred}(u)}\big(g(s') + c(s', u)\big)$

3. **if** $u \in U$ **then**

4. $U.\mathrm{Remove}(u)$

5. **if** $g(u) \neq \mathrm{rhs}(u)$ **then**

6. $U.\mathrm{Insert}(u, \mathbf{CalculateKey}(u))$

Function : ComputeShortestPath$()$

1. **While** $U.\mathrm{TopKey}() \leqslant \mathbf{CalculateKey}(s_{\mathrm{goal}})$ **or** $\cdots$

2. $\mathrm{rhs}(s_{\mathrm{goal}}) \neq g(s_{\mathrm{goal}})$ **then**

3. $u = U.\mathrm{Pop}()$

4.   **if** $g(u) > \mathrm{rhs}(u)$ **then**

5. $g(u) = \mathrm{rhs}(u)$

6.   **for** all $s \in \mathrm{succ}(u)$

7. $\mathbf{UpdateVertex}(s)$

8.   **else**

9. $g(u) = \infty$

10.   **for** all $s \in \mathrm{succ}(u) \bigcup \{u\}$

LPA*算法
11.　　　　　　　　UpdateVertex(s)
Function : Main()
1.　**Initialize**(s)
2.　**ComputeShortestPath**()
3.　Wait for changes in edge costs
4.　**for all directed edges**(u, v) **with changed edge costs**
5.　　　Update the edge costs c(u, v)
6.　　　**UpdateVertex**(v)
7.　**ComputeShortestPath**()

与 D*算法用 $h(s)$ 和 $k(s)$ 描述节点代价类似，LPA*算法用 $g(s)$ 和 rhs(s) 两个值描述节点的代价：①$g(s)$ 是目前所有计算中，从源节点到当前节点的最小代价值 [符号命名与 A*算法的 $g(s)$ 类似]；②rhs(s) 是本次计算中，从源节点到当前节点的代价值。根据 $g(s)$ 和 rhs(s) 的大小，LPA*算法定义了两种节点状态：①若 $g(s)=$rhs(s)，该节点为局部一致 (locally consistent) 状态，类似 D*算法的 Lower 态；②若 $g(s)>$rhs(s)，该节点为局部过一致 (locally overconsistent) 状态，表明现在节点 s 上有更理想的前驱节点使自身到源节点的路径代价值更小，那么此时令 $g(s)=$rhs(s)，节点便恢复为局部一致状态；③若 $g(s)<$rhs(s)，为局部欠一致状态，表明前驱节点被障碍物影响，并扩散影响到了本节点。

当一个节点 s 局部变得不一致 (局部过一致状态或局部欠一致状态) 时，它将被放在一个优先队列 U 中进行重新评估 (类似 D*算法的 OpenList 表)。U 队列按照节点 s 的 k 值进行排序，k 由 k_1 和 k_2 两个元素构成，k_2 定义为源节点到本节点历次计算距离的最小值，k_1 定义为本节点到目标节点的预估距离与 k_2 之和，如式 (4-9) 所示。

$$k(s)=\begin{bmatrix} k_1(s) \\ k_2(s) \end{bmatrix}=\begin{bmatrix} \min(g(s),\text{rhs}(s))+h(s,s_{\text{goal}}) \\ \min(g(s),\text{rhs}(s)) \end{bmatrix} \tag{4-9}$$

在正式介绍 LPA*算法伪代码前，有必要对其中部分函数做一些解释，方便读者理解：①TopKey() 函数，返回优先队列 U 中 k 值最小的节点，这里按照先 k_1 后 k_2 的方式进行排序比较；②Pop() 函数，从优先队列 U 中删除 k 值的最小节点；③Insert$(s,[k_1; k_2])$ 函数，将节点 s 及对应的 k 值插入优先队列 U；④remove() 函数，从优先队列 U 中移除一个节点；⑤Contains() 函数，如果队列包含指定节点，则返回 true，如果不包含指定节点，则返回 false。

LPA*算法伪代码主要有以下三个步骤。

步骤 1：初始化。从主程序 Main() 进入到初始化函数 Initialize()，首先定义优先队列 U 为空集，将栅格图中所有节点存入集合 S 中，并令 S 的每个节点 s 的 g 值和 rhs 值为∞；然后令源节点 s_{start} 的 rhs 值为 0，由于源节点 rhs 值与 s 值不再相等，将其从 S 集合移动到优先队列 U 中。

步骤 2：计算最短路径。从主程序 Main() 进入到计算最短路径函数 ComputeShortestPath()，当队列 U 的最小 k 值大于目标点 k 值时，或者目标点的 rhs 值与 g 值相等且不为∞时，退出 while 循环。首先获得 U 队列中的最小 k 值对应的节点 u，判断 u 节点的状态：①如果 $g(u) >$ rhs(u)，节点 u 为局部过一致状态，表明 u 可以令某个新的邻近节点作为前驱节点，以获得从起点到节点 u 更优的路径，故令 $g(u) =$ rhs(u)，遍历节点 u 的邻近节点，调用 UpdateVertex() 函数更新节点信息；②如果 $g(u) \leqslant$ rhs(u)，节点 u 为局部欠一致状态或局部一致状态；令 $g(u)$ 为∞，可以使 u 变为局部过一致状态，遍历 u 的邻节点，调用 UpdateVertex() 函数更新节点信息。

UpdateVertex() 函数，有下列三次判断：①如果节点 u 不是源节点，遍历节点 u 的邻近前驱节点 s'，计算这些邻近节点中 $g(s')+c(s',u)$ 的最小值，并赋值给 rhs(u)，用于后续判断这个邻近节点 s' 是否有成为节点 u 的前驱节点的潜能；②如果当前节点 u 包含于优先队列 U 中，则移除节点 u；③如果 rhs(u) 不等于 $g(u)$，那么节点 u 仍为局部不一致状态，故重新插入到 U 中。

步骤 3：等待节点代价发生变化并处理。当步骤 2 全部执行完毕，路径规划已经完成，此时等待栅格图的障碍物栅格 u 突然出现或消失，导致节点间的连接代价发生变化。若发生变化，LPA*算法有效利用了第 1 次路径规划时所保存的信息，首先找到所有以障碍物栅格 u 作为前驱节点的后继节点 v，然后更新节点 u 和 v 的代价 $c(u,v)$，最后重新执行步骤 2，找到最优路径。

4.4.3　案例精讲

如图 4-9(a) 所示，首先进入到 Initialize() 函数，令栅格图中所有节点的 rhs 值和 g 值均为∞，并将源节点 s_0 的 rhs 值设为 0。由于源节点 s_0 的 rhs 值和 g 值不再相等，此节点变为局部不一致状态，将源节点 s_0 插入到优先队列 U 中。

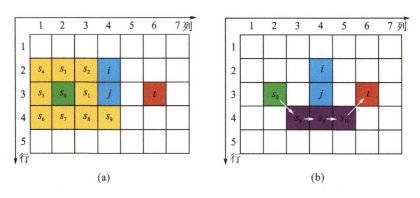

图 4-9　LPA*算法精讲示例

然后，进入到 ComputeShortestPath() 函数，此时优先队列 U 仅有源节点，且满足 while 循环，进入循环体内部。由于 $g(s_0) >$ rhs(s_0)，需要令 $g(s_0) =$ rhs(s_0)，使其变为局部一致状态，再针对节点 s_0 的每一个邻近节点 s，进入到 UpdateVertex(s) 函数。以源节点 s_0 的邻近节点 $(3,3)$ 为例，命名为 s_1，UpdateVertex() 函数的第 1 个 if 判断语句显然满足，将 s_1

的每一个邻近节点 s' 视为前驱节点，计算从源节点到前驱节点再到本节点的代价之和，选择计算值最小的那一个节点 s'。显然，除了节点 s_0，s_1 的其余邻近节点 s' 的 g 值均为 ∞，故直接将 s_0 作为 s_1 的前驱节点，并令 $\mathrm{rhs}(s_1)=g(s_0)+c(s_0,s_1)=0+1=1$。UpdateVertex() 函数的第 2 个 if 判断语句不满足，跳过。由于 $\mathrm{rhs}(s_1)=1\neq g(s_1)=\infty$，UpdateVertex() 函数的第 3 个 if 判断语句满足，按照式 (4-9) 计算节点 s_1 的 k 值并将其加入到优先队列 U 中。退出 UpdateVertex() 函数，继续遍历源节点 s_0 的其余邻近节点 $s_2\sim s_8$，这些邻近节点均会执行与 s_1 类似的操作，并以 s_0 作为前驱节点，将这些邻近节点全部加入到优先队列 U 中，不再赘述。

当节点 s_0 的所有邻近节点全部遍历完毕，退出 for 循环，重新进入 while 循环。此时，选取优先队列 U 中 k 值最小的节点 s_1 作为新的判断节点，按照上节所述更新它的邻近节点，最终 LPA*算法初步规划的路径见图 4-9(b)。至此，读者应该可以体会到在第 1 次初步规划路径时，LPA*算法的基本步骤和搜索思想与 A*算法极其类似，因此本节对初步路径规划的详细过程不再赘述，而是将目光聚焦到当栅格环境发生变化时，LPA*算法究竟是如何快速高效地实现重新规划路径。

如图 4-10(a)，设智能汽车到达 s_8 位置时，节点 s_9 突变为障碍物，这一突变现象会影响与节点 s_8 有直接从属连接关系的所有节点。从栅格图中可以直观看出重规划的最优路径应当是 $s_8 s_{11} s_{10}$，但 LPA*算法如何快速实现呢？

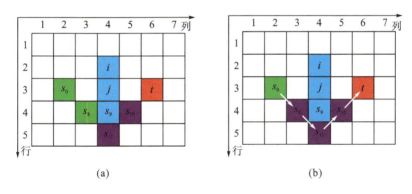

(a)　　　　　　　　　　　　　(b)

图 4-10　LPA*算法在遇到栅格环境变化时的处理方式示意图

(1) 节点 s_9 突变为障碍物，那么它的后继节点 s_{10} 必然无法到达，故更新 $c(s_9,s_{10})=\infty$，进入到 UpdateVertex(s_{10}) 函数，在该函数的第 1 个判断条件中，遍历节点 s_{10} 的所有邻近节点并视为前驱节点，判断选择距离代价值最小的邻近节点：①当把节点 s_9 视为前驱节点时，由于 $c(s_9,s_{10})=\infty$，故 $g(s_9)+c(s_9,s_{10})=\infty$；②当把节点 s_{11} 视为前驱节点时，$g(s_{11})+c(s_{11},s_{10})=2.8+1.4=4.2$；③$s_{10}$ 的其他邻近节点计算方式类似，显然当 s_{10} 重新以 s_{11} 作为前驱节点后，$\mathrm{rhs}(s_{10})$ 取到最小值。此时 $\mathrm{rhs}(s_{10})=4.2>g(s_{10})=3.4$，节点 s_{10} 变为局部欠一致状态，将其重新插入到优先队列 U 中。

(2) 节点 s_9 突变为障碍物，那么它的前驱节点 s_8 必然也无法再到达节点 s_9，故更新 $c(s_9,s_8)=\infty$，然后进入到 UpdateVertex(s_8) 函数，后续过程与上文的节点 s_{10} 基本类似。值得注意的是，节点 s_8 与节点 s_{10} 在路径规划中仍有细致差别：对于节点 s_{10}，它的前驱节点 s_9 变成了障碍物，那么 $c(s_9,s_{10})=\infty$，这会直接影响从源节点 s_0 到节点 s_{10} 的路径；而对于节点 s_8，尽管 $c(s_9,s_8)=\infty$，但却并未影响节点 s_8 的所有前驱节点，故从源节点到节点 s_8 的路径仍然保持正常。

(3) 当受到节点 s_9 突变障碍物影响的所有邻近节点全部遍历、更新结束后，重新执行 ComputeShortestPath() 函数。这时，除了将节点 s_{10} 的前驱节点由节点 s_9 改为节点 s_{11}，节点 t、节点 s_{11}、节点 s_8 的前驱节点仍然保持不变(继续沿用第 1 次路径规划所保存的信息)，故最终的规划路径变更为 $s_8s_{11}s_{10}t$，如图 4-10(b) 所示。

至此，LPA*算法成功完成了两次路径规划。读者可能对此算法的"终身规划"含义有了更深入的认识，实际上"终身规划"就是指第 1 次规划结束后会将目标节点到源节点之间所有节点的前驱节点全部记录保存，当栅格环境信息发生任何变化时，立即基于第 1 次规划路径所保存的信息重新找到受影响栅格的前驱节点，完成路径的二次搜索。

4.4.4 MATLAB 仿真

LPA*算法的代码如下。

```
1. clc
2. clear
3. close all
5. %% 定义栅格场景
6. rows = 20;                                        % 行数
7. cols = 20;                                        % 列数
8. [field, cmap] = defColorMap(rows, cols);          % 调用栅格图构造函数
9. startPos = 4;                                      % 起点
10. goalPos = rows*cols-2;                            % 终点
11. field(startPos) = 4;                              % 栅格图起点坐标赋颜色值
12. field(goalPos) = 5;                               % 栅格图终点坐标赋颜色值
13. field1 = field;                                   % 栅格图复用
14. %% 步骤1: initialize，初始化节点信息结构体
15. for i = 1: rows*cols
16.      Nodes(i).node = i;
17.      Nodes(i).g = inf;
18.      Nodes(i).rhs = inf;
19.      Nodes(i).parent = nan;
20. end
21. Nodes(startPos).rhs = 0;                          % 令目标点的 rhs=0
22. U(1, 1) = startPos;                               % 由于起始点的 rhs=0, g=inf, 两
23. U(1,2:3) = calculateKey(Nodes(startPos),goalPos, rows, cols);  者不相等，故添加到队列 U 中
24. %% 步骤2: ComputeShortestPath
25. [Nodes, U] = ComputeShortestPath                 % 调用 ComputeShortestPath 函数
    (field1, Nodes, U, rows, cols, startPos, goalPos);
26. node = goalPos;
27. path1 = node;                                      % 将起点赋值给 path1
28. while true                                         % 循环遍历，从起点开始不断搜索其
29.      path1(end+1) = Nodes(node).parent;            父节点，直到父节点为目标节点，表
30.      node = Nodes(node).parent;                    明已经搜索到路径，退出循环。
31.      if node == startPos
32.          break
33.      end
34. end
```

```
35. path1 = path1(end: -1: 1);                                    % 栅格图路径点坐标赋颜色值
36. field1(path1(2: end-1)) = 6;                                  % 根据定义的栅格坐标画图
37. image(1.5, 1.5, field1);                                      % 打开网格
38. grid on;
39. set(gca, 'gridline', '-', 'gridcolor', 'k', 'linewidth',      % 设置网格线型、颜色、线宽
     1.8, 'GridAlpha', 1);
40. set(gca, 'xtick', 1: cols+1, 'ytick', 1: rows+1);             % 设置横纵坐标刻度
41. axis image;                                                   % 设置标准横纵网格图像
42. hold on
43. [path1_target_sub(:, 1), path1_target_sub(:, 2)] =           % 将最优路径转为行列坐标
     ind2sub([rows, cols], path1);
44. path1_target_xy(:, 1) = path1_target_sub(:, 2)+0.5;          % 将行列坐标转为 xy 坐标
45. path1_target_xy(:, 2) = path1_target_sub(:, 1)+0.5;
46. plot(path1_target_xy(:, 1), path1_target_xy(:, 2),            % 画折线路径
     'r', 'linewidth', 2)
47. %% 第 2 次规划路径: 规划的路径出现障碍物
48. obsNodes = path1(8: 11);                                      % 在第 1 次路径上突遇障碍物
49. field2 = field;                                              % 重新赋值一个栅格图
50. field2(obsNodes) = 2;                                        % 栅格图障碍物坐标赋颜色值
51. influencedChildNnodes = findInfluencedNnodes(field,          % 找到以 obsNode 作为父节点的所
     Nodes, obsNodes);                                           有受到影响的子节点
52. for i = 1: length(obsNodes)
53.     obsNode = obsNodes(i);
54.     Nodes(obsNode).rhs = inf;
55.     Nodes(obsNode).g = inf;
56. end
57. [Nodes, U] = UpdateEdgeCost(influencedChildNnodes,            % 更新节点间的边权, 调用函数
     Nodes, U, rows, cols, startPos);
58. [Nodes, U] = ComputeShortestPath(field2, Nodes, U, rows,      % 计算最短路径, 调用函数
     cols, startPos, goalPos);
59. node = goalPos;
60. path2 = node;
61. while true                                                    % 从目标节点倒推, 根据父节点信息
62.     path2(end+1) = Nodes(node).parent;                       找到路径
63.     node = Nodes(node).parent;
64.     if node == startPos
65.         break
66.     end
67. end
68. path2 = path2(end: -1: 1);
69. %% 重新画栅格图
70. figure
71. colormap(cmap);                                               % 栅格图动态障碍物赋颜色值
72. field2(obsNodes) = 3;                                        % 栅格图动态路径坐标赋颜色值
73. field2(path2) = 7;                                           % 栅格图起点坐标赋颜色值
74. field2(startPos) = 4;                                        % 栅格图终点坐标赋颜色值
75. field2(goalPos) = 5;                                         % 根据定义的栅格坐标画图
76. image(1.5, 1.5, field2);                                     % 打开网格
77. grid on;                                                     % 设置网格线型、颜色、线宽
78. set(gca, 'gridline', '-', 'gridcolor', 'k', 'linewidth',
     1.8, 'GridAlpha', 1);
79. set(gca, 'xtick', 1: cols+1, 'ytick', 1: rows+1);            % 设置横纵坐标刻度
80. axis image;                                                  % 设置标准横纵网格图像
81. hold on
82. [path2_target_sub(:, 1), path2_target_sub(:, 2)] =           % 将最优路径转为行列坐标
     ind2sub([rows, cols], path2);
83. path2_target_xy(:, 1) = path2_target_sub(:, 2)+0.5;          % 将行列坐标转为 xy 坐标
84. path2_target_xy(:, 2) = path2_target_sub(:, 1)+0.5;
85. plot(path2_target_xy(:, 1), path2_target_xy(:, 2),           % 画折线路径
     'r', 'linewidth', 2)
```

与 D*算法类似，LPA*算法的代码也分为两个阶段，LPA*算法的相关函数定义请详见本书配套资料，不再赘述，执行程序得到如图 4-11 所示的基于 LPA*算法的栅格图路径规划结果。

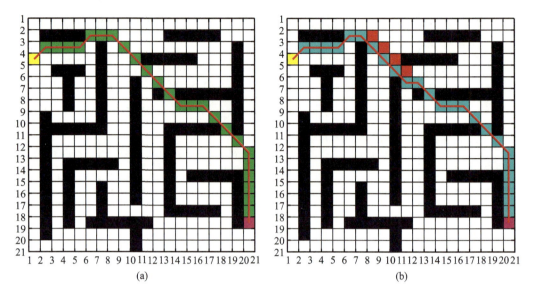

图 4-11   基于 LPA*算法的栅格图路径规划结果

观察图 4-8 和图 4-11 可以发现 D*算法和 LPA*算法规划的路径有诸多相似之处，但也存在局部差异。对比图 4-8（a）和图 4-11（a）对比可以看出，由于 D*算法在初次规划路径时，是以目标节点作为起点开始规划的，这与 LPA*算法刚好相反，所以两种算法的初次规划结果存在局部错位，同时也可以看出，本案例中 D*算法与 LPA*算法的规划结果基本类似，欲比较两种算法的优劣还需要进一步合理设定场景条件进行分析。

4.5   D*Lite   算   法

4.5.1   D*Lite 算法简介

4.2 节和 4.4 节提到的 A*算法和 LPA*算法都是从源节点开始搜索的，栅格图的每一个节点通过溯源其前驱节点的过程就是规划从源节点到该节点路径的过程。当智能汽车在运动过程中遭遇栅格环境信息变化时，A*算法只能从智能汽车当前节点重新规划到目标节点的路径，无法有效利用第 1 次规划的路径信息，而 LPA*算法虽然能够在栅格环境发生突变时，最大限度地利用前一次的搜索结果，从而快速进行第 2 次规划，但 LPA*算法只能求解定起点和定终点之间的最优路径问题，在遭遇动态障碍物进行第 2 次路径规划时受影响的节点较多，计算量较大，且往往并非最优。此时反向搜索算法能够很好地处理这种情况，4.3 节介绍的 D*算法虽然可以实现未知环境的路径规划，但规划效率较低，难以满足实时性需求。

　　基于上述三种算法的不足，Koenig 和 Likhachev 于 2002 年提出了 D*Lite 算法，D*Lite 算法融合了 LPA*算法的增量搜索思想、D*算法的反向搜索思想，是一种变起点的反向增量式动态路径搜索算法。D*Lite 算法的核心思想在于假设了未知栅格区域都是自由空间，以此为基础增量式地实现路径规划，反向搜索目标点到各个节点的最短距离。A*算法与 LPA*算法采用正向搜索方式，D*算法与 D*Lite 算法则采用反向搜索方式，因此 D*Lite 算法之于 LPA*算法犹如 D*算法之于 A*算法。

4.5.2　伪代码及分析

　　D*Lite 算法伪代码如下。

D*Lite 算法

Function : CalculateKey(s)

1. $k_1 = \min\big(g(s),\text{rhs}(s)\big)+h(s_{\text{start}},s)+k_m$

2. $k_2 = \min\big(g(s),\text{rhs}(s)\big)$

3. $k=\big[k_1 ; k_2\big]$

Function : Initialize(s)

1. $U = \varnothing$

2. $k_m = 0$

2. **for** all $s \in S$

3. 　　$\text{rhs}(s) = g(s) = \infty$

4. $\text{rhs}(s_{\text{goal}})=0$

5. $\text{U.Insert}\big(s_{\text{goal}},\textbf{CalculateKey}(s_{\text{goal}})\big)$

Function : UpdateVertex(u)

1. **if** $u \neq s_{\text{goal}}$

2. 　　$\text{rhs}(u)=\min_{s'\in \text{succ}(u)}\big(g(s')+c(u,s')\big)$

3. **if** $u \in U$

4. 　　$\text{U.Remove}(u)$

5. **if** $g(u) \neq \text{rhs}(u)$

6. 　　$\text{U.Insert}\big(u,\textbf{CalculateKey}(u)\big)$

Function : ComputeShortestPath()

1. While $\text{U.TopKey}() \leqslant \textbf{CalculateKey}(s_{\text{start}})$ **or** $\text{rhs}\big(s_{\text{start}}\big) \neq g\big(s_{\text{start}}\big)$

2. 　　$k_{\text{old}}=\text{U.TopKey}()$

3. 　　$u=\text{U.Pop}()$

4. 　　**if** $k_{\text{old}} \leqslant \textbf{CalculateKey}(u)$

5. 　　　　$\text{U.Insert}\big(u,\textbf{CalculateKey}(u)\big)$

6. 　　**elseif** $g(u)>\text{rhs}(u)$

7. 　　　　$g(u) = \text{rhs}(u)$

8. 　　　　**for** all $s \in \text{pred}(u)$

9. 　　　　　　**UpdateVertex**(s)

10. 　　**else**

续表

D*Lite 算法

11. $\quad\quad g(u) = \infty$

12. $\quad\quad$ **for** all $s \in \mathrm{pred}(u) \cup \{u\}$

13. $\quad\quad\quad$ **UpdateVertex**(s)

Function : Main()

1. $s_{\mathrm{last}} = s_{\mathrm{start}}$

2. **Initialize**(s)

3. **ComputeShortestPath**()

4. **While** $s_{\mathrm{start}} \neq s_{\mathrm{goal}}$

5. $\quad\quad s_{\mathrm{start}} = \arg\min_{s' \in \mathrm{succ}(s_{\mathrm{start}})} \left(c(s_{\mathrm{start}}, s') + g(s') \right)$

6. $\quad\quad$ Move to s_{start}

7. $\quad\quad$ Scan graph for changed edge costs

8. $\quad\quad$ **if** any edge costs changed

9. $\quad\quad\quad k_m = k_m + h(s_{\mathrm{last}}, s_{\mathrm{start}})$

10. $\quad\quad\quad s_{\mathrm{last}} = s_{\mathrm{start}}$

11. $\quad\quad\quad$ **for** all directed edges (u, v) with changed edge costs

12. $\quad\quad\quad\quad$ Update the edge costs c(u, v)

13. $\quad\quad\quad\quad$ **UpdateVertex**(u)

14. $\quad\quad\quad\quad$ **ComputeShortestPath**()

由于 LPA*算法求解的是定起点和定终点之间的路径，栅格图中所有节点的前驱节点最终都指向源节点。当智能汽车开始移动一段实际距离 k_m 后，LPA*算法的 k 值计算仍然沿用的是"某节点到源节点的距离"，而非"某节点到智能汽车当前节点的距离"。设想智能汽车每运动一步，实际运动距离 k_m 的变化值为 Δk_m，那么按照 LPA*算法其余节点的 k_1 值都应减去这一步的 Δk_m。若当前优先队列 U 中的节点较多，智能汽车每运动一步都将做一次这样的更新，将会增加计算负担。实际上，优先队列 U 存在的意义是方便对节点的 k 值进行排序，从而逐步挑选最小 k 值进行出队，不断的入队、出队过程就是路径搜索过程。那么只要新插入到队列 U 的节点 k 值与之前存在于队列的 k 值能够进行大小比较，具有可比性就行了。

如图 4-12（a），$h(s_{\mathrm{start}}, s) = 2.4$，$g(s) = 3.8$，$k_m = 0$，那么 $k_1 = 6.2$；对于图 4-12（b），$h(s_{\mathrm{start}}, s) = 1$，$g(s) = 3.8$，$k_m = 1.4$，$k_1 = 6.2$。因此，将"优先队列 U 的每一个节点都减去 k_m 值"转化为"新追加到优先队列 U 的节点加上 k_m 值"，这样处理在不改变优先队列 U 中节点的优先顺序的前提下，又可以减小计算量。因此相比 LPA*算法，D*Lite 算法在 k 值计算方面做了一定的改进，主要改进点就是 k_1 的计算方式增加了智能汽车的实际移动距离 k_m，如式（4-10）所示。

$$k(s) = \begin{bmatrix} k_1(s) \\ k_2(s) \end{bmatrix} = \begin{bmatrix} \min(g(s), \mathrm{rhs}(s)) + h(s, s_{\mathrm{start}}) + k_m \\ \min(g(s), \mathrm{rhs}(s)) \end{bmatrix} \tag{4-10}$$

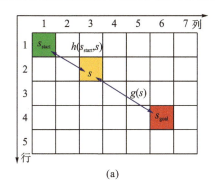 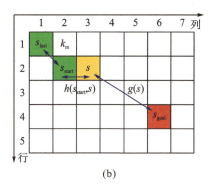

图 4-12　k_m 值释义示意图

D*Lite 算法步骤与 LPA* 算法类似，包括 Initialize、ComputeShortestPath、UpdateVertex、CalculateKey 四个函数。设 s_{start} 代表智能汽车当前节点位置，s_{last} 代表上一次栅格环境发生变化时的智能汽车位置。值得注意的是，下列步骤解释中提到的前驱节点和后继节点是指以目标节点作为搜索起点而言的，与 D* 算法类似。

（1）初始化。从主程序 Main() 进入到初始化函数 Initialize()，首先定义优先队列 U 为空集，将栅格图所有节点存入集合 S 中，并令集合 S 的每个节点 s 的 g 值和 rhs 值为 ∞。与 LPA* 算法不同的是，此处令目标节点的 rhs 值为 0，由于目标节点 rhs 值与 s 值不再相等，将其从集合 S 移动到优先队列 U 中。

（2）计算最短路径。从主程序 Main() 进入到计算最短路径函数 ComputeShortestPath()，当队列 U 的最小 k 值大于目标节点 k 值时，或者源节点的 rhs 值与 g 值相等且不为 ∞ 时，退出 while 循环。首先获得 U 队列中的最小 k 值并赋值给 k_{old}，所对应的节点为 u，判断节点 u 的状态：①如果 $k_{old} \leqslant$ CalculateKey(u)，表明现在节点 u 受到了周围邻近节点的代价值影响，需要重新插入到优先队列 U 中；②如果 $g(u) >$ rhs(u)，节点 u 为局部过一致状态，表明节点 u 可以令某个新的邻近节点作为前驱节点，以获得从起点到节点 u 更优的路径，故令 $g(u) =$ rhs(u)，再遍历节点 u 的邻近节点，调用 UpdateVertex(u) 函数更新节点信息；③如果 $g(u) \leqslant$ rhs(u)，节点 u 为局部欠一致状态或局部一致状态。令 $g(u)$ 为 ∞，可以使节点 u 变为局部过一致状态，遍历节点 u 的邻节点，调用 UpdateVertex() 函数更新节点信息。

UpdateVertex(u) 函数，有下列三次判断：①如果节点 u 不是目标节点，遍历节点 u 的邻近后继节点 s'，计算这些邻近节点中 $g(s') + c(s',u)$ 的最小值，并赋值给 rhs(u)，用于后续判断这个邻近节点 s' 是否有成为节点 u 的后继节点的潜能；②如果当前节点 u 含于优先队列 U 中，则移除节点 u；③如果 rhs(u) 不等于 $g(u)$，那么节点 u 仍为局部不一致状态，故重新插入到 U 中。

（3）若智能汽车当前节点还未到达目标节点，执行 while 循环。首先智能汽车根据当前节点位置 s_{start}，找出与其邻近的使 $g(s') + c(s',s_{start})$ 最小的后继节点(注意，D*Lite 算法的原论文的伪代码在此处使用的是"后继节点"概念，这里是针对智能汽车从源节点朝向目标节点运动的先后顺序角度去阐述的，因此从路径规划的逆向搜索先后顺序来看，本节用"前驱节点"的概念可能更加合适），然后智能汽车运动到该后继节点，并扫描整个栅格图，判断是否有栅格边的代价发生变化，若未发生变化，则返回 while 循环继续判断；若发生变化，计算智能汽车上一次发生变化时刻的节点与当前节点的 h 值，并累加到 k_m，即 $k_m = k_m + h(s_{last}, s_{start})$，再针对所有边代价发生变化的栅格，更新节点 u 和 v 的代价 $c(u,v)$，重新执行（2），直至找到最优路径。

4.5.3　案例精讲

如图 4-13（a）所示，首先进入到 Initialize（）函数，令 $k_m = 0$、栅格图所有节点的 rhs 值和 g 值均为 ∞，并将目标节点 s_{goal} 的 rhs 值设为 0。由于目标节点 s_{goal} 的 rhs 值和 g 值不再相等，此节点变为局部不一致状态，将目标节点 s_{goal} 插入到优先队列 U 中。

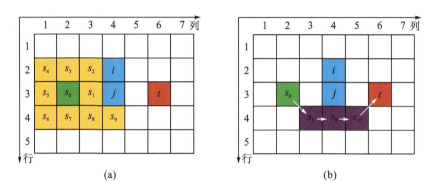

图 4-13　D*Lite 算法精讲示例

然后，进入到 ComputeShortestPath（）函数，此时优先队列 U 仅有目标节点，且满足 while 循环，进入循环体内部。由于 $g(s_{goal}) > rhs(s_{goal})$，需要令 $g(s_{goal}) = rhs(s_{goal})$，使其变为局部一致状态，再针对目标节点 s_{goal} 的每一个邻近节点 s，进入到 UpdateVertex（）函数。以目标节点 s_{goal} 的邻近节点（3,5）为例，命名为 s_1，UpdateVertex（）函数的第 1 个 if 判断语句显然满足，将 s_1 的每一个邻近节点 s' 视为它的后继节点，计算从目标节点到后继节点 s' 再到本节点 s_1 的代价之和，选择计算值最小的那一个节点 s'。显然，除了节点 s_{goal}，s_1 的其余邻近节点 s' 的 g 值均为 ∞，故直接将 s_{goal} 作为 s_1 的后继节点，并令 $rhs(s_1) = g(s_1) + c(s_{goal}, s_1) = 0 + 1 = 1$。UpdateVertex（）函数的第 2 个 if 判断语句不满足，跳过。由于 $rhs(s_1) = 1 \neq g(s_1) = \infty$，UpdateVertex（）函数的第 3 个 if 判断语句满足，按照式（4-10）计算节点 s_1 的 k 值并将其加入到优先队列 U 中。退出 UpdateVertex（）函数，继续遍历目标节点 s_{goal} 的其余邻近节点，这些邻近节点均会执行与 s_1 类似的操作，并以目标节点 s_{goal} 作为后继节点，将这些邻近节点全部加入到优先队列 U 中，不再赘述。

当目标节点 s_{goal} 的所有邻近节点全部遍历完毕，退出 for 循环，重新进入 while 循环。此时，选取优先队列 U 中 k 值最小的节点 s_1 作为新的判断节点，按照上文所述更新它的邻近节点，最终 D*Lite 算法初步规划的路径如图 4-13（b）所示。至此，读者应该可以体会到 D*Lite 算法在第 1 次初步规划路径时，其基本步骤和搜索思想与 LPA*算法极其类似，只是从目标节点向源节点的方向进行搜索。D*Lite 算法的独特之处是能够在遇到栅格环境发生变化时快速高效地实现路径的重新规划，下面详细介绍。

如图 4-14(a)，设智能汽车到达 s_{10} 位置时，节点 s_9 突变为障碍物，这一突变现象会影响与节点 s_{10} 有直接从属连接关系的所有节点。

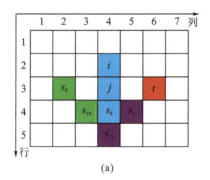 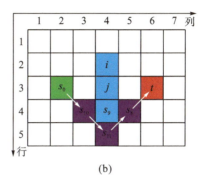

　　　　　　　(a)　　　　　　　　　　　　　　　　　(b)

图 4-14　D*Lite 算法在遇到栅格环境变化时的处理方式示意图

(1)节点 s_9 突变为障碍物，按照伪代码需要更新 k_m 值，如式(4-11)所示。

$$k_m = k_m + h\left(s_{\text{start}}, s_{\text{last}}\right) = k_m + h\left(s_{10}, s_0\right) = 0 + 1.4 = 1.4 \tag{4-11}$$

节点 s_9 当前无法到达，故更新 $c(s_{10}, s_9) = \infty$，然后进入到 UpdateVertex(s_{10}) 函数，在该函数的第 1 个判断条件中，遍历节点 s_{10} 的所有邻近节点并视为后继节点，判断选择距离代价值最小的邻近节点：①当把节点 s_9 视为后继节点时，由于 $c(s_9, s_{10}) = \infty$，$g(s_9) + c(s_9, s_{10}) = \infty$；②当把节点 s_{11} 视为后继节点时，$g(s_{11}) + c(s_{11}, s_{10}) = 2.8 + 1.4 = 4.2$；③节点 s_{10} 的其他邻近节点计算方式类似，显然当节点 s_{10} 重新以节点 s_{11} 作为后继节点后，rhs(s_{10}) 取到最小值，此时 rhs$(s_{10}) = 4.2 > g(s_{10}) = 3.4$，节点 s_{10} 变为局部欠一致状态，将其重新插入到优先队列 U 中。

(2)节点 s_9 突变为障碍物，那么它的后继节点 s_8 必然也无法再到达节点 s_9，故更新 $c(s_9, s_8) = \infty$，然后进入到 UpdateVertex(s_8) 函数，后续过程与上文的节点 s_{10} 基本类似。值得注意的是，节点 s_8 与节点 s_{10} 在路径规划中仍有细致差别：对于节点 s_{10}，它的后继节点 s_9 变成了障碍物，那么 $c(s_9, s_{10}) = \infty$，这会直接影响从目标节点 s_{goal} 到节点 s_{10} 的路径；而对于节点 s_8，尽管 $c(s_9, s_8) = \infty$，但却并未影响节点 s_8 的所有后继节点，故从目标节点到节点 s_8 的路径仍然保持正常。

(3)当受到节点 s_9 突变障碍物影响的所有邻近节点全部遍历、更新结束后，重新执行 ComputeShortestPath() 函数。这时，除了将节点 s_{10} 的后继节点由节点 s_9 改为节点 s_{11}，节点 s_{11}、节点 s_8 的后继节点仍然保持不变(继续沿用第 1 次路径规划所保存的信息)，故最终的规划路径变更为 $s_{10}s_{11}s_8t$，如图 4-14(b)所示。

4.5.4　MATLAB 仿真

D*Lite 算法的代码如下。

```
1. clc
2. clear
3. close all
4. %% 定义栅格场景
5. rows = 20;                                              % 行数
6. cols = 20;                                              % 列数
7. [field, cmap] = defColorMap(rows, cols);               % 调用栅格地图构造函数
8. startPos = 4;                                           % 起点
9. goalPos = rows*cols-2;                                  % 终点
10. field(startPos) = 4;                                   % 栅格图起点坐标赋颜色值
11. field(goalPos) = 5;                                    % 栅格图终点坐标赋颜色值
12. field1 = field;                                        % 栅格图复用
13. %% 第 1 次规划路径
14. for i = 1: rows*cols                                   % 步骤 1: initialize, 初始化节
15.        Nodes(i).node = i;                                点信息结构体
16.        Nodes(i).g = inf;
17.        Nodes(i).rhs = inf;
18.        Nodes(i).parent = nan;
19. end                                                    % 令目标节点的 rhs=0
20. Nodes(goalPos).rhs = 0;                                % 初始时, key 修正值为 0
21. km = 0;                                                % 由于起始点的 rhs=0, g=inf, 两
22. U(1, 1) = goalPos;                                       者不相等, 故添加到队列 U 中
23.U(1, 2: 3) = calculateKey(Nodes(goalPos), startPos, km,
        rows, cols);                                      % 步骤 2: Computeshortestpath
24.[Nodes, U] = ComputeShortestPath(field1, Nodes, U,
        km, rows, cols, startPos, goalPos);
25. node = startPos;
26. path1 = node;
27. while true                                             % 从起始点开始, 根据父节点信息找
28.        path1(end+1) = Nodes(node).parent;                到路径
29.        node = Nodes(node).parent;
30.        if node == goalPos
31.            break
32.        end
33. end
34. field1(path1(2: end-1)) = 6;
35.                                                        将路径信息反映到 field1 中
36. % 画栅格图及路径
37. image(1.5, 1.5, field1);                               % 根据定义的栅格坐标画图
38. grid on;                                               % 打开网格
39.set(gca, 'gridline', '-', 'gridcolor', 'k', 'linewidth', % 设置网格线型、颜色、线宽
    1.8, 'GridAlpha', 1);
40. set(gca, 'xtick', 1: cols+1, 'ytick', 1: rows+1);     % 设置横纵坐标刻度
41. axis image;                                            % 设置标准横纵网格图像
42. hold on
43. [path1_target_sub(: , 1), path1_target_sub(: , 2)] =  % 将最优路径转为行列坐标
    ind2sub([rows, cols], path1);
44. path1_target_xy(: , 1) = path1_target_sub(: , 2)+0.5; % 将行列坐标转为 xy 坐标
45. path1_target_xy(: , 2) = path1_target_sub(: , 1)+0.5;
46. plot(path1_target_xy(: , 1), path1_target_xy(: , 2),  % 画折线路径
    'r', 'linewidth', 2)
47. %% 步骤 5: 机器人沿着路径运动, 规划路径前方出现障碍物
48. field2 = field;                                        % 复用栅格图
49. path2 = path1;                                         % 复用路径点
```

```matlab
50. obsRange = 8: 11;                                          % 障碍物位于规划路径的范围
51. obsNodes = path2(obsRange);                                % 障碍物栅格
52. obsPreviewRange = 2;                                       % 障碍物预瞄距离
53. s_start = path2(1);                                        % 重新设置起点
54. s_last = s_start;                                          % 重新初始化上一个点
55. figure                                                     % 新图窗
56. colormap(cmap);                                            % 颜色图
57. flag = 0;                                                  % 障碍物更新标识符
58. step = 1;                                                  % 运动步数
59. while s_start ~= goalPos                                   % 若还未移动到预设障碍物的预瞄距
60.     if step ~= obsRange(1) - obsPreviewRange               离那一个栅格，按照 path1 正常运动
61.         s_start = path2(step);
62.         field2(obsNodes) = 3;
63.         field2(path2(1: step)) = 6;
64.         if flag == 1                                       % 如果 flag=1，表明已经经历了障
65.             field2(path2(obsRange(1) -                     碍物更新，path 随之更新，将按照
                    obsPreviewRange+1: step)) = 7;             path2 运动
66.         end
67.         field2(startPos) = 4;
68.         field2(goalPos) = 5;
69.     else
70.         disp('遇到障碍物，重新寻路...')
71.         pause(2)                                           % 在命令窗口打印提示语句
72.         field2(obsNodes) = 2;                              % 停顿 2s，模拟重新寻路
73.         s_start = path2(step);                             % 更新 field2
74.         km=km+calculateH(s_start,s_last,rows, cols);       % 更新 s_start
75.         s_last = s_start;                                  % 更新 km
76.         influencedChildNnodes = findInfluencedNnodes       % 更新 s_last
                (field, Nodes, obsNodes);                      % 找到以 obsNodes 作为父节点的
77.         for i = 1: length(obsNodes)                        所有受到影响的子节点
78.             obsNode = obsNodes(i);                          % 更新所有受到影响的子节点的代价
79.             Nodes(obsNode).rhs = inf;                      值
80.             Nodes(obsNode).g = inf;
81.         end
82.         [Nodes, U] = UpdateEdgeCost(influenced             % 调用函数，更新边连接代价
            ChildNnodes, Nodes, U, km, rows, cols, s_start);
83.         [Nodes, U] = ComputeShortestPath(field2,           % 调用函数，计算最短路径
            Nodes, U, km, rows, cols, s_start, goalPos);
84.         node = s_start;                                    % 从当前位置开始，根据父节点信息
85.         path2(obsRange(1)-obsPreviewRange+1: end)=[];      找到路径
86.         while true
87.             path2(end+1) = Nodes(node).parent;
88.             node = Nodes(node).parent;
89.             if node == goalPos
90.                 break
91.             end
92.         end
93.         flag = 1;                                          % 令障碍物更新标志位为 1
94.
95.     end
96.     step = step + 1;
97. end
98.
99. %% 画图
100. image(1.5, 1.5, field2);                                  % 根据定义的栅格坐标画图
101. grid on;                                                  % 打开网格
102. set(gca,'gridline','-','gridcolor','k','linewidth',       % 设置网格线型、颜色、线宽
     1.8, 'GridAlpha', 1);
103. set(gca, 'xtick', 1: cols+1, 'ytick', 1: rows+1);
104. axis image;                                               % 设置横纵坐标刻度
```

```
105. hold on                                              % 设置标准横纵网格图像
106. [path2_target_sub(:, 1), path2_target_sub(:, 2)] =  % 将最优路径转为行列坐标
     ind2sub([rows, cols], path2);
107. path2_target_xy(:, 1) = path2_target_sub(:, 2)+0.5;
108. path2_target_xy(:, 2) = path2_target_sub(:, 1)+0.5;  % 将行列坐标转为 xy 坐标
109. plot(path2_target_xy(:, 1), path2_target_xy(:, 2),   % 画折线路径
     'r', 'linewidth', 2)
```

与 D*算法类似，D*Lite 算法的代码也分为两个阶段，D*Lite 算法的相关函数定义详见本书配套资料，不再赘述，执行程序得到如图 4-15 所示的基于 D*Lite 算法的栅格图路径规划结果。

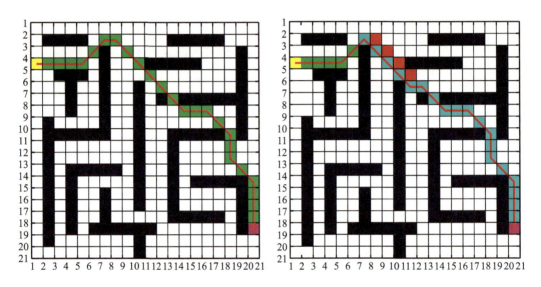

图 4-15   基于 D*Lite 算法的栅格图路径规划结果

4.6   四种栅格图路径规划算法对比分析

通过分别介绍 A*算法、D*算法、LPA*算法及 D*Lite 算法的原理，四种栅格图路径规划算法基本思想非常类似，现列出四种算法的主要区别，如表 4-1 所示。

表 4-1   四种栅格图路径规划算法对比分析

区别	算法			
	A*算法	D*算法	LPA*算法	D*Lite 算法
搜索方向	正向	反向	正向	反向
后继节点偏向	目标节点	源节点	目标节点	源节点
启发式	√	√	√	√
增量式	×	√	√	√
适用范围	已知全局信息，静态规划	已知部分信息，动态规划	已知部分信息，动态规划	已知部分信息，动态规划

具体分析如下。

(1) 对于搜索方向，A*算法和 LPA*算法均是正向搜索，即以源节点作为搜索起点，目标节点作为搜索终点，而 D*算法和 D*Lite 算法则是反向搜索，其优点是当场景中某些栅格成本值突变时 (如自由空间突变为障碍物，或障碍物突变为自由空间)，能很好地将这一变化信息迅速向搜索的后继节点扩散传递，当传递到当前节点位置时，也就重新搜索到了一条从目标节点到本节点的最优路径。

(2) 对于后继节点偏向，由于 A*算法和 LPA*算法均是正向搜索，显然其后继节点偏向于目标节点，而 D*算法和 D*Lite 算法则偏向于源节点。

(3) 由于 D*算法、LPA*算法和 D*Lite 算法均由 A*算法发展而来，四种算法都属于启发式算法。

(4) 经典的 A*算法不考虑动态障碍物，当需要进行多次重规划时，每次规划都从当前节点规划一条到目标节点的路径，不会采用先前一次的有效信息，故除了 A*算法外其余三种算法均为增量式搜索。

(5) 对于适用范围，A*算法要求全局信息已知，是一种静态规划算法。其余三种算法由于可以进行动态规划，只需要掌握局部信息即可。

当前对于智能驾驶汽车而言，其算力已经达到较高水平，A*算法的重规划对运行时间及占用内存空间影响不大，为了降低算法的复杂性及方便参数调试等，智能驾驶汽车多直接采用 A*算法。值得注意的是，A*算法也可用于城市路网拓扑图的全局路径规划中，不同之处是载波遍历某节点的邻近节点时，栅格图需要遍历其 8 个邻接节点，而拓扑图则需要根据实际拓扑关系进行遍历，其余思想基本类似，不再赘述。

第5章 基于采样的全局路径规划算法

5.1 术 语 概 念

5.1.1 采样算法

无论是基于拓扑图还是栅格图的路径规划都有一个前提，那就是必须获知图的全部或绝大部分信息，从而根据这些信息合理选用算法规划路径，这些算法具有较好的完备性，但是需要对环境进行完整的建模工作，在高维度空间中往往会出现维数灾难。在更一般的场景，智能汽车可能无法获知这些环境信息，只能在自身环境中通过不断试探、调整及优化并最终生成一条可通行路径，那么在试探环境信息的过程中，就需要用到基于采样的算法。

顾名思义，采样(sampling)就是采集样本的简称，在路径规划领域可简单理解为向智能汽车所在的环境进行撒点，判断各撒点的连线是否满足要求，如是否穿过了障碍物、线段指向是否背离了目标点方向、线段移动代价是否过高等。基于随机采样的路径规划算法可分为单查询算法以及渐近最优算法，前者只要找到可行路径即可，侧重于快速性，后者还需要对找到的路径进行逐步优化，慢慢达到最优，侧重于最优性。本章介绍的 PRM 算法、RRT 算法及 RRT_Connect 算法属于单查询算法，而 RRT*算法属于渐近最优算法。

5.1.2 算法的完备性与最优性

1. 完备性与概率完备性

路径规划算法的完备性是指如果在起始点和目标点间有路径解存在，那么一定可以得到解，如果得不到解那么一定说明没有解存在，前文介绍的 Dijkstra 算法和 Floyd 算法，以及后面章节介绍的动态规划算法均属于完备性算法；概率完备性是指如果在起始点和目标点间有路径解存在，尽管在一定时间范围内可能未找到路径解，但是只要规划或搜索的时间足够长，最终就一定能确保找到一条路径解，本章将要介绍的算法都属于概率完备性算法。

2. 最优性与渐近最优性

算法的最优性是指规划得到的路径在某个评价指标(如路径长度)上是全局最优的；算法的渐近最优性是指经过有限次规划迭代后得到的路径是接近最优的次优路径，且每次迭代后都与最优路径更加接近，是一个逐渐收敛的过程，随着迭代次数无限增加，规划路径越接近全局最优解。

5.1.3　路径与障碍物的碰撞检测方法

图 5-1 为碰撞检测示意图，本车在规划路径时，需要判断规划的路径是否与障碍物相撞。抽象处理后，碰撞检测的本质就是判断本车的 *ABCD* 矩形框是否侵入障碍物的 *EFGH* 矩形框，进一步可以转为判断平面中两条线段是否相交，本节提供了两种碰撞检测方法供读者参考。

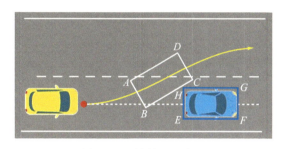

图 5-1　碰撞检测示意图

1. 向量叉乘法

图 5-2(a)～图 5-2(c)描述了平面非平行关系的三种位置，图 5-2(d)～图 5-2(f)描述了平面平行关系的三种位置。现对图 5-2 做简单描述：图 5-2(a)表示两条线段 *AB* 与 *CD* 完全交叉；图 5-2(b)表示线段 *CD* 的端点 *D* 位于另一条线段 *AB* 上，端点 *D* 既可以在线段 *AB* 内，也可以在线段 *AB* 的某个端点上；图 5-2(c)表示两条线段不平行，且不相交；图 5-2(d)表示两条线段平行，但不共线；图 5-2(e)表示两条线段共线，但不重合；图 5-2(f)表示两条线段共线，且局部重合。在路径规划领域，一般认为规划的路径只要与障碍物多边形(bouding box)有任何接触，都视为有碰撞风险。因此，图 5-2 中满足安全要求的有图 5-2(c)、图 5-2(d)、图 5-2(e)所示的三种情况。

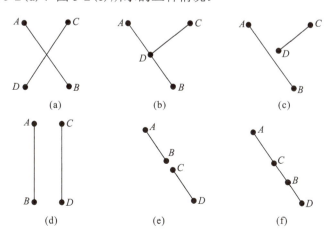

图 5-2　平面两条线段常见的相对位置关系

根据向量叉乘法可知，若 $\vec{a} \times \vec{b} > 0$ ，表明向量 $\vec{b}$ 位于向量 $\vec{a}$ 的逆时针方向（旋转角度小于 $180°$）；反之，若 $\vec{a} \times \vec{b} < 0$ ，表明向量 $\vec{b}$ 位于向量 $\vec{a}$ 的顺时针方向（旋转角度小于 $180°$）；若 $\vec{a} \times \vec{b} = 0$ ，表明两向量平行。接下来分别介绍如何利用向量叉乘法判定如图 5-2 所示的 6 种位置关系。

（1）两条线段完全交叉的判定。图 5-3(a) 为两条相交线段，设 $A(x_1 y_1)$、$B(x_2 y_2)$、$C(x_3 y_3)$、$D(x_4 y_4)$。

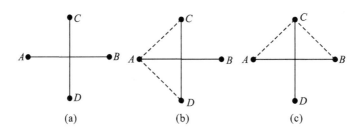

图 5-3　利用向量叉乘法判断是否相交示意图

连接 AC 和 AD，分别得到 $\overrightarrow{AC}$ 和 $\overrightarrow{AD}$ 两个向量，如图 5-3(b) 所示。以 $\overrightarrow{AB}$ 作为基准向量，根据向量叉乘法，有

$$(\overrightarrow{AB} \times \overrightarrow{AC}) \cdot (\overrightarrow{AB} \times \overrightarrow{AD}) < 0 \tag{5-1}$$

表明两个叉乘结果异号，因此 $\overrightarrow{AC}$ 和 $\overrightarrow{AD}$ 必然位于 $\overrightarrow{AB}$ 的两侧。

同理，连接 CA 和 CB，分别得到 $\overrightarrow{CA}$ 和 $\overrightarrow{CB}$ 两个向量，如图 5-3(c) 所示，有

$$(\overrightarrow{CD} \times \overrightarrow{CA}) \cdot (\overrightarrow{CD} \times \overrightarrow{CB}) < 0 \tag{5-2}$$

表明两个叉乘结果异号，因此 $\overrightarrow{CA}$ 和 $\overrightarrow{CB}$ 必然位于 $\overrightarrow{CD}$ 的两侧。

显然，当同时满足式(5-1)和式(5-2)时，表明 AB 和 CD 两条线段完全交叉。

（2）一条线段端点位于另一条线段上的判定。图 5-2(b) 可以视为图 5-2(a) 中的端点 D 回退到线段 AB 上，AB 两个端点依然位于 CD 的两侧。不同的是，由于 A、B、D 三点共线，叉乘满足：

$$(\overrightarrow{AB} \times \overrightarrow{AD}) = 0 \Rightarrow (\overrightarrow{AB} \times \overrightarrow{AC}) \cdot (\overrightarrow{AB} \times \overrightarrow{AD}) = 0 \tag{5-3}$$

因此，当同时满足式(5-2)和式(5-3)时，可以判定一条线段端点位于另一条线段上。

（3）两条线段不平行且不相交的判定稍复杂，可以采取排除法进行判定，即当不满足其余 5 种任意一种情况后，可以认为满足不平行且不相交。

（4）两条线段平行但不共线。根据向量平行的定义，有

$$(\overrightarrow{AB} \times \overrightarrow{CD}) = 0 \tag{5-4}$$

在两条线段中任选一个端点进行连接（如连接 AC），计算 $\overrightarrow{AC}$ 与 $\overrightarrow{AB}$ 或 $\overrightarrow{CD}$ 的叉乘，得

$$(\overrightarrow{AC} \times \overrightarrow{AB}) \neq 0, (\overrightarrow{AC} \times \overrightarrow{CD}) \neq 0 \tag{5-5}$$

因此，当同时满足式(5-4)和式(5-5)时，可以判定两线段平行但不共线。

（5）两线段共线，但不重合。由平行不共线的结论，修改式(5-5)，当满足式(5-6)后：

$$(\overrightarrow{AC} \times \overrightarrow{AB}) = 0, (\overrightarrow{AC} \times \overrightarrow{CD}) = 0 \tag{5-6}$$

可以判定两线段共线，但仍不能判定是否重合。

为了区分图 5-2(e)和图 5-2(f)，可以将两个线段的坐标和端点符号做如下处理：以线段 AB 为例，将横坐标较小的坐标命名为 A，较大的坐标命名为 B，若横坐标相同，将纵坐标较小的坐标命名为 A，同理，坐标值较小的命名为 C，坐标值较大的端点命名为 D。当 C 点的横(纵)坐标大于 B 点的横(纵)坐标时，或者 D 点的横(纵)坐标小于 A 点的横(纵)坐标时，即满足下列任一不等式后，可以判断两线段共线，但不重合。

$$x_3>x_2,x_4<x_1,y_3>y_2,y_4<y_1 \tag{5-7}$$

(6)两线段共线且重合。当式(5-7)中 4 个不等式都不满足时，可以判定两条线段重合。

2. 线段离散点包含法

图 5-4 为线段离散点包含法示意图，其中图 5-4(a)的线段 AB 代表规划的局部路径，四边形 $CDEF$ 代表障碍物。将线段 AB 按照某种离散度进行离散化处理，得到若干等间距离散点，如图 5-4(b)所示。得到若干离散点后，显然 GH 段内的离散点位于四边形 $CDEF$ 内，则表明线段 AB 与四边形 $CDEF$ 相交。因而，问题转化为如何判断平面内的离散点与另一个封闭多边形的包含关系。

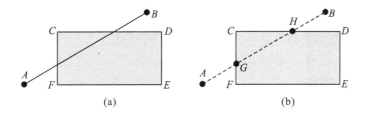

(a)　　　　　　　　　　　　　　(b)

图 5-4　线段离散点包含法示意图

比较常见的判断点与多边形关系的算法有射线法、面积法、点线判断法和弧长法等，算法复杂度都为 $O(n)$，不过只有射线法可以正确用于凹多边形，其他三种只可以用于凸多边形。上述每种方法各有特点，本书在此不做展开介绍，仅介绍 MATLAB 提供的判断点与封闭多边形位置关系的 inpolygon 库函数。利用 inpolygon 库函数可以很方便地求得平面任意散点与任意封闭多边形(包括凸多边形和凹多边形)的位置关系，其具体使用方法在 2.1.3 节有介绍。

因此，若采用 MATLAB 作为开发工具，可以直接调用 inpolygon 库函数进行判断，只要 AB 线段的若干散点至少有一个散点位于四边形 $CDEF$ 内，可以认为规划的路径将与障碍物相撞。当然，也存在如下弊端：①当采用其他编程语言进行算法开发时，需要自建函数；②此方法存在精度缺陷，当 AB 线段的离散点足够密集时，可以正确判断，但比较稀疏时，容易漏检。

综上，推荐采用向量叉乘法进行碰撞检测。

5.2　PRM　算　法

5.2.1　PRM 算法简介

概率路线图(probabilistic road map，PRM)算法是一种将无向图构建和路径搜索分开处理的算法，首先通过采样撒点构建无碰撞无向图，然后再利用 A*算法等常规搜索在无向图上寻找路径，以提高搜索效率。因此该算法的主要功能就是对原地图进行稀疏采样，将复杂、巨大的地图简化为具有较少的采样点及其对应边组成的"无向图"。

PRM 算法能用相对少的随机采样点找到一条可行路径解，对多数问题而言，用相对少的采样点足以覆盖大部分可行的空间，但对于某些具有狭窄通路的地图，当采样点太少或者分布不合理时，PRM 算法无法找到可行路径；随着采样点逐渐增多，总存在一定的可能性搜索到可行路径。因此，PRM 算法是一种概率完备算法，但搜索路径往往并非最优。

PRM 算法参数少、结构简单，能够提高在高维空间的搜索效率，同时，随机采样得到的概率路图只需要建立一次就可以一直使用，重用性强，但由于采样过程是完全随机的，得到的节点大多数都偏离最终路径，会增加额外的计算量。

5.2.2　伪代码及分析

PRM 算法伪代码如下。

PRM 算法

1. $V=\varnothing,E=\varnothing$
2. $G=(V,E,O)$
3. **while** length$(V)<n$
4. 　　$q \leftarrow$ a random configuration in Q
5. 　　**if** $q \notin O$
6. 　　　$V=V\bigcup\{q\}$
7. **for** all $q \in V$
8. 　　$N_q=\varnothing$
9. 　　**for** all $q' \in V$
10. 　　　**if** dist$(q,q') \leqslant \rho$ **and** $q \neq q'$
11. 　　　　$N_q=N_q\bigcup\{q'\}$
12. 　　　**if** length$(N_q)==k$
13. 　　　　**break**
14. 　　$E_q=\varnothing$
15. 　　**for** all $q' \in N_q$
16. 　　　**if** $(q,q') \notin E$ **and** CollisionDetection$(q,q')==1$

PRM 算法
17. $\qquad E_q = E_q \cup \{(q,q')\}$
18. $\quad E = E \cup E_q$
19. Run A* algorithm according to the graph $G = (V,E,O)$

PRM 算法主要由以下几个步骤构成。

步骤 1：初始化，对应伪代码第 1~2 行。设位于自由空间的节点集为 V，初始状态为空；这些节点之间会有若干条不与障碍物碰撞的边，将这些路径设为边集 E，初始状态为空；环境地图中，障碍物所构成的多个封闭区域的并集合设为 O。综上，除了障碍封闭区域 O 是一个确定集合外，节点集和边集均为空，将此环境空间用 $G=(V,E,O)$ 简易表示。

步骤 2：节点采样，对应伪代码第 3~6 行。从环境空间中随机采样一个点 q，若该点不属于障碍封闭区域 O，则将该点追加到节点集 V 中。当追加到节点集 V 的节点数量等于预定义的节点总数 n 时，退出 while 循环。

步骤 3：邻域计算，对应伪代码第 7~13 行。先进入第 1 层 for 循环，遍历节点集 V 中的点 q，并令节点 q 的领域节点集为空，然后进入第 2 层 for 循环，遍历节点集 V 中的另一个节点 q'，定义距离判断阈值 ρ，若节点 q 与 q' 的距离小于 ρ，且 q 与 q' 非相同节点，则将 q' 称作节点 q 的邻域节点，并追加到领域节点集 N_q。当领域节点集 N_q 内的节点个数等于 $k(k<n)$ 时，退出第 2 层 for 循环。

步骤 4：边线连接，对应伪代码第 14~18 行。首先初始化节点 q 的边集 E_q 为空，然后遍历领域节点集 N_q 内的每一个节点 q'，若边 (q,q') 不属于节点边集 E_q，且未与障碍物发生碰撞〔即碰撞检测函数 CollisionDetection () 返回 1〕，则将边 (q,q') 追加到边集 E_q 中，最后，将节点 q 的边集 E_q 追加到图的边集 E 中。

步骤 5：利用图搜索算法规划路径，对应伪代码第 19 行。上述 4 个步骤完成了对环境地图的初步采样，构成的环境地图可用 $G=(V,E,O)$ 表示，但是采样得到的边仅表示了两两节点间的连接关系，还未构成从源节点到目标节点间的通路，故需要利用常规的图搜索算法(如 A*算法或 Dijkstra 算法)搜索路径。

5.2.3　案例精讲

如图 5-5 所示，绿色方形代表智能汽车当前所处的起点，灰色矩形代表障碍物，青色五角星代表目标点。

参照图 5-5 并结合伪代码，详细介绍 PRM 算法的路径规划过程。

(1)在环境空间中随机采样一个点 q，若该点不属于障碍封闭区域 O，则将该点追加到节点集 V 中。如图 5-5(a)的蓝色圆点为节点集 V 中的所有节点，一共 20 个。

(2)针对每一个节点 q，找出它的邻域节点集 E_q。以图 5-5(b)的红色圆点为例，以节点 q 为圆心，以邻域距离阈值 ρ 为半径，画红色邻域判断圆，显然在红色虚线框内的蓝色圆点 $q_1 \sim q_8$ 均有可能作为节点 q 的邻域节点。值得注意的是，对于节点 q_1，由于边 (q,q_1)

横穿了黑色障碍物区，故该点不能作为节点 q 的邻域节点，除此之外其余的 7 个蓝色节点皆满足要求。

（3）当所有节点的邻域都确定之后，也就完成了对地图环境的建模。简单思考不难得出，每一个节点都有自身邻域半径内的邻域节点，那么这些邻域节点就好比栅格地图里的备选后继节点。如图 5-5（c）所示，每一个圆内的节点都可作为圆心节点的备选后继节点。

（4）当所有节点的备选后继节点信息全部获知后，就可以利用传统的基于图搜索的路径规划算法（一般用 Dijkstra 算法或 A*算法）规划路径，最终路径如图 5-5（d）所示。

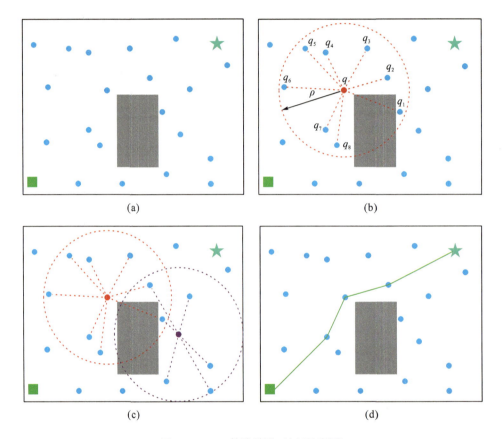

图 5-5　PRM 算法精讲示例（见彩图）

5.2.4　MATLAB 仿真

欲利用 MATLAB 进行基于采样的路径规划仿真，首先需要建立地图场景。具体代码如下。

```
1. clc
2. clear
3. close all
4. %% 地图尺寸及起始点和终点
5. map_size = [50, 30];                           % 地图尺寸
6. startPos = [2, 2];                             % 起点
```

```
7. goalPos = [49, 26];                        % 终点
8. %% 障碍物设置
9. obs_boundary = {{[0, 0; 1, 0; 1, 30; 0,30]}, ...   % 边界障碍物
10.    {[0, 30; 50, 30; 50, 31; 0, 31]}, ...    % 每行代表一个障碍物,每个障碍物由多个
11.    {[1, 0; 51, 0; 51, 1; 1, 1]}, ...        顶点表示
12.    {[50, 1; 51, 1; 51, 31; 50, 31]}};
13. obs_polygon = {{[14, 12; 22, 12; 22, 14; 18,  % 多边形障碍物
    16; 14, 14]}, ...
14.    {[18,22; 22,20; 26,22; 26,25; 18,25]}, ...
15.    {[26,7; 28,7; 30,13; 28,19; 26,19]}, ...
16.    {[32, 14; 42, 14; 42, 16; 32, 16]}};
17.obs_circle = [7, 12, 3;                      % 圆形障碍物(x-y-r)
18.    46, 20, 2;
19.    15, 5, 2;
20.    37, 7, 3;
21.    37, 23, 3];
22. map = struct;                               % 初始化地图结构体
23. map.map_size = map_size;
24. map.obs_boundary = obs_boundary;
25. map.obs_polygon = obs_polygon;
26. map.obs_circle = obs_circle;
27. %% 可视化地图
28. scatter(startPos(1), startPos(2), 80, 'b',   % 画起点
    'filled', 's')
29. hold on
30. scatter(goalPos(1),goalPos(2),80,'r','filled', % 画终点
    'h')                                          % 画边界障碍物
31. for i = 1: size(map.obs_boundary, 2)
32.        vertexs = map.obs_boundary{i}{1};
33.        fill(vertexs(:, 1), vertexs(:, 2), 'k');
           hold on;
34. end
35. for i = 1: size(map.obs_polygon, 2)          % 画多边形障碍物
36.        % per obs
37.        vertexs = map.obs_polygon{i}{1};
38.        fill(vertexs(:, 1), vertexs(:, 2), 'k');
           hold on;
39. end
40. t = linspace(0, 2*pi);
41. for i = 1: length(map.obs_circle)            % 画圆形障碍物
42.        x = cos(t)*map.obs_circle(i, 3)+map.obs_
           circle(i, 1);
43.        y = sin(t)*map.obs_circle(i, 3)+map.obs_
           circle(i, 2);
44.        fill(x, y, 'k'); hold on;
45. end
46. axis equal                                   % 横纵轴坐标比例设为相等
47. xlim([0 map.map_size(1)+1]);                 % 限制 x 轴范围
48. ylim([0 map.map_size(2)+1]);                 % 限制 y 轴范围
```

上述代码分为如下三个部分。

第 1 部分定义了地图尺寸、起点和终点坐标。与栅格地图不同,本章所采用的场景地图的坐标系原点定义在地图的左下角,并采用一般的笛卡儿坐标系进行描述。

第 2 部分用于设置障碍物,包括边界障碍物、多边形障碍物、圆形障碍物等。在构造边界障碍物时,将地图场景的边界视为一个大的矩形框,然后将这个大的矩形框分成 4

条边，每条边赋予 1 个单位的宽度，则最终可以利用 4 个小的矩形条完全定义场景边界。在构造多边形障碍物时，只需要定义多边形的若干顶点即可，后续利用配套函数可以进行碰撞检测，同理，在构造圆形障碍物时，只需要定义圆的圆心及半径即可。

第 3 部分是画图，首先将起点和终点分别绘制成蓝色正方形和红色六角形，然后利用 MATLAB 的 fill 函数填充三类障碍物，最后设置图窗边界和横纵向比例。

执行上述代码，得到如图 5-6 所示的场景图。

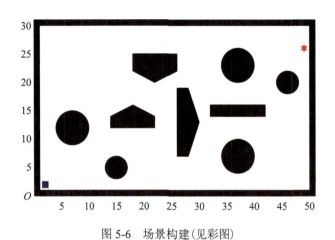

图 5-6　场景构建(见彩图)

当建立场景地图后，便可以利用 PRM 算法进行路径规划，具体代码如下。

```
1.  clc
2.  clear
3.  close all
4.  %% 地图构建
5.  map_size = [50, 30];                                     % 地图尺寸
6.  startPos = [2, 2];                                       % 起点
7.  goalPos = [49, 26];                                      % 终点
8.  map = fun_defMap;                                        % 调用地图构造函数
9.  rou = 12;                                                % 判断距离阈值
10. %% 生成随机点集合
11. n = 100;                                                 % 顶点个数
12. V = [];                                                  % 顶点集合
13. while true                                               % 持续循环
14.     if size(V, 1) == n                                   % 若顶点集合行维度与顶点个数相
15.         break                                            同，退出循环
16.     end
17.     q = [map_size(1) * rand, map_size(2) * rand];        % 随机生成 q 点
18.     is_in = 0;                                           % 采样点位于障碍物标志位
19.     for i = 1: length(map.obs_boundary)                  % 循环遍历每一个边界障碍物
20.         obs_boundary_i = map.obs_boundary{1, i};         % 某个障碍物
21.         in = inpolygon(q(1), q(2), obs_boundary_i        % 判断采样点是否位于障碍区
            {1,1}(:, 1), obs_boundary_i{1,1}(:, 2));
22.         if in == 1                                       % 若位于障碍区
23.             is_in = 1;                                   % 标志位赋值为 1
24.             break                                        % 退出当前 for 循环
25.         end
26.     end
```

```
27.     for i = 1: length(map.obs_polygon)              % 循环遍历每一个多边形障碍物
28.         obs_polygon_i = map.obs_polygon{1, i};
29.         in = inpolygon(q(1), q(2), obs_polygon_i
                {1, 1}(:, 1), obs_polygon_i{1, 1}(:, 2));
30.         if in == 1
31.             is_in = 1;
32.             break
33.         end
34.     end
35.     for i = 1: size(map.obs_circle, 1)              % 循环遍历每一个圆形障碍物
36.         t = linspace(0, 2*pi);
37.         x = cos(t)*map.obs_circle(i, 3)+map.obs_
                circle(i, 1);
38.         y = sin(t)*map.obs_circle(i, 3)+map.obs_
                circle(i, 2);
39.         in = inpolygon(q(1), q(2), x, y);
40.         if in == 1
41.             is_in = 1;
42.             break
43.         end
44.     end
45.     if is_in == 0                                    % 若采样点不位于三种障碍物内,
46.         V(end+1, :) = q;                                将其追加到顶点集合内
47.     end
48. end
49. V(end+1: end+2, :) = [startPos; goalPos];           % 将起点和终点追加到顶点集合内
50. %% 搜索每个节点的邻接节点
51. Nq = cell(n+2, 2);                                  % 初始化节点元胞数组
52. E = cell(n+2, 3);                                   % 初始化边元胞数组
53. for i = 1: n+2                                       % 第1层循环
54.     q = V(i, :);                                    % 某个顶点
55.     Nq{i, 1} = [];
56.     for j = 1: n+2                                   % 第2层循环
57.         if i ~= j
58.             q_prime = V(j, :);                      % 另一个顶点
59.             dist = norm(q - q_prime);               % 计算这两个顶点间的距离
60.             if dist < rou                           % 若距离小于判断阈值
61.                 Nq{i, 1}(end+1) = j;                % 保存采样顶点索引号
62.                 Nq{i, 2}(end+1) = dist;             % 保存距离值
63.             end
64.         end
65.     end
66.     E{i, 1} = [];                                   % 初始化边集合
67.     for j = 1: length(Nq{i, 1})                     % 循环遍历节点元胞数组
68.         start = q;                                  % 作为起点
69.         goal = V(Nq{i, 1}(j), :);                   % 作为目标点
70.         dist = Nq{i, 2}(j);                         % 作为距离值
71.         is_collision = false;                       % 边与障碍物碰撞标志位
72.         polygon_num = length(map.obs_polygon);      % 多边形障碍物个数
73.         for k = 1: polygon_num                      % 循环遍历多边形障碍物
74.             vertex_num = size(map.obs_polygon{1, k} % 多边形障碍物顶点个数
                {1, 1}, 1);
75.             for m = 1: vertex_num                   % 循环遍历多边形障碍物顶点
76.                 if m == vertex_num                  % 若遍历到最后一个顶点
77.                     A = map.obs_polygon{1,k}{1,1}(m,:); % 赋值最后一个顶点
78.                     B = map.obs_polygon{1,k}{1,1}(1,:); % 赋值第1个顶点
79.                 else                                % 若未遍历到最后一个顶点
```

```
80.                  A = map.obs_polygon{1,k}{1,1}(m,:);        % 赋值第 m 个顶点
81.                  B = map.obs_polygon{1, k}{1, 1}            % 赋值第 m+1 个顶点
                        (m+1, : );
82.              end
83.              is_intersect = intersect_check(A, B,           % 调用函数判断节点边是否与多边
                    start, goal);                                  形顶点边相交
84.              if is_intersect == 1
85.                  is_collision = true;                       % 若相交,则碰撞标志位为真
86.              end
87.          end
88.      end
89.      for k = 1: size(map.obs_circle, 1)                     % 循环遍历圆形障碍物
90.          lambda = dot(map.obs_circle(k, 1: 2)-start,
                goal-start)/(norm(goal-start)*norm(goal-
                start));
91.          if lambda < 1 && lambda > 0
92.              g = start + lambda*(goal-start);
93.              d = norm(g-map.obs_circle(k, 1: 2));
94.              if d < map.obs_circle(k, 3)
95.                  is_collision = true;
96.              end
97.          end
98.      end
99.      if is_collision == false                               % 若无碰撞,追加到边数组中
100.         E{i, 1} = i;                                       % 线段起点索引
101.         E{i, 2}(end+1) = Nq{i, 1}(j);                      % 线段终点索引
102.         E{i, 3}(end+1) = dist;                             % 线段距离
103.     end
104.  end
105. end
106. %% 调用 Dijkstra 算法进行路径规划
107. path_opt = fun_Dijkstra(101, 102, V, E, n);                % 调用路径规划函数
108. plotFigure(map_size, startPos, goalPos, map, V, E,         % 调用画图函数
     n, path_opt)
```

对上述代码做如下分析。

(1)调用预定义函数,构建地图场景。

(2)生成随机点集合,此部分代码主要利用随机数函数 rand 在地图空间范围内随机生成一个采样点,然后利用 inpolygon 函数判断该采样点是否位于多边形或圆形区域内,若在区域内则舍弃该采样点重新进行随机采样,最后当随机点集合内有 100 个离散点时,退出 while 循环。

(3)当完成采样后,进入循环,依次判断每个采样点的临近采样点,然后判断本节点到临近采样点所构成的边是否满足障碍物碰撞检测,并加入到边集合中。

(4)完成所有的节点、连接边和边权重后,也就构建了地图的采样点拓扑集合,故最后可直接调用 Dijkstra 算法进行最优路径的规划。

执行上述代码,得到了如图 5-7 所示的 PRM 算法路径规划结果。

图 5-7(a)~图 5-7(d)分别表示采样点为 50 个、100 个、150 个和 200 个的节点拓扑关系图,可以看出其他条件一定的情况下,采样点越多,PRM 算法在地图空间内搜索到全局最优解的概率越大。

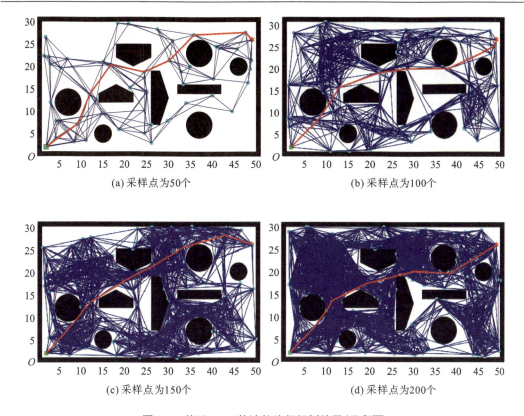

(a) 采样点为50个　　　　　　　　　　(b) 采样点为100个

(c) 采样点为150个　　　　　　　　　　(d) 采样点为200个

图 5-7　基于 PRM 算法的路径规划结果 (见彩图)

除了采样点个数，邻域距离阈值 ρ 同样也对规划结果影响较大，如图 5-8 所示，采样点个数均为 100，邻域距离阈值分别为 5、8、12、16，可以看出，当 $\rho=5$ 时，节点间的边连接非常稀疏，有不少采样点未与其他节点构成边，故整体拓扑关系比较松散，未形成明显的网络连接关系。正因如此，最终规划的红色路径与最优路径方向偏离较远，随着邻域距离阈值的增大，节点间的联通关系得以普遍建立，最终规划的路径也趋于稳定。

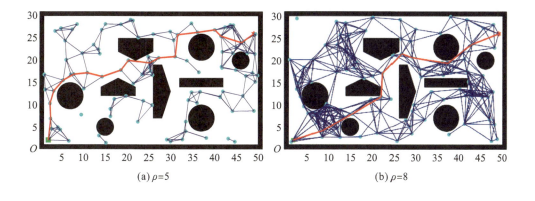

(a) $\rho=5$　　　　　　　　　　　　　　(b) $\rho=8$

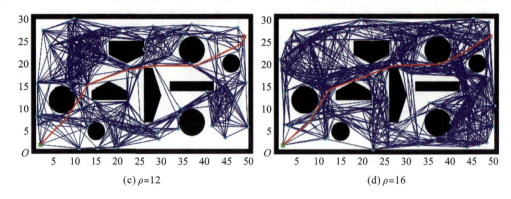

(c) $\rho=12$ (d) $\rho=16$

图 5-8　采样点为 100 不同邻域距离阈值的路径规划结果（见彩图）

5.3　RRT　算　法

5.3.1　算法简介

　　快速扩展随机树（rapidly-exploring random trees，RRT）算法由美国爱荷华州立大学的
LaValle 教授于 1998 年提出，是一种在完全已知的环境中通过随机采样扩展搜索，并通
过随机构建空间填充树来有效搜索非凸、高维空间的算法，近年来得到广泛发展与应用。
RRT 算法将初始点作为根节点，通过随机采样，增加叶子节点的方式，生成一棵随机扩
展树，当随机树中的叶子节点包含了目标点或进入了目标区域，便可以在随机树中找到一
条由树节点组成的从初始点到目标点的路径。

　　RRT 算法通过对状态空间中的采样点进行碰撞检测，避免了对空间的建模，能够有
效地解决高维空间和复杂约束的路径规划问题，因此能够快速有效地搜索高维空间，通过
状态空间的随机采样点，把搜索导向空白区域，从而寻找到一条从起始点到目标点的规划
路径，适合解决复杂环境下和动态环境中的路径规划。与 PRM 算法类似，RRT 算法也是
一种概率完备且搜索路径不是最优的算法。

5.3.2　伪代码及分析

　　RRT 算法伪代码如下。

RRT 算法

---
1. x_{init} = RandomState()
2. $T.\text{init}(x_{\text{init}})$
3. **while true**
4. 　　　x_{rand} = RandomState()
5. 　　　x_{near} = NearestNeighbor(x_{rand}, T)
6. 　　　u = SelectInput$(x_{\text{rand}}, x_{\text{near}})$

续表

RRT 算法

7.　　　$x_{\text{new}} = \text{NewState}(x_{\text{near}}, u, t)$
8.　　　**if** CollisionDetection$(x_{\text{new}}) ==$ **true**
9.　　　　$T.\text{AddVertex}(x_{\text{new}})$
10.　　　　$T.\text{AddEdge}(x_{\text{near}}, x_{\text{new}})$
11.　　　**if** dist$(x_{\text{new}}, x_{\text{goal}}) < d_0$
12.　　　　**break**

RRT 算法的伪代码比较简单，由以下 8 步构成。

步骤 1：初始化，对应伪代码第 1～2 行。首先执行 RandomState() 函数，在设定的环境区域内部随机生成一个初始节点 x_{init}，并将其加入到随机树 T。

步骤 2：生成随机采样点，对应伪代码第 4 行。执行 RandomState() 函数，生成随机采样节点 x_{rand}。

步骤 3：找出距离随机采样点最近的树节点，对应伪代码第 5 行。执行 NearestNeighbor (x_{rand}, T) 函数遍历随机树 T，找出距离随机采样点 x_{rand} 最近的树节点 x_{near}。

步骤 4：构造新的树节点扩展向量，对应伪代码第 6 行。执行 SelectInpet $(x_{\text{rand}}, x_{\text{near}})$ 函数将随机采样点 x_{rand} 和最近节点 x_{near} 构成一个向量，该方向指向新的树节点的生成方向。

步骤 5：剪枝生成新的树节点，对应伪代码第 7 行。执行 NewState $(x_{\text{near}}, u, \Delta t)$ 函数，在生长向量 u 截取设定的生长长度 t，截取点就是生成的新节点 x_{new}。

步骤 6：判断新节点是否满足碰撞要求，对应伪代码第 8 行。执行碰撞检测函数 CollisionDetection (x_{new})，若返回 true，表明树节点 x_{near} 和新节点 x_{new} 构成的连线未与障碍物碰撞。

步骤 7：将新节点与边加入树中，对应伪代码第 9～10 行。若步骤 6 的新节点满足要求，则将新节点 x_{new} 以及对应的边 $(x_{\text{near}}, x_{\text{new}})$ 加入树 T 中。

步骤 8：判断是否终止 while 循环，对应伪代码第 11～12 行。若新加入树的节点 x_{new} 与目标节点的距离小于判断阈值 d_0，则认为已经存在一条从树的根节点到目标节点，退出 while 循环。

5.3.3　案例精讲

如图 5-9 所示，绿色方形代表智能汽车当前所处的源节点，灰色矩形代表障碍物，青色五角星代表目标节点。参照图 5-9 并结合伪代码，详细介绍 RRT 算法的路径规划过程。

首先，在地图环境中随机生成一个节点作为初始点 x_{init}，该节点需要满足碰撞检测要求，这个节点作为根节点 x_0 的第 1 个拓展后继节点，如图 5-9 (a) 所示；然后，循环执行生成新节点，在地图环境中重新生成一个随机节点 x_{rand}，并比较这个节点到树的所有节点的距离大小，选择最近的那一个树节点，当前树只有两个节点，显然 x_{init} 离 x_{rand} 更近，故将节点 x_{init} 与 x_{rand} 构成一个向量 u，如图 5-9 (b) 所示；接着，在向量 u 上截取生长步长 t，将截取点定义为新生成的节点，如图 5-9(c) 所示；最后判断新生成的节点是否满足碰撞检测要求，显然 x_{new} 满足，将其追加到树节点 T 中，并重命名为 x_1。至此，完成了一个新节点的生成。

图 5-9(d) 的 $x_{rand1}\sim x_{rand4}$ 展示了不同的随机节点可能生成的位置，依次分析：对于 x_{rand1}，最近的树节点为 x_0，两者构成的向量未与障碍物相交，可以直观判定新节点 x_{new1} 满足碰撞检测要求；对于 x_{rand2}，最近的树节点为 x_{init}，需要进一步延长两者构成的向量以生成新节点 x_{new2}，新节点位于障碍区内，故该节点不满足碰撞检测要求；对于 x_{rand3}，最近的树节点也为 x_{init}，两者构成的向量之间生成新节点 x_{new3}，新节点同样位于障碍区内，故该节点不满足碰撞检测要求；对于 x_{rand4}，最近的树节点为 x_1，两者构成的向量之间生成新节点 x_{new4}，新节点满足碰撞检测要求。综上，仅有 x_{new1} 和 x_{new4} 满足要求，追加到树节点中，并重命名为 x_2 和 x_3，此时树节点的分布及边连接关系如图 5-9(e) 所示。

不断循环执行上述步骤，若某个新加入的节点 x_n 与目标节点的距离小于判断阈值，表明已经全部完成树节点的生长，这时只需要利用后继节点和前驱节点的关系，不断从节点 x_n 向前驱节点溯源直到源节点 x_0，那么溯源的这条路径就是用 RRT 算法规划得到的最优路径，如图 5-9(f) 所示。

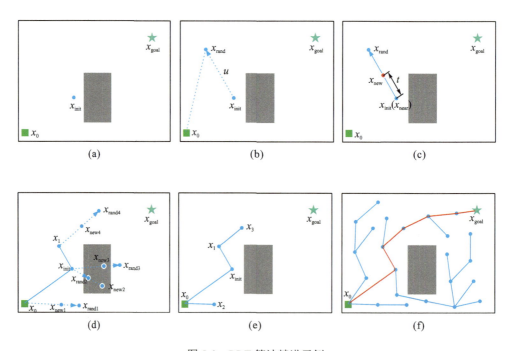

图 5-9　RRT 算法精讲示例

5.3.4　MATLAB 仿真

RRT 算法的 MATLAB 代码如下。

```
1.  clc
2.  clear
3.  close all
4.  %% 地图构建
5.  map_size = [50, 30];                               % 地图尺寸
6.  startPos = [2, 2];                                 % 起点
7.  goalPos = [49, 26];                                % 终点
8.  map = fun_defMap;                                  % 调用地图构造函数
9.  stepLength = 1;                                    % 树节点生长步长
10. %% 算法
11. treeNodes = struct;                                % 定义树节点结构体
12. treeNodes.node = startPos;                         % 节点
13. treeNodes.parentNode = [];                         % 父节点
14. nodeNum = 1;                                       % 节点数量
15. while true                                         % 循环采样
16.     x_rand(1) = map_size(1)*rand;                  % 在地图空间随机采样撒点
17.     x_rand(2) = map_size(2)*rand;
18.     dist = [];
19.     for i = 1: size(treeNodes, 2)                  % 依次计算树节点到采样点的距离
20.         dist(i) = norm(treeNodes(i).node - x_rand);
21.     end
22.     [~, idx] = min(dist);
23.     x_nearest = treeNodes(idx).node;               % 取距离最小值对应的树节点
24.     direction = x_rand - x_nearest;                % 计算采样点与最近点的方向
25.     unitDirection = direction / norm(direction);   % 计算单位方向向量
26.     x2 = stepLength * unitDirection;               % 计算生成步长
27.     x_new = x_nearest + x2;                        % 生成新的节点
28.     collision_flag = collision_check(map, x_near   % 调用碰撞检测函数
        est, x_new);
29.     if collision_flag == 0                         % 若不满足碰撞检测，则重新循环撒
30.         continue                                   点采样
31.     else
32.         nodeNum = nodeNum + 1;                      % 否则，将新得到的节点追加到节点
33.         treeNodes(nodeNum).node = x_new;           树结构体上
34.         treeNodes(nodeNum).parentNode = x_nearest;
35.     end
36.     if norm(treeNodes(end).node-goalPos)<stepLength % 若子节点位于目标区域，则表明已
37.         break                                      经搜索到目标节点，退出循环
38.     end
39. end
40. %% 最优路径
41. path_opt = goalPos;                                % 先将目标节点赋值给最优路径
42. idx = size(treeNodes, 2);
43. while true                                         % 持续循环
44.     path_opt(end+1, : ) = treeNodes(idx).node;     % 将索引对应的节点追加到路径上
45.     x_nearest = treeNodes(idx).parentNode;         % 将索引的父节点赋值为最近节点
46.     if isequal(x_nearest, startPos)                % 若最近节点为起点，则已经搜索到
47.         path_opt(end+1, : ) = startPos;            从目标节点到起点的路径，退出循环
48.         break;
49.     else
50.         nodes = {treeNodes.node}';                 % 否则，在节点树结构体中找到最近
51.         nodes = cell2mat(nodes);                   点所在的索引，进入下一次循环判断
52.         [~, idx] = ismember(x_nearest, nodes, 'rows');
53.     end
54. end
55. plotFigure(map_size, startPos, goalPos, map,       % 画图
    treeNodes, path_opt)
```

上述代码分为如下三个部分。

第 1 部分定义了地图尺寸、起点和终点坐标以及生成步长。生长步长作为 RRT 算法一个非常重要参数，对最终生成的节点树形状和规模具有重要作用。

第 2 部分首先定义了一个结构体变量 treeNodes，该结构体包含有节点、父节点等字段，用于保存 RRT 算法生成的每一个节点以及其父节点；然后进入循环，分别执行"生成随机采样点、搜索邻近节点、生成树节点、碰撞检测、判断是否到达目标区域"。若新生成的树节点已经到达目标区域，则认为搜索到了一条从起点到终点的路径，退出循环。

根据结构体 treeNodes，通过从目标节点依次查找其父节点，不断溯源，直到根节点（起点），则生成一条可行路径，最后调用函数进行画图。

将生成步长分别设为 1、2、5 和 8，重复执行上述代码，得到如图 5-10 所示的四幅图。

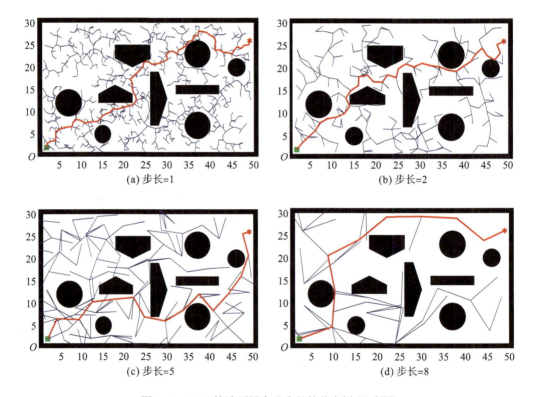

图 5-10   RRT 算法不同生成步长的节点树（见彩图）

为了综合对比不同生长步长的规划路径，用树节点数目、运行时间、路径长度三个指标进行定量对比，同时考虑到单次运行具有较大的随机性，在不同生长步长下，分别采用运行 5 次求平均值的方法计算各个指标，最终结果如表 5-1 所示。

表 5-1   不同生长步长的对比指标

生成步长	树节点数目/个	运行时间/s	路径长度
1	735	0.532056	75.6

续表

生成步长	树节点数目/个	运行时间/s	路径长度
2	369	0.132356	73.6
5	112	0.022327	71.2
8	46	0.016677	77.6

由表 5-1 可知，随着生成步长的增大，生成的树节点数量逐步减小，运行时间也逐渐降低，但路径的长度并未呈现出明显的变化趋势，这与所建立的地图环境有较大关系。

5.4 基于 RRT 的几种改进算法

传统的 RRT 算法每次都从初始状态点开始生长，依靠快速扩展随机树搜索整个状态空间，这在一定程度上降低了搜索效率，它是一种单查询算法，当随机树的生长节点与目标节点在判断阈值内，则认为已经找到可行路径，所以最终路径并不是最优的。但同时 RRT 算法因为其算法简单易懂且搜索快速，吸引了不少学者对它的关注，因而基于 RRT 算法相继衍生出了 RRT-Connect 算法、RRT*算法、Informed RRT*算法等。

5.4.1 RRT-Connect 算法

考虑到传统 RRT 算法搜索路径的单源性，2000 年研究学者 Lavalle 和 Kuffner 提出了基于双向扩展平衡的联结型双树 RRT 算法，即 RRT-Connect 算法。该算法在传统 RRT 算法的基础上，增加了双向搜索机制，通过在起始点和目标节点建立两棵随机树交替向彼此方向拓展，同时引入贪婪策略，进一步加快收敛速度。

RRT-Connect 算法主要有以下几个步骤。

步骤 1：初始化起始点、终点和障碍物，将起始点、终点坐标信息加入随机树，并在机器人的环境空间中生成一个随机点 x_{rand1}。在 Tree1 上找到与 x_{rand1} 距离最小的点 x_1，方向指向 x_{rand1}，朝该方向按照特定步长生长得到新节点 x_{new1}，显然新节点满足碰撞检测要求，故把生长后的树枝和端点注入到树上，如图 5-11(a) 所示。

步骤 2：计算 Tree2 上距 x_{new1} 欧氏距离最短的点，由图 5-11(a) 可知 x_5 与 x_{new1} 的距离最短；连接 x_5 指向 x_{new1} 的向量，朝该方向生长特定步长得到新节点 x_{new2}，若通过碰撞检测，则 x_{new2} 注入 Tree2 中。

步骤 3：启动贪婪策略子程序。如图 5-11(c)，Tree2 继续从 x_{new2} 往 x_{new1} 方向生长，还可以再继续生长出一个新节点 x_{new3}，此时 Tree1 上的 x_{new1} 节点和 Tree2 上的 x_{new3} 节点的距离为 l，小于预设的判断阈值，则认为这时两树已经实现 Connect 了，Tree2 停止生长。

在步骤 3 中，若 Tree2 新生成的节点遇到障碍物，则 Tree2 停止生长。此时 Tree1

和 Tree2 互换数据，交换数据之后仍由 Tree1 重新生成新的节点（便于编程）。如此循环往复，直到两树的节点小于判断阈值就退出搜索。最终 RRT-Connect 算法的搜索路径如图 5-11（d）所示。

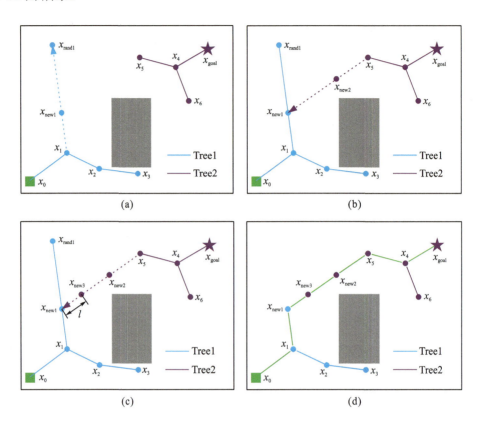

图 5-11　RRT-Connect 示意图

　　RRT-Connect 算法有如下特点：①RRT-Connect 算法的两棵树不断朝向对方交替扩展，而不是采用随机扩展的方式，提高了路径搜索效率；②增加了贪婪决策，带有启发性的扩展使得树的扩展更加贪婪和明确，与单树 RRT 算法相比，双树 RRT 算法更加有效；③RRT-Connect 算法和 RRT 算法一样，都是单查询算法，最终路径并不是最优的。

　　RRT-Connect 算法的 MATLAB 代码如下。

```
1.  clc
2.  clear
3.  close all
4.  %% 地图构建
5.  map_size = [50, 30];                    % 地图尺寸
6.  startPos = [2, 2];                      % 起点
7.  goalPos = [49, 26];                     % 终点
8.  map = fun_defMap;                       % 调用地图构造函数
9.  stepLength = 2;                         % 树节点生长步长
10. %% 算法
11. treeNodes1 = struct;                    % 定义树节点 1
12. treeNodes1.node = startPos;
```

```
13. treeNodes1.parentNode = [];
14. treeNodes2 = struct;                                    % 定义树节点 2
15. treeNodes2.node = goalPos;
16. treeNodes2.parentNode = [];
17. nodeNum1 = 1;
18. nodeNum2 = 1;
19. while true                                              % 循环
20.     [x_nearest, x_new, collision_flag] = getNew         % 调用函数，生成新的节点
            Node(map, map_size, treeNodes1, stepLength);
21.     if collision_flag == 0                              % 若不满足碰撞检测，则重新循环
22.         continue;                                       撒点采样
23.     else
24.         nodeNum1 = nodeNum1 + 1;
25.         treeNodes1(nodeNum1).node = x_new;              % 将 x_new 追加到树 1 上
26.         treeNodes1(nodeNum1).parentNode = x_nearest;
27.         dist = [];
28.         for i = 1: nodeNum2
29.             dist(i) = norm(treeNodes2(i).node - x_new); % 计算树 2 到 x_new 最近的节点
30.         end
31.         [dist_min, idx_min] = min(dist);
32.         x_nearest_temp = treeNodes2(idx_min).node;
33.         collision_flag = collision_check(map, x_
                nearest_temp, x_new);
34.         if dist_min < stepLength*2 && collision_flag==1  % 若满足碰撞检测，则记录当前的
35.             idx1_break = nodeNum1;                        两棵树节点的退出索引
36.             idx2_break = idx_min;
37.             break
38.         else
39.             direction = x_new - x_nearest_temp;          % 否则，treeNodes2(idx_min)
40.             unitDirection=direction/norm(direction);     节点朝 x_new 方向生长
41.             x_new_temp = stepLength * unitDirection+
                    x_nearest_temp;
42.             while true                                    % 进入循环
43.                 collision_flag = collision_check(map,     % 判断新生成的节点是否满足碰
                        x_nearest_temp, x_new_temp);          撞检测
44.                 if collision_flag == 1                    % 若满足碰撞检测，则继续生长新
45.                     nodeNum2 = nodeNum2 + 1;              节点
46.                     treeNodes2(nodeNum2).node =
                            x_new_temp;
47.                     treeNodes2(nodeNum2).parentNode
                            =x_nearest_temp;
48.                     x_nearest_temp = x_new_temp;
49.                     x_new_temp = x_nearest_temp +
                            stepLength * unitDirection;
50.                     continue
51.                 else
52.                     temp = treeNodes1;                   % 否则，交换树节点
53.                     treeNodes1 = treeNodes2;
54.                     treeNodes2 = temp;
55.                     temp = nodeNum1;
56.                     nodeNum1 = nodeNum2;
57.                     nodeNum2 = temp;
58.                     break;
59.                 end
60.             end
61.         end
62.     end
63. end
64. %% 最优路径
65. path_opt = [];
```

```
66. idx = idx1_break;
67. for i = 1: 2                                                    % 由于包含两段路径,利用 for
68.       if i == 1                                                      循环将两段路径进行相连
69.             treeNodes = treeNodes1;
70.       else
71.             path_opt = path_opt(end: -1: 1, : );
72.             treeNodes = treeNodes2;
73.             idx = idx2_break;
74.       end
75.       while true                                                 % 路径循环遍历
76.             path_opt(end+1, : ) = treeNodes(idx).node;           % 将索引对应的节点追加到路径上
77.             x_nearest = treeNodes(idx).parentNode;
78.             if isequal(x_nearest, startPos)                      % 若最近点为起点,追加到路径变
79.                   path_opt(end+1, : ) = startPos;                     量,并退出循环
80.                   break;
81.             elseif isequal(x_nearest, goalPos)                   % 若最近点为目标节点,追加到路
82.                   path_opt(end+1, : ) = goalPos;                     径变量,并退出循环
83.                   break;
84.             else
85.                   nodes = {treeNodes.node}';                     % 否则,在节点树结构体中找到最
86.                   nodes = cell2mat(nodes);                          近点所在的索引,进入下一次循环
87.                   [~, idx] = ismember(x_nearest, nodes,             判断
                          'rows');
88.             end
89.       end
90. end
91. path_diff = diff(path_opt);
92. len = sum(sqrt(path_diff(:,1).^2 + path_diff(:,2).^2));       % 计算路径长度
93. plotFigure(map_size, startPos, goalPos, map,                  % 画图
          treeNodes1, treeNodes2, path_opt)
```

上述代码分为如下几步。

(1)第 1 部分与 RRT 算法代码相同,定义了地图尺寸、起点和终点坐标以及生成步长。

(2)第 2 部分定义了两个生长树变量 treeNodes1 和 treeNodes2,分别代表从起点和终点作为根节点的树,然后进入主循环体进行节点采样。

(3)在循环体内,根据碰撞检测机制在 treeNodes1 上生成一个新的树节点 x_new,此部分基本沿用了 RRT 算法的代码,这里用函数代替,未继续展示细节。

(4)计算生长树 2 到 x_new 最近的节点 x_nearest_temp,并不断向 x_new 方向生长,直至不满足碰撞检测。此时,交换 treeNodes1 和 treeNodes2。

(5)如此循环,直到 x_new 与生长树 2 的节点 x_nearest_temp 的距离满足判断阈值,记录此时两个生长树的节点编号,退出大循环。

(6)根据两个生长树的节点编号,遍历得到路径。

执行上述代码,得到如图 5-12 所示的路径规划结果。

图 5-12(a)展示了树节点生长情况,青色和蓝色分别代表两个生长树,图 5-12(b)的红色路径则展示了最终的路径规划结果。上述代码的运行时间约为 0.033s,总节点数目为 50 个,路径长度为 64.6。可以看出,由于 RRT-Connect 算法是双向生长的,当两个树的某两个节点之间存在可生长空间(即不会与障碍物碰撞)时,算法会优先在这两个节点之间扩展新节点,这样就可以让两个生长树快速相交。最终其运行时间、节点数目和路径长度均较 RRT 算法有明显的优势。

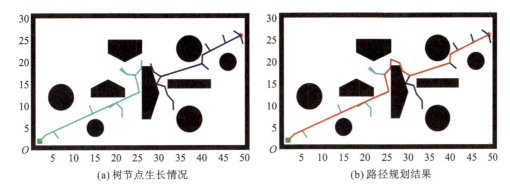

(a) 树节点生长情况　　　　　　　　　　　(b) 路径规划结果

图 5-12　基于 RRT-Connect 算法的路径规划结果（见彩图）

5.4.2　RRT*算法

　　RRT*算法的主要特征是能快速地找出初始路径，之后随着采样点的增加，不断地进行优化直到找到目标点或者达到设定的最大循环次数。相比传统的 RRT 算法，RRT*算法是渐进优化的，随着迭代次数的增加，规划的路径越来越优化，但由于每次新节点的加入需要与邻近的多个节点进行路径代价的比较计算，导致计算量陡增。

　　RRT*算法主要有以下 4 个步骤。

　　步骤 1：生成新节点。参照 RRT 算法，RRT*算法首先也会生成随机点 x_{rand}，然后根据和 x_{rand} 最近的树节点 x_{near} 所构成的向量生成新节点 x_{new}，如图 5-13（a）所示。

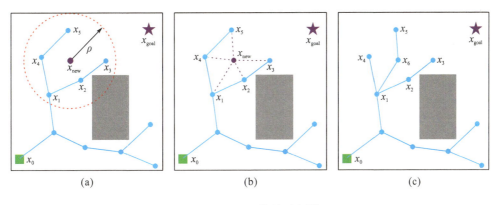

(a)　　　　　　　　　　　　(b)　　　　　　　　　　　　(c)

图 5-13　RRT*算法示意图

　　步骤 2：找出邻近节点。以新生成的节点 x_{new} 为圆心，以预设的半径 ρ 画圆，定义落在该圆范围内且满足碰撞检测的节点为 x_{new} 的邻近节点，如图 5-13（a）所示的 x_1、x_2、x_3、x_4 和 x_5。

　　步骤 3：找出最短路径。分别连接 x_{new} 和 x_1、x_2、x_3、x_4、x_5。计算从源节点 x_0 分别经过 x_1、x_2、x_3、x_4、x_5 再到 x_{new} 的距离，选取最短距离所对应的路径。由图 5-13（b）可知，从源节点经过 x_1 再到 x_{new} 的距离代价最低，故将 x_1 作为 x_{new} 的前驱节点。

　　步骤 4：重构树节点。针对除 x_1 以外的其余邻近节点，计算从源节点经 x_{new} 再到该邻近节点的路径代价是否更优，若更优则将该邻近节点的前驱节点设为 x_{new}。由图 5-13（c）可知，邻近节点 x_5 以 x_{new} 作为新的前驱节点后，累计路径距离代价较之前以 x_4 作为前驱节点更小，故对其更新，其余邻近节点则不做处理。

　　不断循环执行上述 4 个步骤，生成的树节点的路径代价不断迭代优化，在时间足够充裕、树节点足够多的情况下，理论上可以实现全局最优路径搜索。由于路径的距离代价降低是以牺牲运算量为代价的，这也导致 RRT*算法的收敛时间较长，需要进一步优化。另外，RRT*算法是对智能汽车所在的自由空间进行均匀采样，搜索树上会生成很多冗余的分支节点，可以对 RRT*算法的采样过程进行改进。

　　RRT*算法的 MATLAB 代码如下。

```
1.  clc
2.  clear
3.  close all
4.  %% 地图构建
5.  map_size = [50, 30];                                  % 地图尺寸
6.  startPos = [2, 2];                                    % 起点
7.  goalPos = [49, 26];                                   % 终点
8.  map = fun_defMap;                                     % 调用地图构造函数
9.  stepLength = 2;                                       % 树节点生长步长
10. rou = 5;                                              % 圆形区域半径
11. %% 算法
12. treeNodes = struct;                                   % 定义树节点结构体
13. treeNodes.node = startPos;                            % 节点
14. treeNodes.parentNode = [];                            % 父节点
15. treeNodes.dist = 0;                                   % 节点距离
16. nodeNum = 1;                                          % 节点数量
17. while true                                            % 循环采样
18.     x_rand(1) = map_size(1)*rand;                     % 在地图空间随机采样撒点
19.     x_rand(2) = map_size(2)*rand;
20.     dist = [];
21.     for i = 1: size(treeNodes, 2)
22.         dist(i) = norm(treeNodes(i).node - x_rand);
23.     end
24.     [~, idx_min] = min(dist);
25.     x_nearest = treeNodes(idx_min).node;              % 取距离最小值对应的树节点
26.     direction = x_rand - x_nearest;                   % 计算采样点与最近节点的方向
27.     unitDirection = direction / norm(direction);      % 计算单位方向向量
28.     x2 = stepLength * unitDirection;                  % 计算生成步长
29.     x_new = x_nearest + x2;                           % 生成新的节点
30.     collision_flag = collision_check(map, x_nearest,  % 调用碰撞检测函数
        x_new);
31.     if collision_flag == 0                            % 若不满足碰撞检测，则重新循
32.         continue                                      环撒点采样
33.     else
34.         nodeNum = nodeNum + 1;                         % 否则，将新得到的节点追加到
35.         treeNodes(nodeNum).node = x_new;              节点树结构体上
36.         treeNodes(nodeNum).parentNode = x_nearest;
37.         treeNodes(nodeNum).dist = treeNodes(idx_min).
            dist+stepLength;
38.         idx_nearest = [];
39.         for i = 1: size(treeNodes, 2)-1               % 依次遍历除 x_new 之外的每
40.             collision_flag = collision_check(map,     一个树节点到 x_new 的距离，
                treeNodes(i).node, x_new);                选取位于圆形区域内的树节点
```

```matlab
41.              dist = norm(treeNodes(i).node - x_new);
42.              if dist < rou && collision_flag == 1
43.                  idx_nearest(end+1, : ) = i;
44.              end
45.         end
46.         if isempty(idx_nearest)
47.             continue
48.         else
49.              dist = [];
50.              for i = 1: length(idx_nearest)
51.                  idx = idx_nearest(i);
52.                  dist(i) = norm(treeNodes(idx).node
                     -x_new)+treeNodes(idx_nearest(i))
                     .dist;
53.              end
54.              [dist_min, idx_min] = min(dist);
55.              treeNodes(nodeNum).parentNode =
                   treeNodes(idx_nearest(idx_min)).node;
56.              treeNodes(nodeNum).dist = dist_min;
57.              for i = 1: length(idx_nearest)
58.                  idx = idx_nearest(i);
59.                  collision_flag = collision_check
                     (map, treeNodes(idx).node,x_new);
60.                  dist_temp = norm(treeNodes(idx).
                     node - x_new);
61.                  if collision_flag == 1 && dist_min
                     +dist_temp<treeNodes(idx).dist
62.                      treeNodes(idx).parentNode =
                         x_new;
63.                      treeNodes(idx).dist = dist_
                         min + dist_temp;
64.                  end
65.              end
66.         end
67.     end
68.     if norm(treeNodes(end).node - goalPos) < stepLength
69.         break
70.     end
71. end
72. %% 最优路径
73. path_opt = goalPos;
74. idx = size(treeNodes, 2);
75. while true
76.     path_opt(end+1, : ) = treeNodes(idx).node;
77.     x_nearest = treeNodes(idx).parentNode;
78.     if isequal(x_nearest, startPos)
79.         path_opt(end+1, : ) = startPos;
80.         break;
81.     else
82.         nodes = {treeNodes.node}';
83.         nodes = cell2mat(nodes);
84.         [~, idx] = ismember(x_nearest,nodes,'rows');
85.     end
86.end
87.path_diff = diff(path_opt);
88.len = sum(sqrt(path_diff(: , 1).^2 + path_diff(: , 2).^2));
89.plotFigure(map_size,startPos, goalPos, map, treeNodes,
   path_opt)
```

42-45 行注释：
% 若圆形区域内没有节点，则重新循环采样

48 行注释：
% 否则，判断圆形区域内哪一个节点到源节点的距离更近

55 行注释：
% 将最近的节点追加到节点树上

57 行注释：
% 更新圆内的其他最近邻节点，判断经过 x_new 到达此邻节点路径是否更优

61 行注释：
% 若更优，则更新父节点和路径

68-69 行注释：
% 若子节点位于目标区域，退出循环

73 行注释：
% 先将目标节点赋值给最优路径

75 行注释：
% 持续循环

76 行注释：
% 将索引对应的节点追加到路径上，其父节点赋值为最近节点

78 行注释：
% 若最近节点为起点，则已经搜索到从目标节点到起点的路径，退出循环

81 行注释：
% 否则，在节点树结构体中找到最近节点所在的索引，进入下一次循环判断

88 行注释：
% 计算路径长度

89 行注释：
% 画图

执行以上代码，得到如图 5-14 所示的路径规划结果。

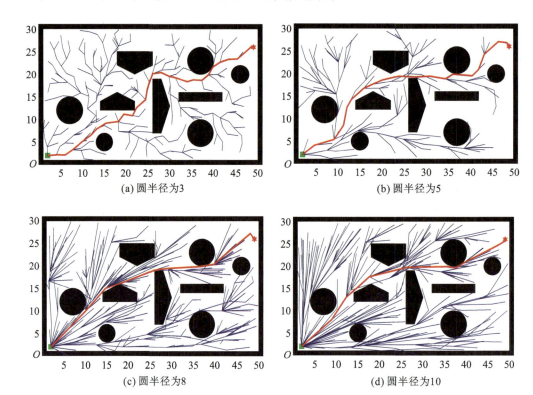

图 5-14　基于 RRT*算法的路径规划结果（见彩图）

为了综合对比不同圆形半径对规划路径的影响，从树节点数目、运行时间、路径长度三个方向进行定量对比，同时考虑到单次运行具有较大的随机性，在不同生长步长下，分别采用运行 5 次求平均值的方法计算各个指标，最终结果如表 5-2 所示。

表 5-2　不同圆形半径的对比指标

圆形半径	树节点数目/个	运行时间/s	路径长度
3	211.6	3.34	64.5
5	302.0	7.24	59.6
8	263.2	5.57	57.1
10	270.0	6.21	55.6

由表 5-2 可知，随着圆形半径的增大，树节点数目和运行时间并未显现出较明显的变化趋势，运行时间与树节点数目有较强的线性关系，即运行时间一般会随着树节点数目的增大而增加。路径长度则随着圆形半径的增大而逐渐减小，且相比经典 RRT 算法，其路径长度均更短。

5.4.3　Informed RRT*算法

RRT*算法在进行路径规划时，搜索树在生成新节点前都会随机生成一个采样点，RRT*算法的采样范围均为智能汽车所处的状态空间，较大的采样区域会使搜索树生成的某些节点形成过多的冗余分支，降低了路径搜索速度。鉴于此，有关学者吸收了 RRT*算法的优势，提出了基于椭圆搜索区域的 Informed RRT*算法。

如图 5-15 所示，分别以源点和终点作为椭圆的两个焦点，从源点指向目标点建立平面坐标系 xoy，定义随机点采样椭圆 E：

$$\frac{x^2}{a^2} + \frac{y^2}{b^2} = 1 \tag{5-8}$$

采样椭圆的长轴长度为 a，短轴长度为 b，a 和 b 满足：

$$a = \frac{c_{\text{best}}}{2}, b = \frac{\sqrt{c_{\text{best}}^2 - c_{\text{min}}^2}}{2} \tag{5-9}$$

其中，c_{best} 表示当前搜索树的最短路径（在初始还未构成搜索树时，最短路径设为∞）；c_{min} 表示源点到目标点的最短路径（也就是两点直接相连的欧氏距离）。

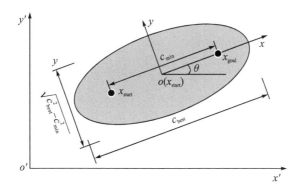

图 5-15　随机点采样椭圆示意图

由于椭圆 E 所在的坐标系 xoy 与状态空间所处坐标系往往不重合，故需要将椭圆 E 进行坐标转换，包括平移和旋转两个转换。对于平移转换，设源点和目标点的中点 o 在 $x'o'y'$ 坐标系的坐标为$(x_{\text{center}}, y_{\text{center}})$，那么平移转换就是在原椭圆的坐标上增加一个平移向量$(x_{\text{center}}, y_{\text{center}})$。对于旋转变换，可根据 xoy 坐标系与 $x'o'y'$ 坐标系的夹角 θ 构造旋转矩阵（当旧坐标系向新坐标系顺时针旋转时，θ 为正，反之为负）。综上，将椭圆 E 转换到 $x'o'y'$ 坐标系上椭圆 E' 的转换公式为

$$\begin{bmatrix} x' \\ y' \end{bmatrix} = \begin{bmatrix} \cos\theta & \sin\theta \\ -\sin\theta & \cos\theta \end{bmatrix} \cdot \begin{bmatrix} x \\ y \end{bmatrix} + \begin{bmatrix} x_{\text{center}} \\ y_{\text{center}} \end{bmatrix} \tag{5-10}$$

至此，Informed RRT*算法的采样椭圆区域已经形成，后续过程与 RRT*算法类似。

Informed RRT*算法在得到可行路径之后，将采样空间收缩到一个椭圆区域中，并且随着路径长度的不断缩短，该椭圆形区域逐渐缩小，最终不断收敛。尽管在低维度的状态空间未明显体现出算法的优势，但在某些高维度的状态空间，通过缩小采样区域可以极大提高路径搜索的效率。

值得注意的是，在利用 MATLAB 编写 Informed RRT*算法的程序时，难点在于如何实现在椭圆区域内均匀采样。本节提供了一种较简单的思路，供读者参考。椭圆的参数方程如下：

$$\begin{cases} x = a\cos(t) \\ y = b\sin(t) \end{cases} \tag{5-11}$$

其中，t 代表椭圆的角度。

上述方程含有长半轴、短半轴及角度三个参数，因此在椭圆区域内采样时，将这三个参数在其椭圆区域的定义域范围内随机化处理，然后根据参数方程得到散点，如式(5-12)所示。

$$\begin{cases} a_{\text{rand}} = a \cdot \text{rand}() \\ b_{\text{rand}} = b \cdot \text{rand}() \\ t_{\text{rand}} = 2\pi \cdot \text{rand}() \end{cases} \Rightarrow \begin{cases} x_{\text{rand}} = a_{\text{rand}} \cos(t_{\text{rand}}) \\ y_{\text{rand}} = b_{\text{rand}} \sin(t_{\text{rand}}) \end{cases} \tag{5-12}$$

为了加深理解，以下 MATLAB 代码详细展示了如何在椭圆区域均匀随机采样。

```
1. clc
2. clear
3. close all
4. %% 构造采样椭圆
5. a = 5;                                           % 长半轴
6. b = 3;                                           % 短半轴
7. t = 0: 0.01: 2*pi;                               % 参数变化范围
8. x = a*cos(t);                                    % 参数方程构造 x
9. y = b*sin(t);                                    % 参数方程构造 y
10. %% 在椭圆区域随机撒点
11. for i = 1: 1000                                 % 循环撒点
12.     a_rand = a * rand;                          % 随机长半轴
13.     b_rand = b * rand;                          % 随机短半轴
14.     t_rand = 2*pi * rand;                       % 随机角度
15.     X_rand(i) = a_rand*cos(t_rand);            % 随机 x 坐标
16.     Y_rand(i) = b_rand*sin(t_rand);            % 随机 y 坐标
17. end
```

执行上述代码，如图 5-16 所示。可以看出，得到的散点坐标全部落在椭圆区域内，且基本均匀分布。

回到 Informed RRT*算法，有了椭圆区域随机采样的方法后，便可以基于前文的 RRT*算法代码对随机采样部分进行改进。为了更直观地展示 Informed RRT*算法在不同椭圆的采样结果，对环境地图做以下修正：①为了清晰表示最短路径的迭代优化，将障碍物删减为 2 个；②为了方便画图，初始 c_{best} 定义为 c_{min} 的 2 倍。具体代码可结合 RRT*算法和椭圆区域随机采样进行编写，在此不再展示，感兴趣读者可参考本书的配套资料。

执行 Informed RRT*算法代码，得到图 5-17。值得注意的是，图 5-17(a)由于椭圆过大，并未完全展示。

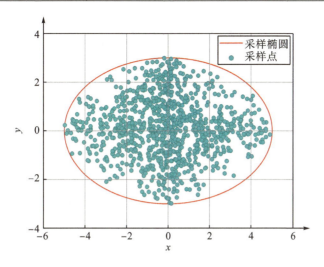

图 5-16　椭圆区域随机均匀采样

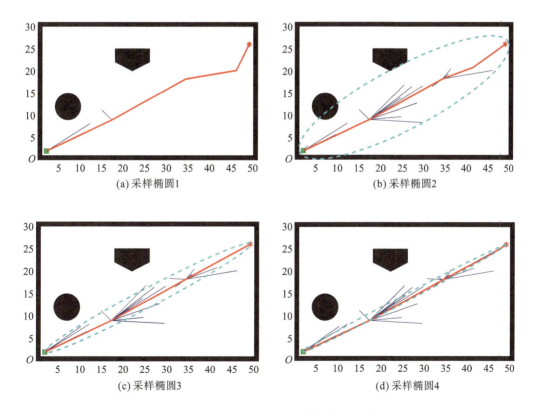

图 5-17　基于 Informed RRT*算法的路径规划结果

将图 5-17 的搜索椭圆、树节点数目、椭圆长半轴、椭圆短半轴和局部最优路径长度数据进行综合对比，得到表 5-3。

表 5-3　不同采样椭圆的对比指标

采样椭圆编号	树节点数目	椭圆长半轴	椭圆短半轴	局部最优路径长度
1	6	52.7	45.6	54.6
2	19	27.3	7.0	53.1
3	25	26.5	1.8	52.9
4	30	26.4	0.8	52.8

　　由表 5-3 可知,随着采样的不断迭代,采样椭圆的短半轴逐渐减小,因此采样区域同步缩小,规划的局部最优路径长度渐进式地接近理想最优路径长度。

第三部分

局部路径规划算法篇

第6章 基于参数曲线的局部路径规划算法

6.1 术 语 概 念

6.1.1 车辆运动学约束的基本概念

第 4 章和第 5 章分别介绍了基于栅格图和采样的路径规划算法,这些算法规划的路径由若干段线段首尾相连,最终形成一条连接起点到终点的折线。由于折线的曲率在线段交接处不连续,智能汽车在实际运动时往往需要对折线路径进行平滑或者直接规划满足一定曲率要求的参数曲线路径。

参数曲线即用参数方程表示的曲线,在构造这类参数方程时通常会根据智能汽车路径规划的需求,关注曲线的连续性。关于参数曲线的"连续",一般有以下三类:①若参数曲线的零阶导数(即参数曲线本身)处处连续,则称为位置连续,简写为 G^0 连续;②若参数曲线的一阶导数处处连续,则称为斜率连续,简写为 G^1 连续;③若参数曲线的二阶导数处处连续,则称为曲率连续,简写为 G^2 连续。例如,车辆在行车换道场景时会要求规划路径的曲率连续无突变、换道起点和终点的路径曲率为 0;在车辆的自动泊车场景时,由于速度较小甚至为 0,路径的曲率可以不连续。

本章介绍的基于参数曲线的局部路径规划算法将聚焦智能汽车的运动模型,通过建立智能汽车运动数学模型,实现局部路径规划。图 6-1 是典型的车辆运动学模型(kinematic model),车辆的后轴中心点为 (x_0, y_0),轴距为 l,当前航向角为 θ,速度为 v。车辆运动学模型把车辆完全视为刚体,主要考虑车辆的位置坐标、航向角、速度、前轮转角等的关系,不考虑任何力的影响。根据图 6-1 的相关参数,x 方向速度、y 方向速度、角速度的运动学约束关系为

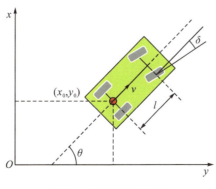

图 6-1　车辆运动学模型

$$\begin{cases} \dot{x}(t) = v(t)\cos\theta(t) \\ \dot{y}(t) = v(t)\sin\theta(t) \\ \dot{\theta}(t) = v(t)\kappa(t) \end{cases} \tag{6-1}$$

本章介绍几类常见的基于参数曲线的局部路径规划算法,详细阐述路径曲线的推导过程及应用场景。

6.1.2　控制点、型值点和插值点

先给出控制点(control point)、型值点(data point)和插值点(interpolation point)的定义:①在样条曲线中,用于约束曲线走势、控制曲线形状、一般不位于曲线上的点称为控制点;②在求解参数曲线时,要求参数曲线必须经过的点统称为型值点;③若求解的参数曲线连续,在定义域内选取曲线上的若干散点,可称为插值点。

如图 6-2 所示,图中 8 个浅绿色散点作为控制点,基于控制点求解三次准均匀 B 样条曲线(将在 6.5 节介绍),该曲线可视为由若干颗粒度极小的散点组合而成(即图中的粉红色曲线),在这条曲线任意进行插值便得到蓝色的插值点。值得注意的是,图中还有一个红色散点,根据 B 样条曲线的性质,当相邻的三个控制点共线时,生成的 B 样条曲线将经过中间的控制点,故红色散点既可作为 B 样条曲线的控制点,也可作为型值点。

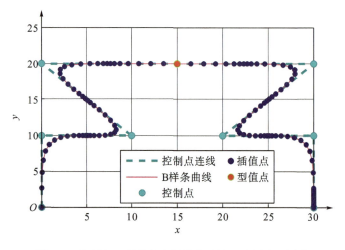

图 6-2　控制点、型值点和插值点对比示意图(见彩图)

6.1.3　曲率的三种计算方式

智能汽车在行车中一般要求规划路径的曲率连续无突变,本节介绍几种常见的曲率计算方法。

1. 基于车道线三次多项式曲线的曲率计算方法

车道线检测是智能驾驶汽车前端环境感知的组成部分,检测结果为后端的规划和决策

板块提供重要的信息参考，LDW（车道偏离预警）、LKA（车道保持辅助）等功能模块都依赖于连续稳定的车道线检测。车道线检测结果在向后端规控板块进行数据流传递的过程中，若直接将检测到的车道线用若干密集散点进行输出，一方面会增加系统的运算成本，另一方面也会导致检测结果失真。因此，可以建立车道线函数模型，该模型的待定系数是根据本周期的检测结果散点进行函数拟合得到的。如此一来，车道线检测结果只需要向后端传递较少的几个函数模型的参数，后端接收到参数再通过函数模型还原为车道线。

关于车道线函数模型，首先需要基于本车建立车体坐标系，坐标系原点设为车辆质心。图 6-3（a）为利用 MATLAB 的自动驾驶工具箱生成的一条模拟路段，其中，蓝车为主车，其余车辆为交通车。

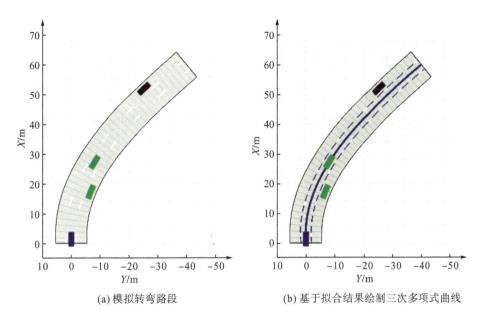

(a) 模拟转弯路段　　　　　　　　　(b) 基于拟合结果绘制三次多项式曲线

图 6-3　模拟路段（见彩图）

左右侧车道线的数学模型可以利用三次多项式进行描述（MATLAB 的自动驾驶工具箱库函数提供了三次方车道边界模型函数，即 cubicLaneBoudary）为

$$\begin{cases} y_1 = a_0 + a_1 x + a_2 x^2 + a_3 x^3 \\ y_2 = b_0 + b_1 x + b_2 x^2 + b_3 x^3 \end{cases} \tag{6-2}$$

式中，a_i 和 b_i 分别表示左侧车道线和右侧车道线的待定系数（$i=0,1,2,3$）。

为了求解式（6-2）的待定系数，可以基于蓝车所在中间车道的双侧车道线离散点，利用 MATLAB 的 poliyfit 函数进行多项式拟合，拟合结果如表 6-1 所示。

表 6-1　车道线函数曲线待定系数拟合结果

系数	a_0	a_1	a_2	a_3	b_0	b_1	b_2	b_3
数值	1.6752	0.1101	−0.016	5.14×10^{-5}	−1.964	0.1139	−0.017	6.5×10^{-5}

为了验证拟合结果的有效性，将左右侧车道线的待定系数拟合结果代入式(6-2)，绘制三次多项式曲线，结果如图 6-3(b) 的蓝色虚线所示。可以看出，利用三次多项式曲线拟合车道线能达到较高的拟合精度，拟合结果令人满意。

进一步考虑到左右侧车道线均能用三次多项式曲线进行拟合，易知车道中心线也可以用三次多项式进行描述。设车道中心线的三次函数曲线及一阶导数、二阶导数如式(6-3)所示，并计算 $x=0$ 处的各阶导数值，得

$$\begin{cases} y = c_0 + c_1 x + c_2 x^2 + c_3 x^3 \\ y' = c_1 + 2c_2 x + 3c_3 x^2 \\ y'' = 2c_2 + 6c_3 x \end{cases} \tag{6-3a}$$

计算上述导函数在 $x=0$ 处的值，得

$$\begin{cases} y(0) = c_0 = -0.145 \\ y'(0) = c_1 = 0.1121 \\ y''(0) = 2c_2 = -2 \times 0.0164 \end{cases} \tag{6-3b}$$

利用三次多项式曲线拟合车道中心线不仅拟合精度较高，拟合结果的几个待定系数也具有一定的物理属性。

(1)对于零阶导数，即原三次函数在起点 $x=0$ 处的函数值为系数 c_0，代表截距，由于此时蓝车质心位置为坐标原点，且刚好位于车道中心线附近，此时截距较小。

(2)对于一阶导数，其导函数在起点 $x=0$ 处的函数值为系数 c_1，代表在起点处的斜率，根据斜率定义可知当斜率值较小时，其约等于切线与 x 轴的夹角 θ，即车身相对于车道中心线的航向角：

$$y'(0) = c_1 = \tan\theta \approx \theta \tag{6-4}$$

(3)对于二阶导数，其导函数在起点 $x=0$ 处的函数值为 $2c_2$，由于一阶导数值远小于 1，车道中心线处的曲率可近似为

$$\kappa = \frac{|y(0)''|}{[1+y(0)']^{\frac{3}{2}}} \approx |y(0)''| = 2c_2 \tag{6-5}$$

综上，利用三次多项式曲线拟合车道线或车道中心线，不仅降低数据传输量，保证数据高保真，而且其系数的物理意义明确，在一定误差范围内可以根据系数直接计算参考线的截距、航向角和曲率，是一种既有理论支撑又便于工程实践应用的车道线模型。值得注意的是，某些资料将三次多项式函数曲线的三阶导数粗略视为车道中心线的曲率变化率，用于进行横向轨迹跟踪控制，感兴趣的读者可以查阅相关资料，本书不再细述。

2. 基于三点求外接圆的曲率计算方法

尽管三次多项式系数的物理意义明确，具有诸多优点，但仍存在以下不足：①式(6-5)忽略了一阶导数，导致得到的曲率存在计算误差，若对曲率计算精度要求较高，显然不符合要求；②前端在处理车道线离散点时，需要先经过曲线拟合，此步骤会增加计算成本；

③当在车道线不清晰的道路行驶时,无法利用三次函数曲线间接计算曲率,需要利用局部路径规划的离散点进行计算。鉴于上述情况,需要更一般的曲率计算方法。

当参考线是以参数方程给出时,可以借鉴车道线的三次多项式曲线通过求导求曲率;当参考线是以若干密集的离散点给出时,则需要通过计算参考线的曲率半径进而求倒数获得。如图 6-4 所示,A、B、C 分别是参考线的某三个连续的离散点,a、b、c 分别是其对边。根据三角形外接圆相关性质,通过作三条边中垂线的交点可以求得三角形的外接圆圆心 O。

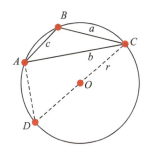

图 6-4 三点外接圆法求曲率示意图

在 $\triangle ABC$ 中,由余弦定理可知:

$$\cos B = \frac{a^2 + c^2 - b^2}{2ac} \tag{6-6}$$

连接 CO 并延长交圆周于点 D,由于圆 O 是四边形 $ABCD$ 的外接圆,根据四边形外接圆对角互补的性质,可得

$$\sin D = \sin(\pi - B) = \sin B = \frac{b}{2r} \tag{6-7}$$

整理式(6-7),曲率可表示为

$$\kappa = \frac{1}{r} = \frac{2\sin B}{b} \tag{6-8}$$

联立式(6-6)和式(6-8),即求得 A、B、C 三个连续离散点的曲率。

3. 基于三点参数方程的曲率计算方法

基于三点求外接圆的曲率计算方法是一种最为精确的、基于数学原理的计算方法,接下来通过三个离散点建立二次曲线拟合的方式近似求解曲率,以拓展读者的数学思维,如图 6-5 所示。

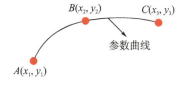

图 6-5 利用二次曲线拟合三个离散点示意图

设经过 A、B、C 三个相邻离散点的参数曲线方程为

$$\begin{cases} x(t) = a_0 + a_1 t + a_2 t^2 \\ y(t) = b_0 + b_1 t + b_2 t^2 \end{cases} \tag{6-9}$$

参数曲线的曲率计算公式为

$$\kappa = \frac{x''y' - x'y''}{\left(x'^2 + y'^2\right)^{3/2}} = \frac{a_2 b_1 - a_1 b_2}{\left(a_1^2 + b_1^2\right)^{3/2}} \tag{6-10}$$

显然，为求解式(6-10)参数曲线的曲率，必须首先计算式(6-9)的 6 个待定系数。记三个离散点构成的两段矢量的长度分别为

$$\begin{cases} t_a = \sqrt{\left(x_2 - x_1\right)^2 + \left(y_2 - y_1\right)^2} \\ t_b = \sqrt{\left(x_3 - x_2\right)^2 + \left(y_3 - y_2\right)^2} \end{cases} \tag{6-11}$$

考虑到 A、B、C 三个相邻离散点一般来说相隔很近，且对应的曲率半径的圆心角变化不大，则弧线段 AB 的长度可近似等于直线段 AB 的长度。因此，对于参数方程式(6-9)，自变量 t 的变化近似满足：

$$\begin{cases} (x,y)\big|_{t=-t_a} = \left(x_1, y_1\right) \\ (x,y)\big|_{t=0} = \left(x_2, y_2\right) \\ (x,y)\big|_{t=t_b} = \left(x_3, y_3\right) \end{cases} \tag{6-12}$$

将式(6-12)代入式(6-9)，得

$$\begin{cases} x_1 = a_0 - a_1 t_a + a_2 t_a^2 \\ x_2 = a_0 \\ x_3 = a_0 + a_1 t_b + a_2 t_b^2 \end{cases} \tag{6-13a}$$

$$\begin{cases} y_1 = b_0 - b_1 t_a + b_2 t_a^2 \\ y_2 = b_0 \\ y_3 = b_0 + b_1 t_b + b_2 t_b^2 \end{cases} \tag{6-13b}$$

将式(6-13)改写为矩阵形式：

$$\begin{bmatrix} x_1 \\ x_2 \\ x_3 \end{bmatrix} = \begin{bmatrix} 1 & -t_a & t_a^2 \\ 1 & 0 & 0 \\ 1 & t_b & t_b^2 \end{bmatrix} \begin{bmatrix} a_0 \\ a_1 \\ a_2 \end{bmatrix}, \begin{bmatrix} y_1 \\ y_2 \\ y_3 \end{bmatrix} = \begin{bmatrix} 1 & -t_a & t_a^2 \\ 1 & 0 & 0 \\ 1 & t_b & t_b^2 \end{bmatrix} \begin{bmatrix} b_0 \\ b_1 \\ b_2 \end{bmatrix} \tag{6-14}$$

记

$$\boldsymbol{X} = \begin{bmatrix} x_1 \\ x_2 \\ x_3 \end{bmatrix}, \boldsymbol{Y} = \begin{bmatrix} y_1 \\ y_2 \\ y_3 \end{bmatrix}, \boldsymbol{M} = \begin{bmatrix} 1 & -t_a & t_a^2 \\ 1 & 0 & 0 \\ 1 & t_b & t_b^2 \end{bmatrix}, \boldsymbol{A} = \begin{bmatrix} a_0 \\ a_1 \\ a_2 \end{bmatrix}, \boldsymbol{B} = \begin{bmatrix} b_0 \\ b_1 \\ b_2 \end{bmatrix} \tag{6-15}$$

则求得待定系数矩阵为

$$\begin{cases} \boldsymbol{A} = \boldsymbol{M}^{-1} \boldsymbol{X} \\ \boldsymbol{B} = \boldsymbol{M}^{-1} \boldsymbol{Y} \end{cases} \tag{6-16}$$

将式(6-16)代入式(6-10)，便可求得曲率。

6.1.4　基于三点求外接圆曲率与基于参数方程求曲率方法的对比

为定量比较基于三点求外接圆的曲率计算方法(方法 2)和基于三点参数方程的曲率计算方法(方法 3)的不同，构造了一条正弦参考曲线，如图 6-6 所示。

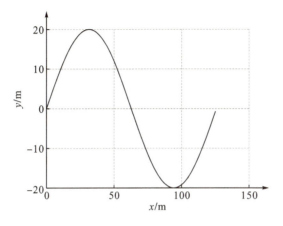

图 6-6　正弦参考曲线

现基于图 6-6 的参考曲线，分别利用方法 2 和方法 3 计算曲率，并将两种方法的曲率及其差值分别绘制在图 6-7 中。

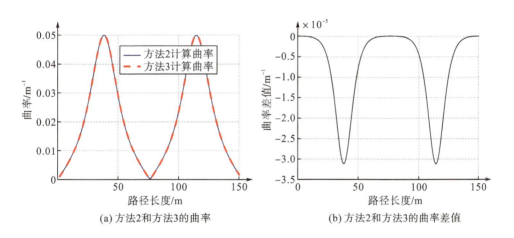

(a) 方法2和方法3的曲率　　　　　　　　(b) 方法2和方法3的曲率差值

图 6-7　方法 2 和方法 3 的曲率及其差值

由图 6-7 可以看出，方法 2 和方法 3 在计算曲率时的差距非常小。因此，在对曲率不做较高精度要求时，两种方法可以通用。需要说明的是，方法 3 只是为读者提供了一种曲率计算的新颖思路，用于拓宽读者的数学思维，其计算过程和原理较方法 2 更为复杂，更推荐读者用方法 2 进行曲率计算。

6.2　五次多项式曲线

6.2.1　算法简介

　　基于多项式曲线的路径规划是指路径的 A 参数(如横纵向坐标、路径长度)是关于 B 参数(如时间、曲率)的多项式,由于多项式通常可以多阶求导,且导函数也连续,这一性质非常适用于智能汽车的位移、速度、加速度和曲率等物理量的计算,基于多项式曲线的路径规划是一类较常用的局部路径规划算法。

　　目前,关于多项式曲线路径规划的研究类型非常多,本书按照曲线定义方式把多项式曲线路径规划分为以下三类。

　　(1)在 xoy 平面坐标系下,设智能汽车的路径是 y 坐标关于 x 坐标的 n 次多项式,将其命名为"n 次多项式曲线路径",如式(6-17)所示。

$$y = a_0 + a_1 x + a_2 x^2 + \cdots + a_n x^n \tag{6-17}$$

　　(2)在 xoy 平面坐标系下,设 x 坐标和 y 坐标分别是关于时间 t 的 n 次多项式,由于路径与时间相关,本质上属于轨迹规划,将其命名为"n 次多项式曲线轨迹",如式(6-18)所示。

$$\begin{cases} x(t) = a_0 + a_1 t + a_2 t^2 + \cdots + a_n t^n \\ y(t) = b_0 + b_1 t + b_2 t^2 + \cdots + b_n t^n \end{cases} \tag{6-18}$$

　　(3)在任意坐标系下,设曲线曲率 κ 是关于曲线长度 s 的 n 次多项式,这类曲线统称为螺旋曲线,将其命名为"n 次多项式螺旋曲线路径",曲率为

$$\kappa(s) = a_0 + a_1 s + a_2 s^2 + \cdots + a_n s^n \tag{6-19}$$

式(6-17)～式(6-19)中, $a_0, a_1, \cdots, a_n$ 及 $b_0, b_1, \cdots, b_n$ 表示多项式的待定常系数。三类多项式曲线各有特点,应用于不同的场合。

　　此外,多项式曲线路径规划算法按照最高次幂的阶数还可以分为三次多项式、五次多项式、七次多项式等。以 n 次多项式曲线轨迹为例,多项式曲线的最高次幂一般而言都是奇数,这是由于在确定待定系数时一般需要路径中首末两点的边界条件,那么两个路径点的状态要求有唯一解的方程系数个数为偶数,因此最高次幂就是奇数。

　　例如,在智能汽车的换道路径规划中,若采用三次多项式曲线,最多能确定每一个期望点的两种期望状态,一般来说就是位置和速度。针对五次多项式曲线,最多能确定每一个期望点的三种期望状态,一般来说就是位置、速度、加速度。针对七次多项式曲线,最多能确定每一个期望点的四种期望状态,一般来说就是位置、速度、加速度、加加速度。因此,最高次幂越大,轨迹曲线的过拟合特性和局部支撑性越强,但待定系数求解也会更加复杂。通常,只需要确定两个路径点的位置、速度、加速度,故一般多采用五次多项式曲线。

6.2.2　五次多项式曲线路径

1. 路径曲线建模

五次多项式曲线路径通常应用于智能汽车的避障路径规划,如图 6-8 所示。从大量有关驾驶员转向行为的研究可知,驾驶员采取转向避撞过程中,其控制车辆的行驶轨迹近似于一条五次多项式曲线。五次多项式所定义的避撞参考路径,因其各个点的位移、速度、加速度曲线平滑、连续,符合驾驶员实际驾驶习惯,所以更容易被驾驶员接受。

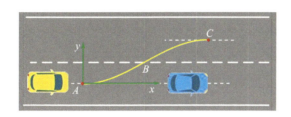

图 6-8　五次多项式曲线路径

五次多项式曲线路径定义为

$$y = f(x) = a_0 + a_1 x + a_2 x^2 + a_3 x^3 + a_4 x^4 + a_5 x^5 \tag{6-20}$$

式中,x 表示车辆在参考路径上的纵向位置坐标;y 表示车辆在参考路径上的横向位置坐标;$a_i(i=1,2,3,4,5)$ 表示五次多项式的系数,需要通过边界约束条件确定。当边界条件明确时,利用公式可以规划一条满足条件的行驶路径,即为本节控制算法需要的转向避撞参考路径。

设黄车在避撞换道起始点的位置坐标为 $A(x_1, y_1)$,经过了中间点 $B(x_2, y_2)$,换道结束时车辆的位置坐标为 $C(x_3, y_3)$,车辆横向偏移量 $d = y_3 - y_1$,纵向行驶距离 $l = x_3 - x_1$。由于五次多项式曲线共有 6 个待定系数,故至少需要 6 个边界条件才能完全求解。由于五次多项式曲线路径仅是一条路径曲线且与时间无关,故无法与速度、加速度等物理量相关联,那么只能借助曲线本身的数学特性构造边界条件。

2. 边界条件的确定

在实际应用场景中,换道路径的曲率越小,那么对应的车辆方向盘转动角度越小,舒适感越强,因此曲率是局部路径规划十分重要的参考指标。回到图 6-8,首先分析车辆在实际换道时方向盘的转动过程:车辆还未到达 A 点时保持直线行驶,故方向盘保持原位;到达 A 点之后,方向盘逐渐向左;由于路径点 B 位于两个车道的分界线,车辆到达 B 点时要求方向盘回正;经过 B 点之后,方向盘逐渐向右;到达 C 点后完成换道,要求方向盘回正。根据上述分析过程可知,A、B、C 三个路径点的曲率要求为 0,由式(6-5)可知曲率为 0 的充要条件是二阶导数为 0,故可以提供三个边界条件。另外,A、B、C 三个点的坐标也是可以预先设定的,则又提供了三个边界条件。

综上，求解式(6-20)的 6 个边界条件，如式(6-21)所示。

$$\begin{cases} f(x_1) = f(0) = 0 \\ f(x_2) = f\left(\dfrac{l}{2}\right) = \dfrac{d}{2} \\ f(x_3) = f(l) = d \\ f''(x_1) = f''(0) = 2a_2 + 6a_3x_1 + 12a_4x_1^2 + 20a_5x_1^3 = 0 \\ f''(x_2) = f''\left(\dfrac{l}{2}\right) = 2a_2 + 6a_3x_2 + 12a_4x_2^2 + 20a_5x_2^3 = 0 \\ f''(x_3) = f''(l)2a_2 + 6a_3x_3 + 12a_4x_3^2 + 20a_5x_3^3 = 0 \end{cases} \tag{6-21}$$

利用 MATLAB 求解上述参数方程的解析解：

$$a_0 = a_2 = a_3 = a_4 = a_5 = 0, a_1 = \frac{d}{l} \tag{6-22}$$

由解可以发现除了一次项系数 a_1 不为 0，其余系数均为 0。换言之，上述 6 个边界条件所求得的五次多项式曲线已经退化为一条经过 A、B、C 三点的一次曲线，这并不符合实际的驾驶要求。因此，结合上述解和实际驾驶要求，发现在 A 点和 C 点除了保证曲率为 0，还应当保证一阶导数为 0，以使该点的切线与车道中心线重合，故在式(6-21)基础上添加两个边界条件，如式(6-23)所示。

$$\begin{cases} f'(x_1) = f'(0) = 0 \\ f'(x_3) = f'(l) = 0 \end{cases} \tag{6-23}$$

再次利用 MATLAB 求解上述参数方程，得

$$a_0 = a_1 = a_2 = 0, \quad a_3 = \frac{10d}{l^3}, a_4 = \frac{-15d}{l^4}, a_5 = \frac{6d}{l^5} \tag{6-24}$$

3. MATLAB 仿真及画图

上述利用 MATLAB 求解参数方程的具体代码如下。

```
1. clc
2. clear
3. close all
4. %% 方程求解
5. syms a0 a1 a2 a3 a4 a5 L d x                          % 定义符号变量
6. fx = a0 + a1*x + a2*x^2 + a3*x^3 + a4*x^4 + a5*x^5;   % 定义五次多项式函数
7. eq1 = a0 == 0;                                        % A 点坐标
8. eq2 = a0 + a1*L/2 + a2*(L/2)^2 + a3*(L/2)^3 + a4*(L/2)^4
    + a5*(L/2)^5 == d/2;                                 % B 点坐标
9. eq3 = a0 + a1*L + a2*L^2 + a3*L^3 + a4*L^4 + a5*L^5
    == d;                                                % C 点坐标
10. eq4 = 2*a2 == 0;                                     % A 点曲率为 0
11. eq5 = 2*a2 + 6*a3*L/2 + 12*a4*(L/2)^2 + 20*a5*(L/2)^3
    == 0;                                                % B 点曲率为 0
12. eq6 = 2*a2 + 6*a3*L + 12*a4*L^2 + 20*a5*L^3 == 0;    % C 点曲率为 0
13. eq7 = a1 == 0;                                       % A 点一阶导数为 0
14. eq8 = a1 + 2*a2*L + 3*a3*L^2 + 4*a4*L^3 + 5*a5*L^4   % B 点一阶导数为 0
    == 0;
15. [a0, a1, a2, a3, a4, a5] = solve(eq1, eq2, eq3,      % 求解析解
```

```
             eq4, eq5, eq6, eq7, eq8, a0, a1, a2, a3, a4, a5);
16.  %% 解析解可视化
17.  d = 3.5;                                    % 将 d 和 L 代入解析解, 获得系数
18.  L = 20;                                       值
19.  a0 = double(subs(a0));
20.  a1 = double(subs(a1));
21.  a2 = double(subs(a2));
22.  a3 = double(subs(a3));
23.  a4 = double(subs(a4));
24.  a5 = double(subs(a5));
25.  x = 0: 0.1: L;                              % 根据 x 获得 y
26.  y1 = d/L * x;
27.  y2 = double(subs(fx));
28.  diffX = diff(x);
29.  diffY = diff(y2);
30.  cumLength = cumsum(sqrt(diffX.^2 + diffY.^2));  % 计算长度
31.  for i = 1: length(x)-2                       % 调用函数计算曲率
32.         cur(i) = getCur(x(i: i+2)', y2(i: i+2)');
33.  end
34.  cur(end+1) = cur(end);
```

上述代码分为如下几个部分进行理解。

第 1 部分方程求解。首先利用 syms 关键字定义了几个参数变量，然后根据参数变量定义了五次多项式函数表达式，接着根据前文的 8 个边界条件构造 8 个方程，最后调用 MATLAB 的库函数 solve 求参数方程的解析解。

第 2 部分解析解可视化。首先给部分参数变量赋值，并调用 subs 函数求得五次多项式系数值，然后获得换道路径的 x 坐标和 y 坐标，最后调用求解曲率的自定义函数 getCur。

至此，完成了图 6-8 黄车的换道局部路径规划。为更加直观地展示曲线，设 l=20，d=3.5，并根据式（6-22）和式（6-24）求解系数并利用 MATLAB 绘制换道路径，如图 6-9（a）所示。

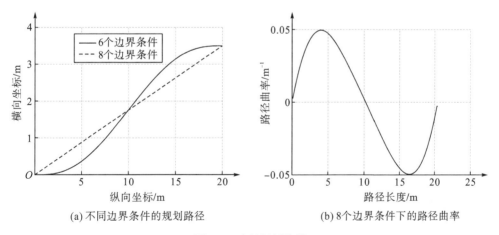

(a) 不同边界条件的规划路径　　　　　　　　(b) 8个边界条件下的路径曲率

图 6-9　路径规划结果

由图 6-9(a)可以发现，当增加了换道起点和换道终点一阶导数为 0 的边界条件后，换道路径从虚线变为了实线。图 6-9(b)则展示了 8 个边界条件下的路径曲率，可以看出五次多项式曲线路径的曲率连续变化，且满足在起点、车道线分界点和终点的曲率为 0，是一种比较理想的换道路径类型。

6.2.3 五次多项式曲线轨迹

6.2.2 节在换道起点建立平面坐标系，定义了一条横向坐标关于纵向坐标的五次多项式曲线换道路径，这条路径仅由一系列参考点构成，至于车辆以什么样的速度行驶这条路径并不关心。实际上，车辆对整个换道过程有较多细节要求，如换道起点速度和终点速度、加速度尽量一致、换道过程的速度不能超限等，针对这类需求，需要将横纵向进行解耦，分别建立横向位置和纵向位置关于时间 t 的五次多项式。

由式(6-18)可知，五次多项式曲线轨迹可以解耦为纵向和横向两个方向分别建立。以纵向为例，设车辆在换道起点的时刻为 t_0，此时的纵向位置、纵向速度、纵向加速度均已知，以此可以构造三个边界条件，再设车辆在换道终点的时刻为 t_1，纵向位置、纵向速度、纵向加速度预先设定，则又可以得到三个边界条件。因此，横向和纵向均可以通过求解五次多项式曲线的导数构造边界条件，如式(6-25)所示。

$$
\begin{cases}
x(t) = a_0 + a_1 t + a_2 t^2 + a_3 t^3 + a_4 t^4 + a_5 t^5 \\
x'(t) = a_1 + 2ta_2 + 3t^2 a_3 + 4t^3 a_4 + 5t^4 a_5 \\
x''(t) = 2a_2 + 6ta_3 + 12t^2 a_4 + 20t^3 a_5
\end{cases}
\tag{6-25a}
$$

$$
\begin{cases}
y(t) = b_0 + b_1 t + b_2 t^2 + b_3 t^3 + b_4 t^4 + b_5 t^5 \\
y'(t) = b_1 + 2tb_2 + 3t^2 b_3 + 4t^3 b_4 + 5t^4 b_5 \\
y''(t) = 2b_2 + 6tb_3 + 12t^2 b_4 + 20t^3 b_5
\end{cases}
\tag{6-25b}
$$

把首末两点的横纵向方程统一用矩阵表示，如式(6-26)和式(6-27)所示。

$$
\boldsymbol{X} =
\begin{bmatrix}
x_0 \\ x_0' \\ x_0'' \\ x_1 \\ x_1' \\ x_1''
\end{bmatrix}
=
\begin{bmatrix}
t_0^5 & t_0^4 & t_0^3 & t_0^2 & t_0 & 1 \\
5t_0^4 & 4t_0^3 & 3t_0^2 & 2t_0 & 1 & 0 \\
20t_0^3 & 12t_0^2 & 6t_0 & 2 & 0 & 0 \\
t_1^5 & t_1^4 & t_1^3 & t_1^2 & t_1 & 1 \\
5t_1^4 & 4t_1^3 & 3t_1^2 & 2t_1 & 1 & 0 \\
20t_1^3 & 12t_1^2 & 6t_1 & 2 & 0 & 0
\end{bmatrix}
\begin{bmatrix}
a_5 \\ a_4 \\ a_3 \\ a_2 \\ a_1 \\ a_0
\end{bmatrix}
= \boldsymbol{TA}
\tag{6-26}
$$

$$
\boldsymbol{Y} =
\begin{bmatrix}
y_0 \\ y_0' \\ y_0'' \\ y_1 \\ y_1' \\ y_1''
\end{bmatrix}
=
\begin{bmatrix}
t_0^5 & t_0^4 & t_0^3 & t_0^2 & t_0 & 1 \\
5t_0^4 & 4t_0^3 & 3t_0^2 & 2t_0 & 1 & 0 \\
20t_0^3 & 12t_0^2 & 6t_0 & 2 & 0 & 0 \\
t_1^5 & t_1^4 & t_1^3 & t_1^2 & t_1 & 1 \\
5t_1^4 & 4t_1^3 & 3t_1^2 & 2t_1 & 1 & 0 \\
20t_1^3 & 12t_1^2 & 6t_1 & 2 & 0 & 0
\end{bmatrix}
\begin{bmatrix}
b_5 \\ b_4 \\ b_3 \\ b_2 \\ b_1 \\ b_0
\end{bmatrix}
= \boldsymbol{TB}
\tag{6-27}
$$

以式(6-26)为例，已知 $\boldsymbol{X}$ 和 $\boldsymbol{T}$，则系数矩阵 $\boldsymbol{A} = \boldsymbol{T}^{-1}\boldsymbol{X}$，由此可以计算五次多项式曲线的所有系数，也就完全确定换道轨迹。仍以图 6-8 为例，设黄车在 A 点的时刻为 0，位置坐标为 $(0,0)$，速度为 $(8,0)$，加速度为 $(0,0)$；设黄车经过 3s 到达 C 点，C 点的位置坐标为 $(20,0)$，速度为 $(8,0)$，加速度为 $(0,0)$。将这 6 个边界条件代入式(6-25)，利用 MATLAB 求解，具体代码如下。

```
 1. clc
 2. clear
 3. close all
 4. %% 场景设定
 5. d = 3.5;                                                 % 道路标准宽度
 6. t0 = 0;                                                  % 换道初始时刻
 7. t1 = 3;                                                  % 换道结束时刻
 8. state_t0 = [0, 0; 8, 0; 0, 0];                           % 换道初始和结束时刻状态：
 9. state_t1 = [20, d; 8, 0; 0, 0];                          x, y; vx, vy; ax, ay
10. %% 五次多项式轨迹生成
11. X = [state_t0(:, 1); state_t1(:, 1)];                    % 首末状态 X 方向物理量
12. Y = [state_t0(:, 2); state_t1(:, 2)];                    % 首末状态 Y 方向物理量
13. T = [ t0^5      t0^4      t0^3     t0^2    t0   1;        % 时间矩阵
14.        5*t0^4    4*t0^3    3*t0^2   2*t0    1    0;
15.        20*t0^3   12*t0^2   6*t0     1       0    0;
16.        t1^5      t1^4      t1^3     t1^2    t1   1;
17.        5*t1^4    4*t1^3    3*t1^2   2*t1    1    0;
18.        20*t1^3   12*t1^2   6*t1     1       0    0];
19. A = T \ X;                                               % 计算 A 和 B 两个系数矩阵
20. B = T \ Y;
21. t=(t0: 0.05: t1)';                                       % 将时间从 t0 到 t1 离散化，获
22. for i = 1: length(t)                                        得离散时刻的轨迹坐标
23.     pos(i, 1) = [t(i)^5, t(i)^4, t(i)^3, t(i)^2, t(i),  % X 方向位置
        1] * A;
24.     pos(i, 2) = [t(i)^5, t(i)^4, t(i)^3, t(i)^2, t(i),  % Y 方向位置
        1] * B;
25.     spd(i, 1) = [5*t(i)^4, 4*t(i)^3, 3*t(i)^2, 2*t(i),  % X 方向速度
        1, 0] * A;
26.     spd(i, 2) = [5*t(i)^4, 4*t(i)^3, 3*t(i)^2, 2*t(i),  % Y 方向速度
        1, 0] * B;
27.     acc(i, 1) = [20*t(i)^3,  12*t(i)^2,  6*t(i),   2,   % X 方向加速度
        0, 0] * A;
28.     acc(i, 2) = [20*t(i)^3,  12*t(i)^2,  6*t(i),   2,   % Y 方向加速度
        0, 0] * B;
29. end
30. %% 计算长度和曲率
31. diffX = diff(pos(:, 1));                                 % 计算一阶差分
32. diffY = diff(pos(:, 2));
33. cumLength = cumsum(sqrt(diffX.^2 + diffY.^2));           % 计算累积长度
34. for i = 1: size(pos, 1)-2
35.     cur(i) = getCur(pos(i: i+2, 1), pos(i: i+2, 2));     % 调用函数，计算曲率
36. end
37. cur(end+1) = cur(end);
```

上述代码的重点在于构造了系数矩阵，并利用 MATLAB 的矩阵计算进行求解。执行程序，得到 x 方向五次多项式的系数为

$$a_0 = a_1 = a_2 = 0, \quad a_3 = \frac{10d}{l^3}, a_4 = \frac{-15d}{l^4}, a_5 = \frac{6d}{l^5} \tag{6-28}$$

同理，可以得到 y 方向的五次多项式系数。据此，可以画出位置坐标、速度、加速度及曲率的变化曲线，如图 6-10 所示。由图可知，终点位置、速度和加速度满足了预设定状态，同时，路径点满足曲率连续变化且 A、B、C 三点的曲率为 0。

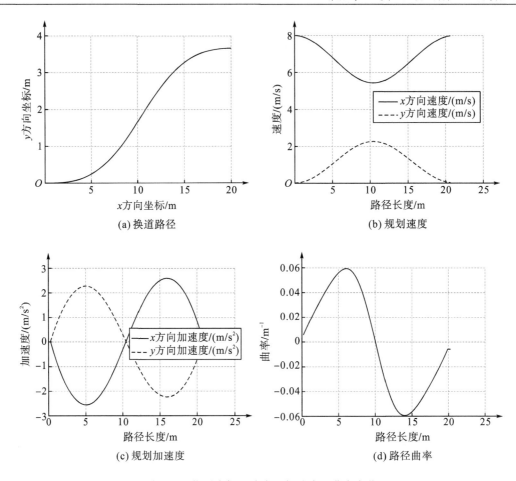

图 6-10　位置坐标、速度、加速度及曲率变化

6.2.4　五次多项式螺旋曲线路径

五次多项式曲线路径和曲线轨迹都基于笛卡儿直角坐标系进行建模求解,受限于坐标系的选取,这两种方法在某些不便于建立直角坐标系的场合求解较为困难,因此不受特定坐标系约束的五次多项式螺旋曲线的路径被提出。对式(6-1)所示的车辆运动学模型的 x 方向速度、y 方向速度和夹角进行定积分,并利用换元法可改写为

$$\begin{cases} x(t)=\int_0^t v(t)\cos\theta(t)\mathrm{d}t \Rightarrow x(s)=x_0+\int_0^s \cos\theta(s)\mathrm{d}s \\ y(t)=\int_0^t v(t)\sin\theta(t)\mathrm{d}t \Rightarrow y(s)=y_0+\int_0^s \sin\theta(s)\mathrm{d}s \\ \theta(t)=\int_0^t v(t)\kappa(t)\mathrm{d}t \Rightarrow \theta(s)=\theta_0+\int_0^s \kappa(s)\mathrm{d}s \end{cases} \tag{6-29}$$

关于式(6-29)的转换,可这样理解:将每一段弧长 $\mathrm{d}s$ 投影到 x 方向 $\mathrm{d}s\cdot\cos\theta$ 积分后,加上初始的 x_0 便得到 x 坐标;将每一段弧长 $\mathrm{d}s$ 投影到 y 方向 $\mathrm{d}s\cdot\sin\theta$ 积分后,加上初始的 y_0 便得到 y 坐标;每一段弧长 $\mathrm{d}s$ 与曲率相乘[$\mathrm{d}s\cdot\kappa(\theta)$]代表一个微元的夹角,经过积分后再加上初始的 y_0 便得到航向角。

设五次多项式螺旋曲线路径：

$$\kappa(s) = a_0 + a_1 s + a_2 s^2 + a_3 s^3 + a_4 s^4 + a_5 s^5 \tag{6-30}$$

将式(6-30)代入式(6-29)，则航向角为

$$\theta(s) = \theta_0 + a_0 s + \frac{a_1 s^2}{2} + \frac{a_2 s^3}{3} + \frac{a_3 s^4}{4} + \frac{a_4 s^5}{5} + \frac{a_5 s^6}{6} \tag{6-31}$$

再将式(6-31)代入式(6-29)的位置坐标表达式，得

$$x(s) = x_0 + \int_0^s \cos\left(a_0 s + \frac{a_1 s^2}{2} + \frac{a_2 s^3}{3} + \frac{a_3 s^4}{4} + \frac{a_4 s^5}{5} + \frac{a_5 s^6}{6} \right) \mathrm{d}s$$

$$y(s) = y_0 + \int_0^s \sin\left(a_0 s + \frac{a_1 s^2}{2} + \frac{a_2 s^3}{3} + \frac{a_3 s^4}{4} + \frac{a_4 s^5}{5} + \frac{a_5 s^6}{6} \right) \mathrm{d}s \tag{6-32}$$

式(6-32)的被积函数是一个自变量为多项式的三角函数，这种函数一般不易得到一个严格的解析解，故通常用 MATLAB 等数学计算软件工具求解定积分。以图 6-10(d)作为曲率变化参考曲线，利用 MATLAB 的多项式拟合函数 polyfit 拟合该图散点，具体代码如下。

```
1. clc
2. clear
3. close all
4. load lengthAndCur.mat                    % 在当前工作路径导入数据
5. %% 曲线拟合
6. p = polyfit(cumLength, cur, 5);          % 调用拟合函数，输出五次多项式系数
7. cur_fit = polyval(p, cumLength);         % 根据系数和自变量，得到拟合函数曲线
8. %% 求解积分
9. syms s                                   % 定义符号变量
10. theta = p(6)*s + p(5)*s^2/2 + p(4)*s^3/3 +   % 根据五次多项式，计算航向角
        p(3)*s^4/4 + p(2)*s^5/5 + p(1)*s^6/6;
11. for i = 1: length(cumLength)
12.         x = int(cos(theta), s, 0, cumLength(i));   % 计算积分
13.         y = int(sin(theta), s, 0, cumLength(i));
14.         X(i) = double(x);
15.         Y(i) = double(y);
16. end
17. s = cumLength;
18. Theta = double(subs(theta));            % 将变量值代入带有符号的变量
```

执行程序，得到曲率关于路径长度的五次多项式曲线的各项系数：

$$a_0 = 0.0148, a_1 = -0.0128, a_2 = 0.0116,$$
$$a_3 = -0.002, a_4 = 1.18 \times 10^{-4}, a_5 = -2.3 \times 10^{-6} \tag{6-33}$$

基于五次多项式系数，可以绘制曲率散点及拟合曲线，如图 6-11 所示。可以看出，五次多项式整体拟合效果较好，可以用于后续研究。

将式(6-33)的参数应用于式(6-30)，并设车辆在换道起点时的位置坐标和航向角均为0，那么可以利用 MATLAB 求解式(6-31)和式(6-32)的积分，求解定积分的过程就是规划路径的过程，最终求得基于五次多项式螺旋曲线的换道路径及航向角如图 6-12 所示。

由图 6-12 可以看出，基于五次多项式螺旋曲线的换道路径与五次多项式曲线路径、五次多项式曲线轨迹基本相似。由于螺旋曲线可以构造关于曲率的边界条件，使得曲线的某些局部曲率特征更易满足。

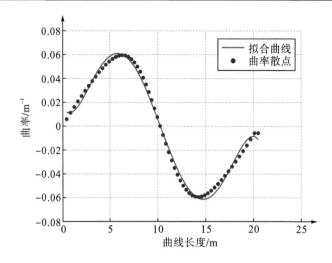

图 6-11 利用五次多项式对曲率散点进行拟合

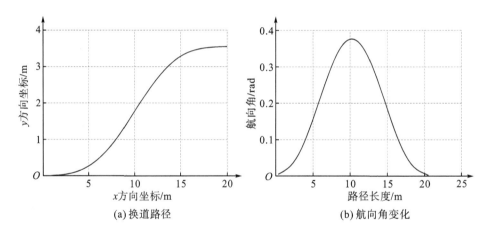

(a) 换道路径   (b) 航向角变化

图 6-12 基于五次多项式螺旋曲线的换道路径及航向角

6.3 Dubins 曲线

6.3.1 算法简介

Dubins 于 1957 年提出了该曲线类型，证明了只要存在连接起止位置的无碰撞路径，则起止两点都可以由最大曲率和/或直线段组成。由于 Dubins 曲线不能实现路径后退，Reeds 和 Shepp 于 1990 年提出了 Reeds-Shepp 曲线，丰富了这类曲线的应用场景。Dubins 曲线和 Reeds-Shepp 曲线都是由最大曲率圆弧和直线组成的，是连接构形空间中任意两点的最短路径，分别对应车辆无倒车和有倒车的情况。由于直线的曲率为 0，而圆弧的曲率为某定值，圆弧和直线在连接处必然存在曲率不连续的问题时，若要车辆完全跟踪参考曲线行驶，则需车辆在曲率不连续处停车调整方向盘才能继续行驶。Dubins 曲线与

Reeds-Shepp 曲线通常用于机器人和控制理论领域，作为规划轮式机器人、飞机和水下车辆路径的一种方式，也较多应用于车辆自动泊车局部路径规划中。

　　由于 Dubins 曲线与 Reeds-Shepp 曲线很类似，本书以 Dubins 曲线为例深入介绍这类曲线的分类及车辆局部路径规划的应用。

6.3.2　Dubins 曲线分类

　　车辆在一个完整的运动过程中可分为三种基本类型，即直行(straight)、左转(left)和右转(right)。可以证明，任意起点到终点的 Dubins 曲线最短路径可以由不超过三种基本类型的运动构成，由三个基本运动类型构成的序列(如 RSL)称为一个 Word。由于两个连续的、相同的基本运动类型可以合并为一个基本运动类型，因此所有可能的 Word 共有 10 种组合。Dubins 证明最优的 Word 组合有如下 6 种，即 LSL、RSR、LSR、RSL、LRL 和 RLR，如图 6-13 所示。

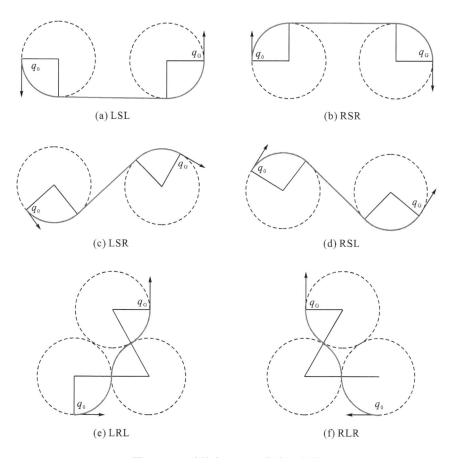

图 6-13　6 种基本 Dubins 曲线示意图

　　图 6-13(a)～图 6-13(d)中的路径包含有直行部分，将这 4 种曲线统称为曲直曲(curve-straight-curve，CSC)类型；图 6-13(e)和图 6-13(f)中的路径全由圆弧构成，将这 2

种曲线统称为曲曲曲(curve-curve-curve,CCC)类型。

6.3.3　Dubins 曲线切点计算

在得到 Dubins 曲线的两个转向圆后,首先需要计算两圆的切点。图 6-14 为两圆求解切点示意图,图 6-14(a)代表两圆求解外公切线,图 6-14(b)代表两圆求解内公切线,本文以图 6-14(a)为例,介绍如何利用向量法计算两圆的切点。

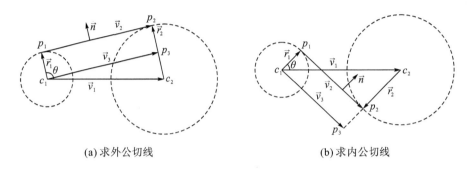

(a) 求外公切线　　　　　　　　　　　　　　　　(b) 求内公切线

图 6-14　Dubins 曲线切点计算示意图

设图 6-14(a)中两个转向圆圆心分别为 $c_1(x_1,y_1)$ 和 $c_2(x_2,y_2)$,两圆圆心距离为 d,两圆外切线的切点为 p_1 和 p_2。首先构造两圆圆心构成的向量,由 c_1 指向 c_2,记为 $\vec{v}_1=(x_c,y_c)$;然后构造两圆切点构成的向量,由 p_1 指向 p_2,记为 $\vec{v}_2=(x_p,y_p)$;最后构造垂直于向量 $\vec{v}_2$ 的单位法向向量,记为 $\vec{n}=(x_n,y_n)$。当两圆半径不等时,易知 $\vec{v}_1$ 与 $\vec{v}_2$ 不平行,那么以 c_1 作为起点,构造一个平行于切线 $\vec{v}_2$ 的向量 $\vec{v}_3$,且向量 $\vec{v}_3$ 的终点 p_3 位于向量 $\vec{r}_2$ 上,显然 $\vec{v}_2=\vec{v}_3$。

根据向量知识,在 $c_1c_2p_3$ 中有

$$\vec{v}_2=\vec{v}_3=\vec{v}_1+\overrightarrow{c_2p_3}=\vec{v}_1+\left(\vec{r}_2-\vec{r}_1\right) \tag{6-34}$$

式(6-34)两边同时乘以单位向量 $\vec{n}$,得

$$\vec{n}\cdot\vec{v}_2=\vec{n}\cdot\left[\vec{v}_1+\left(\vec{r}_2-\vec{r}_1\right)\right]=0 \tag{6-35}$$

展开后,整理得

$$\vec{n}\cdot\vec{v}_1=-\vec{n}\cdot\left(\vec{r}_2-\vec{r}_1\right)=\overline{r_1}-\overline{r_2} \tag{6-36}$$

式中,注意向量 $\vec{r}_1$ 与 $\vec{r}_2$ 转化成模 $\overline{r_1}$ 和 $\overline{r_2}$ 时的正负号。向量除以自身的模为单位方向向量,将式(6-36)两边同时除以向量 $\vec{v}_1$ 的模(即圆心距离 d),得

$$\vec{n}\cdot\frac{\vec{v}_1}{d}=\vec{n}\cdot\vec{e}=|\vec{n}|\cdot|\vec{e}|\cdot\cos\theta=|\vec{n}|\cos\theta=\frac{\overline{r_1}-\overline{r_2}}{d} \tag{6-37}$$

式中,角度 θ 为向量 $\vec{n}$ 与向量 $\vec{v}_1$ 的夹角。向量旋转计算公式与式(5-10)的坐标系旋转转换公式类似,此处将向量 $\vec{v}_1$ 逆时针旋转 θ 后得到的向量记为 (x_c',y_c'),就与 $\vec{r}_1$ 重合,如式(6-38)

所示。

$$\begin{bmatrix} x'_c \\ y'_c \end{bmatrix} = \begin{bmatrix} \cos\theta & -\sin\theta \\ \sin\theta & \cos\theta \end{bmatrix} \cdot \begin{bmatrix} x_c \\ y_c \end{bmatrix} \tag{6-38}$$

得到向量 (x'_c, y'_c) 之后，从中截取长度为 $\overline{r_1}$ 便可以求得切点 p_1。

图 6-14 展示了两个半径不等的圆求解切点的过程，实际泊车路径规划应用中在不考虑障碍物约束的情况下，可以简化描述 Dubins 曲线：考虑到车辆有最小转弯半径的限制，求解任意两点 Dubins 曲线，圆弧半径均为车辆的最小转弯半径。图 6-14(b) 内公切线切点的计算步骤与外公切线类似，不再赘述。

6.3.4　CSC 类型和 CCC 类型的 Dubins 曲线计算

1. CSC 类型

CSC 类型的曲线由两段圆弧和一段线段构成，主要步骤如下：首先计算两个圆的切点，然后车辆沿着最小转弯半径构成的圆周行驶到第 1 个圆的切点，接着直行到第 2 个圆的切点，最后沿着最小转弯半径构成的圆周行驶到目的地。下面以 RSL 轨迹为例介绍如何计算行驶曲线。

如图 6-15 所示，设起点为 $q_1 = (x_1, y_1, \theta_1)$，终点为 $q_2 = (x_2, y_2, \theta_2)$，车辆的最小转弯半径为 $r_{\min}$，据此可以计算起点和终点所在圆弧的圆心坐标：

$$\begin{cases} c_1 = (x_1 + r_{\min}\sin\theta_1, y_1 - r_{\min}\cos\theta_1) \\ c_2 = (x_2 - r_{\min}\sin\theta_2, y_2 + r_{\min}\cos\theta_2) \end{cases} \tag{6-39}$$

故向量 $\vec{v}_1$ 可表示为

$$\vec{v}_1 = (x_2 - r_{\min}\sin\theta_2 - x_1 - r_{\min}\sin\theta_1, y_2 + r_{\min}\cos\theta_2 - y_1 + r_{\min}\cos\theta) \tag{6-40}$$

由前文的内容可知，向量 $\vec{n}$ 与向量 $\vec{v}_1$ 的夹角为

$$\theta = \arccos\frac{r_1 + r_2}{d} \tag{6-41}$$

再代入式 (6-38)，便可以求得切点。依次连接 $q_1 p_1$、$p_1 p_2$ 及 $p_2 q_2$，则红色路径 $q_1 p_1 p_2 q_2$ 即为 RSL 型 Dubins 曲线。

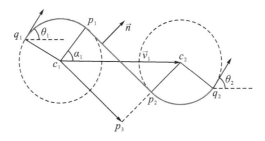

图 6-15　计算 RSL 型 Dubins 曲线示意图

2. CCC 类型

CCC 类型的曲线由三段圆弧构成，下面以 LRL 轨迹为例介绍如何计算行驶曲线。

如图 6-16 所示，三个圆的圆心分别为 $c_1(x_1,y_1)$、$c_2(x_2,y_2)$ 和 $c_3(x_3,y_3)$，切点为 p_1 和 p_2，c_1 和 c_3 的距离及 c_2 和 c_3 的距离均为 $2r_{min}$，c_1 和 c_2 的距离为 d_{12}。设 c_1c_2 与 c_1c_3 的夹角为 θ_1，则在 $\Delta c_1c_2c_3$ 中，由余弦定理可得

$$\cos\theta_1 = \frac{d_{12}^2 + d_{13}^2 - d_{23}^2}{2d_{12}d_{13}} = \frac{d_{12}^2 + 4r_{min}^2 - 4r_{min}^2}{4d_{12}r_{min}}$$
$$\Rightarrow \theta_1 = \arccos\frac{d_{12}}{4r_{min}} \tag{6-42}$$

向量 $\vec{v}_1$ 的向量角为

$$\theta = \arccos\frac{y_2 - y_1}{x_2 - x_1} \tag{6-43}$$

则 c_1c_3 与水平线的夹角 $\theta_2 = \theta - \theta_1$，由此得到 $\odot c_3$ 的圆心坐标为

$$c_3 = \left(x_1 + 2r_{min}\cos\theta_2, y_1 + 2r_{min}\sin\theta_2\right) \tag{6-44}$$

切点 p_1 位于 c_1 与 c_2 的中点处，故坐标为

$$p_1 = \frac{(c_1 + c_2)}{2} = \left(x_1 + r_{min}\cos\theta_2, y_1 + r_{min}\sin\theta_2\right) \tag{6-45}$$

同理，可以求得切点 p_2 的坐标。当求解得到两个切点的坐标后，便可以得到 LRL 型 Dubins 曲线。

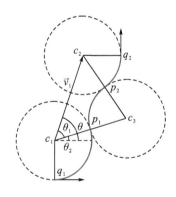

图 6-16　计算 LRL 型 Dubins 曲线示意图

6.3.5　MATLAB 仿真

以 RSL 曲线在换道路径规划中的应用为例，设换道起点位置为 $(0,1.75)$，换道终点为 $(45,-1.75)$，转弯半径为 100m。利用 MATLAB 求解 Dubins 曲线，具体程序代码如下。

```
1. clc
2. clear
3. close all
```

```
4.  %% 初始化
5.  d = 3.5;                                                    % 车道宽度
6.  len_line = 50;                                              % 车道长度
7.  W = 1.8;                                                    % 汽车宽度
8.  L = 4.7;                                                    % 车长
9.  state1 = [0, d/2, 0];                                       % 换道起点状态：x/y/heading
10. state2 = [45, -d/2, 0];                                     % 换道终点状态：x/y/heading
11. r = 100;                                                    % 转弯半径
12. %% 主程序
13. c1(1) = state1(1) + r * cos(pi/2 - state1(3));              % 计算两个圆心坐标
14. c1(2) = state1(2) - r * sin(pi/2 - state1(3));
15. c2(1) = state2(1) + r * cos(pi/2 - state2(3));
16. c2(2) = state2(2) + r * sin(pi/2 - state2(3));
17. d12 = norm(c1 - c2);                                        % 计算两个圆心的距离
18. v1_vector = c2 - c1;                                        % 计算两个圆心的连接向量
19. alpha = acos(2*r / d12);
20. r1_vector = [cos(2*pi-alpha), sin(2*pi- alpha);             % 计算两个圆心到切点向量
            -sin(2*pi- alpha), cos(2*pi- alpha)] * v1_vector';
21. r2_vector = [cos(pi-alpha), sin(pi-alpha);
            -sin(pi-alpha), cos(pi-alpha)] * v1_vector';
22. alpha1 = atan(r1_vector(2) / r1_vector(1));                 % 根据圆心到切点向量计算角度
23. alpha2 = atan(r2_vector(2) / r2_vector(1));
24. p1 = c1 + r1_vector' / norm(r1_vector) * r;                 % 计算切点
25. p2 = c2 + r2_vector' / norm(r2_vector) * r;
26. %% 生成路径
27. path1 = [];                                                 % 第1段：第1段圆弧的散点
28. for t = pi/2+state1(3): -0.001: alpha1
29.         path1(end+1, 1) = c1(1) + r*cos(t);
30.         path1(end, 2) = c1(2) + r*sin(t);
31. end
32. path2(:, 1) = linspace(p1(1), p2(1), 10);                   % 第2段：连接中间直线段的散点
33. path2(:, 2) = linspace(p1(2), p2(2), 10);
34. path3 = [];                                                 % 第3段：第2段圆弧的散点
35. for t = pi+alpha2+0.001: 0.001: 3*pi/2+state1(3)
36.         path3(end+1, 1) = c2(1) + r*cos(t);
37.         path3(end, 2) = c2(2) + r*sin(t);
38. end
39. path = [path1; path2; path3];                               % 合并路径
40. %% 计算路径长度、航向角、曲率
41. x = path(:, 1)';
42. y = path(:, 2)';
43. diffX = diff(path(:, 1));
44. diffY = diff(path(:, 2));
45. cumLength = cumsum(sqrt(diffX.^2 + diffY.^2));               % 计算长度和航向角
46. heading = atan2(diffY, diffX);
47. for i = 1: length(x)-2
48.     cur(i) = getCur(x(i: i+2)', y(i: i+2)');                % 计算曲率
49. end
50. cur(end+1) = cur(end);
```

　　上述程序分为如下几个部分进行理解：①定义了道路宽度、长度、车辆换道起点、换道终点、转弯半径等初始条件；②根据 Dubins 曲线的切点计算方法求得两个转弯圆弧的内公切线切点；③将换道路径拆分为三段，即圆弧、直线和圆弧，针对每一段路径求解参考散点并进行路径合并；④计算路径长度、航向角、曲率。执行上述代码，并将生成的换道路径和场景图一并绘制，如图 6-17 所示。

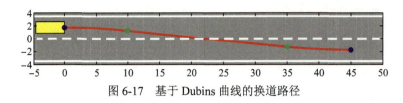

图 6-17　基于 Dubins 曲线的换道路径

图 6-17 中，蓝色散点代表换道起点和换道终点，绿色散点代表内公切线的两个切点，红色曲线则代表换道路径。为分析曲线数学特性，绘制红色曲线的曲率和航向角，如图 6-18 所示。

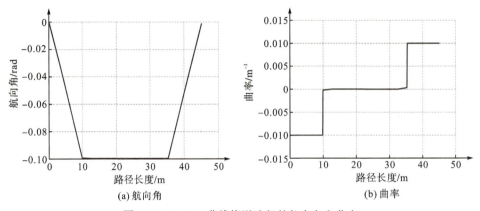

图 6-18　Dubins 曲线换道路径的航向角和曲率

由图 6-18(a)可以看出，换道路径的航向角显然分为了三段，在切点处连续变化，表明通过程序计算得到的切点满足理论要求；由图 6-18(b)可以看出，换道路径的曲率也分为了三段，第 1 段和第 3 段对应两段圆弧，故其曲率刚好是转弯半径的倒数，第 2 段则是两段圆弧的内公切线段，其曲率为 0，由于整段路径的曲率存在跳变，故 Dubins 曲线在高速行车场景应用时存在较大缺陷，不利于轨迹跟踪控制，故多应用于泊车等低速场景。

6.4　贝塞尔曲线

6.4.1　算法简介

贝塞尔曲线于 1962 年由法国工程师 Bézier 发现，他用这种只需要很少的控制点就能够生成复杂平滑曲线的方法，来辅助汽车车体的工业设计。贝塞尔曲线由一组称为控制点的向量来确定，给定的控制点按顺序连接构成控制多边形，贝塞尔曲线逼近这个多边形，因此可以通过调整控制点坐标来改变曲线的形状。

贝塞尔曲线不仅可以直接根据若干控制点规划圆滑的路径，还可以在前文规划的折线路径基础上进行路径平滑。值得注意的是，贝塞尔曲线的阶数和次数是同一个概念（B 样条曲线对两个概念的定义则不同），较多资料对此命名不一致，本书采用"次数"一词。

6.4.2　贝塞尔曲线的数学推导

贝塞尔曲线按照控制点个数可以分为一次贝塞尔曲线、二次贝塞尔曲线等，下面从最简单的两个控制点的一次贝塞尔曲线入手，逐步增加控制点个数，依次介绍多次贝塞尔曲线，最终推导 n 次贝塞尔曲线的一般表达式。

1. 一次贝塞尔曲线

设有 $P_0(0,0)$ 和 $P_1(1,1)$ 两个控制点，另设一个参数 t 用于调节这些控制点的坐标以生成贝塞尔曲线点，参数 t 单调递增且取值范围为 $[0,1]$，一次贝塞尔曲线生成点可以表示为

$$p_1(t) = (1-t)P_0 + tP_1 \tag{6-46}$$

式中，p_1 代表一次贝塞尔曲线散点集。适当选取参数 t 的分辨率，利用 MATLAB 可以画出 p_1 随着 t 不同取值的贝塞尔曲线散点形状，如图 6-19 所示。

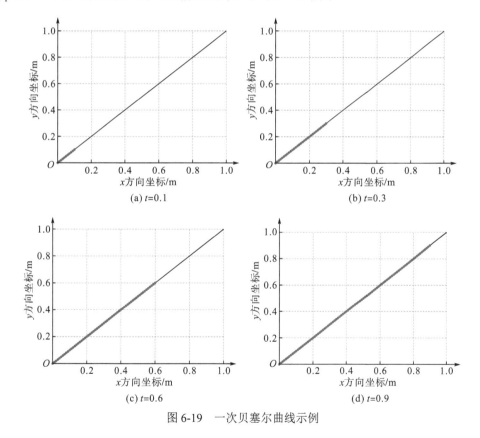

图 6-19　一次贝塞尔曲线示例

图 6-19 中分别展示了 t=0.1、0.3、0.6 和 0.9 时的贝塞尔曲线点，可以看出，当 t 较小时贝塞尔曲线更多的偏向于控制点 P_0，当 t 较大时贝塞尔曲线更多的偏向于控制点 P_1，因此一次贝塞尔曲线就可以理解为由 P_0 到 P_1 的连续点，可以描述为一条线段。由于式(6-46)是关于参数 t 的一次表达式，命名为一次贝塞尔曲线。

2. 二次贝塞尔曲线

设有 $P_0(0,0)$、$P_1(1,1)$ 和 $P_2(2,0)$ 三个控制点，参数 t 的取值范围仍为 $[0,1]$。根据一次贝塞尔曲线的定义，可以将控制点 P_0 和 P_1 构成第 1 个一次贝塞尔曲线，P_1 和 P_2 构成第 2 个一次贝塞尔曲线，如式(6-47)所示。

$$\begin{cases} p_{1,1}(t) = (1-t)P_0 + tP_1 \\ p_{1,2}(t) = (1-t)P_1 + tP_2 \end{cases} \tag{6-47}$$

式中，$p_{1,1}$ 和 $p_{1,2}$ 分别代表第 1 个和第 2 个一次贝塞尔曲线散点集。

仿照一次贝塞尔曲线的定义方式，将上述已有的两个一次贝塞尔曲线合并生成一条二次贝塞尔曲线，如式(6-48)所示。

$$p_2(t) = (1-t)p_{1,1} + tp_{1,2} \tag{6-48}$$

整理式(6-47)和式(6-48)，可得二次贝塞尔曲线的一般表达式：

$$p_2(t) = (1-t)^2 P_0 + 2t(1-t)P_1 + t^2 P_2 \tag{6-49}$$

由于式(6-49)是关于参数 t 的二次表达式，命名为二次贝塞尔曲线。同样地，可以画出 p_2 随着 t 不同取值的贝塞尔曲线散点形状，如图 6-20 所示。

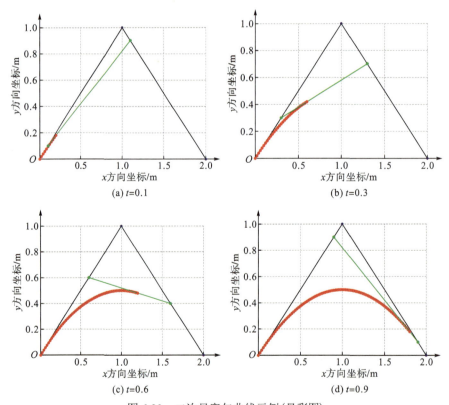

(a) t=0.1   (b) t=0.3

(c) t=0.6   (d) t=0.9

图 6-20   二次贝塞尔曲线示例(见彩图)

图 6-20 中，三个黑色散点代表三个控制点，两个绿色散点代表两个一次贝塞尔曲线点，位于绿色线段上的红色散点就为二次贝塞尔散点，依次连接所有红色散点就构成一条

二次贝塞尔曲线。

3. 三次贝塞尔曲线

设有 $P_0(0,0)$、$P_1(1,1)$、$P_2(2,1)$ 和 $P_3(3,0)$ 四个控制点，参数 t 的取值范围仍为 $[0,1]$。由上述推导，首先 P_0 和 P_1、P_1 和 P_2、P_2 和 P_3 可以构成三条一次贝塞尔曲线，即

$$\begin{cases} p_{1,1}(t) = (1-t)P_0 + tP_1 \\ p_{1,2}(t) = (1-t)P_1 + tP_2 \\ p_{1,3}(t) = (1-t)P_2 + tP_3 \end{cases} \tag{6-50}$$

然后，在三条一次贝塞尔曲线的基础上，可以生成两条二次贝塞尔曲线：

$$\begin{cases} p_{2,1}(t) = (1-t)p_{1,1} + tp_{1,2} \\ p_{2,2}(t) = (1-t)p_{1,2} + tp_{1,3} \end{cases} \tag{6-51}$$

最后，在两条二次贝塞尔曲线的基础上，可以生成一条三次贝塞尔曲线：

$$p_3(t) = (1-t)p_{2,1} + tp_{2,2} \tag{6-52}$$

整理式 (6-50)～式 (6-52)，可得三次贝塞尔曲线的一般表达式：

$$p_3(t) = (1-t)^3 P_0 + 3t(1-t)^2 P_1 + 3t^2(1-t)P_2 + t^3 P_3 \tag{6-53}$$

由于式 (6-53) 是关于参数 t 的三次表达式，命名为三次贝塞尔曲线。同样，可以画出 p_3 随着 t 不同取值的贝塞尔曲线散点形状，如图 6-21 所示。

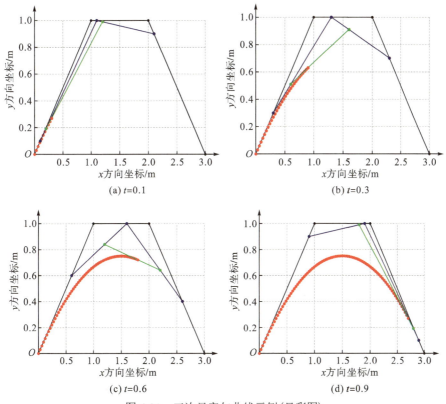

(a) $t=0.1$　　　　　　(b) $t=0.3$

(c) $t=0.6$　　　　　　(d) $t=0.9$

图 6-21　三次贝塞尔曲线示例（见彩图）

图 6-21 中，四个黑色散点代表四个控制点，三个蓝色散点代表三个一次贝塞尔曲线点，两个绿色散点代表两个二次贝塞尔曲线点，位于绿色线段上的红色散点就为三次贝塞尔散点，依次连接所有红色散点就构成一条三次贝塞尔曲线。

4. n 次贝塞尔曲线

综上，$n+1$ 个控制点 $P_0, P_1, P_2, \cdots, P_n$ 可以构成一条 n 次贝塞尔曲线，一般表达式为

$$p_n(t) = \sum_{i=0}^{n} C_n^i \cdot (1-t)^{n-i} \cdot t^i \cdot P_i = \sum_{i=0}^{n} B_{i,n}(t) \cdot P_i \quad (i=0时, B_{i,n}=0) \tag{6-54}$$

式中，C_n^i 代表数学组合符号；$B_{i,n}(t)$ 代表伯恩斯坦基函数。

由式 (6-54) 可知，贝塞尔曲线的伯恩斯坦基函数其实是由二项式展开得到的，后面的许多性质都与二项式展开有关。

6.4.3 贝塞尔曲线的性质

贝塞尔曲线应用十分广泛，主要得益于它的一些优良性质。

性质 1 由式 (6-54) 可知，$t=0$ 时，$p_n(t)=P_0$；当 $t=1$ 时，$p_n(t)=P_n$，由此推得：P_0 和 P_n 分别位于贝塞尔曲线的起点和终点。

性质 2 6.4.2 节在推导贝塞尔曲线时，没有刻意指明控制点的坐标系，由此推得：贝塞尔曲线的几何特性不随坐标系的变化而变化。

性质 3 对式 (6-54) 的伯恩斯坦基函数求导，得

$$\begin{aligned}
B'_{i,n}(t) &= \left[C_n^i \cdot (1-t)^{n-i} \cdot t^i \right]' \\
&= \frac{n!}{i! \cdot (n-i)!} \cdot \left[-(n-i) \cdot (1-t)^{n-i-1} \cdot t^i + i \cdot t^{i-1} \cdot (1-t)^{n-i} \right] \\
&= \frac{n!}{i! \cdot (n-i)!} \cdot i \cdot t^{i-1} \cdot (1-t)^{n-i} - \frac{n!}{i! \cdot (n-i)!} \cdot (n-i) \cdot (1-t)^{n-i-1} \cdot t^i \\
&= n \frac{(n-1)!}{(i-1)! \cdot (n-i)!} t^{i-1} \cdot (1-t)^{n-i} - n \frac{(n-1)!}{i! \cdot (n-i-1)!} \cdot (1-t)^{n-i-1} \cdot t^i \\
&= n C_{n-1}^{i-1} t^{i-1} \cdot (1-t)^{n-i} - n C_{n-1}^i (1-t)^{n-i-1} \cdot t^i = n \left[B_{i-1,n-1}(t) - B_{i,n-1}(t) \right]
\end{aligned} \tag{6-55}$$

因此，对贝塞尔曲线求导，可得

$$\begin{aligned}
p'_n(t) &= \left[\sum_{i=0}^{n} B_{i,n}(t) \cdot P_i \right]' = \left[\sum_{i=0}^{n} B_{i,n}(t) \right]' \cdot P_i \\
&= \sum_{i=0}^{n} n \left[B_{i-1,n-1}(t) - B_{i,n-1}(t) \right] \cdot P_i = \sum_{i=0}^{n} n B_{i-1,n-1}(t) P_i - \sum_{i=0}^{n} n B_{i,n-1}(t) P_i
\end{aligned} \tag{6-56}$$

由于 $B_{-1,n-1}=0, B_{n,n-1}=0$，则式 (6-56) 可以转化为

$$p'_n(t) = \sum_{i=1}^{n} nB_{i-1,n-1}(t)P_i - \sum_{i=0}^{n-1} nB_{i,n-1}(t)P_i$$

$$= \sum_{i=0}^{n-1} nB_{i,n-1}(t)P_{i+1} - \sum_{i=0}^{n-1} nB_{i,n-1}(t)P_i = \sum_{i=0}^{n-1} B_{i,n-1}(t) \cdot \left[n(P_{i+1} - P_i) \right] \qquad (6\text{-}57)$$

令 $Q_i = n(P_{i+1} - P_i)$，即把 Q_i 当作一组新的控制点，则式 (6-57) 进一步转化为

$$p'_n(t) = \sum_{i=0}^{n-1} B_{i,n-1}(t) \cdot \left[n(P_{i+1} - P_i) \right] = \sum_{i=0}^{n-1} B_{i,n-1}(t) \cdot Q_i \qquad (6\text{-}58)$$

综合式 (6-55)～式 (6-58)，可以推得：贝塞尔曲线的导数还是贝塞尔曲线，此时新的贝塞尔曲线的控制点是原来控制点的线性组合。

性质 4　由式 (6-58) 可知，当 $t=0$ 时，有 $p'_n(0) = Q_0 = n(P_1 - P_0)$，$P_1$ 与 P_0 相减就代表了两个控制点的连线方向；同理当 $t=1$ 时，有 $p'_n(1) = Q_{n-1} = n(P_n - P_{n-1})$，从而推得：起点和终点处的切线方向与控制点多边形的第一条边及最后一条边分别相切。

性质 5　本章开头在介绍车辆运动学约束时讲道，实际中期望智能汽车规划的曲线满足曲率连续 (即三阶可导)，故至少需要 4 个控制点才能生成曲率连续的路径。进一步，若期望贝塞尔曲线在起点的曲率为 0，根据性质 4，则需要从起点开始的连续三个控制点保持共线。

性质 6　根据图 6-21 还可以看出贝塞尔曲线落在控制点构成的凸包中，当各控制点构成的特征多边形是凸的时，整体贝塞尔曲线也是凸的，即曲线没有反曲点，此性质称为凸包性。

6.4.4　案例精讲与 MATLAB 仿真

如图 6-22 所示，蓝车作为障碍车，黄车需要换道避障。根据本章多项式曲线换道路径的有关介绍可知，希望黄色换道路径的曲率连续变化，且在起点 A 和终点 E 的一阶导数和二阶导数均为 0。

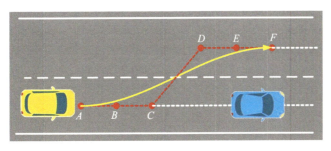

图 6-22　贝塞尔曲线应用示例 (见彩图)

由贝塞尔曲线的性质 5 可知，只要令换道路径靠近起点的连续三个控制点共线，就能保证换道路径的起点曲率为 0；同理，只要令换道路径靠近终点的连续三个控制点共线，就能保证换道路径的终点曲率为 0。为此，至少需要 6 个控制点生成贝塞尔曲线，前三个控制点分布在黄车当前车道，与本车道中心线共线；后三个控制点分布在黄车换道目标车道，与目标车道中心线共线，如图 6-22 的红色点所示。

图 6-22 中，A、B、C 三点共线，D、E、F 三点共线，因此只要确定了换道起点和换道终点，且满足 D 点的纵向坐标大于 C 点纵向坐标即可。这里设 $A(0,-1.75)$、$B(10,-1.75)$、$C(20,-1.75)$、$D(30,-1.75)$、$E(40,1.75)$ 和 $F(50,1.75)$，利用 MATLAB 计算贝塞尔曲线，具体程序代码如下所示。

```
1. clc
2. clear
3. close all
4. %% 主程序
5. d = 3.5;                                          % 车道宽度
6. P = [0, -d/2,  10, -d/2,  20, -d/2,  30, d/2,  40, d/2,   % 定义控制点
   50, d/2];
7. n = length(P)-1;                                  % 控制点数量,从 0 开始计数
8. path = [];                                        % 初始化路径变量
9. for t= 0: 0.01: 1                                 % 参数变量从 0 变化到 1
10.     p_t = [0, 0];
11.     for i = 0: n
12.         k_C = factorial(n) / (factorial(i) *     % 根据贝塞尔曲线通式,计算插值点
            factorial(n-i));
13.         k_t = (1-t)^(n-i) * t^I;
14.         p_t = p_t + k_C * k_t * P(i+1, : );
15.     end
16.     path(end+1, : ) = p_t;                       % 在路径变量上追加插值点
17. end
```

上述代码比较简单，核心部分是根据贝塞尔曲线的定义[即式 (6-54)]进行编程。执行上述代码，并将生成的换道路径和场景图一并绘制，如图 6-23 所示。

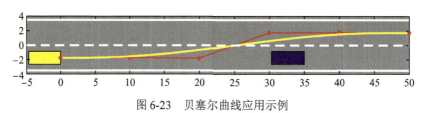

图 6-23　贝塞尔曲线应用示例

由图 6-23 可以看出，利用 6 个控制点生成的贝塞尔曲线换道路径可以实现避障超车。进一步，计算并绘制图 6-23 中黄色换道路径的航向角和曲率，如图 6-24 所示。

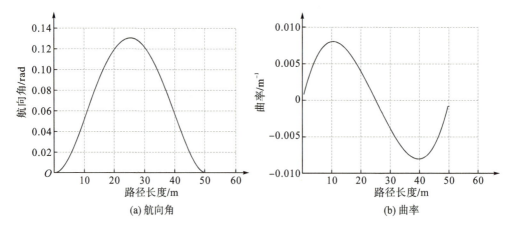

(a) 航向角　　　　　　　　　　　　　　(b) 曲率

图 6-24　贝塞尔换道路径的航向角和曲率

由图 6-24 可以看出，贝塞尔换道路径的航向角和曲率均连续变化，换道路径的起点和终点的曲率为 0，满足了换道时的基本曲率要求。

6.5　B 样条曲线

6.5.1　算法简介

"样条"一词来自工业绘图时所使用的一种仪器，这种仪器是一个富有弹性的、可弯曲的细木条或塑料工具，放样员将其用压铁固定在曲线应该通过的给定型值点处，样条做自然弯曲所绘制出来的曲线就是样条曲线。样条曲线不仅通过各有序型值点，并且在各型值点处的一阶导数和二阶导数连续，也即该曲线具有连续的、曲率变化均匀的特点。

B 样条（B-spline）曲线就是一种常用的样条曲线，它基于贝塞尔曲线发展而来。B 样条曲线法具有表示与设计自由型曲线和曲面的强大功能，是形状数学描述的主流方法之一，另外 B 样条方法是目前工业产品几何定义国际标准——非均匀有理 B 样条（non uniform rational B-spline，NURBS）的基础。B 样条曲线不仅保留了贝塞尔曲线的所有优点，同时还克服了贝塞尔曲线不容易局部调整的缺点。除此之外，B 样条曲线具有曲率连续的优点，特别是在相邻曲线段之间的节点处曲率也是连续的。局部支撑性和曲率连续性使得其在局部路径规划中有着广泛的应用。路径规划中常用的是三阶 B 样条曲线，以满足车辆运动学约束。

6.5.2　B 样条曲线理论介绍

设有 $P_0, P_1, P_2, \cdots, P_n$ 共 $n+1$ 个控制点，这些控制点用于定义样条曲线的走向和界限范围，k 阶 B 样条曲线的定义为

$$P(u) = \begin{bmatrix} P_0 & P_1 & \cdots & P_n \end{bmatrix} \begin{bmatrix} B_{0,k}(u) \\ B_{1,k}(u) \\ \vdots \\ B_{n,k}(u) \end{bmatrix} = \sum_{i=0}^{n} P_i B_{i,k}(u) \tag{6-59}$$

式中，$B_{i,k}(u)$ 是第 i 个 k 阶 B 样条基函数，与控制点 P_i 相对应，$k \geqslant 1$；u 是一组被称为节点矢量的非递减序列的连续变化值。

B 样条基函数具有多种递推式，其中应用较广泛的德布尔-考克斯递推定义式为

$$B_{i,k}(u) = \begin{cases} \begin{cases} 1, & u_i \leqslant u < u_{i+1} \\ 0, & \text{其他} \end{cases}, & k = 1 \\ \dfrac{u - u_i}{u_{i+k-1} - u_i} B_{i,k-1}(u) + \dfrac{u_{i+k} - u}{u_{i+k} - u_{i+1}} B_{i+1,k-1}(u), & k \geqslant 2 \end{cases} \tag{6-60}$$

式中，约定 $\dfrac{0}{0}=0$ 。

由式(6-60)可知，当 $k \geqslant 2$ 时，第 i 个 k 阶 B 样条基函数由第 i 个 k-1 阶 B 样条基函数和第 i+1 个 k-1 阶 B 样条基函数关于 u 的线性组合构成，以此类推，第 i 个 k-1 阶 B 样条基函数由第 i 个 k-2 阶 B 样条基函数和第 i+1 个 k-2 阶 B 样条基函数关于 u 的线性组合构成。根据式(6-60)的递推式，设阶数 k=4，则可以画出如图 6-25 所示的三角计算格式。

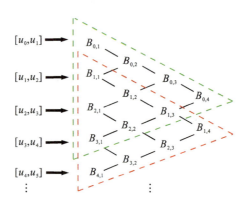

图 6-25   B 样条基函数递推关系及对应节点

由图 6-25 可知，某个 k 阶 B 样条基函数通过层层推导，最终都由若干个一阶 B 样条基函数构成。如红色虚线框内，第 1 个四阶 B 样条基函数，$B_{1,4}$ 首先由第 1 个三阶 B 样条基函数 $B_{1,3}$ 和第 2 个三阶 B 样条基函数 $B_{2,3}$ 线性组合构成，不断向左推导，最终由 $B_{1,1}$、$B_{2,1}$、$B_{3,1}$ 及 $B_{4,1}$ 构成。另外，也将式(6-60)的 u_i 与基函数的对应关系画在了图 6-25 中，方便读者深入理解德布尔-考克斯递推定义式。

图 6-25 表明任何一个 k 阶 B 样条基函数都可以经过层层推导，使得最终由 k 个一阶 B 样条基函数构成。那么根据式(6-60)可知，当阶数 k=1 时，不同一阶基函数的非零域如图 6-26 所示。

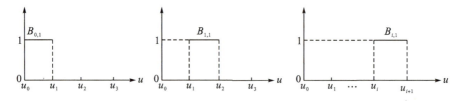

图 6-26   当阶数 k=1 时，不同基函数的非零域

当阶数 k>1 时，k 阶 B 样条基函数是由两个 k-1 阶的 B 样条基函数构成；当 k=2(k-1=1) 时，由于 $B_{i,1}(u)$ 是常数，故 $B_{i,2}(u)$ 是关于 u 的一次函数。照此规律，k 阶 B 样条基函数 $B_{i,k}(u)$ 是一个关于 u 的 k-1 次多项式函数，表明 B 样条曲线的阶数和次数是两个不同的概念，这有别于贝塞尔曲线。

6.5.3　B 样条曲线分类

结合图 6-25 和图 6-26 可知，$B_{i,k}(u)$ 涉及的节点为 $u_i, u_{i+1}, \cdots, u_{i+k}$ 共 $k+1$ 个节点，k 个区间，因此从 $B_{0,k}(u)$ 到 $B_{n,k}(u)$ 共涉及 $u_0, u_1, \cdots, u_{n+k}$ 共 $n+k+1$ 个节点，即节点向量为

$$U = \left\{ u_0, u_1, \cdots, u_k, u_{k+1}, \cdots, u_n, u_{n+1}, \cdots, u_{n+k} \right\} \tag{6-61}$$

根据节点值的大小关系，可以进一步将 B 样条曲线分为均匀 B 样条曲线、准均匀 B 样条曲线、分段贝塞尔曲线及非均匀 B 样条曲线。

(1) 均匀 B 样条曲线。若 B 样条曲线节点向量中节点之间的差值相等，即 $u_{i+1} - u_i = c$（c 为常数），则称其为均匀 B 样条曲线，如图 6-27(a) 所示，均匀 B 样条曲线的起点和终点一般不经过首末控制点。

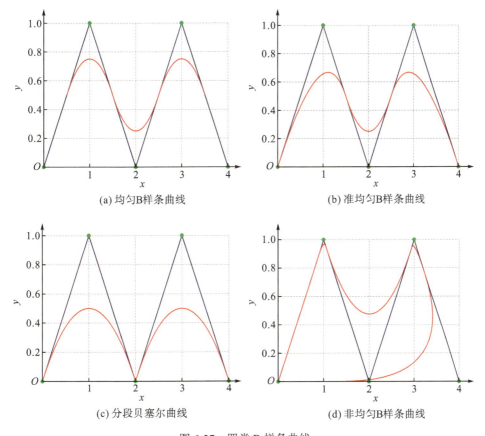

(a) 均匀B样条曲线　　　　　　　　　(b) 准均匀B样条曲线

(c) 分段贝塞尔曲线　　　　　　　　　(d) 非均匀B样条曲线

图 6-27　四类 B 样条曲线

(2) 准均匀 B 样条曲线。若 B 样条曲线节点向量在两端点处存在重复度 k，中间节点按照等差数列分布，即 $u_0 = u_1 = u_2 = \cdots = u_{k-1}$ 且 $u_{n+1} = u_{n+2} = \cdots = u_{n+k}$，则称其为准均匀 B 样条曲线，如图 6-27(b) 所示。准均匀 B 样条曲线因为端点的节点存在重复度，所以可以保证曲线端点也是控制多边形端点。

(3)分段贝塞尔曲线。当 B 样条曲线的节点向量在两端点处存在重复度 k,而所有内部节点重复度为 k-1 时,则称为分段贝塞尔曲线,如图 6-27(c)所示。该类型有限制条件,即控制顶点数减 1 必须等于次数的正整数倍。当贝塞尔曲线用于表示分段的 B 样条曲线后,每一段的 B 样条曲线可以单独调整而不影响其他部分的曲线,调整某一控制点也只是影响该控制点参与控制的曲线段的形状。

(4)非均匀 B 样条曲线。在保证节点序列非递减并且两端点重复度不大于 k、内部节点重复度不大于 k-1 的情况下,节点向量可以任意取,由此得到非均匀 B 样条曲线,如图 6-27(d)所示。

上述四类 B 样条曲线中,适当合理分布控制点,可以保证准均匀 B 样条曲线在起末点的切线与相邻控制点所构成的线段重合,应用更加广泛。

6.5.4 B 样条曲线的性质

B 样条曲线相比贝塞尔曲线具有如下性质。

性质 1 局部支撑性。由图 6-25 可知,参数为 $u\left(u_i \leqslant u \leqslant u_{i+1}\right)$ 的 k 阶 B 样条曲线上的一点最多能够影响 k 个控制点,而与其余的控制点不产生直接联系。当调整该曲线上某个控制点 P_i 的时候,仅仅能够影响区间 $u_i \leqslant u \leqslant u_{i+1}$ 内曲线的形状,对曲线其他区间不产生影响,如图 6-28 所示。图 6-28 中,从左到右一共有 7 个控制点,分别命名为 $P_0, P_1, \cdots, P_6$,蓝色折线代表各相邻控制点的连线,红色实线代表 B 样条曲线,绿色实线代表控制点 P_5 更改前后样条曲线不同的区间段。由图可知,当把控制点 P_5 坐标从(5,2)改为(5,1)后,并未影响整条曲线,只影响到了 $u_5 \leqslant u \leqslant u_6$ 区间的形状。

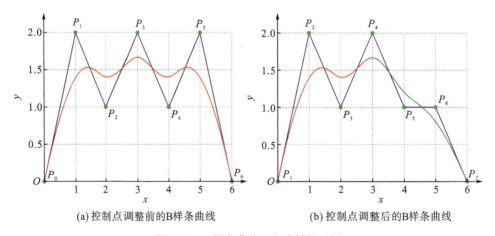

(a)控制点调整前的B样条曲线   (b)控制点调整后的B样条曲线

图 6-28 B 样条曲线局部支撑性示例

性质 2 连续性。假如 B 样条曲线在某节点向量处重复度为 r,那么曲线在该节点处连续阶大于或等于 k-r-1。

性质 3 凸包性。B 样条曲线总是位于控制多边形的凸包内部。如图 6-28(a),控制点构成的凸包应当是由 P_0、P_1、P_3、P_5、P_6 依次相连构成的多边形,显然 B 样条曲线位于凸包内。

性质 4　分段参数多项式。$P(u)$ 在每一区间上都是关于参数 u 的多项式，并且它的次数小于或等于 $k-1$。

性质 5　变差缩减性。平面内存在一定数量的控制点用于构成 B 样条曲线的控制多边形，平面内任意一条直线与 B 样条曲线相交的点的数目小于或等于该直线与控制多边形相交的点的数目。

性质 6　几何不变性。B 样条曲线的形状和位置不因坐标系的改变而发生变化。

性质 7　仿射不变性。在仿射变换下，B 样条曲线的表达式形式不会发生改变。

性质 8　造型灵活性。利用 B 样条曲线可以构造直线段、切线等特殊情况，如图 6-29 所示。图中 P_0、P_1、P_2 三个控制点共线，那么 B 样条曲线在 P_0 处的切线与 P_0、P_1、P_2 所构成的直线共线。图 6-29 中 P_2、P_3、P_4、P_5 四个控制点共线，那么 B 样条曲线在 P_3 和 P_4 区间是一条直线段。

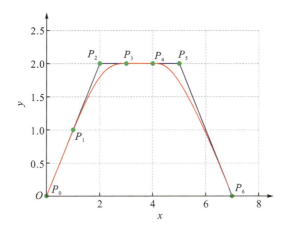

图 6-29　B 样条曲线的切线和直线段示例

6.5.5　基于控制点的 B 样条曲线路径规划

参照贝塞尔曲线的案例，同样设 $A(0,-1.75)$、$B(10,-1.75)$、$C(20,-1.75)$，$D(30,1.75)$、$E(40,1.75)$、$F(50,1.75)$，利用 MATLAB 计算准均匀 B 样条曲线，具体代码如下。

```
1.  clc
2.  clear
3.  close all
4.  %% 数据定义
5.  d = 3.5;                                        % 车道宽度
6.  k = 4;                                          % 四阶、三次 B 样条
7.  classFlag = 2;                                  % 1-均匀 B 样条曲线，2-准均
                                                      匀 B 样条曲线
8.  P = [0, -d/2; 10, -d/2; 20, -d/2; 30, d/2; 40, d/2; 50, d/2]';   % 控制点
9.  n = size(P, 2)-1;                               % 控制点个数，从 0 开始计数
10. %% 生成 B 样条曲线
11. Bik = zeros(n+1, 1);                            % 初始化基函数
12. nodeVector = getNodeVector(n, k, classFlag);    % 调用函数，生成节点向量
```

```
13. path = [];
14. for u = 0 : 0.005 : 1-0.005                              % 循环
15.      for i = 0 : 1 : n
16.           Bik(i+1,1) = BaseFunction(i,k-1,u, nodeVector);  % 计算基函数
17.      end
18.      p_u = P * Bik;
19.      path(end+1, : ) = p_u;                                % 追加到路径变量
20. end
21. %% 计算长度、航向角和曲率
22. x = path(: , 1)';
23. y = path(: , 2)';
24. diffX = diff(path(: , 1));
25. diffY = diff(path(: , 2));
26. cumLength = cumsum(sqrt(diffX.^2 + diffY.^2));            % 计算长度
27. heading = atan2(diffY, diffX);                            % 计算航向角
28. for i = 1: length(x)-2
29.     cur(i) = getCur(x(i: i+2)', y(i: i+2)');              % 计算曲率
30. end
```

上述代码首先定义了基本数据，如 B 样条的阶数、类型选择及控制点，然后在主程序中生成 B 样条曲线，这里主要调用了 getNodeVector() 函数和 BaseFunction() 函数。getNodeVector() 函数根据 B 样条阶数及 B 样条类型生成节点向量，该函数根据上文关于 B 样条曲线分类的定义进行编程，代码如下。

```
1. function nodeVector = getNodeVector(n, k, flag)          % 函数：生成节点向量
2. switch flag
3.      case 1                                               % 均匀 B 样条
4.           nodeVector = linspace(0, 1, n+k+1);
5.      case 2                                               % 准均匀 B 样条
6.           nodeVector = zeros(1, n+k+1);
7.           for i = 1: k
8.                nodeVector(i) = 0;
9.           end
10.          for i = k+1: n+2
11.               nodeVector(i) = (i-k) * (1/k);
12.          end
13.          for i = n+2: n+k+1
14.               nodeVector(i) = 1;
15.          end
16.     case 3                                               % 分段贝塞尔曲线
17.          if mod(n, k-1) == 0                             % 先判断是否满足分段贝塞尔
18.               nodeVector = zeros(1, n+k+1);              曲线的基本要求
19.               for i = 1: k
20.                    nodeVector(i) = 0;
21.               end
22.               for i = k+1: n+2
23.                    nodeVector(i) = 0.5;
24.               end
25.               for i = n+2: n+k+1
26.                    nodeVector(i) = 1;
27.               end
28.          else
29.               fprintf('不满足分段贝塞尔曲线要求!\n');
30.          end
31.     case 4                                               % 非均匀 B 样条曲线
32.          temp = rand(1, n+k-1);
33.          temp = sort(temp);
34.          nodeVector = [0, temp, 1];
35. end
```

BaseFunction()函数主要用于生成 B 样条基函数，程序代码如下。

```
1. function Bik_u = BaseFunction(i, k , u, NodeVector)    % 生成 B 样条基函数
2. if k == 0                                              % 零次 B 样条
3.      if u >= NodeVector(i+1) && u < NodeVector(i+2)
4.            Bik_u = 1;
5.      else
6.            Bik_u = 0;
7.      end
8. else
9.      length1 = NodeVector(i+k+1) - NodeVector(i+1);    % 支撑区间长度
10.     length2 = NodeVector(i+k+2) - NodeVector(i+2);
11.     if length1 == 0                                   % 规定 0/0 = 0
12.           length1 = 1;
13.     end
14.     if length2 == 0
15.           length2 = 1;
16.     end
17.     Bik_u = (u - NodeVector(i+1)) / length1 *         % 基函数递归调用
        BaseFunction(i, k-1, u, NodeVector) +
        (NodeVector(i+k+2) - u) / length2 *
        BaseFunction(i+1, k-1, u, NodeVector);
18. End
```

BaseFunction()函数首先计算了节点向量支撑区间的长度，然后判断支撑区间长度是否为 0，并做相应处理，最后再进行 BaseFunction()函数的递归调用。

执行上述代码，并绘制生成的换道路径和场景图，如图 6-30 所示。

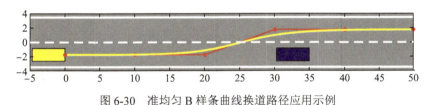

图 6-30　准均匀 B 样条曲线换道路径应用示例

同样地，画出 B 样条曲线换道路径的航向角和曲率，如图 6-31 所示。

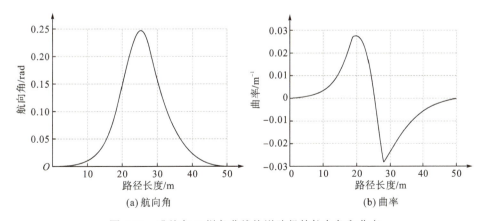

(a) 航向角　　　　　　　(b) 曲率

图 6-31　准均匀 B 样条曲线换道路径的航向角和曲率

对比图 6-24 和图 6-31，有如下结论：①若控制点分布完全相同，相比准均匀 B 样条曲线，贝塞尔曲线的曲率要低；②若控制点分布完全相同，相比准均匀 B 样条曲线，贝塞尔

曲线的曲率变化率要低。值得注意的是，上述结论貌似贝塞尔曲线优势更加明显，但这仅仅是以曲率作为对比项进行研究的。实际上，当需要在换道场景中实现动态的、连续的路径规划时，考虑到 B 样条曲线具有局部支撑性，那么移动、增加、减少若干控制点，不会影响整条换道路径，这有利于动态路径规划中路径衔接处的位置连续、斜率连续及曲率连续。

6.5.6 基于型值点的 B 样条曲线路径规划

6.1.2 节详细介绍了控制点和型值点的概念，一般来说，欲利用 B 样条曲线平滑路径，需要生成的 B 样条曲线通过指定的路径点，因此这里要求路径点作为型值点被 B 样条曲线穿过。根据 6.5.2 节可知，B 样条曲线是通过控制点坐标来构建参数方程的。因此，这就需要通过型值点坐标来求解控制点坐标，通过型值点求解控制点的方法叫作反算。

在 B 样条曲线中反算的目的在于利用 B 样条曲线对已知点进行插值，其步骤依次为：

步骤 1：利用型值点求解控制点。

步骤 2：利用控制点构造 B 样条曲线方程。

步骤 3：利用 B 样条曲线方程计算插值点。

假设当前得到的路径点为 $Q_i(i=1,2,\cdots,n)$，求三阶 B 样条曲线的控制点 $P_i(i=0,1,2,\cdots,n+1)$。因为曲线段与段之间首尾连接，即第 i 段曲线的终点同时也是第 $i+1$ 段曲线的起点，并且三阶 B 样条曲线二阶导数连续、平滑连接，所以每个型值点可看作每段三阶 B 样条曲线的起点。

根据相关理论推导，三阶均匀 B 样条曲线的型值点与控制点的位置存在：

$$\frac{P_{i-1}+4P_i+P_{i+1}}{6}=Q_i, \quad i=1,2,\cdots,n \tag{6-62}$$

由式(6-62)可以得到 n 个方程，但是从 P_0 到 P_{i+1} 共有 $i+2$ 个未知数，所以需要将起点和终点两个边界条件考虑进去才能解出所有的未知数。对于 B 样条曲线边界的处理有多种方式，根据需要，本书要求曲线过起点 Q_1 和终点 Q_n，由此得到线性方程组：

$$\begin{bmatrix} 6 & 0 & 0 & \cdots & 0 & 0 \\ 1 & 4 & 1 & 0 & \cdots & 0 \\ & & \ddots & & & \\ 0 & 0 & \cdots & 1 & 4 & 1 \\ 0 & 0 & 0 & \cdots & 0 & 6 \end{bmatrix} \begin{bmatrix} P_1 \\ P_2 \\ \vdots \\ P_{n-1} \\ P_n \end{bmatrix} = 6 \begin{bmatrix} Q_1 \\ Q_2 \\ \vdots \\ Q_{n-1} \\ Q_n \end{bmatrix} \tag{6-63}$$

除此之外还需要增加 $P_0=2P_1-P_2$ 和 $P_{n+1}=2P_n-P_{n-1}$ 两个条件，即曲线起点和终点分别与 P_0P_1 和 P_nP_{n-1} 相切，这样构造的三阶 B 样条曲线在两端曲率为零。

利用反算的方法求 B 样条曲线换道路径的具体步骤如下。

步骤 1：参照 6.5.5 节基于控制点的 B 样条曲线路径规划，首先将 $A\sim F$ 六个控制点设为期望经过的 6 个型值点，即 $Q_1(0,-1.75)$、$Q_2(10,-1.75)$、$Q_3(20,-1.75)$、$Q_4(30,1.75)$、$Q_5(40,1.75)$ 和 $Q_6(50,1.75)$。

步骤 2：基于式(6-63)和两个边界条件利用 MATLAB 计算可以反算得到对应的 8 个

控制点，这里主要构造了一个反算函数 dataPoint2ControlPoint()，具体代码如下。

```
1.  function P = dataPoint2ControlPoint(Q)        % 函数：根据型值点反算控制点
2.  Q = Q';
3.  %% 构造n×6 矩阵
4.  n = size(Q, 1);                                % 型值点数量
5.  A = zeros(n, n);                               % 初始化
6.  for i = 1: n
7.         if i == 1                               % 对第 1 行进行特殊处理
8.                A(i, 1) = 6;
9.         elseif i == n                           % 对最后一行进行特殊处理
10.               A(i, n) = 6;
11.        else                                    % 其他行，利用通式进行计算
12.               A(i, i-1) = 1;
13.               A(i, i) = 4;
14.               A(i, i+1) = 1;
15.        end
16. end
17. %% 矩阵运算
18. P_x = A\Q(: , 1)*6;
19. P_y = A\Q(: , 2)*6;
20. P = [P_x, P_y];
21. P0 = 2*P(1, : ) - P(2, : );
22. P_n_plus_1 = 2*P(n, : ) - P(n-1, : );
23. P = [P0;  P;  P_n_plus_1];
24. P = P';
25. end
```

　　基于上述反算函数，可以得到 8 个控制点，即 $P_0(-10,-2.0682)$、$P_1(0,-1.75)$、$P_2(10,-1.4318)$、$P_3(20,-3.0227)$、$P_4(30,3.0227)$、$P_5(40,1.4318)$、$P_6(50,1.75)$ 和 $P_7(60,2.0682)$。

　　步骤 3：调用三次均匀 B 样条曲线函数，得到若干插值点。最终的路径规划结果如图 6-32 所示，蓝色点为型值点，红色点为控制点。

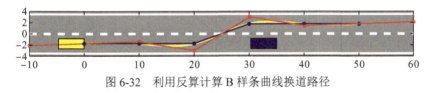

图 6-32　利用反算计算 B 样条曲线换道路径

同理，绘制图 6-32 的航向角和曲率，如图 6-33 所示。

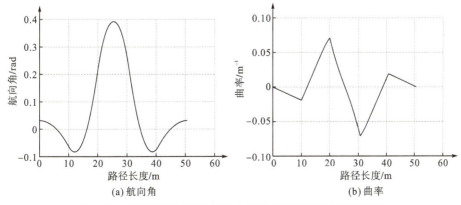

(a) 航向角　　　　　　　　　　(b) 曲率

图 6-33　利用反算计算 B 样条曲线换道路径的航向角和曲率

对比图 6-32 与图 6-30 可以看出，当把原先的控制点视为型值点后，在式(6-63)的等式方程下得到新的控制点，尽管生成的 B 样条曲线严格经过了型值点，但观察该曲线的航向角变化可知，曲线在 $Q_3(20,-1.75)$ 点前有向右转向的趋势，这并不符合一般的驾驶习惯，若要工程化实际应用，还需要进一步深入探讨如何选取最优型值点。

此外，B 样条曲线还可应用于平滑路径，这部分内容可参考 7.4 节。

6.6　三次样条曲线

6.6.1　龙格现象及样条插值

数据拟合是指已知有限个数据点，求逼近这些数据点近似函数，因此该函数可以不经过已知数据点，只要求该函数在这些点上的总偏差最小。本节在介绍基于多项式曲线的路径规划时，通过构造边界条件并利用五次多项式函数规划平滑的路径，由于经过了首末端点，可以将其视为插值。然而，利用多项式函数进行插值时，随着多项式阶数的增大，插值结果会越偏离原函数，这称为龙格现象(Runge phenomenon)。龙格现象由德国数学家 Runge 于 1901年发现的，他在发表关于高次多项式插值风险的研究结果中给出了一个简单的函数：

$$f(x) = \frac{1}{25x^2 + 1} \tag{6-64}$$

式(6-64)称为龙格函数，该函数有一个比较反常的性质：随着多项式函数插值的阶数越高，插值误差反而越大。为便于直观理解，在[-1,1]区间按照 0.1 的间隔将龙格函数的散点绘制出来，并利用 MATLAB 的 polyfit 函数分别用 5 次多项式、9 次多项式、14 次多项式及 16 次多项式进行拟合(MATLAB 的 polyfit()函数特指利用多项式曲线对有限个散点进行拟合，本节用拟合代替插值，下节所得结论不变)，结果如图 6-34 所示。

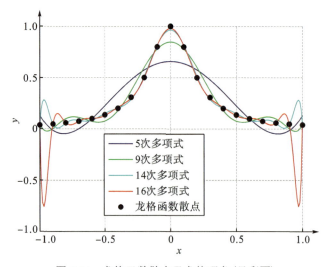

图 6-34　龙格函数散点及龙格现象(见彩图)

　　由图 6-34 可知，当多项式的次数较低时，与散点的全局拟合效果较差；随着多项式次数增大，散点的局部拟合效果越来越好，但是在靠近-1 和 1 这两个端点时有较大振荡，上述现象表明使用高次多项式拟合并不总是能提高准确性。随着多项式阶次的增加，以这种方式产生的多项式实际上可能偏离，通常发生在靠近插值点的端点处。

　　为了避免在高阶多项式拟合时出现龙格现象，通常使用多段样条曲线对散点进行插值。实际上，在 6.5 节的 B 样条曲线中，已经接触过多段样条曲线进行插值的思想，B 样条曲线通过基函数和节点向量的作用机制，一段完整的 B 样条曲线就是由若干段阶数更低的样条曲线首尾相连而成的。样条函数属于分段平滑插值，其基本思想是在由两个相邻的型值点所构成的每一个小区间内用低次多项式来逼近，并且在各型值点的连接处又保证是平滑的(即导数连续)。

　　三次样条曲线(cubic spline curve)是通过一系列型值点的一条平滑曲线，该曲线可以由多段三次多项式曲线首尾平滑相连，应用最为广泛，本节主要介绍三次样条曲线的数学推导及仿真应用。

6.6.2　分段三次样条插值推导

　　如图 6-35 所示，设有 n 个离散点 $P_1(x_1, y_1), P_2(x_2, y_2), \cdots, P_n(x_n, y_n)$，希望用一条平滑的曲线依次经过这 n 个离散点。需要注意的是，若用一条高阶多项式曲线进行插值，会出现端点振荡的龙格现象。

　　因此设想用若干段低阶的多项式曲线分别插值相邻两个点，然后将其首尾相连构成一条平滑的完整曲线。如图 6-35 所示，n 个离散点对应 $n-1$ 个区间段，此时目标转化为求解 $n-1$ 段三次曲线，每段三次曲线的表达式为

$$y_i = f_i(x) = a_{i,0} + a_{i,1}x + a_{i,2}x^2 + a_{i,3}x^3 \tag{6-65}$$

式中，$f_i(x)$ 代表第 i 段三次曲线函数；$a_{i,j}$ 代表第 i 段三次曲线的 j 次项系数。

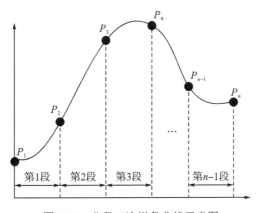

图 6-35　分段三次样条曲线示意图

　　由式(6-46)可知，每段三次曲线有 4 个待定系数，那么 $n-1$ 段三次曲线总共有 $4(n-1)$ 个待定系数，故需要构造 $4(n-1)$ 个独立方程才能获得唯一解。换言之，需要设定 $4(n-1)$

个独立的边界条件，构造边界条件的过程其实也是探索多段三次曲线的等式约束过程，可以从如下几个方面考虑。

1) 邻节点的函数值相等

显然，希望每一段的三次曲线的首末两个点函数值等于离散点，表达式为

$$\begin{cases} f_i(x_i) = y_i \\ f_i(x_{i+1}) = y_{i+1} \end{cases} \Rightarrow \begin{cases} f_i(x_i) = a_{i,0} + a_{i,1}x_i + a_{i,2}x_i^2 + a_{i,3}x_i^3 = y_i \\ f_i(x_{i+1}) = a_{i,0} + a_{i,1}x_{i+1} + a_{i,2}x_{i+1}^2 + a_{i,3}x_{i+1}^3 = y_{i+1} \end{cases} \quad (6\text{-}66)$$

改用矩阵表示为

$$\begin{bmatrix} 1 & x_i & x_i^2 & x_i^3 \\ 1 & x_{i+1} & x_{i+1}^2 & x_{i+1}^3 \end{bmatrix} \begin{bmatrix} a_{i,0} \\ a_{i,1} \\ a_{i,2} \\ a_{i,3} \end{bmatrix} = \begin{bmatrix} y_i \\ y_{i+1} \end{bmatrix} \quad (6\text{-}67)$$

式中，x_i 和 y_i 分别代表离散点 P_i 的横坐标和纵坐标。因此，根据邻节点的函数值相等这一等式约束可以构造 $2(n\text{-}1)$ 个边界条件。

2) 邻节点的一阶导数相等

为了保证曲线在邻节点的导数连续，需要保证邻节点的一阶导数相等，表达式为

$$f_i'(x_{i+1}) = f_{i+1}'(x_{i+1})$$
$$\Rightarrow a_{i,1} + 2a_{i,2}x_{i+1} + 3a_{i,3}x_{i+1}^2 = a_{i+1,1} + 2a_{i+1,2}x_{i+1} + 3a_{i+1,3}x_{i+1}^2 \quad (6\text{-}68)$$

改用矩阵表示为

$$\begin{bmatrix} 0 & 1 & 2x_{i+1} & 3x_{i+1}^2 \end{bmatrix} \begin{bmatrix} a_{i,0} \\ a_{i,1} \\ a_{i,2} \\ a_{i,3} \end{bmatrix} = \begin{bmatrix} 0 & 1 & 2x_{i+1} & 3x_{i+1}^2 \end{bmatrix} \begin{bmatrix} a_{i+1,0} \\ a_{i+1,1} \\ a_{i+1,2} \\ a_{i+1,3} \end{bmatrix} \quad (6\text{-}69)$$

式中，i 的取值范围为 $2 \leqslant i \leqslant n-1$。因此，根据邻节点的一阶导数相等这一等式约束可以构造 $n\text{-}2$ 个边界条件。

3) 邻节点的二阶导数相等

由 6.2 节可知，为了保证曲率连续，邻节点的二阶导数也需要相等，表达式为

$$f_i''(x_{i+1}) = f_{i+1}''(x_{i+1})$$
$$\Rightarrow 2a_{i,2} + 6a_{i,3}x_{i+1} = 2a_{i+1,2} + 6a_{i+1,3}x_{i+1} \quad (6\text{-}70)$$

改用矩阵表示为

$$\begin{bmatrix} 0 & 0 & 2 & 6x_{i+1} \end{bmatrix} \begin{bmatrix} a_{i,0} \\ a_{i,1} \\ a_{i,2} \\ a_{i,3} \end{bmatrix} = \begin{bmatrix} 0 & 0 & 2 & 6x_{i+1} \end{bmatrix} \begin{bmatrix} a_{i+1,0} \\ a_{i+1,1} \\ a_{i+1,2} \\ a_{i+1,3} \end{bmatrix} \quad (6\text{-}71)$$

式中，i 的取值范围为 $2 \leqslant i \leqslant n-1$。因此，根据邻节点的二阶导数相等这一等式约束可以

构造 $n-2$ 个边界条件。至此，已经构造了 $4n-6$ 个条件，剩余的 2 个条件可以由第 1 个离散点 P_1 和最后一个离散点 P_n 获得。

　　4）两个端点的边界条件

　　对于整条曲线的端点，有如下三类边界：

　　(1)自然边界(natural spline)，指定端点的二阶导数为 0，表达式为

$$f_1''(x_1) = f_{n-1}''(x_n) = 0$$
$$\Rightarrow 2a_{1,2} + 6a_{1,3}x_1 = 2a_{n-1,2} + 6a_{n-1,3}x_n = 0 \tag{6-72}$$

改用矩阵表示为

$$\begin{bmatrix} 0 & 0 & 2 & 6x_1 \end{bmatrix} \begin{bmatrix} a_{1,0} \\ a_{1,1} \\ a_{1,2} \\ a_{1,3} \end{bmatrix} = \begin{bmatrix} 0 & 0 & 2 & 6x_n \end{bmatrix} \begin{bmatrix} a_{n-1,0} \\ a_{n-1,1} \\ a_{n-1,2} \\ a_{n-1,3} \end{bmatrix} = 0 \tag{6-73}$$

　　(2)固定边界(clamped spline)，指定端点的二阶导数为某特定值，表达式为

$$f_1''(x_1) = p, f_{n-1}''(x_n) = q$$
$$\Rightarrow 2a_{1,2} + 6a_{1,3}x_1 = p, 2a_{n-1,2} + 6a_{n-1,3}x_n = q \tag{6-74}$$

改用矩阵表示为

$$\begin{bmatrix} 0 & 0 & 2 & 6x_1 \end{bmatrix} \begin{bmatrix} a_{1,0} \\ a_{1,1} \\ a_{1,2} \\ a_{1,3} \end{bmatrix} = p, \begin{bmatrix} 0 & 0 & 2 & 6x_n \end{bmatrix} \begin{bmatrix} a_{n-1,0} \\ a_{n-1,1} \\ a_{n-1,2} \\ a_{n-1,3} \end{bmatrix} = q \tag{6-75}$$

　　(3)非扭结边界(not-a-knot spline)，使最前面两个离散点的三阶导数值相等，最后面两个离散点的三阶导数值相等，表达式为

$$f_1'''(x_1) = f_2'''(x_2), f_{n-2}'''(x_{n-1}) = f_{n-1}'''(x_n)$$
$$\Rightarrow 6a_{1,3} = 6a_{2,3}, 6a_{n-2,3} = 6a_{n-1,3} \tag{6-76}$$

　　本节选择自然边界作为两个端点的边界条件。综上，可以将上述 $4(n-1)$ 个等式约束全部用类似式(6-67)的矩阵表达式统一表示，最后构成一个线型矩阵方程，因此可以用 MATLAB 进行矩阵计算求解得到 $4(n-1)$ 个待定系数。

6.6.3　案例精讲与 MATLAB 仿真

　　参照贝塞尔曲线的案例，同样设 $A(0, -1.75)$，$B(10, -1.75)$，$C(20, -1.75)$，$D(30, 1.75)$，$E(40, 1.75)$，$F(50, 1.75)$ 共 6 个离散点，利用 MATLAB 求解插值点，主要程序代码如下。

```
1. clc
2. clear
3. close all
4. %% 数据定义
5. d = 3.5;                                    % 车道宽度
```

```
6. P = [0, -d/2; 10, -d/2; 20, -d/2; 30, d/2; 40, d/2; 50,      % 6 个离散点
   d/2]';
7. %% 调用 pchip 函数，生成三次样条曲线
8. x_seq = P(1, :);                                              % x 序列
9. y_seq = P(2, :);                                              % y 序列
10. cs = pchip(x_seq, y_seq);                                    % 系数
11. X_seq = linspace(0, 50, 100);                                % 生成 0~50 等间隔散点 x 坐标
12. Y_seq = ppval(cs, X_seq);                                    % 根据系数和 x 坐标，得到 y
13. path = [X_seq', Y_seq'];                                     % 组建路径
14. %% 计算长度和曲率
15. diffX = diff(path(:, 1));
16. diffY = diff(path(:, 2));
17. cumLength = cumsum(sqrt(diffX.^2 + diffY.^2));               % 累计长度
18. for i = 1: size(path, 1)-2
19.     cur(i) = getCur(path(i: i+2, 1), path(i: i+2, 2));       % 计算曲率
20. end
21. cur(end+1) = cur(end);
```

上述代码主要调用了 MATLAB 的分段三次埃尔米特(Hermite)插值多项式库函数 pchip，该函数可以直接计算分段三次样条，返回每一段多项式的 4 个系数，再根据此系数调用 ppval 库函数，生成一系列的插值点，从而得到三次样条曲线。

执行上述代码，绘制场景图和规划路径，如图 6-36 所示。

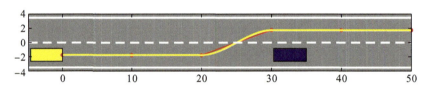

图 6-36   三次样条曲线换道路径应用示例

同样地，画出三次曲线换道路径的航向角和曲率，如图 6-37 所示。

对比图 6-24、图 6-31 及图 6-37 可知：若控制点(离散点)分布完全相同，三次样条曲线的曲率和曲率变化率，相比准均匀 B 样条曲线和贝塞尔曲线都要高。

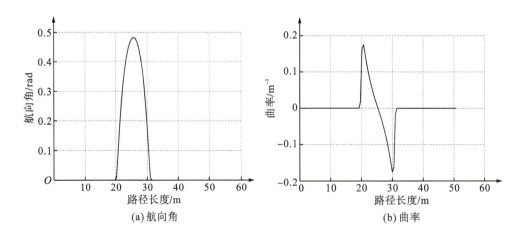

(a) 航向角   (b) 曲率

图 6-37   三次样条曲线换道路径的航向角和曲率

第7章 基于数学优化的局部路径规划算法

7.1 术 语 概 念

7.1.1 数学优化与智能优化

数学优化(mathematical optimization),也称数学规划(mathematical programming),是指在一定约束条件下,求解一个目标函数的最大值(或最小值)问题。数学优化问题的定义为:给定一个目标函数(也叫代价函数)$f: A \to R$,寻找一个变量(也叫参数)$x^* \in D$,使得对于所有 D 中的 x,均有 $f(x^*) \leqslant f(x)$(最小化),或者 $f(x^*) \geqslant f(x)$(最大化),其中 D 为变量 x 的约束集,也叫可行域,D 中的变量被称为可行解。

数学优化算法有多种分类:①按照输入变量 x 的值域是否为实数域,可以分为离散优化问题和连续优化问题;②在连续优化问题中,根据是否有变量的约束条件,可以分为无约束优化问题和约束优化问题;③按照目标函数和约束函数的表达式是否为线性,可以分为线性优化问题和非线性优化问题;④在非线性优化问题中,根据目标函数 f 是否为凸函数,可以分为凸优化问题和非凸优化问题。

优化问题一般通过迭代的方式来求解:通过假设一个初始的估计 x_0,然后不断迭代产生新的估计 $x_1, x_2, \cdots, x_n$,希望最终收敛到期望的最优解。一个好的优化算法应该是在一定的时间或空间复杂度下能够快速准确地找到最优解,同时,该算法受初始猜测点的影响较小,通过迭代能稳定地找到最优解的邻域,然后迅速收敛于最优解。

根据迭代搜索是否采用线性搜索策略,可将优化算法分为传统数学优化算法和群智能优化算法。

1. 传统数学优化算法

传统数学优化算法包括线性规划、整数规划、动态规划、混合规划及二次规划等算法,传统数学优化算法有如下特点:

(1)一般是针对结构化的问题,充分利用解空间的特性(如连续可微等),有较明确的问题和条件描述,可带约束和不带约束条件,即有清晰的结构信息。

(2)传统数学优化算法大部分属于凸优化范畴,有唯一明确的全局最优点,对于单极值问题,传统数学优化算法基本可以求解最优解,但对于多极值问题则无法有效求解,所以传统数学优化算法也有很大应用空间和针对特殊结构的改进可能。

(3)传统数学优化算法一般是确定性算法,有固定的结构和参数,计算复杂度和收敛性可做理论分析，迭代收敛时具有确定的终止准则。

2. 群智能优化算法

群智能优化算法采用一些仿生智能算法，如模仿生物优胜劣汰的遗传算法、模仿鸟群觅食的粒子群算法等，这些智能算法针对的是较为普适的问题描述，适用性很广，普遍缺乏结构化信息。群智能优化算法有如下特点：

(1) 群智能优化算法不限于某一问题的条件限制，其鲁棒性较强，当无法有效利用合适的数学模型描述问题时，可以采用群智能优化算法，适用于求解复杂的优化问题。

(2) 对于多极值问题，如何防止陷入局部最优且尽可能找到全局最优是采用群智能优化算法的根本动机，群智能优化算法通过其有效设计可以在跳出局部最优和收敛到一个点之间取得较好的平衡，从而实现找到全局最优点，但有的时候局部最优（次优解）也是可接受的。

(3) 群智能优化算法大多属于启发性算法，能定性分析却难定量证明，且大多数算法基于随机特性，其收敛性一般是概率意义上的，实际性能不可控，往往收敛速度也比较慢，计算复杂度较高。

(4) 群智能优化算法在有限的迭代周期内，往往不能直接找到全局最优解，但随着迭代次数的增加，在算法内在调节机制的作用下，最终可以无限接近最优解，结合 5.1.2 节，这种算法也可称为渐近最优性算法。

7.1.2 横纵向解耦规划

6.2.3 节介绍了五次多项式曲线轨迹，这种包含了路径信息和时间信息的规划称为轨迹规划，轨迹规划将路径规划和速度规划耦合在一起，实际上是一个在若干约束条件下求解最优化的三维问题 (x, y, t)，也就是规划"在什么时间到达什么位置"，因此路径和速度两者并不能独立规划。

为了引出横纵向解耦规划的思想，设车辆沿着圆形路径按照预定的变速度行驶一周，用车辆经过的位置坐标和时刻绘制 (x, y, t) 三维曲线，如图 7-1 所示。

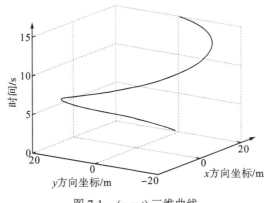

图 7-1 (x, y, t) 三维曲线

将图 7-1 所示的三维曲线向 xy 平面投影,就得到了不含时间信息的车辆行驶路径,如图 7-2 (a) 所示,再从曲线的起点计算曲线的长度 s,并与时刻 t 对应,就可以绘制如图 7-2 (b) 所示的 ST 图,图中曲线每一点的切线就代表该点的速度。

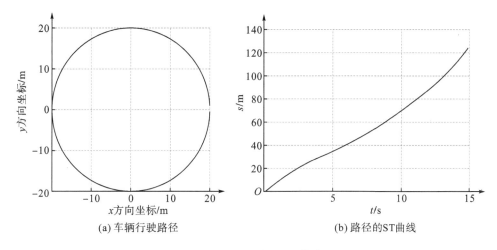

(a) 车辆行驶路径　　　　　　　　　(b) 路径的ST曲线

图 7-2　路径曲线与 ST 曲线

于是,将图 7-1 的三维曲线转化为两个二维曲线,因此 "轨迹规划" 这个三维问题 (x, y, t) 可以解耦为两个二维问题,即首先利用路径规划算法在自由空间搜索最优路径 (x, y),然后为规划的路径赋予速度信息 (s, t)。这种规划思想称为横纵向解耦思想。

7.1.3　笛卡儿坐标系与 Frenet 坐标系

笛卡儿坐标系一般也称为直角坐标系,该坐标系是描述物体位置且应用最广的一种坐标系。在智能驾驶规控领域,传统的笛卡儿坐标系已暴露出一些应用缺陷,主要有:①绝大部分的实际道路并不是笔直的,而是具有一定曲率的弧线,笛卡儿坐标系较难用统一的函数曲线描述车道线,且本车与障碍物的笛卡儿坐标无法直观判断横纵向相对位置关系;②车辆在进行避障时,本车无须了解障碍物在全局坐标系下的具体位置,而只需要了解该障碍物相对于本车的横纵向位置即可,本车通过横纵向控制达到避障绕行的目的。

因此,在智能驾驶规控领域中,更多地采用 Frenet 坐标系描述本车与其他障碍物的位置和方向关系。图 7-3 是智能驾驶汽车在笛卡儿全局坐标系与 Frenet 坐标系的位置示意图,Frenet 坐标系的建立基于一个给定的参考线,该参考线可以是车道中心线或者边界线,也可以是本车规划的局部路径。本例将自车所在车道的右边界线作为参考线,设车辆在全局坐标系下的坐标为 (x_0, y_0),从车辆位置向参考线进行垂直投影得到投影点 F,定义点 F 与车辆位置的距离为横向位移 l_0;从参考线的起始点到投影点 F 的曲线距离即为纵向位移 s_0。那么,就可以用 (s_0, l_0) 描述 Frenet 坐标系下智能驾驶汽车的坐标值,因此 Frenet 坐标系又被称为 S-L 坐标系。

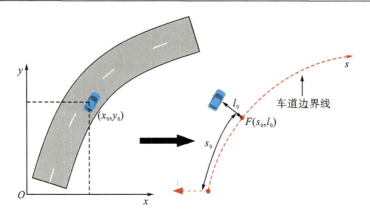

图 7-3　Frenet 坐标系示意图

基于 Frenet 坐标系，将智能驾驶汽车每时每刻的位置状态分解成纵向和横向两个方向来描述车辆的运动状态，从而在轨迹曲线拟合时，减少处理坐标信息的工作量。值得注意的是，由于 s 描述了参考线任意一点到起点的距离，故 Frenet 坐标系的建立与实际的道路形状无关，因此可以将任意的弯曲道路"掰直"，以便直观表示。

本章将通过构建一个换道超车场景，聚焦于动态规划和二次规划这两种数学规划算法，介绍如何将其应用于路径规划和速度规划中，第 8 章则介绍基于智能优化的局部路径规划算法。

7.1.4　二次型、正定矩阵、雅可比矩阵和海塞矩阵

本章在介绍二次规划算法时，会涉及二次型、正定矩阵、雅可比矩阵和海塞矩阵等线性代数术语概念，本节逐一介绍，帮助读者回顾、理解这些知识。

1. 二次型

设含有 n 个变量 $x_1, x_2, \cdots, x_n$ 的二次齐次函数，如式(7-1)所示。

$$
\begin{aligned}
f(x_1, x_2, \cdots, x_n) = {} & a_{11}x_1^2 + a_{22}x_2^2 + \cdots + a_{nn}x_n^2 \\
& + 2a_{12}x_1x_2 + 2a_{23}x_2x_3 + \cdots + 2a_{(n-1)n}x_{n-1}x_n
\end{aligned}
\tag{7-1}
$$

将形如式(7-1)的多项式称为二次型多项式，为方便表示，将上式改写为

$$
f = \begin{bmatrix} x_1 & x_2 & \cdots & x_n \end{bmatrix}
\begin{bmatrix}
a_{11} & a_{12} & \cdots & a_{1n} \\
a_{21} & a_{22} & \cdots & a_{22} \\
\vdots & \vdots & & \vdots \\
a_{n1} & a_{n2} & \cdots & a_{nn}
\end{bmatrix}
\begin{bmatrix} x_1 \\ x_2 \\ \vdots \\ x_n \end{bmatrix}
\tag{7-2}
$$

记

$$A = \begin{bmatrix} a_{11} & a_{12} & \cdots & a_{1n} \\ a_{21} & a_{22} & \cdots & a_{22} \\ \vdots & \vdots & & \vdots \\ a_{n1} & a_{n2} & \cdots & a_{nn} \end{bmatrix}, \boldsymbol{x} = \begin{bmatrix} x_1 \\ x_2 \\ \vdots \\ x_n \end{bmatrix} \tag{7-3}$$

则二次型可简化为

$$f = \boldsymbol{x}^{\mathrm{T}} \boldsymbol{A} \boldsymbol{x} \tag{7-4}$$

式中，A 为对称矩阵。

2. 正定矩阵

设有二次型 $f(\boldsymbol{x}) = \boldsymbol{x}^{\mathrm{T}} \boldsymbol{A} \boldsymbol{x}$，若对任何 $\boldsymbol{x} \neq \boldsymbol{0}$，都有 $f(\boldsymbol{x}) > 0$，则称 $f(\boldsymbol{x})$ 为正定二次型，并称对称矩阵 A 是正定矩阵。反之，若对任何 $\boldsymbol{x} \neq \boldsymbol{0}$，都有 $f(\boldsymbol{x}) < 0$，则称 $f(\boldsymbol{x})$ 为负定二次型，并称对称矩阵 A 是负定矩阵。

3. 雅可比矩阵

设 F 是一个从欧氏 n 维空间转换到欧氏 m 维空间的函数，这个函数 F 由 m 个实函数组成，记为

$$\begin{cases} y_1 = f_1(x_1, x_2, \cdots, x_n) \\ y_2 = f_2(x_1, x_2, \cdots, x_n) \\ \qquad \cdots \\ y_m = f_m(x_1, x_2, \cdots, x_n) \end{cases} \tag{7-5}$$

设这些函数的偏导数都存在，则其偏导数可以组成一个 m 行 n 列的矩阵：

$$\begin{bmatrix} \dfrac{\partial y_1}{\partial x_1} & \dfrac{\partial y_1}{\partial x_2} & \cdots & \dfrac{\partial y_1}{\partial x_n} \\ \dfrac{\partial y_2}{\partial x_1} & \dfrac{\partial y_2}{\partial x_2} & \cdots & \dfrac{\partial y_2}{\partial x_n} \\ \vdots & \vdots & & \vdots \\ \dfrac{\partial y_m}{\partial x_1} & \dfrac{\partial y_m}{\partial x_2} & \cdots & \dfrac{\partial y_m}{\partial x_n} \end{bmatrix} \tag{7-6}$$

称式(7-6)为雅可比矩阵(Jacobian matrix)，雅可比矩阵在 10.2.3 节时有具体应用。

4. 海塞矩阵

海塞矩阵(Hessian matrix)是一个自变量为向量的实值函数二阶偏导数组成的方块矩阵。设多元函数为 $f(x_1, x_2, \cdots, x_n)$，若该函数所有的二阶偏导数都存在，那么 $f(x_1, x_2, \cdots, x_n)$ 的海塞矩阵定义为

$$H = \begin{bmatrix} \dfrac{\partial^2 f}{\partial x_1^2} & \dfrac{\partial^2 f}{\partial x_1 x_2} & \cdots & \dfrac{\partial^2 f}{\partial x_1 x_n} \\[2mm] \dfrac{\partial^2 f}{\partial x_2 x_1} & \dfrac{\partial^2 f}{\partial x_2^2} & \cdots & \dfrac{\partial^2 f}{\partial x_2 x_n} \\[2mm] \vdots & \vdots & & \vdots \\[2mm] \dfrac{\partial^2 f}{\partial x_n x_1} & \dfrac{\partial^2 f}{\partial x_n x_2} & \cdots & \dfrac{\partial^2 f}{\partial x_n^2} \end{bmatrix} \tag{7-7}$$

海塞矩阵的正定性在判断函数是否为凸函数(或优化算法的极值)时非常有用。设多元函数 $f(x_1, x_2, \cdots, x_n)$ 在点 $M_0(a_1, a_2, \cdots, a_n)$ 的邻域内有二阶连续偏导数,若有

$$\left. \frac{\partial f}{\partial x_i} \right|_{(a_1, a_2, \cdots, a_n)} = 0, \quad i = 1, 2, \cdots, n \tag{7-8}$$

则针对海塞矩阵 H 有如下性质:

性质 1　若 H 为正定矩阵,$f(x_1, x_2, \cdots, x_n)$ 在点 $M_0(a_1, a_2, \cdots, a_n)$ 处是极小值。

性质 2　若 H 为负定矩阵,$f(x_1, x_2, \cdots, x_n)$ 在点 $M_0(a_1, a_2, \cdots, a_n)$ 处是极大值。

性质 3　若 H 为不定矩阵,点 $M_0(a_1, a_2, \cdots, a_n)$ 不是 $f(x_1, x_2, \cdots, x_n)$ 的极值点。

性质 4　若 H 为半正定或半负定矩阵,点 $M_0(a_1, a_2, \cdots, a_n)$ 是可疑极值点,需要采用其他方法进一步判定。

海塞矩阵在二次规划算法中扮演着重要的角色,有关海塞矩阵的详细介绍可参阅相关数学资料。

7.2　动态规划算法

7.2.1　算法简介

美国数学家理查德·贝尔曼(Richard Bellman)在 20 世纪 50 年代初提出了著名的最优化原理,从而创立了动态规划(dynamic programming,DP)算法。动态规划算法是运筹学的一个分支,是一种求解多阶段决策过程最优化问题的数学方法,其应用极其广泛,包括工程技术、经济、工业生产、军事以及自动化控制等领域,并在背包问题、生产经营问题、资金管理问题、资源分配问题、最短路径问题、混合动力汽车能量管理问题和复杂系统可靠性问题等中取得了显著的效果。

动态规划算法的基本思想与分治法类似。分治法首先将问题分解为规模更小的子问题,然后将这些规模更小的子问题逐个击破,最后将已解决的子问题合并,得出问题的解。动态规划算法则是把多阶段决策问题转化为一系列单阶段最优化问题,将待求解的问题首先分解为若干个子问题(阶段),按顺序求解子阶段,将前一问题的解代入状态转移方程,得到后一子问题的解。动态规划与分治法最大的差别是:适用于用动态规划算法求解的问

题，经分解后得到的子问题往往不是互相独立的（即下一个子阶段的求解是建立在上一个子阶段解的基础上，进行进一步的求解）。

动态规划算法具有以下性质。

性质 1　最优化原理。如果问题的最优解所包含的子问题的解也是最优的，就称该问题具有最优子结构，即满足最优化原理。

性质 2　无后效性。某阶段状态一旦确定，就不受这个状态以后决策的影响。也就是说，某状态以后的过程不会影响以前的状态，只与当前状态有关。

性质 3　有重叠子问题。子问题之间是不独立的，一个子问题在下一阶段决策中可能被多次使用到，值得注意的是，该性质并不是动态规划适用的必要条件，但是如果没有这条性质，动态规划算法同其他算法相比就不具备优势。

图 7-4 是一个特殊的拓扑结构图，相比图 3-5 的普通拓扑图，图 7-4 的节点有明确的阶段划分，属于同一阶段的不同节点不能进行边连接。例如，第 2 阶段有 B_1、B_2、B_3 三个节点，这些节点与前向的 A 节点及后向的 C_1、C_2、C_3 节点均有单向边连接，但这三个节点内部是没有任何边连接的。另外，图 7-4 具有明显的方向性，即只能沿着箭头方向搜索节点间的可行路径。针对这类特殊构型的拓扑图，若需要求解从 A 节点到 E 节点的最短路径，除了第 3 章介绍的 Dijkstra 算法和 Floyd 算法外，还可以利用应用更为广泛的动态规划算法。

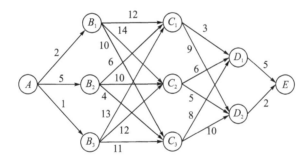

图 7-4　多阶段拓扑图

7.2.2　伪代码及分析

设带权有向图 $G = (V, E, W)$，动态规划算法伪代码如下。

动态规划算法

```
1. n = number of topology stages
2. for (i = 2; i <= n; i + +)
3.     U = All States of stage i
4.     for all u ∈ U
5.         if  edge(s, u) == 1
6.             dist[s, u] = ω(s, u)
```

动态规划算法

7.	**else**
8.	$\text{dist}[s,u]=\infty$
9. **for** $(i=3;i<=n;i++)$
10.	$U_{\text{pred}}=\text{All States of stage } i\text{-}1$
11.	$U_{\text{suc}}=\text{All States of stage } i$
12.	**for** all $u_1 \in U_{\text{suc}}$
13.	**for** all $u_2 \in U_{\text{pred}}$
14.	**if** $\text{dist}[s,u_1]>\text{dist}[s,u_2]+\omega(u_2,u_1)$
15.	$\text{dist}[s,u_1]=\text{dist}[s,u_2]+\omega(u_2,u_1)$

为了便于比较，动态规划算法一般将每个阶段的若干个节点称为状态，箭头的方向就代表状态的转移。动态规划算法的伪代码结构与 Floyd 算法比较类似，也是由三层 for 循环构成。

(1)初始化，对应第 2～8 行的伪代码。先根据多阶段拓扑图的连接关系进行初始赋值，若第 2 阶段某状态与源状态 A 直接连通，则将两状态的权重赋值给 $\text{dist}[i,j]$ 数组，否则将 $\text{dist}[s,u]$ 赋值为∞。实际上，根据图 7-4 可知，仅第 2 阶段的三个状态与源状态直接相连。

(2)进入嵌套的三层循环。第 1 层循环从左到右遍历每一个阶段，将第 i-1 阶段的若干状态赋值给前向阶段状态集合 U_{pred}，将第 i 阶段的若干状态赋值给后向阶段状态集合 U_{suc}；第 2 层循环遍历 U_{suc} 的每一个状态 u_1；第 3 层循环遍历 U_{pred} 的每一个状态 u_2。

(3)判断更新。从源节点 s 经过第 i-1 阶段的状态 u_2，再到达第 i 阶段的状态 u_1，判断所经过路径的累积权重是否更小，进而更新。

7.2.3　案例精讲

1. 利用动态规划算法求解拓扑图最优路径

以图 7-4 的多阶段拓扑图为例，介绍如何利用动态规划算法规划路径。

(1)初始化。首先，根据图 7-4 的拓扑结构可知，只有第 2 阶段的三个状态与第 1 阶段的源状态直接相连，故可得

$$\begin{cases} \text{dist}(A,B_1)=\omega(A,B_1)=2 \\ \text{dist}(A,B_2)=\omega(A,B_2)=5 \\ \text{dist}(A,B_3)=\omega(A,B_3)=1 \end{cases} \tag{7-9}$$

对于其余阶段的若干状态，由于不与源状态直接相连，故距离值全部初始化为∞。第 2 阶段的 3 个状态全部遍历完毕，从第 1 阶段到第 2 阶段的最短路径如图 7-5(a)的红色路径所示。

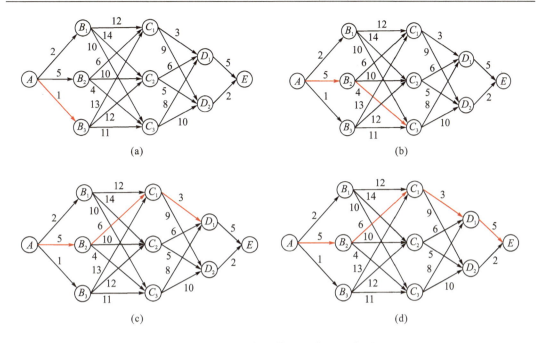

图 7-5　多阶段拓扑图的寻优过程（见彩图）

（2）进入三层循环。首先进入第 1 层循环，也就是遍历每一个阶段。第 1 阶段和第 2 阶段在初始化过程中已经完成了遍历，无须再次进行路径搜索，故直接从第 3 个阶段开始，该阶段共有 3 个状态 C_1、C_2 及 C_3，因而进入第 2 层循环。第 2 层循环里首先探讨经过状态 C_1 的路径，从图 7-4 可以看出，B_1、B_2 及 B_3 均可以到达 C_1 状态，那么究竟从第 2 阶段的哪一个状态到达 C_1 状态路径最短呢？于是又进入到第 3 层循环，分别计算从 B_1、B_2 及 B_3 到达 C_1 状态的累积距离，并比较取最小值，如式（7-10）所示。

$$\text{dist}\left[A,C_1\right]=\min\begin{cases}\text{dist}\left[A,B_1\right]+\omega\left(B_1,C_1\right)\\\text{dist}\left[A,B_2\right]+\omega\left(B_2,C_1\right)\\\text{dist}\left[A,B_3\right]+\omega\left(B_3,C_1\right)\end{cases}=\min\begin{cases}2+12\\5+6\\1+13\end{cases}=11 \tag{7-10}$$

显然，从 B_2 到达 C_1 距离更近。同理，对于 C_2 和 C_3 状态，采用同样的计算方式，得

$$\text{dist}\left[A,C_2\right]=\min\begin{cases}\text{dist}\left[A,B_1\right]+\omega\left(B_1,C_2\right)\\\text{dist}\left[A,B_2\right]+\omega\left(B_2,C_2\right)\\\text{dist}\left[A,B_3\right]+\omega\left(B_3,C_2\right)\end{cases}=\min\begin{cases}2+14\\5+10\\1+12\end{cases}=13 \tag{7-11}$$

$$\text{dist}\left[A,C_3\right]=\min\begin{cases}\text{dist}\left[A,B_1\right]+\omega\left(B_1,C_3\right)\\\text{dist}\left[A,B_2\right]+\omega\left(B_2,C_3\right)\\\text{dist}\left[A,B_3\right]+\omega\left(B_3,C_3\right)\end{cases}=\min\begin{cases}2+10\\5+4\\1+11\end{cases}=9 \tag{7-12}$$

第 3 阶段的 3 个状态全部遍历完毕，从第 1 阶段到第 3 阶段的最短路径如图 7-5（b）的红色路径所示。

接下来重新回到第 1 层循环，进入第 4 阶段。第 4 阶段有 D_1 和 D_2 两个状态，针对这两个状态分别计算比较从第 3 阶段的哪一个状态到达本状态的累积距离最小，具体步骤与

上文的(1)类似，不再赘述，直接给出计算结果。

$$\text{dist}\left[A, D_1\right] = \min \left\{ \begin{matrix} \text{dist}\left[A, C_1\right] + \omega\left(C_1, D_1\right) \\ \text{dist}\left[A, C_2\right] + \omega\left(C_2, D_1\right) \\ \text{dist}\left[A, C_3\right] + \omega\left(C_3, D_1\right) \end{matrix} \right\} = \min \left\{ \begin{matrix} 11+3 \\ 13+6 \\ 9+8 \end{matrix} \right\} = 14 \tag{7-13}$$

$$\text{dist}\left[A, D_2\right] = \min \left\{ \begin{matrix} \text{dist}\left[A, C_1\right] + \omega\left(C_1, D_2\right) \\ \text{dist}\left[A, C_2\right] + \omega\left(C_2, D_2\right) \\ \text{dist}\left[A, C_3\right] + \omega\left(C_3, D_2\right) \end{matrix} \right\} = \min \left\{ \begin{matrix} 11+9 \\ 13+5 \\ 9+10 \end{matrix} \right\} = 18 \tag{7-14}$$

第 4 阶段的 2 个状态全部遍历完毕，从第 1 阶段到第 4 阶段的最短路径如图 7-5(c) 的红色路径所示。

接下来重新回到第 1 层循环，进入第 5 阶段。第 5 阶段只有状态 E，故可以直接给出计算结果。

$$\text{dist}\left[A, E\right] = \min \left\{ \begin{matrix} \text{dist}\left[A, D_1\right] + \omega\left(D_1, E\right) \\ \text{dist}\left[A, D_2\right] + \omega\left(D_2, E\right) \end{matrix} \right\} = \min \left\{ \begin{matrix} 14+5 \\ 18+2 \end{matrix} \right\} = 19 \tag{7-15}$$

第 5 阶段的 1 个状态全部遍历完毕，从第 1 阶段到第 5 阶段的最短路径如图 7-5(d) 的红色路径所示。

至此，多阶段拓扑图的 5 个阶段全部遍历完毕，最优路径就是图 7-5(d)的红色路径。

2. 算法复杂度分析

初次接触动态规划算法的读者可能会有如下疑惑：按照图 7-5 的计算过程，与穷举法计算的最短路径相比，它们的计算次数和复杂度有何区别？

通过数据量化的方式解答上述疑惑。简单起见，如果要对图 7-4 的多阶段状态做穷举，根据排列组合知识可以得到总的计算次数：

$$N_1 = C_1^1 \cdot C_3^1 \cdot C_3^1 \cdot C_2^1 \cdot C_1^1 = 18 \tag{7-16}$$

上文计算最优路径的总计算次数为

$$N_2 = \sum_{i=1}^{N-1} n_i \cdot n_{i+1} = 3+9+6+2 = 20 \tag{7-17}$$

显然，穷举法的计算次数少于动态规划算法，但这并不代表动态规划算法不及穷举法，出现上述结果的原因在于图 7-4 所示的多阶段拓扑图示例较简单。

进一步，设某个多阶段拓扑图一共有 N 个阶段，除了第 1 个和最后一个阶段只有一个状态外，其余所有阶段均有 M 个状态，那么穷举法的总计算次数为

$$N_1 = C_1^1 C_M^1 C_M^1 \cdots C_M^1 C_1^1 = M^{N-2} \tag{7-18}$$

而采用动态规划算法的总计算次数为

$$N_2 = \sum_{i=1}^{N-1} n_i \cdot n_{i+1} = M + M^2 + \cdots + M^2 + M = (N-2)M^2 + 2M \tag{7-19}$$

针对式(7-18)和式(7-19)，从下面两个方面讨论：①若 M 不变，则式(7-18)是一个关于 N 的指数函数，而式(7-19)则是一个关于 N 的一次函数，显然，当 N 足够大时，动态规划算法的总计算次数远小于穷举法；②若 N 不变，则式(7-18)是一个关于 M 的幂函数，

而式(7-19)是一个关于 M 的二次函数，显然若 N 取一个合适的较大值，动态规划算法的总计算次数也能轻易小于穷举法。综上，可以认为动态规划算法在绝大多数场合的多阶段拓扑图均优于穷举法。

关于本节的动态规划算法的具体应用案例，可以参考 7.4 节和 7.5 节。

7.3　二次规划算法

7.3.1　算法简介

1939 年，列奥尼德·康托罗维奇(Leonid Kantorovich)总结发表了关于线性规划(linear programming，LP)的论述，由此数学规划问题被广泛研究。线性规划算法是运筹学中研究较早、发展较快、应用广泛、方法较成熟的一个重要分支，它是辅助人们进行科学管理的一种数学方法，广泛应用于军事作战、经济分析、经营管理和工程技术等方面。为合理利用有限的人力、物力、财力等资源做出最优决策，提供科学的依据。

最小二乘法(least square method，LSM)是一种数学优化方法，它通过最小化误差的平方和，以寻找数据的最佳拟合函数匹配。利用最小二乘法可以简便地求得未知的数据，并使得这些数据与实际数据之间误差的平方和最小，最小二乘法还可用于曲线拟合等领域。

二次规划(quadratic programming，QP)是非线性规划中的一类特殊的数学规划，它统一了线性规划算法和最小二乘法，在很多方面都有应用，如投资组合、约束最小二乘问题的求解、序列二次规划在非线性优化问题中应用等。在过去的几十年里，二次规划算法已经成为运筹学、经济数学、管理科学、系统分析和组合优化科学的基本方法。

7.3.2　算法理论介绍

1. 线性规划算法

线性规划算法是在线性约束条件下，研究线性目标函数极值问题的数学理论和方法，一般表达式为

$$\min_{x} J = \boldsymbol{f}^{\mathrm{T}} \boldsymbol{x}$$
$$\text{s.t.} \begin{cases} \boldsymbol{A}\boldsymbol{x} \leqslant \boldsymbol{b} \\ \boldsymbol{A}_{\mathrm{eq}}\boldsymbol{x} = \boldsymbol{b}_{\mathrm{eq}} \\ \boldsymbol{lb} \leqslant \boldsymbol{x} \leqslant \boldsymbol{ub} \end{cases} \tag{7-20}$$

式中，$\boldsymbol{f}$、$\boldsymbol{x}$、$\boldsymbol{b}$、$\boldsymbol{b}_{\mathrm{eq}}$、$\boldsymbol{lb}$、$\boldsymbol{ub}$ 都是向量；$\boldsymbol{A}$、$\boldsymbol{A}_{\mathrm{eq}}$ 是矩阵。

由式(7-20)可知，线性规划算法解决的是在满足三类线性约束条件的前提下，求解线性目标函数最小值的问题。由于式(7-20)的目标函数是关于未知量的一个线性函数，故称为线性规划。线性规划理论较简单，广泛应用于各类数学规划问题。

2. 最小二乘法

设离散数据为 (x_i, y_i)，拟合函数为 $f(x)$，则最小二乘法的一般表达式为

$$\min J = \frac{1}{2}\sum_{i=1}^{n}\left[f(x_i)-y_i\right]^2 \tag{7-21}$$

式中，前面的系数主要用于抵消二次项求导后的系数，对求解结果无影响。

最小二乘法可用于多项式函数拟合中，以三次多项式拟合为例介绍如何运用最小二乘法。设 $f(x)=a_0+a_1x+a_2x^2+a_3x^3$，代入式 (7-21) 得

$$\begin{aligned}\min J &= \frac{1}{2}\sum_{i=1}^{n}\left(a_0+a_1x_i+a_2x_i^2+a_3x_i^3-y_i\right)^2 \\ &= \frac{1}{2}\left(a_0+a_1x_1+a_2x_1^2+a_3x_1^3-y_1\right)^2+\cdots+\frac{1}{2}\left(a_0+a_1x_n+a_2x_n^2+a_3x_n^3-y_n\right)^2\end{aligned} \tag{7-22}$$

欲求得满足误差最小时的三次多项式，其必要条件是上式对三次多项式的 4 个系数求偏导均为 0。以 a_0、a_1 为例，求偏导得

$$\begin{aligned}\frac{\partial J}{\partial a_0} &= \left(a_0+a_1x_1+a_2x_1^2+a_3x_1^3-y_1\right)+\cdots+\left(a_0+a_1x_n+a_2x_n^2+a_3x_n^3-y_n\right) \\ &= na_0+a_1\sum_{i=1}^{n}x_i+a_2\sum_{i=1}^{n}x_i^2+a_3\sum_{i=1}^{n}x_i^3-\sum_{i=1}^{n}y_i=0 \\ \frac{\partial J}{\partial a_1} &= x_1\left(a_0+a_1x_1+a_2x_1^2+a_3x_1^3-y_1\right)+\cdots+x_n\left(a_0+a_1x_n+a_2x_n^2+a_3x_n^3-y_n\right) \\ &= a_0\sum_{i=1}^{n}x_i+a_1\sum_{i=1}^{n}x_i^2+a_2\sum_{i=1}^{n}x_i^3+a_3\sum_{i=1}^{n}x_i^4-\sum_{i=1}^{n}x_iy_i=0\end{aligned} \tag{7-23}$$

从上式可以看出对系数求偏导的规律，将其转化为矩阵，得

$$\begin{bmatrix}\dfrac{\partial J}{\partial a_0}\\[2mm]\dfrac{\partial J}{\partial a_1}\\[2mm]\dfrac{\partial J}{\partial a_2}\\[2mm]\dfrac{\partial J}{\partial a_3}\end{bmatrix}=\begin{bmatrix}n & \sum_{i=1}^{n}x_i & \sum_{i=1}^{n}x_i^2 & \sum_{i=1}^{n}x_i^3\\ \sum_{i=1}^{n}x_i & \sum_{i=1}^{n}x_i^2 & \sum_{i=1}^{n}x_i^3 & \sum_{i=1}^{n}x_i^4\\ \sum_{i=1}^{n}x_i^2 & \sum_{i=1}^{n}x_i^3 & \sum_{i=1}^{n}x_i^4 & \sum_{i=1}^{n}x_i^5\\ \sum_{i=1}^{n}x_i^3 & \sum_{i=1}^{n}x_i^4 & \sum_{i=1}^{n}x_i^5 & \sum_{i=1}^{n}x_i^6\end{bmatrix}\begin{bmatrix}a_0\\a_1\\a_2\\a_3\end{bmatrix}-\begin{bmatrix}\sum_{i=1}^{n}y_i\\ \sum_{i=1}^{n}x_iy_i\\ \sum_{i=1}^{n}x_i^2y_i\\ \sum_{i=1}^{n}x_i^3y_i\end{bmatrix}=\begin{bmatrix}0\\0\\0\\0\end{bmatrix} \tag{7-24}$$

为了方便表示，令

$$H = \begin{bmatrix} n & \sum_{i=1}^{n} x_i & \sum_{i=1}^{n} x_i^2 & \sum_{i=1}^{n} x_i^3 \\ \sum_{i=1}^{n} x_i & \sum_{i=1}^{n} x_i^2 & \sum_{i=1}^{n} x_i^3 & \sum_{i=1}^{n} x_i^4 \\ \sum_{i=1}^{n} x_i^2 & \sum_{i=1}^{n} x_i^3 & \sum_{i=1}^{n} x_i^4 & \sum_{i=1}^{n} x_i^5 \\ \sum_{i=1}^{n} x_i^3 & \sum_{i=1}^{n} x_i^4 & \sum_{i=1}^{n} x_i^5 & \sum_{i=1}^{n} x_i^6 \end{bmatrix}, \alpha = \begin{bmatrix} a_0 \\ a_1 \\ a_2 \\ a_3 \end{bmatrix}, Q = \begin{bmatrix} \sum_{i=1}^{n} y_i \\ \sum_{i=1}^{n} x_i y_i \\ \sum_{i=1}^{n} x_i^2 y_i \\ \sum_{i=1}^{n} x_i^3 y_i \end{bmatrix} \tag{7-25}$$

因此，可用式(7-26)求解三次项系数，式(7-25)转化为

$$\alpha = H^{-1} Q \tag{7-26}$$

综上，求解多项式函数最小拟合误差问题可以用最小二乘法经过矩阵转化进行求解。

3. 二次规划算法

线性规划算法解决了约束条件和目标函数均为线性的问题，最小二乘法解决了目标函数为二次项目标函数且没有约束条件的问题。针对既有线性约束条件，又有二次项目标函数的问题，需要利用二次规划算法进行求解。

在式(7-20)的目标函数中增加一个二次项，得

$$\min_{x} J = \frac{1}{2} x^{\mathrm{T}} H x + f^{\mathrm{T}} x$$
$$\text{s.t.} \begin{cases} A x \leqslant b \\ A_{\mathrm{eq}} x = b_{\mathrm{eq}} \\ lb \leqslant x \leqslant ub \end{cases} \tag{7-27}$$

式中，f、x、b、b_{eq}、lb、ub 是向量；H、A、A_{eq} 是矩阵。

值得注意的是，H 矩阵描述了二次规划算法的性能指标或者代价，是一个非常重要的矩阵，称为海塞矩阵，二次规划的海塞矩阵有以下几种情况：①如果海塞矩阵是半正定的，则式(7-27)是一个凸二次规划，在这种情况下求解该问题的困难程度类似于线性规划。如果有至少一个向量满足约束并且在可行域内有下界，则凸二次规划问题就有一个全局最小值；②如果海塞矩阵是正定的，则这类二次规划为严格的凸二次规划，那么全局最小值就是唯一的；③如果海塞矩阵是一个不定矩阵，则这类二次规划为非凸二次规划，其更有挑战性，因为它们有多个平稳点和局部极小值点。

可以看出，相比式(7-20)，式(7-27)的目标函数出现了二次项。这类目标函数是关于未知量的二次函数，且约束条件仍为线性函数的规划问题称为二次规划问题。二次规划算法的具体数值求解方法有拉格朗日方法、内点法、有效集法、椭球法等，可以利用 MATLAB 的 quadprog 库函数进行二次规划算法求解。关于本节的二次规划算法的具体应用案例及 MATLAB 仿真应用，可以参考 7.5 节。

7.4 动态规划算法和 B 样条曲线法在路径规划中的应用

7.4.1 构建自动驾驶场景

换道超车场景是比较常见的城区或高速自动驾驶场景，也是考察决策、规划和控制技术能力的典型场景，本节与 7.5 节将基于该场景介绍如何利用动态规划算法和二次规划算法实现轨迹规划。绪论提到"轨迹规划=局部路径规划+速度规划"的思想，因此本节首先介绍如何将数学优化算法应用于局部路径规划中。

图 7-6(a)为智能驾驶汽车超车场景示意图，其中，蓝车为主车，黑车为静态交通车辆，绿车为动态交通车辆。可以看出一共三个车道，道路具有一定曲率。

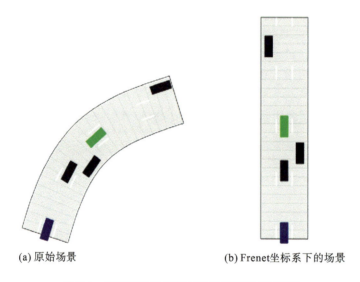

(a) 原始场景   (b) Frenet坐标系下的场景

图 7-6　智能驾驶汽车超车场景示意图(见彩图)

由于笛卡儿坐标系不便于描述弯道场景中本车与其他车辆的横纵向相对位置关系，故采用 Frenet 坐标系对图 7-6(a)进行坐标重构表示。在 Frenet 坐标系下，任何弯道都可以"掰直"处理，其等效场景模型如图 7-6(b)所示。本节场景设定的程序代码与 2.2.3 节类似，不再详细介绍，有需求的读者可在本书配套资料中获取。

7.4.2 撒点采样

为了在图 7-6(b)中进行路径规划，首先可以将该图中本车前方一定长度区域分解为可采样的多条分段路径，对其进行撒点采样，如图 7-7 所示。在进行撒点时有如下注意事项：①需要合理确定撒点采样的颗粒度，过于稠密的撒点会导致后续的路径规划求解复杂，增加系统的计算时间，而过于稀疏的撒点则会导致规划路径的最优性得不到满足；②对于静态障碍物，由于车辆必须绕开行驶，故需要舍弃静态障碍物上的采样点；③对于动态障碍物，由于可以通过后续的速度规划实现避障，故动态障碍物的采样点可以保留；④一个有效的采样点只表明车辆在该区域的一个可行状态，但并不代表由采样点之间连线构成的路径满足约束要求。

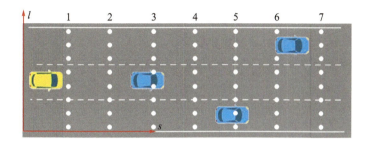

图 7-7　基于 Frenet 坐标系的撒点采样示意图

根据上述注意事项，可以基于图 7-7 进行撒点采样，在进行 MATLAB 仿真时，可将撒点采样模块封装为一个函数，方便主程序调用，具体代码如下。

```
1. function [validSamplePts, allSamplePts, staticVehPoly-      % 函数：撒点采样
   Zone] = samplePoint(scenario , staticObsIdx)
2. %% 参数设定
3. lonSampleDist = 5;                                           % 纵向采样间隔距离
4. latSampleDist = 1.2;                                         % 横向采样间隔距离
5. lonSamplePtNum = 50/lonSampleDist;                           % 纵向采样间隔点个数
6. latSamplePtNum = round(3*3.6/latSampleDist)-1;               % 横向采样间隔点个数
7. %% 将静态障碍物的四个顶点构成四边形封闭区域
8. staticVehPolyZone = cell(0);                                 % 静态车辆多边形区域元胞数组
9. for i = 1: length(staticObsIdx)
10.    staticObsNum = staticObsIdx(i);
11.    pt1 = scenario.Actors(1,staticObsNum).Mesh.Vertices      % 读取场景类中的车辆尺寸
       (1, 1: 2);
12.    pt2 = scenario.Actors(1,staticObsNum).Mesh.Vertices
       (2, 1: 2);
13.    pt3 = scenario.Actors(1,staticObsNum).Mesh.Vertices
       (3, 1: 2);
14.    pt4 = scenario.Actors(1,staticObsNum).Mesh.Vertices
       (4, 1: 2);
15.    staticVehPolyZone{i} = [pt1; pt2; pt3; pt4] +
          scenario.Actors(1, staticObsNum).Position(1: 2);
16. end
17. %% 纵向、横向两层循环，撒点采样
18. validSamplePts = zeros(latSamplePtNum, lonSamplePtNum);     % 有效的撒点采样数组初始化
19. allSamplePts = cell(latSamplePtNum, lonSamplePtNum);        % 所有采样点元胞数组初始化
20. for i = 1: lonSamplePtNum                                   % 第 1 层循环：纵向
21.    for j = 1: latSamplePtNum                                % 第 2 层循环：横向
22.       samplePt = [-5+i*lonSampleDist, -5.4+j*              % 采样点
          latSampleDist];
23.       in = [];
24.       for k = 1: length(staticObsIdx)                       % 判断采样点是否位于静态车
25.          in(k) = inpolygon(samplePt(1), samplePt(2),        辆多边形区域内
```

```
                    staticVehPolyZone{k}(: , 1),
                       staticVehPolyZone{k}(: , 2));
26.        end
27.        if sum(in) == 0                                  % 若该采样点未在任何一个四
28.               validSamplePts(latSamplePtNum-j+1, i) = 1;   边形区域内, 则将其追加到数
29.               allSamplePts{latSamplePtNum-j+1, i} =        组内
                  samplePt;
30.        end
31.    end
32. end
```

上述代码分为如下几个部分进行理解。

(1)定义了撒点采样的基本参数, 包括横向、纵向采样间隔距离等。

(2)考虑到撒点采样应当避开静态障碍物, 故需要将场景中静态障碍物的四个顶点构成四边形封闭区域, 便于后续判断。

(3)进入两层循环, 分别在纵向和横向两个方向进行撒点采样。此部分代码利用元胞数组变量 allSamplePts 存放采样点坐标, 并利用 validSamplePts 变量存放采样点的有效性。其中用到了一个较为关键的库函数 inpolygon, 用于判断某个点是否位于某个多边形封闭区域内, 此函数在 2.1.3 节有应用案例介绍, 读者可自行查看。

(4)若满足撒点条件, 则将此采样点 samplePt 存放到 allSamplePts 元胞数组的对应位置, 并令该位置的采样有效标志位为 1。

从主程序调用上述采样函数, 将得到的采样点输出, 画出采样点, 结果如图 7-8 的黑色散点所示。需要说明的是, MATLAB 在用 plot 绘图函数绘制智能驾驶场景图后, 若在此图幅窗口上后续添加的曲线或散点经过了车辆矩形框, 则将被自动隐藏。图 7-8 的采样点本应可以经过绿色动态车辆, 但因上述原因导致其被隐藏不可见。

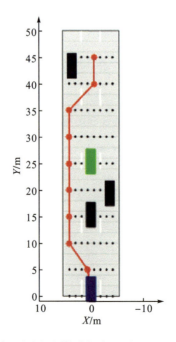

图 7-8　利用动态规划算法初步规划可行路径(见彩图)

7.4.3　利用动态规划算法初步规划路径

参考图 7-4 的多阶段拓扑图，图 7-7 的若干列采样点可以看成若干个阶段，一个阶段的若干采样点可视为若干决策状态，因此可以基于图 7-7 利用动态规划算法规划路径。主要步骤如下。

步骤 1：阶段划分，由图 7-7 可知，采样点的总阶段数 $N = 7$。

步骤 2：构造约束条件。

首先，车辆经过的节点位置只能来自图 7-7 的采样点；其次，两个相邻阶段采样点 P 和 Q 的连线不能与静态障碍物相交。故约束条件表示为

$$\begin{cases} (s_i, l_j) \in \Omega_{\text{sample}} \\ PQ \cap \Omega_{\text{obs}} = \varnothing \end{cases} \tag{7-28}$$

式中，(s_i, l_j) 为第 i 阶段的第 j 个采样点的坐标；Ω_{sample} 为所有采样点坐标的集合；Ω_{obs} 为所有静态障碍物封闭区域的集合。

步骤 3：构造代价函数。代价函数主要考虑以下三个方面：累计路径距离、与本车道中心线的偏差、与静态障碍物应保持合理的距离，如式 (7-29) 所示。

$$J = \min \sum_{k=1}^{N} f_k = \min \sum_{k=1}^{N} \left(\omega_1 f_1 + \omega_2 f_2 - \omega_3 f_3 \right) \tag{7-29}$$

式中，ω_i 为第 i 个子代价函数的权重系数；f_i 为第 i 个子代价函数。值得注意的是，由于期望规划的路径距离静态障碍物越远越好，故该项代价函数用负数表示。

据此，利用动态规划算法可以实现路径规划，具体代码如下。

```
1. function path_DP = denamic_programming(allSamplePts,      % 函数：动态规划算法
2. lonSamplePtNum, ego, staticObsIdx, statlcPolyZone, scenario)
3. %% 参数
4. weight = [0.2, 0.2, 0.5];                                  % 规划路径长度代价权重、
5. N = lonSamplePtNum;                                        车道中心线航向角偏差代价
6. %% 第1阶段(时刻0)的初步计算                                 权重、与静态障碍物距离平
7. state = [];                                                均偏差代价权重
8. for i = 6: -1: 4                                           % 初始的两个阶段，考虑到
9.     samplePt = allSamplePts{i, 2};                         航向角不能变化太大，故挑
                                                              选其中一部分采样点
10.    for j = 1: 21                                          % 两个采样点间生成 20 个
11.        line(j, :) = (samplePt - ego.pos(1: 2)) / 20 * (j-1)  点，构成连线 line
               +ego.pos(1: 2);
12.    end
13.    in = [];
14.    for k = 1: length(staticObsIdx)
15.        in(k, :) = inpolygon(line(:, 1), line(:, 2),
               statlcPolyZone{k}(:, 1), statlcPolyZone{k}
               (:, 2));
16.    end
```

```
17.        if sum(in) == 0                                    % 未穿过障碍物多边形区域
18.            distCost = norm(samplePt-ego.pos(1: 2));        % 计算距离代价
19.            headingBiasCost = 10*abs(atan((samplePt(2)-ego.  % 车道中心线航向角偏差
               pos(2)) / (samplePt(1)-ego.pos(1))));          代价
20.            for j = 1: length(staticObsIdx)
21.                staticObsPos = scenario.Actors(1,
                   staticObsIdx(j)).Position(1: 2);
22.                staticObsBiasCostTemp(j) = -sqrt(mean((
                   line(:,1) - staticObsPos(1)).^2+(line(:,
                   2)-staticObsPos(2)).^2));
23.            end
24.            staticObsBiasCost = mean(staticObsBiasCostTemp);  % 静态障碍物距离平均偏差
                                                                代价
25.            totalCost = weight(1)*distCost + weight(2)*       % 总代价
               headingBiasCost + weight(3)*staticObsBiasCost;
26.            state(end+1, : ) = [5, i, samplePt(1), samplePt(2),  % 将第1阶段行索引、第2
               totalCost];                                      阶段行索引、采样点坐标、
27.        end                                                  代价之和存放在 state 中
28. end
29. optSeq = cell(0);                                           % 初始化最优序列
30. for i = 1: size(state, 1)
31.     optSeq{i, 1} = state(i, : );
32. end
33. %% 从第2阶段逐步遍历寻优
34. lastState = state;                                          % 将上面备选可行状态赋值
35. for i = 3: N                                                % 第1层循环: 第i个阶段
36.     nextStateTemp = [];                                     % 下一可行状态初始化
37.     for j = 1: size(lastState, 1)                           % 第2层循环: 当前第i阶
38.         state_j = [];                                       段的第j个可能状态
39.         lastStepIdx = lastState(j, 2);
40.         lastSamplePt = lastState(j, 3: 4);
41.         lastCost = lastState(j, 5);
42.         for k = 1: size(allSamplePts, 1)                    % 第3层循环: 第i+1阶段
43.             currentSamplePt = allSamplePts{k, i};           的第k个可能状态
44.             if isempty(currentSamplePt)
45.                 continue
46.             end
47.             for m = 1: 21                                   % 两个采样点间生成20个
48.                 line(m, : ) = (currentSamplePt -            点
                   lastSamplePt)/20*(m-1)+lastSamp
                   lePt;
49.             end
50.             in = [];
51.             for m = 1: length(staticObsIdx)
52.                 in(m, : ) = inpolygon(line(: , 1), line
                   (: , 2), statlcPolyZone{m}(: , 1),
                   statlcPolyZone{m}(: , 2));
53.             end
54.             if sum(in) == 0
55.                 distCost = norm(currentSamplePt-            % 距离代价
                   lastSamplePt);
56.                 headingBiasCost = 10*abs                    % 车道中心线航向角偏差
                   (atan((currentSamplePt(2)-lastSamplePt(2))  代价
                   /(currentSamplePt(1)-lastSamplePt(1))));
```

```
57.                        for m = 1: length(staticObsIdx)
58.                            staticObsPos = scenario.Actors(1,
                                  staticObsIdx(m)).Position(1: 2);
59.                            staticObsBiasCostTemp(m) = -
                                  sqrt(mean((line(: , 1)-staticObsPos
                                  (1)).^2 + (line(: , 2) -
                                  staticObsPos(2)).^2));
60.                        end
61.                        staticObsBiasCost =mean              % 与静态障碍物距离偏差代
                              (staticObsBiasCostTemp);            价
62.                        totalCost=lastCost + weight(1)*distCost +   % 总代价
                              weight(2)*headingBiasCost +
                              weight(3)*staticObsBiasCost;
63.                        state_j(end+1, : ) = [lastStepIdx, k,   % 将第 1 阶段行索引、第 2
                              currentSamplePt(1),currentSamplePt(2),   阶段行索引、位置、速度、
                              totalCost];                          加速度、加加速度、代价值
64.                    end                                       存放在 state 中
65.                end
66.                nextStateTemp = [nextStateTemp;  state_j];
67.            end
68.            if ~isempty(nextStateTemp)                      % 若 nextStateTemp 非
69.                [~, sortIdx] = sort(nextStateTemp(: , 2));   空, 表明下阶段存在可行状
70.                nextStateTemp = nextStateTemp(sortIdx, : );  态, 先将其排序, 然后只取
71.                rows_Temp = unique(nextStateTemp(: , 2));   非重复行索引序号放进
72.                nextState = [];                             rows_Temp
73.                for j = 1: length(rows_Temp)                % 由于从第 i 阶段的若干状
                                                               态到第 i+1 阶段的某个状态
                                                               可能有多个选择, 那么应该
                                                               择优处理
74.                    row = rows_Temp(j);                     % 第 i+1 阶段的 s 值
75.                    idx = find(nextStateTemp(: , 2) == row);
76.                    [~, minIdx] = min(nextStateTemp(idx, 5));  % 若有多个, 选择从 i 阶段
77.                    nextState(end+1, : ) = nextStateTemp     到 i+1 阶段的 s 值的代价最
                          (idx(minIdx), : );                   小的那一个
78.                end
79.                for j = 1: size(nextState, 1)               % 将本阶段的所有最优状态
80.                    lastStepIdx = nextState(j, 1);           序列添加至 opt_seq 中
81.                    for k = 1: size(optSeq, 1)
82.                        if optSeq{k, 1}(end, 2) == lastStepIdx
83.                            opt_seq_temp{j, 1} =
                                  [optSeq{k, 1}; nextState(j, : )];
84.                            break
85.                        end
86.                    end
87.                end
88.                optSeq = opt_seq_temp;
89.                lastState = nextState;
90.        end
91. end
92. %% 找出最优 ST 曲线
93. path_DP = [ego.pos(1: 2); optSeq{3, 1}(: , 3: 4)];
```

上述代码分为如下几个方面进行理解。

(1)定义了动态规划算法在计算状态转移时各个子代价函数的权重及阶段数。

（2）遍历第 2 阶段，初步生成从第 1 阶段的起点到第 2 阶段的所有可能状态。初始的两个阶段，考虑到航向角不能变化太大，故挑选第 2 阶段其中一部分采样点进行遍历。

（3）在进行碰撞检测时，本节提供了与第 5 章基于采样的全局路径规划算法不同的一种思路，即在遍历第 2 阶段的采样点时，首先将本车当前位置与该采样点进行连线，均匀生成 20 个点，然后利用 inpolygon 函数判断这 20 个点是否存在属于静态障碍物车辆矩形框中的点，若有则表明连线经过了障碍物。当然，连线上的点越稀疏，计算成本越低，但可能导致误判，究竟在连线上生成多少个点，要视两个相邻阶段间采样点的间隔而定。

（4）分别计算规划路径长度代价、车道中心线航向角偏差代价及与静态障碍物距离平均偏差代价，并将采样点坐标、代价之和等信息存放到 state 变量中，便于计算第 2 阶段到第 3 阶段的状态转移。

（5）进入动态规划的核心主体程序，即三层循环，进入到第 3 层循环后，处理流程与（2）～（4）类似。当第 2 层循环执行结束后，若 nextStateTemp 为空，表明下阶段已无任何可行状态，则执行第 1 层的下一个循环，若不为空，则基于动态规划算法的原理进行状态转移计算选择。

与采样撒点一样，上述代码将作为函数被主程序调用，基于图 7-6(b) 绘制撒点采样示意图和计算动态规划结果如图 7-8 所示。图 7-8 中，黑色散点是采样撒点，红色折线段是利用动态规划算法计算得到的最优路径，可以看出该路径有效避开了静态障碍物。

7.4.4　利用 B 样条曲线法平滑路径

通过动态规划算法产生的路径虽然能避开障碍，但因为节点之间的连接是折线，不利于汽车进行跟踪控制，故还需要对路径进行平滑处理。常用的路径平滑算法有贝塞尔曲线法、B 样条曲线法和二次规划算法等，本节采用 B 样条曲线法进行路径平滑，而后在速度规划中利用二次规划算法进行 ST 曲线平滑。

6.5 节提到了准均匀 B 样条曲线相比其他几类曲线的诸多优势，故本节采用准均匀 B 样条曲线法进行路径平滑。

（1）将动态规划算法得到的路径点视为控制点，直接调用准均匀 B 样条曲线函数，生成平滑的路径。

（2）若生成平滑路径的局部曲率超过车辆的最大曲率限制，则违背了车辆运动学约束，将导致车辆无法进行跟踪。简单分析可知，这是由动态规划的路径节点折线处角度过小导致的，故只要将路径点在道路横向上适当移动即可，移动的间距可参考采样点。

（3）若生成的平滑路径与静态障碍物的距离不满足最小安全距离要求，也需要将路径节点在道路横向上朝着远离该障碍物的方向进行移动。

据此，得到基于准均匀 B 样条曲线的平滑路径，如图 7-9 所示。在此基础上，计算平滑路径的航向角和曲率，得到图 7-10。由图 7-9 和图 7-10 可知，利用 B 样条曲线法生成的平滑路径在折线处平滑过渡，满足车辆运动学的基本要求。准均匀 B 样条曲线法还有连续性、凸包性、局部支撑性等多种优良特性，是一种较理想的路径平滑算法。

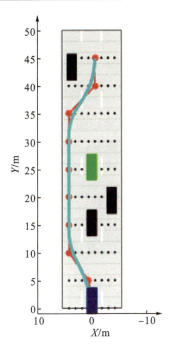

图 7-9　利用 B 样条曲线平滑路径节点（见彩图）

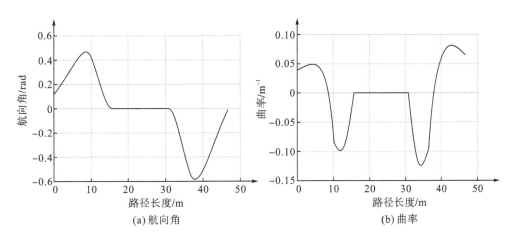

(a) 航向角　　　　　　　　　　　　　　(b) 曲率

图 7-10　基于 B 样条曲线平滑路径的航向角和曲率

7.5　动态规划算法和二次规划算法在速度规划中的应用

本节在 7.4 节的基础上，介绍如何利用动态规划算法和二次规划算法实现速度规划。

7.5.1　生成 ST 图

1. ST 图的概念

首先以图 7-11 为例介绍 ST 图的概念。图 7-11 为一个较复杂的主车换道场景，其中黄车为主车，黄车前方局部路段有禁行标志，可视为静态障碍物，故需要在 A 点进行左换道；蓝车和红车为周边交通车，其行驶路径分别为蓝色和红色曲线。

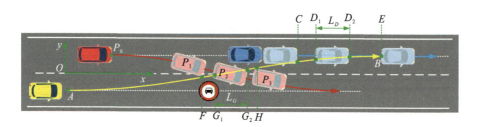

图 7-11　周围车辆在本车规划路径的占据点及占据轨迹段（见彩图）

分析红车和蓝车对黄色曲线的影响。当图 7-11 中的红车到达 P_1 位置时，车辆右前方的投影点 F 刚好触碰到黄色轨迹，占据黄色曲线的轨迹长度为 0；当红车到达 P_2 位置时，红车在黄色曲线的投影点分别为 G_1 和 G_2，G_1 和 G_2 占据黄色曲线的轨迹长度为 L_G；随着红车继续行驶，当到达 P_3 位置后车辆左后方的投影点 H 刚好离开黄色轨迹，占据黄色曲线的轨迹长度又变为 0。这一过程可以用"占据轨迹长度-时间"二维图表示，即 ST 图，如图 7-12 所示。当图 7-11 中的红车在 t_4 时刻到达 P_1 位置时，体现在 ST 图上是一个 F 点；当红车在 t_5 时刻行驶到 P_2 点时，体现在 ST 图上是一段 L_G 长度的线段。因此，当把时间离散化后，红车从 P_1 位置到 P_3 位置的轨迹占据过程，映射到 ST 图上是一个二维区域。

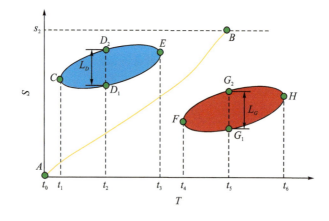

图 7-12　ST 图构建及速度规划示意图（见彩图）

综上，在图 7-12 中只要绕开蓝色和红色障碍物区域任意规划一条单调递增、足够圆滑的黄色曲线，该黄色曲线的导函数即为速度序列曲线，车辆严格按照此速度序列行驶即可保证黄车安全换道。

2. MATLAB 仿真

回到图 7-9，绿车沿中间车道按照预定轨迹行驶，可以把绿车轨迹向本车规划路径进行投影得到 ST 图，同样地，生成 ST 图的功能相对比较独立，可以封装作为一个函数进行使用，具体代码如下所示。

```matlab
1. function [S_lb, S_ub, obsZone] = st_graph(obsPath,    % 函数：生成 ST 图
   path_smooth)
2. %% 参数初始化
3. vehLength = 5;                                          % 本车长度
4. vehWidth = 1.8;                                         % 本车宽度
5. vehHalfWidth = vehWidth/2;                              % 本车半宽
6. diffX = diff(path_smooth(:, 1));                        % 参考路径 x 方向一阶差分
7. diffY = diff(path_smooth(:, 2));                        % 参考路径 y 方向一阶差分
8. cumLength = [0; cumsum(sqrt(diffX.^2 + diffY.^2))];     % 计算参考路径的累积距离
9. %% 将障碍车轨迹映射到 ST 图
10. S_lb = [];                                             % ST 图映射区域下边界
11. S_ub = [];                                             % ST 图映射区域上边界
12. ptNum = size(obsPath, 1);                              % 障碍物轨迹点数量
13. for i = 1: ptNum-1                                     % 依次计算
14.     t = i*0.1;                                         % 时间戳
15.     rearPosX = obsPath(i, 1);                          % 车尾中心点 x 位置
16.     rearPosY = obsPath(i, 2);                          % 车尾中心点 y 位置
17.     diffX = obsPath(i+1, 1) - obsPath(i, 1);           % 障碍物路径 x 方向一阶差分
18.     diffY = obsPath(i+1, 2) - obsPath(i, 2);           % 障碍物路径 y 方向一阶差分
19.     heading = atan2(diffY, diffX);                     % 障碍物路径的航向角
20.     frontPosX = rearPosX + vehLength * cos(heading);   % 根据车尾中心点位置和航向角计算
21.     frontPosY = rearPosY + vehLength * sin(heading);     车头中心点 x 位置和 y 位置
22.     VehPoints(1, 1) = rearPosX - vehHalfWidth *        % 根据前后中心点、航向角计算障碍
           sin(heading);                                     车四个轮廓点位置(顺时针编号)
23.     VehPoints(1, 2) = rearPosY + vehHalfWidth *        % VehPoints 每一行代表一个车辆一
           cos(heading);                                     个角的纵向和横向位置
24.     VehPoints(2, 1) = frontPosX - vehHalfWidth *
           sin(heading);
25.     VehPoints(2, 2) = frontPosY + vehHalfWidth *
           cos(heading);
26.     VehPoints(3, 1) = frontPosX + vehHalfWidth *
           sin(heading);
27.     VehPoints(3, 2) = frontPosY - vehHalfWidth *
           cos(heading);
28.     VehPoints(4, 1) = rearPosX + vehHalfWidth *
           sin(heading);
29.     VehPoints(4, 2) = rearPosY - vehHalfWidth *
           cos(heading);
30.     for j = 1: 4                                        % 依次计算四个点位置距离自车轨迹
31.         distX = path_smooth(:, 1) - VehPoints(j, 1);     序列最小距离的索引
32.         distY = path_smooth(:, 2) - VehPoints(j, 2);
33.         dist = sqrt((distX.^2 + distY.^2));
34.         [minDistTemp(j), minIndexTemp(j)] =
               min(dist);
35.     end
```

```
36.      minDist = min(minDistTemp);              % 在四个距离中选择最小值,若其小于阈
37.      if minDist < 1                           值,表明障碍车在此时刻会占据本车轨迹
38.          minIdx = min(minIndexTemp);          % 计算 minIndexTemp 的最小索引
39.          maxIdx = max(minIndexTemp);          和最大索引
40.          S_lb(end+1, :) = [t, cumLength(minIdx)];   % 获得 S 的下边界和上边界
41.          S_ub(end+1, :) = [t, cumLength(maxIdx)];
42.      end
43.  end
44.  obsZone = [S_lb; S_ub(end:-1:1, :); S_lb(1, :)];   % 构造 ST 图障碍物映射区域
```

上述代码主要理解如下。

(1)进行参数初始化,包括定义本车长度、宽度等基本参数,以及本车规划路径散点的累计纵向距离。

(2)进入主程序,将障碍车轨迹映射到 ST 图。首先根据障碍车轨迹点和航向角计算障碍车四个轮廓点位置,依次计算四个点位置距离本车轨迹序列最小距离的索引,然后在四个距离中再次选择最小值,表征障碍车辆轮廓与本车轨迹的最小距离,若其小于阈值,表明障碍车在本时刻会占据本车轨迹,则将占据本车轨迹的时间和纵向距离写入到 S_lb 和 S_ub 变量中,其中 S_lb 和 S_ub 分别代表占据轨迹的下边界和上边界。

(3)将 S_lb 和 S_ub 组建构成 obsZone,即障碍物形成的封闭区域多边形,便于后期画图。

主程序中调用上述函数,并绘制 obsZone 封闭区域多边形,得到图 7-13。图中,绿色封闭区域就是图 7-9 中绿色动态障碍车向本车规划路径的投影区域。

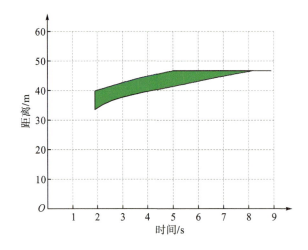

图 7-13　生成 ST 图(见彩图)

7.5.2　撒点采样

图 7-13 除了绿色的封闭多边形区域外其余空白区域皆为规划区域,设定横轴的规划时长为 9s,时间间隔为 1s;纵轴的规划距离为 60m,距离间隔为 2m,在 ST 图中进行撒点采样,舍掉位于绿色封闭区域内的采样点,得到如图 7-14 所示的撒点采样图。

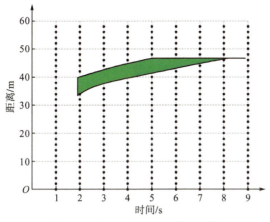

图 7-14　在 ST 图中进行撒点采样

7.5.3　利用动态规划算法初步规划速度曲线

1. 阶段划分

由 ST 图的撒点采样可知，采样点的总阶段数 $N=9$。

2. 状态转移方程

由 ST 图的定义，可将阶段 k 的状态变量 x_k 定义为车辆在该阶段的轨迹位置 s_k 和速度 v_k，决策变量 u_k 为该位置的加速度 a_k，则状态转移方程为

$$x_{k+1} = x_k + u_k \Rightarrow \begin{bmatrix} s_{k+1} \\ v_{k+1} \end{bmatrix} = \begin{bmatrix} s_k \\ v_k \end{bmatrix} + \begin{bmatrix} v_k t + 0.5 a_k t^2 \\ a_k t \end{bmatrix} \tag{7-30}$$

3. 约束条件

首先，车辆的速度和加速度应当满足道路限速、车辆加速性能等物理约束；然后，阶段 k 的车辆轨迹位置 s_k 应当未包含在障碍物封闭区间内；接着，两个相邻阶段采样点 P 和 Q 的连线不能与 ST 图的障碍区域相交；最后，车辆的起始、终止时刻的速度和加速度应当满足预设值。则约束条件为

$$\begin{cases} v_k \leqslant v_{\max}, v_1 = v_{\mathrm{ini}}, v_N = v_{\mathrm{end}} \\ a_k \leqslant a_{\max}, a_1 = a_{\mathrm{ini}}, a_N = a_{\mathrm{end}} \\ s_k \notin \Omega_{\mathrm{obs}} \\ PQ \bigcap \Omega_{\mathrm{obs}} = \varnothing \end{cases} \tag{7-31}$$

式中，$v_{\max}$、$a_{\max}$ 分别为最大速度、最大加速度限制值；v_{ini}、a_{ini} 分别为初始速度、初始加速度预设值；v_{end}、a_{end} 分别为终止速度、终止加速度预设值；Ω_{obs} 为 ST 图中障碍物封闭区间。

4. 代价函数

本节定义纵向加速度（longitudinal acceleration，acc-lng）、加加速度（jerk）两个子代价

函数，用于表征换道过程中的舒适度，表达式如下：

$$
\begin{aligned}
J &= \min \sum_{k=1}^{N} f_k = \min \sum_{k=1}^{N} \left(\omega_1 f_{\text{acc-lng}} + \omega_2 f_{\text{jerk}} \right) \\
&= \min \sum_{k=1}^{N} \left(\omega_1 \frac{\mathrm{d}v_k}{\mathrm{d}t} + \omega_2 \frac{\mathrm{d}^3 v_k}{\mathrm{d}t^3} \right)
\end{aligned}
\tag{7-32}
$$

式中，ω_i 为第 i 个子代价函数的权重系数；v_k 为第 k 阶段的速度。

综上，将式(7-30)～式(7-32)应用于动态规划算法中，即可实现 ST 图的最优速度序列搜索，得到如图 7-15 所示的速度序列 ST 折线。由于本节程序代码与 7.4.3 节高度相似，故不再介绍。

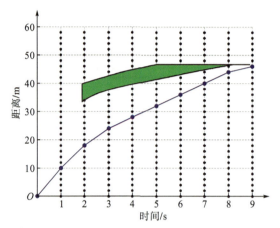

图 7-15　利用动态规划算法初步规划可行速度序列

7.5.4　利用二次规划算法平滑速度曲线

1. 二次规划算法的引进

动态规划算法得到的速度序列，在所设定的栅格化颗粒度下是最优的，但有如下问题值得考虑：①"最优"是相对于当前时间间隔为 1s，距离间隔为 2m 的颗粒度而言的，随着时间和距离的离散化颗粒度越来越小，此"最优"已不再满足真正的最优；②动态规划算法的颗粒度较大，生成的 ST 曲线的导函数不连续、不可导，无法直接应用。

鉴于此，需要对动态规划算法得到的折线段进行平滑，本节采用二次规划算法平滑 ST 曲线。考虑到利用高阶多项式曲线进行拟合时会出现龙格现象，故参照三次样条曲线的定义，用 9 段五次多项式曲线前后连接而成，每一段的多项式曲线表达式为

$$
\begin{cases}
s_i = a_{i,0} + a_{i,1}t + a_{i,2}t^2 + a_{i,3}t^3 + a_{i,4}t^4 + a_{i,5}t^5 \\
v_i = a_{i,1} + 2a_{i,2}t + 3a_{i,3}t^2 + 4a_{i,4}t^3 + 5a_{i,5}t^4 \\
\dfrac{\mathrm{d}v_i}{\mathrm{d}t} = 2a_{i,2} + 6a_{i,3}t + 12a_{i,4}t^2 + 20a_{i,5}t^3 \\
\dfrac{\mathrm{d}^2 v_i}{\mathrm{d}t^2} = 6a_{i,3} + 24a_{i,4}t + 60a_{i,5}t^2
\end{cases}
\tag{7-33}
$$

对于曲线平滑，有如下考虑事项：①平滑后的曲线其加速度和加加速度也应当尽可能小，以提高乘坐舒适性；②由于原动态规划折线是一条在解空间内求得的最优折线，故希望生成的平滑曲线应尽可能贴近原动态规划折线。据此，定义加速度、加加速度、位置误差优化三个子代价函数：

$$\text{cost} = \sum_{i=1}^{8}\left[\omega_1 \int_{t=0}^{1}\left(\frac{\mathrm{d}v_i}{\mathrm{d}t}\right)^2 \mathrm{d}t + \omega_2 \int_{t=0}^{1}\left(\frac{\mathrm{d}^2 v_i}{\mathrm{d}t^2}\right)^2 \mathrm{d}t + \omega_3 \int_{t=0}^{1}\left(s_{i,t} - s_{\mathrm{DP},t}\right)^2 \mathrm{d}t\right] \tag{7-34}$$

式中，ω_1、ω_2、ω_3 分别是三个优化目标函数的权重系数；$s_{i,t}$ 代表第 i 段的 t 时刻的优化目标位置；$s_{\mathrm{DP},t}$ 是由动态规划算法得到的 t 时刻 ST 曲线的距离位置。

当建立了目标函数后，问题归结为：如何构造 9 段多项式曲线，使得在满足等式约束、不等式约束等前提下，代价函数值最小。于是可以转化为二次规划问题，即

$$\begin{aligned} \text{cost} &= \min \frac{1}{2}\boldsymbol{x}^{\mathrm{T}}\boldsymbol{H}\boldsymbol{x} + \boldsymbol{f}^{\mathrm{T}}\boldsymbol{x} \\ \text{s.t. } &\mathrm{LB} \leqslant \boldsymbol{x} \leqslant \mathrm{UB} \\ &\boldsymbol{A}_{\mathrm{eq}}\boldsymbol{x} = \boldsymbol{B}_{\mathrm{eq}} \\ &\boldsymbol{A}\boldsymbol{x} \leqslant \boldsymbol{B} \end{aligned} \tag{7-35}$$

式中，$\boldsymbol{x}$ 是 9 段五次曲线的系数向量，$\boldsymbol{x} = \left[a_{1,0}, a_{1,1}, \cdots, a_{1,5}, a_{2,0}, \cdots, a_{2,5}, \cdots, a_{9,5}\right]^{\mathrm{T}}$，维度为 54×1；LB 和 UB 为对应系数向量的上下限，维度为 54×1；$\boldsymbol{A}_{\mathrm{eq}}$ 和 $\boldsymbol{B}_{\mathrm{eq}}$ 为等式约束矩阵，维度视具体的等式约束条件确定；$\boldsymbol{A}$、$\boldsymbol{B}$ 为不等式约束矩阵，维度视具体的不等式约束条件确定。

2. 构造二次规划算法的海塞矩阵

接下来，对代价函数进行积分矩阵变换，构造海塞矩阵。

(1)将加速度项构造成二次型矩阵形式，有

$$\left(\frac{\mathrm{d}v_i}{\mathrm{d}t}\right)^2 = \left(2a_{i,2} + 6a_{i,3}t + 12a_{i,4}t^2 + 20a_{i,5}t^3\right)^2$$

$$= \begin{bmatrix} a_{i,0} & a_{i,1} & a_{i,2} & a_{i,3} & a_{i,4} & a_{i,5} \end{bmatrix} \begin{bmatrix} 0 \\ 0 \\ 2 \\ 6t \\ 12t^2 \\ 20t^3 \end{bmatrix} \begin{bmatrix} 0 & 0 & 2 & 6t & 12t^2 & 20t^3 \end{bmatrix} \begin{bmatrix} a_{i,0} \\ a_{i,1} \\ a_{i,2} \\ a_{i,3} \\ a_{i,4} \\ a_{i,5} \end{bmatrix}$$

$$= \begin{bmatrix} a_{i,0} & a_{i,1} & a_{i,2} & a_{i,3} & a_{i,4} & a_{i,5} \end{bmatrix} \begin{bmatrix} 0 & 0 & 0 & 0 & 0 & 0 \\ 0 & 0 & 0 & 0 & 0 & 0 \\ 0 & 0 & 4 & 12t & 24t^2 & 40t^3 \\ 0 & 0 & 12t & 36t^2 & 72t^3 & 120t^4 \\ 0 & 0 & 24t^2 & 72t^3 & 144t^4 & 240t^5 \\ 0 & 0 & 40t^3 & 120t^4 & 240t^5 & 400t^6 \end{bmatrix} \begin{bmatrix} a_{i,0} \\ a_{i,1} \\ a_{i,2} \\ a_{i,3} \\ a_{i,4} \\ a_{i,5} \end{bmatrix} \tag{7-36}$$

对加速度项的平方积分得

$$\int_0^1 \left(\frac{\mathrm{d}v_i}{\mathrm{d}t}\right)^2 \mathrm{d}t$$

$$= \begin{bmatrix} a_{i,0} & a_{i,1} & a_{i,2} & a_{i,3} & a_{i,4} & a_{i,5} \end{bmatrix} \begin{bmatrix} 0 & 0 & 0 & 0 & 0 & 0 \\ 0 & 0 & 0 & 0 & 0 & 0 \\ 0 & 0 & 4t & 6t^2 & 8t^3 & 10t^4 \\ 0 & 0 & 6t^2 & 12t^3 & 18t^4 & 24t^5 \\ 0 & 0 & 8t^3 & 18t^4 & \frac{144}{5}t^5 & 40t^6 \\ 0 & 0 & 10t^4 & 24t^5 & 40t^6 & \frac{400}{7}t^7 \end{bmatrix} \begin{bmatrix} a_{i,0} \\ a_{i,1} \\ a_{i,2} \\ a_{i,3} \\ a_{i,4} \\ a_{i,5} \end{bmatrix} \quad (7\text{-}37)$$

$$= \boldsymbol{x}^{\mathrm{T}} \boldsymbol{H}_1 \boldsymbol{x}$$

(2) 将加加速度项构造成二次型矩阵形式, 有

$$\left(\frac{\mathrm{d}^2 v_i}{\mathrm{d}t^2}\right)^2 = \left(6a_{i,3} + 24a_{i,4}t + 60a_{i,5}t^2\right)^2$$

$$= \begin{bmatrix} a_{i,0} & a_{i,1} & a_{i,2} & a_{i,3} & a_{i,4} & a_{i,5} \end{bmatrix} \begin{bmatrix} 0 \\ 0 \\ 0 \\ 6 \\ 24t \\ 60t^2 \end{bmatrix} \begin{bmatrix} 0 & 0 & 0 & 0 & 6 & 24t & 60t^2 \end{bmatrix} \begin{bmatrix} a_{i,0} \\ a_{i,1} \\ a_{i,2} \\ a_{i,3} \\ a_{i,4} \\ a_{i,5} \end{bmatrix}$$

$$= \begin{bmatrix} a_{i,0} & a_{i,1} & a_{i,2} & a_{i,3} & a_{i,4} & a_{i,5} \end{bmatrix} \begin{bmatrix} 0 & 0 & 0 & 0 & 0 & 0 \\ 0 & 0 & 0 & 0 & 0 & 0 \\ 0 & 0 & 0 & 0 & 0 & 0 \\ 0 & 0 & 0 & 36 & 144t & 360t^2 \\ 0 & 0 & 0 & 144t & 576t^2 & 1440t^3 \\ 0 & 0 & 0 & 360t^2 & 1440t^3 & 3600t^4 \end{bmatrix} \begin{bmatrix} a_{i,0} \\ a_{i,1} \\ a_{i,2} \\ a_{i,3} \\ a_{i,4} \\ a_{i,5} \end{bmatrix} \quad (7\text{-}38)$$

对加加速度项的平方进行积分, 得

$$\int_0^1 \left(\frac{\mathrm{d}^2 v_i}{\mathrm{d}t^2}\right)^2 \mathrm{d}t$$

$$= \begin{bmatrix} a_{i,0} & a_{i,1} & a_{i,2} & a_{i,3} & a_{i,4} & a_{i,5} \end{bmatrix} \begin{bmatrix} 0 & 0 & 0 & 0 & 0 & 0 \\ 0 & 0 & 0 & 0 & 0 & 0 \\ 0 & 0 & 0 & 0 & 0 & 0 \\ 0 & 0 & 0 & 36t & 72t^2 & 120t^3 \\ 0 & 0 & 0 & 72t^2 & 192t^3 & 360t^4 \\ 0 & 0 & 0 & 120t^3 & 360t^4 & 720t^5 \end{bmatrix} \begin{bmatrix} a_{i,0} \\ a_{i,1} \\ a_{i,2} \\ a_{i,3} \\ a_{i,4} \\ a_{i,5} \end{bmatrix} \quad (7\text{-}39)$$

$$= \boldsymbol{x}^{\mathrm{T}} \boldsymbol{H}_2 \boldsymbol{x}$$

(3) 对位置误差项展开, 有

$$\left(s_{i,t} - s_{\mathrm{DP},t}\right)^2 = s_{i,t}^2 - 2s_{i,t}s_{\mathrm{DP},t} + s_{\mathrm{DP},t}^2 \tag{7-40}$$

由于 $s_{\mathrm{DP},t}^2$ 是常数，对求取代价函数最小值没有任何影响，故去掉常数项，则式(7-40)可以转化为

$$\left(s_{i,t} - s_{\mathrm{DP},t}\right)^2 \Rightarrow s_{i,t}^2 - 2s_{i,t}s_{\mathrm{DP},t}$$

$$= \begin{bmatrix} a_{i,0} & a_{i,1} & a_{i,2} & a_{i,3} & a_{i,4} & a_{i,5} \end{bmatrix} \begin{bmatrix} 1 & t & t^2 & t^3 & t^4 & t^5 \\ t & t^2 & t^3 & t^4 & t^5 & t^6 \\ t^2 & t^3 & t^4 & t^5 & t^6 & t^7 \\ t^3 & t^4 & t^5 & t^6 & t^7 & t^8 \\ t^4 & t^5 & t^6 & t^7 & t^8 & t^9 \\ t^5 & t^6 & t^7 & t^8 & t^9 & t^{10} \end{bmatrix} \begin{bmatrix} a_{i,0} \\ a_{i,1} \\ a_{i,2} \\ a_{i,3} \\ a_{i,4} \\ a_{i,5} \end{bmatrix}$$

$$- 2s_{\mathrm{DP},t} \begin{bmatrix} 1 & t & t^2 & t^3 & t^4 & t^5 \end{bmatrix} \begin{bmatrix} a_{i,0} \\ a_{i,1} \\ a_{i,2} \\ a_{i,3} \\ a_{i,4} \\ a_{i,5} \end{bmatrix} \tag{7-41}$$

对位置误差项进行积分，得

$$\int_0^1 \left(s_{i,t} - s_{\mathrm{DP},t}\right)^2 \mathrm{d}t \Rightarrow \int_0^1 s_{i,t}^2 - 2s_{i,t}s_{\mathrm{DP},t}\mathrm{d}t$$

$$= \begin{bmatrix} a_{i,0} & a_{i,1} & a_{i,2} & a_{i,3} & a_{i,4} & a_{i,5} \end{bmatrix} \begin{bmatrix} t & \dfrac{t^2}{2} & \dfrac{t^3}{3} & \dfrac{t^4}{4} & \dfrac{t^5}{5} & \dfrac{t^6}{6} \\[2mm] \dfrac{t^2}{2} & \dfrac{t^3}{3} & \dfrac{t^4}{4} & \dfrac{t^5}{5} & \dfrac{t^6}{6} & \dfrac{t^7}{7} \\[2mm] \dfrac{t^3}{3} & \dfrac{t^4}{4} & \dfrac{t^5}{5} & \dfrac{t^6}{6} & \dfrac{t^7}{7} & \dfrac{t^8}{8} \\[2mm] \dfrac{t^5}{5} & \dfrac{t^6}{6} & \dfrac{t^7}{7} & \dfrac{t^8}{8} & \dfrac{t^9}{9} & \dfrac{t^{10}}{10} \\[2mm] \dfrac{t^6}{6} & \dfrac{t^7}{7} & \dfrac{t^8}{8} & \dfrac{t^9}{9} & \dfrac{t^{10}}{10} & \dfrac{t^{11}}{11} \end{bmatrix} \begin{bmatrix} a_{i,0} \\ a_{i,1} \\ a_{i,2} \\ a_{i,3} \\ a_{i,4} \\ a_{i,5} \end{bmatrix}$$

$$- 2s_{\mathrm{DP},t} \begin{bmatrix} t & \dfrac{t^2}{2} & \dfrac{t^3}{3} & \dfrac{t^4}{4} & \dfrac{t^5}{5} & \dfrac{t^6}{6} \end{bmatrix} \begin{bmatrix} a_{i,0} \\ a_{i,1} \\ a_{i,2} \\ a_{i,3} \\ a_{i,4} \\ a_{i,5} \end{bmatrix} = \boldsymbol{x}^{\mathrm{T}}\boldsymbol{H}_3\boldsymbol{x} + \boldsymbol{f}^{\mathrm{T}}\boldsymbol{x} \tag{7-42}$$

3. 构造二次规划算法的约束矩阵

针对约束条件可分为等式约束和不等式约束。首先对 9 段五次多项式曲线的邻节点的位置、速度、加速度构造等式约束：

$$\begin{cases} s_i(t) = s_{i+1}(0) \\ v_i(t) = v_{i+1}(0) \\ a_i(t) = a_{i+1}(0) \end{cases} \tag{7-43}$$

然后对 ST 曲线的起点位置、速度、加速度构造等式约束：

$$\begin{cases} s_1(0) = s_0 \\ v_1(0) = v_0 \\ a_1(0) = a_0 \end{cases} \tag{7-44}$$

最后对位置、速度、加速度构造不等式约束：

$$\begin{cases} s_{lb} \leqslant s_i(t) \leqslant s_{ub} \\ v_{lb} \leqslant v_i(t) \leqslant v_{ub} \\ a_{lb} \leqslant a_i(t) \leqslant a_{ub} \end{cases} \tag{7-45}$$

4. MATLAB 仿真

综上，构造了二次规划算法一般表达式，即式(7-45)所需要的所有条件。quadprog 库函数是 MATLAB 二次规划求解器，拥有较强的计算能力，且支持代码生成，故只需要按照函数调用格式，将数据输入给 quadprog 库函数，即可输出 9 段五次多项式的所有 54 个系数。由于平滑曲线的功能相对独立，也可以封装成为函数，主要程序代码如下。

```
1. function [S_QP, v_QP, a_QP] = QP(ST_opt, S_lb, S_ub)    % 函数：二次规划算法
2. %% 参数初始化
3. w1 = 0.2;                                                % 加速度性能函数指标权重
4. w2 = 1;                                                  % 加加速度性能函数指标权重
5. w3 = 1e3;                                                % 与动态规划折线的位置误差权重
6. deltT_DP = 1;                                            % DP 算法的离散时间
7. deltT_QP = 0.1;                                          % QP 算法的离散时间
8. N_DP = size(ST_opt, 1) - 1;                              % DP 算法的阶段数量
9. N_QP = deltT_DP / deltT_QP;                              % QP 算法的阶段数量
10. v_max = 16;                                             % 最大速度约束
11. v_min = 0;                                              % 最小速度约束
12. acc_max = 3;                                            % 最大加速度约束
13. acc_min = -3;                                           % 最小加速度约束
14. v_ini = 12;                                             % 初始速度约束
15. a_ini = 0;                                              % 初始加速度约束
16. %% 目标函数
17. H = zeros(6*N_DP);                                      % 初始化 H 矩阵
18. f = zeros(6*N_DP, 1);                                   % 初始化 f 向量
19. t = deltT_DP;                                           % 每一段 5 次曲线的终点时刻
20. for i = 1: N_DP
21.     H1 = 2 * [0   0      0         0          0      0          % 加速度指标矩阵
              0   0   0        0        0          0
              0   0   4*t    6*t^2   8*t^3        10*t^4
              0   0   6*t^2  12*t^3  18*t^4       24*t^5
              0   0   8*t^3  18*t^4  (144/5)*t^5  40*t^6
              0   0   10*t^4 24*t^5  40*t^6       (400/7)*t^6];
22.     H2 = 2 * [0   0   0       0         0        0              % 加加速度指标矩阵
              0   0   0       0         0        0
              0   0   0       0         0        0
              0   0   0    36*t     72*t^2   120*t^3
              0   0   0    72*t^2   192*t^3  360*t^4
              0   0   0    120*t^3  360*t^4  720*t^5];
```

```
23.      H3 = 2 * [1    t      t^2    t^3    t^4    t^5        % 与动态规划折线得到的最优 ST
              t      t^3    t^4    t^5    t^6                    曲线的误差指标
              t^2    t^3    t^4    t^5    t^6    t^7
              t^3    t^4    t^5    t^6    t^7    t^8
              t^4    t^5    t^6    t^7    t^8    t^9
              t^5    t^6    t^7    t^8    t^9    t^10];
24.      idx1 = (i-1)*6+1;                                    % 根据当前循环构造行列序号
25.      idx2 = i*6;
26.      tempH = w1 * H1 + w2 * H2 + w3 * H3;
27.      H(idx1: idx2, idx1: idx2)= H(idx1: idx2, idx1: idx2)+    % 将上述计算的各性能指标按照
         tempH;                                                  权重相加，构造 H 矩阵
28.      refS = ST_opt(i+1, 2);                               % 由于"与期望的 S 误差"会产生
29.      tempF = -2 * refS * [1 t t^2 t^3 t^4 t^5]' *w3;        f 项，在此添加
30.      f(idx1: idx2) = f(idx1: idx2) + tempF;
31. end
32. %% 等式约束
33. for i = 1: N_DP-1                                         % 每一段的邻节点约束：位置约
34.      t = deltT_DP;                                          束、速度约束、加速度约束、加加
                                                                速度约束
35.      aeq1 = [1  t  t^2  t^3  t^4  t^5  -1  0  0  0  0  0];  % 位置约束
36.      aeq2 = [0  1  2*t  3*t^2  4*t^3  5*t^4  0  -1  0  0  0  % 速度约束
         0];
37.      aeq3 = [0  0  2  6*t  12*t^2  20*t^3  0  0  -2  0      % 加速度约束
         0  0];
38.      aeq4 = [0  0  0  6  24*t  60*t^2  0  0  0  -6          % 加加速度约束
         0  0];
39.      beq = [0 0 0 0]';                                    % b 向量
40.      startRow = (i-1)*4+1;                                % 将此段约束量添加到大矩阵中
41.      endRow = i*4;
42.      startCol = (i-1)*6+1;
43.      endCol = (i+1)*6;
44.      Aeq1(startRow: endRow, startCol: endCol) = [aeq1;
         aeq2; aeq3; aeq4];
45.      Beq1(startRow: endRow, 1) = beq;
46. end
47. Aeq2 = zeros(3, 6*N_DP);
48. Beq2 = zeros(3, 1);
49. t = 0;
50. aeq1 = [1  t  t^2    t^3    t^4    t^5];
51. aeq2 = [0  1  2*t    3*t^2    4*t^3    5*t^4];
52. aeq3 = [0  0  2    6*t    12*t^2    20*t^3];
53. beq = [ST_opt(1, 2), v_ini, a_ini]';
54. Aeq2(1: 3, 1: 6) = [aeq1; aeq2; aeq3];                    % 组建等式约束矩阵
55. Beq2(1: 3) = beq;
56. Aeq = [Aeq1; Aeq2];
57. Beq = [Beq1; Beq2];
58. %% 线性不等式约束
59. for i = 1: N_DP                                           % 两层循环，构造 ST 图的障碍物
60.    for j = 1: N_QP                                          上下边界不等式约束
61.        t = j*0.1;                                         % 时刻
62.        lb = 0;                                            % 上下边界。注意：此处与速度、
63.        ub = S_lb((i-1)*N_QP+j, 2)+2;                        加速度的上下边界刚好相反
64.        a1 = [-1  -t  -t^2  -t^3  -t^4  -t^5];             % 构造 Ax ≤b
65.        a2 = [1   t   t^2   t^3   t^4   t^5];
66.        b = [-lb ub]';
67.        startRow = (i-1)*2*N_QP + (j-1)*2+1;               % 行列索引
68.        endRow = (i-1)*2*N_QP + j*2;
69.        startCol = (i - 1) * 6 + 1;
70.        endCol = i * 6;
71.        A1(startRow: endRow, startCol: endCol) =[a1; a2];  % 添加到 A、B 矩阵中
```

```
72.          B1(startRow: endRow, 1) = b;
73.      end
74.  end
75.  for i = 1: N_DP                                    % 两层循环, 构造速度不等式约束
76.      for j = 1: N_QP                                % 时刻
77.          t = j*0.1;                                 % 上下边界
78.          lb = v_min;
79.          ub = v_max;                                % 构造Ax ≤b
80.          a1 = [ 0    -1    -2*t    -3*t^2    -4*t^3    -5*t^4];
81.          a2 = [ 0     1     2*t     3*t^2     4*t^3     5*t^4];
82.          b = [-lb ub]';                             % 行列索引
83.          startRow = (i-1)*2*N_QP + (j-1)*2+1;
84.          endRow = (i-1)*2*N_QP + j*2;
85.          startCol = (i - 1) * 6 + 1;
86.          endCol = i * 6;
87.          A2(startRow: endRow, startCol: endCol) =[a1; a2];   % 添加到 A、B 矩阵中
88.          B2(startRow: endRow, 1) = b;
89.      end
90.  end
91.  for i = 1: N_DP                                    % 两层循环, 构造加速度不等式约束
92.      for j = 1: N_QP                                % 时刻
93.          t = j*0.1;                                 % 上下边界
94.          lb = acc_min;
95.          ub = acc_max;
96.          a1 = [ 0    0    -2    -6*t    -12*t^2    -20*t^3];    % 构造Ax ≤b
97.          a2 = [ 0    0     2     6*t     12*t^2     20*t^3];
98.          b = [-lb ub]';
99.          startRow = (i-1)*2*N_QP + (j-1)*2+1;
100.         endRow = (i-1)*2*N_QP + j*2;
101.         startCol = (i - 1) * 6 + 1;
102.         endCol = i * 6;
103.         A3(startRow: endRow, startCol: endCol) =[a1; a2];    % 添加到 A、B 矩阵中
104.         B3(startRow: endRow, 1) = b;
105.     end
106. end
107. A = [A1; A2; A3];                                  % 组建不等式约束矩阵
108. B = [B1; B2; B3];
109. options = optimoptions('quadprog', 'TolFun', 1e-16);    %  调用 QP 算法
110. x = quadprog(H, f, A, B, Aeq, Beq, [], [], [], options);
111. %% 将得到的解 x 重新调整为 N_DP 段
112. coeff = reshape(x, 6, N_DP)';                      % 将系数向量转换成系数矩阵
113. for i = 1: N_DP
114.     if i == 1                                      % 针对 i=1 时, 将初始条件赋值
115.         S_QP(1, 1) = 0;
116.         S_QP(1, 2) = ST_opt(1, 2);
117.     end
118.     for j = 1: N_QP
119.         idx = (i-1)*N_QP + j+1;                     % 索引
120.         t = j*deltT_QP;                             % 单个时间段内的时刻
121.         T = (i-1)*deltT_DP + j*deltT_QP;            % 整个时间段内的时刻
122.         S_QP(idx, 1) = T;                           % 位置
123.         S_QP(idx, 2) = coeff(i, 1) + coeff(i, 2)*t +
                 coeff(i, 3)*t^2+ coeff(i, 4) * t^3 + coeff
                 (i, 5) * t^4 +coeff(i, 6) * t^5;
124.         v_QP(idx, 1) = T;                           % 速度
125.         v_QP(idx, 2) = coeff(i, 2) + 2*coeff(i, 3)*t +
                 3*coeff(i, 4) * t^2 + 4*coeff(i, 5) * t^3 +
                 5*coeff(i, 6) * t^4;
126.         a_QP(idx, 1) = T;                           % 加速度
127.         a_QP(idx, 2) = 2*coeff(i, 3) + 6*coeff(i, 4) * t +
```

```
                12*coeff(i, 5) * t^2 + 20*coeff(i, 6) * t^3;
128.    end
129. end
```

上述代码理解如下。

(1) 初始化参数, 包括性能函数指标权重、DP 算法和 QP 算法的离散时间和阶段数量以及一些速度和加速度等约束条件。

(2) 构造目标函数的海塞矩阵和一次项, 这里基本沿用了具体的矩阵推导结果。

(3) 构造等式约束和不等式约束, 同样用数学推导结果进行赋值。

(4) 将构造的矩阵和向量赋值给 quadprog 库函数, 该函数返回 54×1 的解向量, 即 9 段五次多项式的系数, 并根据该系数求解速度、加速度曲线。

需要说明的是, 三个性能指标函数的权重系数对规划结果影响较大, 本节以位置误差权重的调节为例, 简单介绍权重系数在工程化应用中的注意事项。由式(7-34)可知, 二次规划算法的目标函数包含加速度误差项、加加速度误差项、位置误差项的性能指标, 这些性能指标通过各自赋权进行相加, 从而构成一个强耦合的目标函数, 它们之间相互影响和制约, 共同决定输出的速度序列。以动静态跟停场景的权重参数标定为例, 此场景基本要求是能够平顺、稳定地使速度尽可能线性下降, 并在前方车辆目标后的一定距离位置处停车。由于油门、刹车执行器存在时延、超调等系统问题, 容易出现本车停车后未到达或超过目标位置。针对此问题, 首先可以识别跟停场景, 然后增大二次规划算法的位置误差权重, 让目标函数尽可能使位置误差最小化, 同时位置误差权重的变化不能出现阶梯式跳跃变化, 否则会使生成的速度序列在权重突变时产生额外的加速度; 也不能对权重进行分段处理, 否则在体验上会出现明显的速度变化分段。综上, 针对实测工程经验和理论基础, 在跟停场景下可以根据本车位置和到目标位置的距离, 动态平滑地调整位置权重, 且在越靠近目标位置时, 权重逐渐增大。

主程序调用 QP 函数, 并在 ST 图中绘制平滑结果, 得到图 7-16。可以看出, 平滑之后的曲线比较贴近原动态规划折线。需要说明的是, 图 7-16 的速度曲线尽管平滑, 但仍存在一定的速度波动, 故会产生加速度。为了均衡三个子代价函数, 在实际工程化应用中需要不断调整三个权重值, 以生成满足舒适性、最优性等要求的速度曲线。

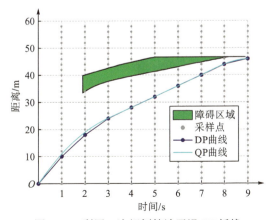

图 7-16　利用二次规划算法平滑 ST 折线

第8章 基于智能优化的局部路径规划算法

8.1 术 语 概 念

8.1.1 群智能算法概述

群智能算法主要模拟了昆虫、兽群、鸟群或鱼群的群体行为,这些群体按照一种合作的方式寻找食物,群体中的每个成员通过学习自身的经验和其他成员的经验来不断地改变搜索食物的方向。在群体中,每个成员搜索食物的能力可以用适应度表示,适应度越大则表明该成员适应种群生活的能力越高、存活概率越高,凭借"优胜劣汰,自然选择"的自然生存法则,适应度高的成员越有可能把这种优势迭代传递下去。

任何一种由虫、鸟、兽类群体或者其他动植物社会行为机制而激发设计出的算法或分布式解决问题的策略均属于群体智能(swarm intelligence)范畴。20 世纪 60 年代,密歇根大学的 Holland 等提出了遗传算法,该算法模拟自然界生物自然选择和遗传机理,通过个体间的选择、交叉、变异等操作求解最优化问题,是最早的仿生智能算法。自遗传算法面世以来,基于这种群智能优化思想的算法如雨后春笋般被世界各国研究学者提出:通过模拟大脑神经网络处理、记忆信息等特点,Zeidenberg(1990)提出了人工神经网络算法;通过模拟蚂蚁分工与协作的特点,有专家提出了蚁群算法;通过观察鸟群捕食行为,Kennedy和 Eberhart(1995)提出了粒子群优化算法;通过模拟大肠杆菌在食管内的觅食行为,Passino(2002)等提出了细菌觅食优化算法;通过模拟鱼群捕食中的聚群、追尾行为,李晓磊等(2002)提出了人工鱼群算法;通过模仿青蛙觅食中群体信息的交流与共享的特点,Eusuff 和 Lansey(2006)提出了人工混合蛙跳算法;通过仿真蜜蜂群体组织、繁殖及觅食行为的特点,Karaboga(2005)提出了人工蜂群算法;通过模拟萤火虫发光的特性,有专家提出了萤火虫算法;通过模拟布谷鸟的寄生育雏,Yang 等(2009)提出了布谷鸟搜索算法。

不完全统计,本书列出了不同年代研究学者提出的部分群智能仿生算法,如表 8-1 所示。

表 8-1 部分群智能仿生算法

算法名称	提出人	提出时间/年	算法名称	提出人	提出时间/年
遗传算法	Holland 等	1962	布谷鸟搜索算法	Yang 等	2009
蚁群算法	Dorigo 等	1992	灰狼优化算法	Mirjalili	2014
粒子群算法	Kennedy 和 Eberhart	1995	蜻蜓优化算法	Mirjalili	2016
人工鱼群算法	李晓磊等	2002	蝗虫优化算法	Saremi	2017
人工蜂群算法	Karaboga	2005	海鸥优化算法	Dhiman	2019
杂草入侵算法	Lucas	2006	精子群优化算法	Shehadeh	2021

可以说，绝大部分动植物都是以种群的方式生存和繁衍，随着科学家对动植物的种群生活规律研究得越充分和深入，后续还将提出更多新的群智能算法。群智能算法作为一类解决工程应用问题的通用方法，一般来说计算得到的最优解并非问题的全局最优，但它为很多复杂的、多模态的、非线性问题提供了新颖的解决方案，能在较快时间内不断收敛到一个相对可接受的次优解。

8.1.2　全局最优与局部最优

讨论各种群智能算法的优劣总离不开两个概念，即全局最优和局部最优。为帮助初学者理解，绘制了图 8-1。

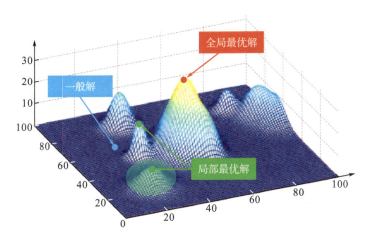

图 8-1　一般解、局部最优解与全局最优解的示意图（见彩图）

图 8-1 中，设需要解决的问题是在一个 100×100 的区域内找到山峰的最高点，但是事先并不完全了解地形全貌图，需要利用群智能算法在这个区域不断试探。群智能算法的可行解可以分为三类：第 1 类是一般解，这类解在一定区域内不是极值，如图中蓝色箭头所示；第 2 类是局部最优解，这类解在一定区域内是极值，如图中绿色箭头所示；第 3 类是全局最优解，该解在整个定义域内是最大值，如图中红色箭头所示。一般来说，在一定约束条件下，一个问题的全局最优解只有一个，但局部最优解却有多个。由于群智能算法在搜索求解的过程中无法判断自身是否是全局最优解，故多数时候算法搜索到一个较优解后会一直在局部最优解附近区域徘徊求解（如图 8-1 的绿色椭圆阴影部分），此时若算法的建模机制不够优良，将导致算法在多次迭代循环中无法跳出，就是所谓的"陷入局部最优"。

8.1.3　参数与超参数

在机器学习领域，参数（parameters）与超参数（hyperparameters）是常常出现的一对概念。简单来说，参数是指可以根据提供的数据自动学习出的变量，这些量是由模型不断训练、学习、迭代而得到的优化值，由模型自身决定，而超参数是指模型在训练与学习前必须事先确定的一些变量，只有当这些变量首先确定之后，才能正式开始模型的学习。

不妨举个例子帮助读者理解，图 8-2 为典型神经网络结构示意图。设神经网络的输入层、隐含层和输出层的节点数分别为 2、3 和 1。x_i 表示输入层的输入；ω_{ij} 表示节点 i 与节点 j 的连接权值；$f_i(\cdot)$ 表示激活函数；z_i 表示隐含层的输出，即输出层的输入；y 表示输出层的输出。正向传播时，输入样本从输入层传入，经过各隐含层逐步处理，传给输出层。如果输出层的实际输出与期望输出不相等，则转到误差的反向传播过程。误差反向传播是将输出误差按照某种规则分摊到各层神经元的误差信号，根据该误差信号不断调整神经元间的权重，权值不断调整的过程实际上便是神经网络的训练过程。

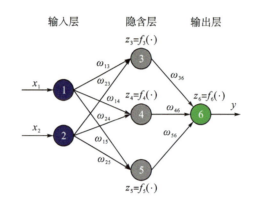

图 8-2　典型神经网络结构示意图

上述神经网络案例的介绍中，输入层、隐含层及输出层的节点数就属于超参数，这是在构建神经网络模型时必须事先确定的变量，而神经网络的不断训练、学习、进化，得到的优化模型的节点连接权重就属于参数。

本章将分别介绍遗传算法、粒子群算法、蚁群算法等几种常见的群智能算法，分析算法的建模特点、理解算法的核心要义，并探究如何适配到路径规划领域中，进一步拓展读者对路径规划算法的认知广度。

8.2　遗 传 算 法

8.2.1　算法简介

遗传算法(genetic algorithm，GA)由美国密歇根大学的 Holland 等于 1962 年提出，是一种模拟自然界生物进化过程的随机智能搜索算法。在人类的历史上，通过学习和模拟自然界实现发明创造的案例不胜枚举，如模拟鸟类飞行，人类发明了飞机；模拟蝙蝠的回声定位，人类发明了雷达；模拟鸡头的稳定性，人类发明了相机防抖云台。

遗传算法简单易懂、通用、鲁棒性强、适合并行处理，在求解较为复杂的组合优化问题时，相对一些常规的优化算法，通常能够较快地获得较好的优化结果。遗传算法已被人们广泛地应用于组合优化、机器学习、信号处理、自适应控制和人工生命等工程领域的优化问题之中。

尽管遗传算法研究的是自然界广泛存在的基因，但该算法建模思想本质也是通过不断迭代收敛实现问题寻优，故本书将其归类为仿生智能算法。

8.2.2　遗传算法的建模思想

在介绍遗传算法的核心思想前，有必要先了解遗传算法的相关术语概念。

(1) 进化 (evolution)：在生物学范畴中，生物在其延续生存的过程中，逐渐适应生存环境，使得其品质不断得到改良，这种生命现象称为进化。在遗传算法中，每一代种群的整体性能会有所差异，一般来说随着迭代次数的增加，整体性能会不断优化。

(2) 适应度 (fitness)：在生物学范畴中个体综合性能的数量值，度量某个物种对于生存环境的适应程度。对生存环境适应程度较高的物种将获得更多的繁殖机会，而对生存环境适应程度较低的物种，其繁殖机会相对较少，甚至逐渐灭绝，即"适者生存"。在遗传算法中，通常计算某个可行解的性能指标以判断该可行解是否更优，这个性能指标的具体数值就可以称为适应度。

(3) 染色体 (chromosome)、脱氧核糖核酸 (deoxyribonucleic acid，DNA) 和基因 (gene)：在生物学范畴中，染色体是由 DNA 和蛋白质构成的遗传物质的载体，DNA 是一种大分子长链有机聚合物，基因是带有遗传信息的 DNA 片段。在遗传算法范畴中，通常把一个染色体视为一个个体，一个染色体有一定的长度，每一段单位长度则代表一个可行解的某一组成部分，因此若一个可行解由 n 个独立的单元构成，每一个单元就可视为一段基因。

(4) 选择 (selection)：在生物学范畴中，种群繁衍只有部分个体会组成交配组合。在遗传算法范畴中，指以一定的概率从种群中选择若干个体用于后续交配的操作。

(5) 交叉 (crossover)：在生物学范畴中，在两个染色体的某一相同位置处 DNA 被切断，其前后两串分别交叉组合形成两个新的染色体，又称基因重组，如图 8-3 所示。在遗传算法中，交叉操作后的个体性能具有随机性，一定程度上可以避免陷入局部最优解。

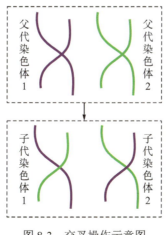

图 8-3　交叉操作示意图

(6)变异(mutation)：在生物学范畴中，细胞进行复制时可能以很小的概率产生某些复制差错，从而使 DNA 发生某种变异，产生新的染色体，这些新的染色体表现出新的性状。在遗传算法中，变异会得到新的可行解，该可行解的性能指标往往具有随机性，也可以避免陷入局部最优。

(7)编码(coding)和解码(decoding)：遗传算法使用固定长度的二进制符号串来表示群体中的个体，这样可以方便实现选择、交叉和变异操作，具体问题的可行解转化为二进制符号串的过程就是编码过程。

遗传算法的具体操作步骤如图 8-4 所示。

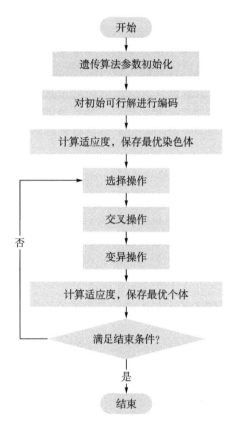

图 8-4　遗传算法框图

步骤 1：对遗传算法的参数进行初始化，这些参数包括种群规模、选择概率、交叉概率、变异概率、迭代次数等。

步骤 2：针对具体的问题，对初始化得到的可行解进行编码，这一过程主要用于后续的选择操作、交叉操作和变异操作。

步骤 3：计算种群的每一个个体的适应度，保存最优个体。

步骤 4：进入算法的主循环，依次执行选择操作、交叉操作和变异操作。

步骤 5：对种群执行完步骤 4 的三个操作后，计算种群适应度并保存最优个体。

步骤 6：判断是否满足结束条件，退出主循环，输出最优个体。

8.2.3　案例精讲

1. 基于型值点优化的路径规划思想

遗传算法自身是一种通用型算法，只要合理地对问题进行建模和算法适配，均可利用遗传算法进行优化求解，接下来介绍如何在路径规划中应用遗传算法。

在前面的章节中，本书介绍了贝塞尔曲线法、B 样条曲线法和三次样条曲线法(三者简称平滑算法)可以实现曲率连续，可以应用于路径平滑。因此，可以将路径规划过程拆分为控制点(型值点)优化和路径平滑两个过程，前者在状态空间内搜索得到较优的控制点(型值点)，后者根据控制点(型值点)调用平滑算法实现路径平滑，最终输出一条平滑曲线。由于贝塞尔曲线法和 B 样条曲线法依据控制点进行路径平滑，最终得到的路径曲线不会全部经过所有控制点。为方便叙述，本节采用三次样条曲线法进行路径平滑，故用于约束曲线形状的散点应称为型值点。鉴于三次样条曲线法的路径平滑过程在 6.6 节中已经详细介绍，在此不再赘述。综上，路径规划问题转化为如何利用遗传算法搜索最优型值点的问题。

为加深理解上述思想，绘制了图 8-5，形象展示了基于型值点优化的路径规划思想。图中灰色区域是障碍物，从起点 x_{start} 规划到终点 x_{goal} 现有两条可选路径，两条平滑路径均由平滑算法得到。其中，蓝色路径依次经过了 a_1、a_2、a_3 三个型值点，红色路径依次经过了 b_1、b_2、b_3 三个型值点。若定义路径性能评价指标是路径长度，显然红色路径更优。因此，当路径平滑算法确定为三次样条曲线法后，图 8-5 进行最优路径规划的过程就可以转化为搜索最优若干型值点的过程。

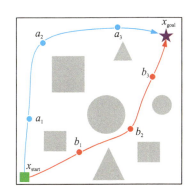

图 8-5　基于型值点优化的路径规划思想

2. 基于型值点的路径平滑思想

接下来基于遗传算法实现如图 8-5 所示的路径规划，主要步骤如下。

步骤 1：对环境和遗传算法的参数进行初始化，主要参数如表 8-2 所示。

表 8-2   遗传算法主要参数

参数	数值	参数	数值
地图大小	15×15	染色体长度	5
起点坐标	(0,0)	待定型值点数目	3
终点坐标	(15,15)	选择概率	0.4
种群规模	50	交叉概率	0.8
最大迭代次数	100	变异概率	0.1

表 8-2 中，染色体长度为 5 可以理解为一条染色体有 5 个基因，每一个基因代表一个型值点。因此除了起点和终点外，还需要在状态空间中搜索 3 个待定型值点。为便于编码，设型值点的横纵坐标均为[0,15]范围内的整数。

步骤 2：针对型值点的坐标，对初始化得到的可行解进行编码。常见的编码方式有二进制编码、格雷码编码、浮点编码等，为方便理解且易于计算机编程，一般采用二进制编码。设某个型值点的坐标(5,14)，其编码步骤如图 8-6 所示。图 8-6 中，首先将一个型值点的横纵坐标分别用一个 4 位二进制数表示，然后将横纵坐标的两个 4 位二进制数排列在一起。

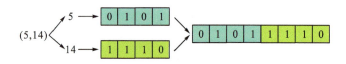

图 8-6   型值点的编码步骤

步骤 3：计算种群的每一个个体的适应度，保存最优个体。设初始化时某个个体除了起点和终点外，另外三个型值点坐标分别为(3,2)、(5,14)、(12,11)，据此可以利用三次样条曲线计算经过 5 个型值点所得到的平滑路径，然后计算路径长度，由于路径越短表明个体越优，而适应度是指数值越大个体越优，故这里取路径长度的负数作为适应度值。

步骤 4：进入算法的主循环。主循环分为两层，第 1 层是迭代次数，第 2 层是每一代的种群。

(1)执行选择操作，从 50 个个体中按照 0.4 的概率随机选择 20 个个体。

(2)执行交叉操作，设个体 1 的三个型值点分别为(3,2)、(5,14)、(12,11)，个体 2 的三个型值点分别为(4,1)、(8,7)、(13,10)，则两个个体的交叉操作如图 8-7 所示。图 8-7 中，定义在对应型值点和对应坐标执行交叉操作。以第 1 个型值点为例，个体 1 的第 1 个型值点的 x 坐标与个体 2 的第 1 个型值点的 x 坐标进行交叉，交叉完成后进行解码分别得到了数值 0 和 7；个体 1 的第 1 个型值点的 y 坐标与个体 2 的第 1 个型值点的 y 坐标进行交叉，交叉完成后进行解码分别得到了数值 1 和 2，再进行坐标组合，便得到了两个子代型值点 1，分别是(0,1)、(7,2)。按此规则，最终生成新的子代个体 1，它的三个型值点坐标分别为(0,1)、(4,15)、(13,10)，子代个体 2 的三个型值点坐标分别为(7,2)、(9,6)、

（12,11）。至此，完成了个体 1 和个体 2 的交叉操作，个体 3 至个体 20 的交叉操作与此完全相同，通过两两配对进行交叉，不再赘述。

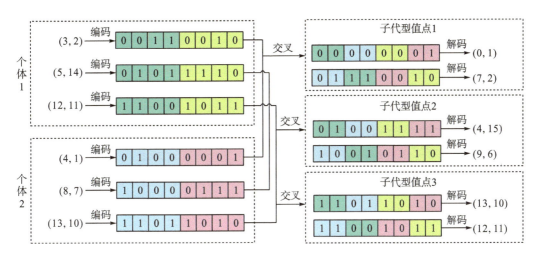

图 8-7　两个个体的交叉操作示意图

（3）执行变异操作，如图 8-8 所示。坐标(3,2)的第 5 位编码发生变异，由 0 变为 1，则改型值点坐标由(3,2)变为(3,10)。

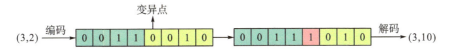

图 8-8　一个型值点的变异操作示意图

步骤 5：对本代的种群的所有个体执行完 3 个操作后，计算种群适应度并保存最优个体。

步骤 6：判断是否满足结束条件，结束条件可以是达到最大迭代次数、适应度大于某个阈值、适应度变化率小于某个阈值等。当退出主循环后，输出最优个体。

8.2.4　MATLAB 仿真

利用遗传算法实现路径规划的程序代码如下所示。

```
1.  clc
2.  clear
3.  close all
4.  %% 地图环境
5.  startPos = [0, 0];                          % 起点
6.  goalPos = [15, 15];                         % 终点
7.  mapSize = [0, 15; 0, 15];                    % 地图尺寸
8.  [obs] = setObs;                             % 定义地图环境
9.  %% 设置超参数
10. chromLength = 3;                            % 染色体长度,代表路线的控制点数
```

```
11. p_select = 0.4;                                        % 选择概率
12. p_crs = 0.9;                                           % 交叉概率
13. p_mut = 0.2;                                           % 变异概率
14. popNum = 50;                                           % 种群规模
15. iterMax = 100;                                         % 最大迭代数
16. %% 种群初始化
17. pop = initPop(popNum, chromLength, mapSize, obs);      % 产生初代种群
18. pop = calFitness(startPos, goalPos, obs, pop);         % 计算种群适应度
19. GlobalBest.fitness = inf;                              % 初始化每一代的最优粒子
20. [pop, GlobalBest] = calBest(pop, GlobalBest);         % 更新种群最优
21. %% 主程序
22. for i = 1: iterMax                                     % 迭代进化
23.    [parentPop, otherPop] = select(pop, p_select);      % 选择操作
24.    childPop = crossover(parentPop, p_crs);             % 交叉操作
25.    childPop = mutation(childPop, p_mut);               % 变异操作
26.    pop = [otherPop, childPop];                         % 将父代和子代组合得到新的种群
27.    pop = calFitness(startPos, goalPos, obs, pop);      % 计算种群适应度
28.    [pop, GlobalBest] = calBest(pop, GlobalBest);       % 更新种群最优
29.    minFitness_iters(i) = GlobalBest.fitness;           % 把每一代的最优粒子赋值给
                                                             minFitness_iters
30.    disp(['第' num2str(i) '代: ' '最优适应度 = '          % 在命令行窗口显示每一代的信息
           num2str(minFitness_iters(i))]);
31. end
32. fitness_best = norm(startPos - goalPos);               % 理论最小适应度: 直线距离
33. disp([ '理论最优适应度 = ' num2str(fitness_best)]);
```

上述代码主要分为以下几个部分。

(1)构造地图环境。这一部分主要设定起点和终点以及障碍物环境，其中障碍物环境单独封装成一个函数，该函数主要定义了多边形障碍物、圆形障碍物的位置和区域，其代码与 PRM 算法的障碍物构造类似，感兴趣的读者参考本书配套资料，这里不再展示。

(2)设置超参数。遗传算法的超参数包括染色体长度、选择概率、交叉概率、变异概率、种群规模以及最大迭代次数，这些参数需要人为提前设定，对遗传算法性能的好坏具有重要影响。

(3)种群初始化。首先根据种群数量、染色体长度等信息随机生成初代种群，初始化种群的代码被封装成函数进行调用，其代码如下所示。本函数通过在解空间内随机生成三个型值点来进行个体的初始化，并排除位于障碍物区间的型值点。值得注意的是，考虑到三次样条曲线将从起点依次经过三个型值点并到达目标点，故对生成的型值点在某一维度的大小进行递增排序，避免出现路径来回绕圈的现象。

```
function pop = initPop(popNum, chromLength, mapSize, obs)   % 函数: 第 1 代的个体初始化
1.
2. pop = struct;                                            % 种群初始化为一个结构体
3. num = 1;                                                 % 个数初始化为 1
4. while true
5.    pop(num).pos= [];                                     % 型值点位置
6.    pop(num).fitness = [];                                % 适应度
7.    pop(num).path = [];                                   % 路径
8.    pop(num).Best.pos = [];                               % 某个个体在迭代中的最优位置
9.    pop(num).Best.fitness = inf;                          % 某个个体在迭代中的最优适应度
10.   pop(num).Best.path = [];                              % 某个个体在迭代中的最优路径
11.   x_temp = (mapSize(1, 2)-mapSize(1, 1)) * rand(1,      % 随机生成初始型值点(染色体)
          chromLength) + mapSize(1, 1);
12.   y_temp = (mapSize(2, 2)-mapSize(2, 1)) * rand(1,
          chromLength) + mapSize(2, 1);
```

```
13.     flag = 0;                                    % 型值点位于障碍物区域内标志位
14.     for j = 1: length(obs)                       % 逐个障碍物判断
15.         in = inpolygon(x_temp, y_temp, obs{1, j}(:, 1),
              obs{1, j}(:, 2));
16.         if sum(in) > 0                           % 判断型值点是否位于障碍物区域
17.             flag = 1;                            内
18.             break
19.         end
20.     end
21.     if flag == 1
22.         continue
23.     else
24.         pop(num).pos.x = x_temp;
25.         pop(num).pos.y = y_temp;
26.         num = num + 1;
27.     end
28.     if num > popNum
29.         break
30.     end
31. end
32.
33. for num = 1: popNum                              % 将所有控制点按照 x/y 两个方向
34.     pop(num).pos.x = sort(pop(num).pos.x);       进行排序
35.     pop(num).pos.y = sort(pop(num).pos.y);
36. end
```

(4) 计算初始种群的适应度。这一部分代码也被封装成了函数，函数内首先基于种群每个个体的三个型值点，利用三次样条函数 spline 生成平滑的路径曲线，然后判断生成的曲线是否与障碍物相交，最后计算三次样条曲线法得到的离散点的路径长度(适应度)。主要代码如下。

```
1. function pop = calFitness(startPos, goalPos, obs, pop)  % 函数：计算适应度
2. for i = 1: length(pop)
3.     x_seq=[startPos(1), pop(i).pos.x, goalPos(1)];       % x 序列
4.     y_seq=[startPos(2), pop(i).pos.y, goalPos(2)];       % y 序列
5.     k = length(x_seq);                                   % x 序列长度
6.     i_seq = linspace(0, 1, k);                           % 生成 0~1 的 k 个间隔相同的点
7.     I_seq = linspace(0, 1, 100);                         % 生成 0~1 的 100 个间隔相同的点
8.     X_seq = spline(i_seq, x_seq, I_seq);                 % 利用三次样条曲线法生成 X 序列
9.     Y_seq = spline(i_seq, y_seq, I_seq);                 % 利用三次样条曲线法生成 Y 序列
10.    path = [X_seq', Y_seq'];                             % 路径
11.    flag = 0;                                            % 路径点位于障碍物区域内标志位
12.    for j = 1: length(obs)                               % 逐个障碍物判断
13.        in = inpolygon(path(:, 1), path(:, 2),
             obs{1, j}(:, 1), obs{1, j}(:, 2));
14.        if sum(in) > 0                                   % 判断路径点是否位于障碍物区域内
15.            flag = 1;
16.            break
17.        end
18.    end
19.    dx = diff(X_seq);
20.    dy = diff(Y_seq);
21.    fitness = sum(sqrt(dx.^2 + dy.^2));
22.    if flag == 1                                         % 计算三次样条曲线法得到的离散
23.        pop(i).fitness = 100;                            点的路径长度(适应度)
24.    else
25.        pop(i).fitness = fitness;
26.        pop(i).path = path;
27.    end
```

```
28. end
29.
```

（5）当计算完适应度之后，更新第 1 代种群的个体最优和全局最优，将最优信息保存下来，用于后续迭代过程。计算最优个体的主要代码同样被封装成了函数，具体代码如下。

```
1. function [pop, GlobalBest] = calBest(pop, GlobalBest)      % 函数：计算迭代最优解
2. for i = 1: size(pop, 1)
3.    if pop(i).fitness < pop(i).Best.fitness                 % 更新个体的最优
4.       pop(i).Best.pos = pop(i).pos;
5.       pop(i).Best.fitness = pop(i).fitness;
6.       pop(i).Best.path = pop(i).path;
7.    end
8.    if pop(i).Best.fitness < GlobalBest.fitness             % 更新全局最优
9.       GlobalBest = pop(i).Best;
10.    end
11. end
```

（6）进入主程序，依次进行种群迭代进化。首先进入种群的选择操作，用于挑选本种群中的父代种群，用于后续的交叉操作和变异操作。选择操作被封装成了函数，具体代码如下。

```
1. function [parentPop, otherPop] = select(pop, p_select)     % 函数：选择操作
2. popNum = length(pop);                                      % 种群数量
3. selectNum = round(popNum * p_select);                      % 选择的个体数量
4. randIdx = randperm(popNum);                                % 生成随机整数序列
5. selectIdx = randIdx(1: selectNum);                         % 生成被挑选出来的个体索引
6. parentPop = pop(selectIdx);                                % 被挑选出来的父代种群
7. otherIdx = [];                                             % 初始化其他种群变量
8. for i = 1: popNum
9.    if ~ismember(i, selectIdx)                              % 若该索引未被选择，追加到其他种
10.       otherIdx(end+1) = i;                                群变量数组中
11.    end
12. end
13. otherPop = pop(otherIdx);                                 % 其他种群
```

（7）执行交叉操作，交叉操作被封装成了函数，具体代码如下。程序中利用了 MATLAB 的 dec2bin 库函数和 bin2dec 库函数，其用途是十进制和二进制的互转。需要说明的是，对 x/y 坐标进行编码（即十进制转二进制）时，希望生成的字符串是一个包含 4 位的二进制数，对于小于 15 的数字，且希望前面位数能够自动补零，但 dec2bin 库函数生成的二进制数是一个包含 "0" 和 "1" 的字符串，不会自动补零，故程序中巧妙地将数字 15 引入，使转出的二进制数刚好等于 4 位。

```
1. function childPop = crossover(parentPop, p_crs)            % 函数：交叉操作
2. m = length(parentPop);                                     % 种群数量
3. n = length(parentPop(1).pos.x);                            % 染色体长度
4. childPop = parentPop;                                      % 初始化子代种群
5. for i = 1: 2: m-1                                          % 循环，相邻两个个体进行交叉
6.    if rand < p_crs                                         % 若随机数小于交叉概率
7.       for j = 1: n                                         % 循环交叉每一段染色体
8.          temp1 = dec2bin([1, childPop(i).pos.x(j)]);       % 对 x/y 坐标编码成 4 位二进制，
9.          temp2=dec2bin([15, childPop(i+1).pos.x(j)]);      15 的作用是避免转出的二进制数小
10.         temp3 = dec2bin([15, childPop(i).pos.y(j)]);      于 4 位
11.         temp4=dec2bin([15, childPop(i+1).pos.y(j)]);
12.         x_bin1 = temp1(2, :);                             % 取值
13.         x_bin2 = temp2(2, :);
14.         y_bin1 = temp3(2, :);
15.         y_bin2 = temp4(2, :);
```

```
16.            x_bin_new1 = strcat(x_bin1(1: 2), x_bin2(3: 4));    % 二进制数交叉
17.            x_bin_new2 = strcat(x_bin2(1: 2), x_bin1(3: 4));
18.            y_bin_new1 = strcat(y_bin1(1: 2), y_bin2(3: 4));
19.            y_bin_new2 = strcat(y_bin2(1: 2), y_bin1(3: 4));
20.            x_new1 = bin2dec(x_bin_new1);                       % 解码
21.            x_new2 = bin2dec(x_bin_new2);
22.            y_new1 = bin2dec(y_bin_new1);
23.            y_new2 = bin2dec(y_bin_new2);
24.            childPop(i).pos.x(j) = x_new1;                      % 赋值给子代
25.            childPop(i+1).pos.x(j) = x_new2;
26.            childPop(i).pos.y(j) = y_new1;
27.            childPop(i+1).pos.y(j) = y_new2;
28.        end
29.    end
30. end
31. for i = 1: m                                                  % 将所有控制点按照 x/y 两个方向
32.    childPop(i).pos.x = sort(childPop(i).pos.x);               进行排序
33.    childPop(i).pos.y = sort(childPop(i).pos.y);
34. end
```

(8) 执行变异操作，变异操作被封装成了函数，具体代码如下。程序中通过循环遍历每一个二进制编码，判断一个随机数是否小于变异概率，若小于则对该编码进行变异。

```
1. function childPop = mutation(childPop, p_mut)          % 函数: 变异操作
2. m = length(childPop);                                  % 种群数量
3. n = length(childPop(1).pos.x);                         % 染色体长度
4. for i = 1: 1: m                                        % 每一个个体
5.    for j = 1: n                                        % 每一个染色体
6.        temp1 = dec2bin([15, childPop(i).pos.x(j)]);    % 对 x/y 坐标编码成 4 位二进制, 15
7.        temp2 = dec2bin([15, childPop(i).pos.y(j)]);    的作用是避免转出的二进制数小于 4 位
8.        x_bin = temp1(2, : );                           % 取值
9.        y_bin = temp2(2, : );
10.        for k = 1: 4                                   % 遍历每一段编码
11.            if rand < p_mut                            % 若随机数小于变异概率, 对 x 位
12.                if x_bin(k) == '0'                      置执行变异操作, 变异的思路就是让
13.                    x_bin(k) = '1';                     二进制数反转
14.                else
15.                    x_bin(k) = '0';
16.                end
17.            end
18.            if rand < p_mut                            % 若随机数小于变异概率, 对 y 位
19.                if y_bin(k) == '0'                      置执行变异操作, 变异的思路就是让
20.                    y_bin(k) = '1';                     二进制数反转
21.                else
22.                    y_bin(k) = '0';
23.                end
24.            end
25.        end
26.        childPop(i).pos.x(j) = bin2dec(x_bin);         % 赋值给子代
27.        childPop(i).pos.y(j) = bin2dec(y_bin);
28.    end
29. end
30. for i = 1: m                                          % 将所有控制点按照 x/y 两个方向
31.    childPop(i).pos.x = sort(childPop(i).pos.x);       进行排序
32.    childPop(i).pos.y = sort(childPop(i).pos.y);
33. end
```

至此，主循环中对种群的选择、交叉和变异的三个操作全部结束，程序的后续过程与前述类似，不再展开赘述。执行主程序代码，并绘制路径规划结果图和路径长度迭代结果图，如图 8-9 所示。

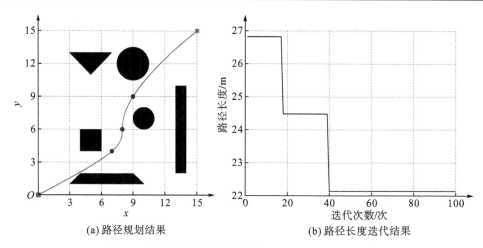

(a) 路径规划结果　　　　　　　　　(b) 路径长度迭代结果

图 8-9　基于遗传算法的路径规划及路径长度迭代结果

综上，利用三次样条曲线经过中间三个型值点的路径规划思想可以满足曲率连续等要求，且其迭代优化得到的规划路径能够避开障碍物，满足碰撞检测要求。从图 8-9(b) 可以看出在整个 100 次迭代中，适应度仅变化了三次，表明遗传算法在现有的超参数组合下极易陷入局部最优。

8.3　粒子群算法

8.3.1　算法简介

鸟类在空中同步群集飞行的优美舞姿，给人类留下深刻的印象，粒子群算法(particle swarm optimization，PSO)是一种受鸟类行为机制启发而发展起来的群智能优化算法。鸟群在没有领导者也没有协调者的情况下，相邻的两只鸟之间保持一定的距离，排成规则队形，能同时转弯而不互相碰撞。鸟类所表现出的这种行为引起了社会学、智能科学等领域研究人员的广泛关注。基于此，克雷格·雷诺兹(Craig Reynolds)于 1987 年提出了 Boid 模型来模拟鸟类聚集飞行的行为。在这个模型中，每个个体被称为一个 Boid，每个 Boid 可感知周围一定范围内其他 Boid 的飞行信息，此信息作为 Boid 决策系统的输入，结合其当前自身的飞行状态，做出下一步的飞行决策。每个个体在飞行中遵循三条规则：①飞离最近的个体，以避免碰撞；②向目标前进，和邻近个体的平均速度保持一致；③向邻近个体的平均位置移动，向群体的中心运动。在 Boid 模型的基础上，生物学家弗兰克·海普纳(Frank Heppner)于 1990 年提出了新的鸟类模型，增加了受栖息地吸引的特性。

受上述模型的影响，J.Kennedy Eberhart 于 1995 年提出了粒子群算法。在粒子群算法中，一个待解决问题的可行解可以视为一只鸟，这只鸟就称为一个"粒子"，每一个粒子都可由适应度函数来判断其位置是否更优。这里的适应度函数的概念与遗传算法一致，就是一个评价可行解优劣的指标函数。此外，每一个粒子必须赋予记忆功能，能记住所搜寻到的最佳位置。每一个粒子还有一个速度以决定飞行的距离和方向,这个速度根据它本身的飞行经验以及同伴的飞行经验进行动态调整。各个粒子记忆、追寻当前的最优位置,在解空间中迭代搜寻最优值。

粒子群算法也是一种启发式优化计算方法,其具有标定参数较少、模型容易调整、局部搜索与全局搜索相结合、收敛速度快等诸多优点。因此粒子群算法的应用范围非常广泛,目前已在神经网络的训练、连续参数优化、组合优化等方面成功应用。

8.3.2　粒子群算法的建模思想

1. 粒子群算法基本思想

设一个由 m 个粒子组成的种群在某二维空间中以一定速度飞行。当迭代次数为 i 时,粒子 j 的位置为 $x_j = (x_{j1}, x_{j2})$,速度为 $v_j = (v_{j1}, v_{j2})$,对应的适应度为 f_{ij}。针对粒子 j,它自身在迭代过程中,适应度值会发生变化,定义 pbest$_j$ 为粒子 j 搜索过的最好位置(即最优可行解),表达式如下:

$$\text{pbest}_j = \max\left(f_{1j}, f_{2j}, \cdots, f_{ij}\right) \tag{8-1}$$

进一步,针对 m 个粒子构成的种群,定义 gbest$_i$ 为该种群截至第 i 次迭代中所经历过的最好位置,表达式如下:

$$\text{gbest}_i = \max\left(f_{11}, f_{12}, f_{1m}, \cdots, f_{i1}, f_{i2}, f_{im}\right) \tag{8-2}$$

在鸟群中,每一只鸟在寻找食物的过程中会不断改变自身的速度方向,从而更新自身位置,以期离食物源更近。在算法中,以第 1 维速度为例,利用式(8-3)更新粒子 j 的速度:

$$v_{j1}^k = \omega v_{j1}^{k-1} + c_1 r_1\left(\text{pbest}_j - x_{j1}^{k-1}\right) + c_2 r_2\left(\text{pbest}_i - x_{j1}^{k-1}\right) \tag{8-3}$$

式(8-3)蕴含粒子群算法最核心的思想,即粒子的速度更新包含三个方面。

(1)惯性部分。鸟在更新自身速度时,由于初速度的惯性影响,速度更新必然不能忽略,且在搜寻食物时,鸟的当前速度也代表了一种探索经验,故会适当参考自身的当前速度。因此在算法中,惯性权重 ω 代表粒子对当前速度方向的信任程度;v_{j1}^{k-1} 代表第 $k-1$ 次迭代粒子 j 的第 1 维速度。

(2)个体认知部分。设想一只鸟在一个区域内自由觅食,它每一次都能找到食物,不过食物品质不同,该鸟会尽可能去之前食物质量最高的那个地方进行觅食。因此在算法中,第 2 项就代表了粒子 j 对自身以往觅食的经验认知,其中 c_1 代表个体认知权重,用于调节学习步长;r_1 是一个[0,1]的随机数,用于增加搜索的随机性;x_{j1}^{k-1} 代表第 $k-1$ 次迭代粒子 j 的第 1 维位置。

(3)社会认知部分。设想一只鸟在觅食的时候,它除了参考自身以往的经验,还会参考鸟群中其他同伴更为丰富的经验进行觅食,这就表现为了一种社会认知。因此,在算法中,第 3 项就代表了粒子 j 对鸟群觅食的经验认知,其中 c_2 代表社会认知权重,用于调节学习步长;r_2 是一个[0,1]的随机数,用于增加搜索的随机性。

上述第 1 项对应于多样化的特征，第 2、3 项对应于搜索过程集中化的特征，这三项之间的相互平衡和制约决定了算法的主要性能。进一步绘制粒子群算法速度更新机制示意图(图 8-10)，帮助读者深入理解粒子群算法的速度更新机制。

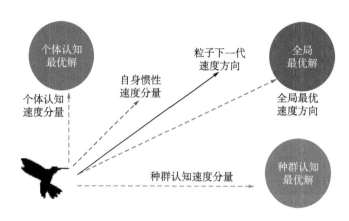

图 8-10　粒子群算法速度更新机制示意图

图 8-10 中，综合自身惯性速度分量、个体认知速度分量及种群认知速度分量，得到粒子下一代的速度方向，与其余三个速度分量方向相比，粒子下一代速度方向与全局最优速度方向更加接近。值得注意的是，粒子的速度不能过大，否则容易造成位置更新幅度过大，使得在解空间内难以求得最优解，故需要对速度值设一个上限 $v_{\max}$。

有了式(8-3)的速度更新表达式，那么粒子的位置更新表达式就比较容易得出，如式(8-4)所示。

$$x_{i1}^{k} = x_{i1}^{k-1} + v_{i1}^{k-1} \tag{8-4}$$

综上，每一个粒子通过上述三个速度分量进行自身速度、位置的更新，既考虑了当前速度方向，也考虑了自身以往的觅食经验，还考虑了整个鸟群的觅食经验，这样的觅食机制能快速让整个种群的粒子迭代寻优，直至收敛到最优值。

2. 粒子群算法要素解析及步骤

接下来深入介绍粒子群算法的一些构成要素及大小范围。

(1)种群规模 m 代表种群中粒子的个数：种群规模越大，其初始化多样性越好，规模越大的种群可以在每一次迭代中搜索更大的区域，潜在的优化能力更好，可以在更少的迭代次数中找到问题的解，但同时也会增加算法的计算量以及降低并行随机搜索的机能；相反，种群规模越小，陷入局部最优解的可能性越大。一般来说，粒子数目取 50 左右比较合适。

(2)惯性权重 ω 决定了粒子先前速度对当前速度的影响程度，从而起到平衡算法全局搜索和局部搜索能力的作用。若没有惯性部分，所有粒子很容易趋向于同样的位置。当惯性权重较小时，算法倾向于在目前的小区域进行精细化局部搜索，若该区域含有全局最优解，则有利于搜索到该解。从图 8-1 可知，一般很难搜索到全局最优解，那么就会陷入局部最优解。当惯性权重较大时，粒子就有能力扩展到新的搜索区域，算法的全局搜索能力就会增强。

(3) 当个体认知权重 $c_1=0$ 时，粒子丧失了个体认知能力，变为只有社会认知的模型，容易丧失群体多样性，陷入局部最优；当社会认知权重 $c_2=0$ 时，粒子之间没有社会信息，模型变为只有个体认知的模型，粒子之间完全没有社会信息共享，收敛缓慢。当 c_1 和 c_2 都不为 0 时，自我认知项和社会认知项相互影响，共同促使粒子朝着最优方向运动。

(4) 速度上限值用于平衡算法的探索能力与开发能力：当 v_{max} 较大时，探索能力增强，但粒子容易飞过最优解；当 v_{max} 较小时，开发能力增强，但容易陷入局部最优。v_{max} 一般设为每维变量的取值范围上限值。

粒子群算法的具体操作步骤如图 8-11 所示。

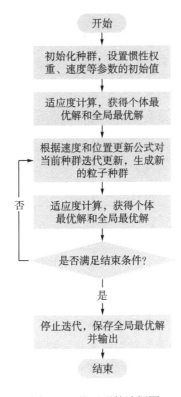

图 8-11　粒子群算法框图

步骤 1：对粒子群算法的参数进行初始化，这些参数包括种群规模、迭代次数、惯性权重、个体认知加速度常数、社会认知加速度常数、粒子位置界限等。

步骤 2：针对具体的问题，计算种群的每一个个体的适应度，获得个体最优解和全局最优解。

步骤 3：进入算法的主循环，根据速度和位置更新公式，更新本代种群。

步骤 4：计算种群的每一个个体的适应度，获得个体最优解和全局最优解。

步骤 5：判断是否达到最大迭代次数，若是则停止迭代，保存全局最优值并输出；否则重新更新本代种群，进入下一次迭代。

8.3.3 案例精讲

在遗传算法中，一个染色体代表一个可行解，一个可行解由除了起汽两点外的三个型值点构成，故利用染色体中的三个基因分别表示即可。参照遗传算法的转换思想，可以将粒子群算法的一个粒子代表问题的一个可行解，一个可行解由一条平滑曲线构成，平滑曲线由平面中的3个离散点(型值点)采用三次样条曲线法得到。因此，可以认为平面中的3个离散点为一个粒子。

基于粒子群实现图 8-5 的路径规划，主要步骤如下。

步骤 1：对环境和粒子群算法的参数进行初始化，主要参数(超参数)的数值如表 8-3 所示。

表 8-3　粒子群算法主要参数

参数	数值	参数	数值
地图大小	15×15	粒子分量个数	5
起点坐标	(0,0)	惯性权重	1.2
终点坐标	(15,15)	个体认知权重	2
种群规模	50	社会认知权重	2
最大迭代次数	100	随机函数	[0, 1]

表 8-3 中，粒子分量为 5 可以理解为一个可行解包含有 5 个型值点。因此除了起点和终点外，还需在状态空间中确定三个待定型值点。在第 1 步的初始化过程中，根据地图大小、速度等约束条件，可以对 50 个粒子随机进行速度和位置分布。

步骤 2：针对第 1 代种群的 50 个粒子，根据每一个粒子包含的 5 个分量(型值点)可以利用三次样条曲线法计算获得一条平滑的路径曲线，计算每条路径的长度，然后赋值作为该粒子在第 1 代的适应度。由于当前为第 1 代，粒子的 pbest 就为当前的适应度值，将粒子当前的 5 个分量和对应的适应度值存放到 pbest 相关变量中，便于后续迭代过程中进行对比。当所有的粒子的 pbest 全部更新完毕后，比较获取适应度最小值，将结果赋值给 pbest。

步骤 3：进入主循环，按照相应公式更新 50 个粒子的速度和位置。值得注意的是，更新后的位置可能会超过地图边界，在实际的编程实践中需要适当处理。

步骤 4：当本种群的粒子更新位置之后，也就表明该粒子除了起汽两点外的其余三个型值点位置发生了更新，计算在该型值点组合下，所形成的三次样条曲线的路径长度，取其相反数作为粒子此时的适应度值，保存个体最优解和全局最优解。

步骤 5：判断是否达到最大迭代次数，若是则停止迭代，保存全局最优值并输出；否则重新更新种群，进入下一次迭代。

8.3.4　MATLAB 仿真

基于粒子群算法的路径规划程序代码如下。

```
1. clc
2. clear
3. close all
4. %% 地图环境
5. startPos = [0, 0];                              % 起点
6. goalPos = [15, 15];                             % 终点
7. mapSize = [0, 15; 0, 15];                       % 地图尺寸
8. [obs] = setObs;                                 % 定义地图环境
9. %% 初始参数设置
10. N = 100;                                        % 迭代次数
11. M = 50;                                         % 粒子数量
12. pointNum = 3;                                   % 每一个粒子包含三个位置点
13. w = 1.2;                                        % 惯性权重
14. c1 = 2;                                         % 社会权重
15. c2 = 2;                                         % 认知权重
16. posBound = mapSize;                             % 粒子位置界限
17. alpha = 0.1;
18. velBound(:, 2)=alpha*(posBound(:, 2) - posBound(:, 1));  % 粒子速度界限
19. velBound(:, 1) = -velBound(:, 2);
20. %% 种群初始化
21. Particles = struct;                             % 初始化一个空的粒子结构体
22. particles.pos= [];                              % 位置
23. particles.v = [];                               % 速度
24. particles.fitness = [];                         % 适应度
25. particles.path = [];                            % 路径
26. particles.Best.pos = [];                        % 某个个体在迭代中的最优位置
27. particles.Best.fitness = [];                    % 某个个体在迭代中的最优适应度
28. particles.Best.path = [];                       % 某个个体在迭代中的最优路径
29. particles = repmat(particles, M, 1);            % 定义包含 M 个粒子的结构体
30. GlobalBest.fitness = inf;                       % 初始化每一代的最优粒子
31. for i = 1: M                                    % 第 1 代的个体粒子初始化
32.     particles(i).pos.x = unifrnd(posBound(1, 1),  % 粒子位置按照正态分布随机生成
        posBound(1, 2), 1, pointNum);
33.     particles(i).pos.y = unifrnd(posBound(2, 1),
        posBound(2, 2), 1, pointNum);
34.     particles(i).v.x = zeros(1, pointNum);      % 初始化速度
35.     particles(i).v.y = zeros(1, pointNum);
36.     particles(i) = calFitness(startPos, goalPos, obs,  % 调用适应度计算函数
        particles(i));
37.     particles(i).Best.pos = particles(i).pos;   % 更新个体粒子的最优
38.     particles(i).Best.fitness = particles(i).fitness;
39.     particles(i).Best.path = particles(i).path;
40.     if particles(i).Best.fitness < GlobalBest.fitness  % 更新全局最优
41.         GlobalBest = particles(i).Best;
42.     end
43. end
44. minFitness_iters = zeros(N, 1);                 % 初始化每一代的最优适应度
45. %% 循环迭代
46. for iter = 1: N
```

```
47.     for i = 1: M
48.        particles(i).v.x = w*particles(i).v.x              % 更新速度
49.         + c1*rand([1, pointNum]).*(particles(i).
            Best.pos.x-particles(i).pos.x) + c2*rand([1,
            pointNum]).*(GlobalBest.pos.x-particles(i).
            pos.x);
50.        particles(i).v.y = w*particles(i).v.y
            +c1*rand([1, pointNum]).*(particles(i).
            Best.pos.y-particles(i).pos.y)+ c2*rand([1,
            pointNum]).*(GlobalBest.pos.y-particles(i).
            pos.y);
51.        particles(i).v.x = min(particles(i).v.x,          % 判断是否位于速度界限以内
            velBound(1, 2));
52.        particles(i).v.x = max(particles(i).v.x,
            velBound(1, 1));
53.        particles(i).v.y = min(particles(i).v.y,
            velBound(2, 2));
54.        particles(i).v.y = max(particles(i).v.y,
            velBound(2, 1));
55.        particles(i).pos.x = particles(i).pos.x +         % 更新粒子位置
            particles(i).v.x;
56.        particles(i).pos.y = particles(i).pos.y +
            particles(i).v.y;
57.        particles(i).pos.x = max(particles(i).pos.x,      % 判断是否位于粒子位置界限以内
            posBound(1, 1));
58.        particles(i).pos.x = min(particles(i).pos.x,
            posBound(1, 2));
59.        particles(i).pos.y = max(particles(i).pos.y,
            posBound(2, 1));
60.        particles(i).pos.y = min(particles(i).pos.y,
            posBound(2, 2));
61.        particles(i) = calFitness(startPos,               % 适应度计算
            goalPos, obs, particles(i));
62.        if particles(i).fitness < particles(i).           % 更新个体粒子最优
            Best.fitness
63.           particles(i).Best.pos = particles(i).pos;
64.           particles(i).Best.fitness = particles(i).
               fitness;
65.           particles(i).Best.path = particles(i).
               path;
66.           if particles(i).Best.fitness <                 % 更新全局最优粒子
               GlobalBest.fitness
67.              GlobalBest = particles(i).Best;
68.           end
69.        end
70.     end
71.     minFitness_iters(iter) = GlobalBest.fitness;         % 把每一代的最优粒子赋值给
72.     disp(['第' num2str(iter) '代: ' '最优适应度 = '        minFitness_iters
            num2str(minFitness_iters(iter))]);               % 在命令行窗口显示每一代的信息
73. end
```

上述代码的结构和步骤基本与 8.3.3 节案例精讲一致，计算适应度的函数也与遗传算法类似，这里不再细述。执行上述代码，并绘制路径规划和路径长度的迭代结果图，如图 8-12 所示。

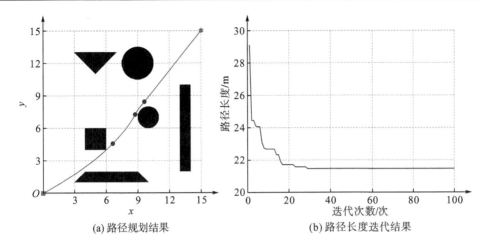

(a) 路径规划结果   (b) 路径长度迭代结果

图 8-12   基于粒子群算法的路径规划及路径长度迭代结果

可以看出，粒子群算法在多次迭代优化之后的路径规划结果比遗传算法更加优异，其路径在障碍物约束条件下已基本达到最优。从路径长度迭代结果也可以看出，粒子群算法相比遗传算法具有更强的迭代优化能力和全局最优搜索能力。

8.4 蚁 群 算 法

8.4.1 算法简介

科学家观察到自然界的蚂蚁视觉并不发达，但它们可以在没有任何提示的情况下找到从食物源到巢穴的最短路径，并在周围环境发生变化后，自适应地搜索新的最佳路径。研究发现，蚂蚁在寻找食物源的时候，能在其走过的路径上释放一种叫信息素的激素，使一定范围内的其他蚂蚁能够察觉到。当一些路径上经过的蚂蚁越来越多时，信息素也就越来越多，蚂蚁们选择这条路径的概率也就越高，结果导致这条路径上的信息素又增多，蚂蚁走这条路的概率又增加，这种选择过程被称为蚂蚁的自催化行为。对于单只蚂蚁来说，它并没有寻找最短路径的能力，只是根据每条路径的概率进行选择，但对于整个蚁群来说，它们却达到了寻找到最优路径的客观上的效果，这就是一种群智能的真实表现。

基于上述现象，Dorigo 等在 1992 年提出了基于信息正反馈原理的蚁群算法。蚁群算法应用于解决优化问题的基本思路为：用蚂蚁的行走路径表示待优化问题的可行解，整个蚁群的所有路径构成待优化问题的解空间。路径较短的蚂蚁释放的信息素量较多，随着时间的推进，较短路径上累积的信息素浓度逐渐增高，选择该路径的蚂蚁个数也愈来愈多。最终，整个蚁群会在正反馈的作用下集中到最佳的路径上，此时对应的便是待优化问题的最优解。

蚁群算法有如下特点：①采用正反馈机制，使得搜索过程不断收敛，最终逼近于最优解；②每个个体可以通过释放信息素来改变周围的环境，且每个个体能够感知周围环境的实时变化，个体间通过环境进行间接通信；③搜索过程采用分布式计算方式，多个个体同时进行并行计算，大大提高了算法的计算能力和运行效率；④启发式的概率搜索方式，不容易陷入局部最优，易于寻找到全局最优解。正因为蚁群算法是一种模拟蚂蚁寻找食物的最短路径行为来设计的群智能仿生算法，这种特性使其天生适用于解决最短路径问题，如经典的旅行商问题。目前蚁群算法已渐渐应用到其他领域中，如图着色问题、车辆调度问题、集成电路设计、通信网络、数据聚类分析等。

8.4.2　蚁群算法的建模思想

图 8-13 为蚁群算法示意图，蚁群从起点开始觅食。开始的时候，蚂蚁在起点面对三条路径，并不知道哪条路径最短，故会随机选择 AB、AC 及 AD 三条路径，到达交叉口 D 后也同样以相同概率选择 DE、DF 及 DG 三条路径，如图 8-13（a）所示。随着时间推移，由于 AD 路径更短，单位距离的信息素浓度比 AB 和 AC 更高，故蚂蚁在起点会更多地选择 AD，在交叉口 D 也会更多选择 DG，故最终整个蚁群会收敛到路径 ADG，如图 8-13（b）所示。

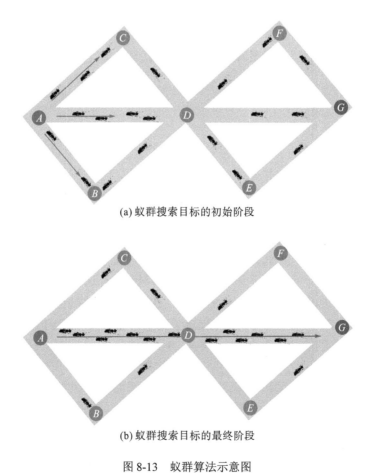

(a) 蚁群搜索目标的初始阶段

(b) 蚁群搜索目标的最终阶段

图 8-13　蚁群算法示意图

设整个蚁群的数量为 m；节点的数量为 n；节点 i 与节点 j 之间的距离为 $d_{ij}(i,j=1,2,\cdots,n)$；在第 t 代时，节点 i 与节点 j 之间连接路径上的信息素浓度为 $\rho(0<\rho<1)$，在初始化的第 1 代时，各个节点连接路径上的信息素浓度相同，为 $\tau_{ij}(1)=\tau_0$。

蚂蚁 $k(k=1,2,\cdots,m)$ 根据各个节点之间连接路径上的信息素浓度决定它下一个访问的节点，设 $P_{ij}^k(t)$ 表示第 t 代时蚂蚁 k 从节点 i 转移到节点 j 的概率，其计算公式为

$$P_{ij}^k(t)=\begin{cases}\dfrac{\left[\tau_{ij}(t)\right]^{\alpha}\cdot\left[\eta_{ij}(t)\right]^{\beta}}{\displaystyle\sum_{s\in\text{allow}_k}\left[\tau_{is}(t)\right]^{\alpha}\cdot\left[\eta_{is}(t)\right]^{\beta}}, & s\in\text{allow}_k\\[4mm] 0, & s\notin\text{allow}_k\end{cases}\tag{8-5}$$

式中，$\eta_{ij}(t)$ 为启发函数，表示从节点 i 转移到节点 j 的期望程度，具体表达式为 $\eta_{ij}(t)=1/d_{ij}$；allow_k 为蚂蚁 k 待访问节点的集合，例如，图 8-13 中蚂蚁在起点允许访问节点的集合 $\text{allow}=\{A,B,C\}$；α 为信息素重要程度因子，其值越大表示信息素的浓度在节点选择中起的作用越大，即蚂蚁会以较大概率选择信息素浓度更高的路径；β 为启发函数重要程度因子，其值越大表示启发函数在节点选择中起的作用越大，即蚂蚁会以较大概率选择距离更短的路径。

在蚂蚁释放信息素的同时，各个节点间连接路径上的信息素也会逐渐消失，设参数 $\rho(0<\rho<1)$ 表示信息素的挥发程度。因此，当第 t 代的所有蚂蚁完成一次路径搜索后，各个节点连接路径上的信息素浓度需要进行实时更新，具体公式为

$$\begin{cases}\tau_{ij}(t+1)=(1-\rho)\cdot\tau_{ij}(t)+\Delta\tau_{ij}\\[2mm]\Delta\tau_{ij}=\displaystyle\sum_{k=1}^{n}\Delta\tau_{ij}^k\end{cases},0<\rho<1\tag{8-6}$$

式中，$\Delta\tau_{ij}^k$ 表示第 k 只蚂蚁在节点 i 与节点 j 连接路径上释放的信息素浓度；$\Delta\tau_{ij}$ 表示所有蚂蚁在节点 i 与节点 j 连接路径上释放的信息素浓度之和。

关于 $\Delta\tau_{ij}^k$ 的计算，有如下几种模型：

(1) ant cycle system 模型，如式 (8-7) 所示。

$$\Delta\tau_{ij}^k=\begin{cases}Q/L_k, & \text{第}k\text{只蚂蚁从节点}i\text{访问节点}j\\ 0, & \text{其他}\end{cases}\tag{8-7}$$

式中，Q 为常数，表示蚂蚁循环一次所释放的信息素总量；L_k 为第 k 只蚂蚁经过路径的长度。

(2) ant quantity system 模型，如式 (8-8) 所示。

$$\Delta\tau_{ij}^k=\begin{cases}Q/d_{ij}, & \text{第}k\text{只蚂蚁从节点}i\text{访问节点}j\\ 0, & \text{其他}\end{cases}\tag{8-8}$$

(3) ant density system 模型，如式 (8-9) 所示。

$$\Delta\tau_{ij}^k=\begin{cases}Q, & \text{第}k\text{只蚂蚁从节点}i\text{访问节点}j\\ 0, & \text{其他}\end{cases}\tag{8-9}$$

本书采用 ant cycle system 模型。蚁群算法的具体流程如图 8-14 所示。

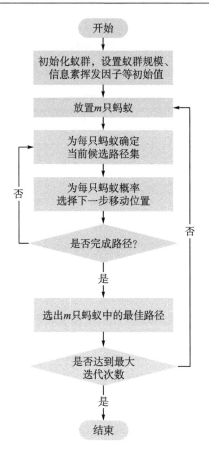

图 8-14　蚁群算法框图

步骤 1：对蚁群算法的超参数进行初始化，这些超参数包括蚁群规模、信息素因子、信息素挥发因子、Q 常数及最大迭代次数等。

步骤 2：在起点处放置 m 只蚂蚁，根据起点处的各个联通节点生成当前候选路径集。

步骤 3：基于候选路径集，首先根据式(8-5)计算每条路径的选择概率，然后根据轮盘赌法随机选择路径，以确定下一个访问的节点。

步骤 4：判断蚂蚁是否到达终点，若还未到达终点则继续根据概率选择下一个节点，否则表示该蚂蚁已经完成了路径搜索，则选出 m 只蚂蚁所搜索的最佳路径。

步骤 5：判断是否达到最大迭代次数，若是则停止迭代，保存最优路径相关信息并输出；否则重新放置 m 只蚂蚁，再次进行路径搜索。

8.4.3　在拓扑地图中的应用

从蚁群算法的建模思想可以看出，它是一种在设计之初就非常适用于拓扑地图最短路径规划的算法。图 8-15 是一个拓扑地图，在 3.2 节已经接触过此地图，本节基于图 8-15 介绍如何将蚁群算法应用于拓扑地图。

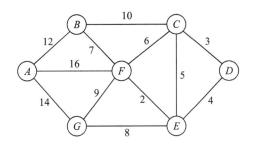

图 8-15 蚁群算法应用于拓扑地图

首先对环境和蚁群算法的参数进行初始化，主要参数如表 8-4 所示。

表 8-4 蚁群算法主要参数

参数	数值	参数	数值
节点个数	7	信息素主要程度因子	1
源节点	A	启发函数主要程度因子	5
目标节点	D	信息素挥发因子	0.1
蚁群规模	50	Q 常数	1
最大迭代次数	100	信息素浓度模型	ant cycle system

主体步骤可参考 8.3 节的相关内容，此处不再赘述，代码如下所示。

```
1.  clc
2.  clear
3.  close all
4.  %% 定义参数
5.  nodes_data = cell(0);                                    % 根据节点的邻近节点表及字母节
6.  nodes_data(1, :) = {1, [2, 6, 7], [12, 16, 14]};          点-数字节点对应表，构造节点元胞
7.  nodes_data(2, :) = {2, [1, 3, 6], [12, 10, 7]};          数组
8.  nodes_data(3, :) = {3, [2, 4, 5, 6], [10, 3, 5, 6]};
9.  nodes_data(4, :) = {4, [3, 5], [3, 4]};
10. nodes_data(5, :) = {5, [3, 4, 6, 7], [5, 4, 2, 8]};
11. nodes_data(6, :) = {6, [1, 2, 3, 5, 7], [16, 7,
        6, 2, 9]};
12. nodes_data(7, :) = {7, [1, 5, 6], [14, 8, 9]};
13. node_start = 4;                                          % 初始源节点
14. node_end = 1;                                            % 终节点
15. m = 50;                                                  % 蚂蚁数量
16. n = size(nodes_data, 1);                                 % 节点数量
17. alpha = 1;                                               % 信息素重要程度因子
18. beta = 5;                                                % 启发函数重要程度因子
19. rho = 0.1;                                               % 信息素挥发因子
20. Q = 1;                                                   % 常数
21. %% 算法初始化
22. iter = 1;                                                % 迭代次数初值
23. iter_max = 100;                                          % 最大迭代次数
24. Route_best = cell(iter_max, 1);                          % 各代最佳路径
25. Length_best = zeros(iter_max, 1);                        % 各代最佳路径的长度
26. Length_ave = zeros(iter_max, 1);                         % 各代路径的平均长度
27. Delta_Tau_initial = nodes_data(:, 1: 2);                 % 将信息素、挥发因子一并放入
28. for i = 1: size(nodes_data, 1)                           nodes_data 中
```

```
29.        nodes_data{i,4} = ones(1, length(nodes_data{i,3}));     % 信息素
30.        nodes_data{i, 5} = 1./nodes_data{i, 3};               % 挥发因子
31.        Delta_Tau_initial{i, 3} = zeros(1, length(nodes_
           data{i, 3}));
32. end
33.
34. %% 迭代寻找最佳路径
35. while iter <= iter_max
36.        route = cell(0);                                % 每次迭代，路径初始化
37.        for i = 1: m                                    % 逐个蚂蚁路径选择
38.            neighbor = cell(0);                          % 某只蚂蚁初始化参数
39.            node_step = node_start;
40.            path = node_step;
41.            dist = 0;
42.            while ~ismember(node_end, path)              % 当搜索到终节点时，跳出循环
43.                neighbor = nodes_data{node_step, 2};     % 寻找邻近节点
44.                idx = [];
45.                for k = 1: length(neighbor)
46.                    if ismember(neighbor(k), path)
47.                        idx(end+1) = k;                  % 记录已经访问过的邻近节点索引
48.                    end
49.                end
50.                neighbor(idx) = [];                      % 删除已经访问过的邻近节点
51.                if isempty(neighbor)                     % 若进入死胡同，返回重新搜索
52.                    neighbor = cell(0);
53.                    node_step = node_start;
54.                    path = node_step;
55.                    dist = 0;
56.                    continue
57.                end
58.                P = neighbor;                            % 计算下一个节点的访问概率
59.                for k=1: length(P)
60.                    P(2, k) = nodes_data{node_step,
                        4}(k)^alpha * ...
61.                        nodes_data{node_step, 5}(k)^beta;
62.                end
63.                P(2, :) = P(2, :)/sum(P(2, :));
64.                Pc = cumsum(P(2, :));
65.                Pc = [0, Pc];
66.                randnum = rand;
67.                for k = 1: length(Pc)-1                  % 轮盘赌法选择下一个访问节点
68.                    if randnum > Pc(k) && randnum < Pc(k+1)
69.                        target_node = neighbor(k);
70.                    end
71.                end
72.                idx_temp = find(nodes_data{node_step, 2} ==
                    target_node);
73.                dist = dist + nodes_data{node_step,          % 计算单步距离
       3}(idx_temp);
74.                node_step = target_node;                 % 更新下一步的目标节点及路径集合
75.                path(end+1) = node_step;
76.            end
77.            Length(i, 1) = dist;                         % 存放第 i 只蚂蚁的累计距离及对
78.            route{i, 1} = path;                          应路径
79.        end
80.        if iter == 1                                     % 计算这一代的 m 只蚂蚁中最短距
81.            [min_Length, min_index] = min(Length);       离及对应路径
82.            Length_best(iter) = min_Length;
83.            Length_ave(iter) = mean(Length);
84.            Route_best{iter, 1} = route{min_index, 1};
```

```
85.        else
86.            [min_Length, min_index] = min(Length);
87.            Length_best(iter) = min(Length_best(iter - 1),
                min_Length);
88.            Length_ave(iter) = mean(Length);          % 信息素变化量初始化
89.            if Length_best(iter) == min_Length
90.                Route_best{iter, 1} = route{min_index, 1};
91.            else
92.                Route_best{iter, 1} = Route_best{iter-1, 1};
93.            end
94.        end
95.        Delta_Tau = Delta_Tau_initial;                % 信息素变化量初始化
96.        for i = 1: m                                  % 计算每一条路径上经过的蚂蚁留
97.            for j = 1: length(route{i, 1})-1            下的信息素
98.                node_start_temp = route{i, 1}(j);      % 逐个节点间计算
99.                node_end_temp = route{i, 1}(j+1);
100.                idx = find(Delta_Tau{node_start_temp, 2}
                    ==node_end_temp);
101.                Delta_Tau{node_start_temp, 3}(idx) =
                    Delta_Tau
102.                {node_start_temp, 3}(idx) + Q/Length(i);
103.            end
104.        end
105.        for i = 1: size(nodes_data, 1)               % 考虑挥发因子, 更新信息素
106.            nodes_data{i, 4} = (1-rho)* nodes_data{i, 4} +
                Delta_Tau{i, 3};
107.        end
108.        iter = iter + 1;                             % 更新迭代次数
109. end
```

上述代码基本与蚁群算法的流程步骤类似。值得注意的是，上述代码关于蚂蚁在节点根据不同路径的概率进行选择时，采用了轮盘赌选择(roulette wheel selection)法，该方法如图 8-16 所示。

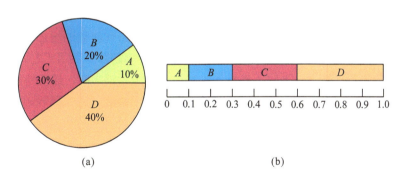

(a)　　　　　　　　　　　(b)

图 8-16　轮盘赌选择法示意图

轮盘赌选择法是一种简单常用的选择方法,这种方法中每一部分的选择概率与该部分所占的比例成正比。图 8-16 中，设某只蚂蚁在某个节点前面有 4 个节点 A、B、C 和 D,各连接有 4 条路径可供选择，4 条路径的选择概率分别为 10%、20%、30% 和 40%，为此可将 4 个节点的选择概率绘制成如图 8-16(a) 所示的扇形图。仅根据扇形图各个部分的比例并不便于编程实现，考虑到 4 部分的比例累加之和为 1,可以在 [0,1] 内根据 4 部分的比

例进行排列，如图 8-16(b) 所示。首先，节点 A 的比例为 10%，故它在 [0,1] 区间可以占据 [0,0.1) 这一部分；对于节点 B，它被选择的概率为 20%，故可以占据 [0.1,0.3) 这一部分，以此类推便可以把 4 个节点的扇形比例图转化成线段比例图。这样，随机生成一个 [0,1] 区间的实数，可以根据它位于上述线段比例图的区间直接判定选择对应的节点。

执行上述程序代码，得到优化之后的拓扑图最优路径为 $DEFA$，最短距离为 22。绘制蚁群算法的路径长度迭代图，如图 8-17 所示。

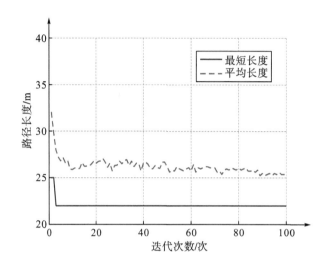

图 8-17   蚁群算法的路径长度迭代图

由图 8-17 可知，先考察最短长度，根据第 3 章 Flogd 算法的先验结果可知，该拓扑图的最短路径长度为 22，蚁群算法的最短长度在第 4 代就已找到全局最优解，表明该算法具有一定的全局最优搜索能力；再考察平均长度，随着迭代次数的增加，每代蚁群的平均路径长度呈下降趋势，其中从第 1 代到第 10 代左右下降趋势最明显，之后从第 10 代至第 100 代下降趋势相对变缓。据此不难推导，当迭代次数足够大时，最优路径的信息素浓度将远大于其他路径，这将导致蚂蚁在选择路径时大概率地选择最优路径，此正反馈信息又将影响后续蚂蚁个体，最终所有蚂蚁趋近于同一条最优路径。

8.4.4   在旅行商问题中的应用

旅行商问题(traveling salesman problem，TSP)是一个经典的组合优化问题。该问题可以描述为：一个商品推销员要去若干个城市推销商品，该推销员从一个城市出发，需要经过所有城市后回到出发地，问题是应如何选择行进路线，以使总的行程最短。从图论的角度来看，该问题实质是如何在一个带权完全无向图中，找到一个权值最小的哈密顿(Hamilton)回路。由于该问题的可行解是所有顶点的全排列，随着顶点数的增加，会产生组合爆炸，它是一个非确定性多项式难题(nondeterministic polynomially，NP)。由于其在交通运输、电路板线路设计以及物流配送等领域内有着广泛的应用，国内外学者对其进行了大量的研究。早期的研究者使用精确算法求解该问题，常用的方法包括：分枝定界法、线性规划法、动态规划法等，但是，随着问题规模的增大，精确算法将变得无能为力，因此在后来的研究中，国内外学者重点使用近似算法、启发式算法或群智能算法，主要有遗传算法、模拟退火法、蚁群算法、禁忌搜索算法、贪婪算法和神经网络等。

本节介绍如何利用蚁群算法解决经典的旅行商问题，如图 8-18 所示。

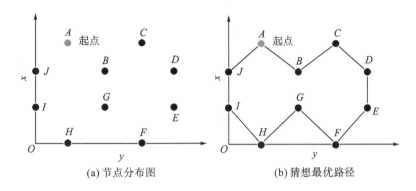

(a) 节点分布图　　　　　　　　　(b) 猜想最优路径

图 8-18　旅行商问题节点分布示意图

图 8-18 中，设旅行商位于起点 A，他需要访问 $B \sim J$ 共 9 个节点，但是访问次序尚不清楚。从图 8-18(a) 的节点分布可以猜想，若旅行商依次访问 B、C、D、$\cdots$、I 及 J 这 9 个节点，所经过的路径累计长度似乎最短，如图 8-18(b) 所示。为验证上述猜想，利用 MATLAB 编写适配旅行商问题的蚁群算法，仿真结果如图 8-19 所示。

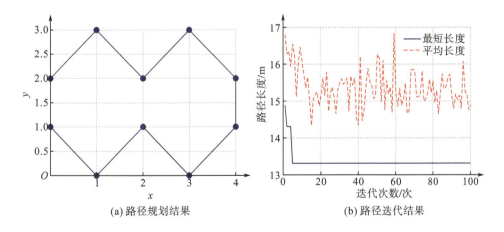

(a) 路径规划结果　　　　　　　　　(b) 路径迭代结果

图 8-19　基于蚁群算法的旅行商问题

图 8-19(a) 中验证了上述猜想，优化之后的路径在节点外围依次相连。图 8-19(b) 中蚁群在第 5 代时，便已经找到全局最优解，在后续迭代中蚁群搜索路径的平均长度基本呈现下降趋势。

8.5 其他群智能优化算法

8.5.1 人工鱼群算法

1. 算法原理介绍

研究学者发现在一片水域中，鱼往往能自行或尾随其他鱼找到营养物质多的地方，因而鱼生存数目最多的地方一般就是本水域中营养物质最多的地方。根据这一自然现象，2002 年山东大学李晓磊等提出一种通过构造人工鱼来模仿鱼群的觅食、聚群及追尾行为，从而实现寻优的人工鱼群算法(artificial fish swarm algorithm)，该算法是一种从鱼群寻找食物的现象中表现的种种移动寻觅特点而得到启发，并加以阐述的仿生学优化方案。

在鱼类的活动中，可以分为觅食行为、聚群行为、追尾行为和随机行为这 4 种行为，下面简要介绍前 3 种行为。

(1) 觅食行为。觅食行为主要指鱼群朝着食物较多的方向游动的一种行为，在问题寻优中则是向较优解的方向进行搜索的迭代方式。人工鱼 X_i 在其视野内随机选择一个状态 X_j，如式(8-10)所示。

$$X_j = X_i + \text{visual} \cdot \text{rand} \tag{8-10}$$

式中，visual 表示人工鱼的视野范围；rand 表示 0～1 的随机数。

分别计算 X_i 和 X_j 的目标函数值(适应度) Y_i 和 Y_j。若 Y_j 更优，则 X_j 根据式(8-11)向 X_i 的方向移动一步：

$$X_{\text{next}} = X_i + \text{rand} \cdot \text{step} \cdot \frac{X_j - X_i}{\left\| X_j - X_i \right\|} \tag{8-11}$$

式中，step 表示人工鱼的单步移动距离。

否则，X_i 继续在其视野内选择状态 X_j，判断是否满足前进条件，若反复尝试 try_number 次后，仍没有满足前进条件，则随机移动一步使 X_i 到达一个新的状态，如式(8-12)所示。

$$X_{\text{next}} = X_i + \text{rand} \cdot \text{step} \tag{8-12}$$

(2) 群聚行为。鱼在游动过程中为了保证自身的生存和躲避危害会自然地聚集成群，鱼聚群时所遵守的规则有三条：①分隔规则，尽量避免与邻近伙伴过于拥挤；②对准规则，尽量与邻近伙伴的平均方向一致；③内聚规则，尽量朝邻近伙伴的中心移动。人工鱼搜索其视野内的伙伴数目 n_f 及中心位置 X_c，计算目标函数得到 Y_c。若 $Y_c / n_f < \delta Y_i$(求目标函数极小值时使用小于号，在求极大值时则相反)，表明伙伴中心位置状态较优且不太拥挤，则 X_i 朝伙伴的中心位置移动一步，否则执行觅食行为。

（3）追尾行为。当鱼群中的一条或几条鱼发现食物时，其邻近的伙伴会尾随其快速到达食物点，追尾行为则是指鱼向其视野区域内的最优方向移动的一种行为。人工鱼 X_i 搜索其视野内最优的个体 X_j，其目标函数为 Y_j，并探索人工鱼 X_j 视野内的伙伴数目 n_f，若 $Y_j / n_f < \delta Y_i$，表明 X_j 状态较优且不太拥挤，则 X_i 朝 X_j 位置移动一步，否则执行觅食行为。

综上，人工鱼群算法在运算过程中，会同时进行聚群和追尾行为，而觅食行为属于这两种行为中发现聚群对象或者追尾对象附近拥挤度过大时，人工鱼选择的行为方式。若在觅食过程中，未发现比自身适应度高的人工鱼，则按步长 step 随机移动。最后对聚群行为和追尾行为得到的适应度值进行比较，选择优秀的人工鱼作为下一代的个体。

2. 算法流程框图

人工鱼群算法的流程如图 8-20 所示。

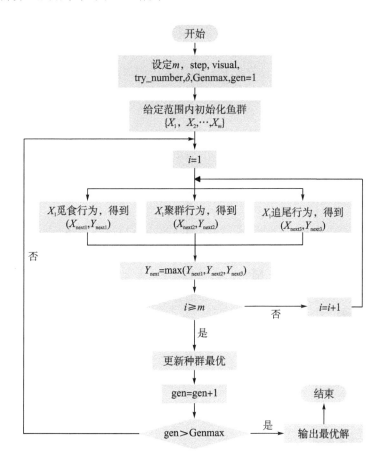

图 8-20　人工鱼群算法框图

步骤 1：进行初始化设置，包括种群规模 N、每条人工鱼的初始位置、人工鱼的视野 visual、步长 step、拥挤度因子 δ、重复次数 try_number。

步骤 2：计算初始鱼群各个体的适应度值，取最优人工鱼状态及其值赋给全局最优人工鱼。

步骤 3：对每个个体的三种行为计算目标函数，包括觅食 Pray、聚群 Swarm、追尾 Follow。

步骤 4：比较三种行为的目标函数，并为该人工鱼选取最优行为，同时更新该人工鱼的位置。

步骤 5：判断该人工鱼序号是否大于种群数量，若小于则返回步骤 3 重新计算下一个人工鱼的三种行为，否则进入步骤 6。

步骤 6：当本代鱼群全部更新完毕后，更新本代的最优人工鱼及其目标函数，然后判断是否达到最大迭代次数。当全局最优人工鱼达到满意误差界内或者达到迭代次数上限时算法结束，否则转步骤 2。

3. MATLAB 仿真

人工鱼群算法与粒子群算法有诸多相似之处，人工鱼就好比一个粒子，人工鱼在计算三种行为的目标函数并移动的过程，就好比粒子在个体认知和社会认知的共同作用下移动位置。因此，可以借鉴粒子群算法在路径规划中的应用思路，将一个人工鱼视为路径规划问题的一个可行解，即定义一个人工鱼包含三个分量，分别代表三个型值点，每一个分量就是一个二维空间的具体位置。

篇幅受限，人工鱼群算法的具体程序代码不再展示，感兴趣的读者可以参考配套资料，这里仅给出仿真结果，如图 8-21 所示。

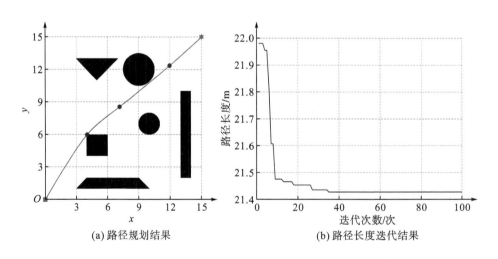

(a) 路径规划结果　　　　(b) 路径长度迭代结果

图 8-21　基于人工鱼群算法的路径规划及路径长度迭代结果

可以看出，人工鱼群算法在多次迭代优化之后的路径规划结果比遗传算法更加优异，其路径在障碍物约束条件下已基本达到最优。从路径长度迭代结果也可以看出，人工鱼群算法相比遗传算法具有更强的迭代优化能力和全局最优搜索能力。

8.5.2　人工蜂群算法

1. 算法原理介绍

蜜蜂是一种群居昆虫,自然界中的蜜蜂总能在任何环境下以极高的效率找到优质蜜源,且能适应环境的改变。蜂群的采蜜系统由蜜源(nectar source)、雇佣蜂(employed foragers)、非雇佣蜂(unemployed foragers)三部分组成:①蜜源的优劣有很多要素,如蜜源花蜜量的大小、离蜂巢距离的远近等;②雇佣蜂和特定的蜜源联系并将蜜源信息以一定概率形式告诉同伴;③非雇佣蜂的职责是寻找待开采的蜜源,分为跟随蜂(follower)和侦察蜂(scouter)两类,跟随蜂位于蜂巢等待采蜜命令,侦察蜂在外探测蜂巢周围的新蜜源。蜜蜂采蜜时,蜂巢中的一部分蜜蜂作为侦察蜂,不断随机地在蜂巢附近寻找蜜源,如果发现了花蜜量超过某个阈值的蜜源,则此侦察蜂变为雇佣蜂开始采蜜,采蜜完成后飞回蜂巢跳摇摆舞,招募(recruit)跟随蜂。摇摆舞是蜜蜂之间交流信息的一种基本形式,它传达了有关蜂巢周围蜜源的重要信息如蜜源方向及离巢距离等,跟随蜂利用这些信息准确评价蜂巢周围的蜜源质量。当雇佣蜂跳完摇摆舞之后,就与蜂巢中的一些跟随蜂一起返回原蜜源采蜜,跟随蜂数量取决于蜜源质量。以这种方式,蜂群能快速且有效地找到花蜜量最高的蜜源。根据此自然现象,Karaboga 在 2005 年为解决多变量函数优化问题,提出了人工蜂群算法(artificial bee colony,ABC)模型。

蜜蜂采蜜的群体智能就是通过不同角色之间的交流转换及协作来实现的。具体采蜜过程如图 8-22 所示。在最初阶段,蜜蜂是以侦察蜂的形式出现,且对蜂巢周围的蜜源没有任何了解,于是侦察蜂在周围附近的蜜源或者非蜜源位置随机搜索,如图中路线 1 所示(图中两条路线 1 表达含义一致,只是将蜜蜂从招募区独立出来画图)。由于蜜蜂内在动机和外在的条件不同,侦察蜂有两种选择:①成为雇佣蜂,开始在蜂巢周围随机搜索蜜源,如图中路线 2 所示;②成为跟随蜂,在观察完摇摆舞后开始搜索蜜源,如图中路线 3 所示。

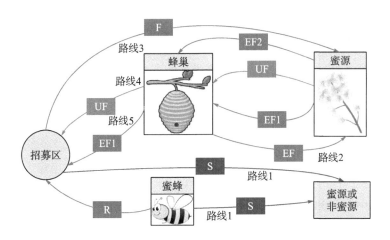

图 8-22　蜂群系统采蜜机制示意图

注:EF 表示雇佣蜂;UF 表示非雇佣蜂;F 表示跟随蜂;S 表示侦察蜂。

假设发现一处油菜花蜜源，某只侦察蜂变成一只雇佣蜂，雇佣蜂利用其自身属性记住蜜源的位置，并立刻投入到采蜜中。采蜜完成后蜜蜂满载花蜜返回蜂巢，花蜜卸载完成后雇佣蜂有三种可能的行为：①放弃自己发现的花蜜量不高的蜜源，变成一只不受约束的非雇佣蜂，如图中的路线 4 所示；②在招募区跳摇摆舞，招募一些待在蜂巢周围的跟随蜂，带领其再次返回所发现的蜜源，如图中的路线 5 和路线 3 所示；③不招募其他蜜蜂，继续回到原来的蜜源采蜜，如图中的路线 2 所示。

2. 算法流程图

上述过程基本阐明了蜂群系统的采蜜机制，人工蜂群算法的主要流程如图 8-23 所示。

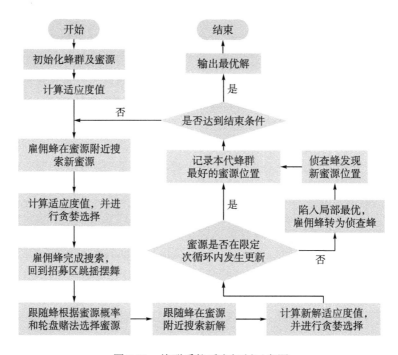

图 8-23 蜂群系统采蜜机制示意图

步骤 1：初始化种群的各个参数，如蜂群总数、食物源被采集次数(即最大迭代次数)及控制参数，确定问题搜索范围，并且在搜索范围内随机产生初始解 X_i，计算并评估第 1 代蜂群每个初始解的适应度 fit_i。

步骤 2：设定循环条件并开始循环，雇佣蜂在解 X_i 附近进行邻域搜索，按照式(8-13)进行邻域搜索产生新解(蜜源)：

$$V_i = X_i + \mathrm{rand} \cdot (X_i - X_k) \tag{8-13}$$

式中，X_k 表示第 k 个蜜源的最优位置，k 可以在每一次迭代中从若干蜜源中随机选取。

步骤 3：计算新解 V_i 的适应度值，如果 V_i 的适应度值优于 X_i，则基于贪婪思想利用 V_i 替换 X_i，将 V_i 作为当前最好的解，否则保留 X_i 不变。

步骤 4：在所有雇佣蜂完成搜寻过程之后，雇佣蜂会在招募区跳摇摆舞把蜜源的信息与跟随蜂分享。跟随蜂根据轮盘赌法计算每个蜜源的选择概率：

$$p_i = \frac{\text{fit}_i}{\displaystyle\sum_{k=1}^{N} \text{fit}_k} \tag{8-14}$$

步骤 5：跟随蜂基于轮盘赌法依照概率 p_i 选择蜜源，然后在该蜜源附近按照式(8-13)搜索产生新解 V_i。同样地，如果新解 V_i 的适应度值优于 X_i，则更新当前蜜源的最优解。

步骤 6：在所有跟随蜂完成搜寻过程之后，判断一个蜜源是否在限定次循环内发生更新。若没有发生更新，那么认为此解陷入局部最优，该蜜源就会被舍弃。设蜜源 X_i 被舍弃，则此蜜源对应的雇佣蜂转成侦察蜂。侦察蜂由式(8-15)产生一个新的蜜源代替它。

$$X_i = X_{\min} + \text{rand} \cdot (X_{\max} - X_{\min}) \tag{8-15}$$

步骤 7：记录到目前为止的最优解，然后判断是否满足循环终止条件，若满足，则循环结束，输出最优解，否则返回步骤 2 继续搜索。

3. MATLAB 仿真

人工蜂群算法与粒子群算法也有诸多相似之处，一个蜜源就好比一个粒子，蜂群在计算不同蜜源的目标函数并移动的过程，就好比粒子在个体认知和社会认知的共同作用下移动位置。因此，可以借鉴粒子群算法在路径规划中的应用思路，将一个蜜源视为路径规划问题的一个可行解，即定义一个蜜源包含三个分量，分别代表三个型值点，每一个分量就是一个二维空间的具体位置。

篇幅受限，人工蜂群算法的具体程序代码不再展示，感兴趣的读者可以参考配套资料，这里仅给出仿真结果，如图 8-24 所示。

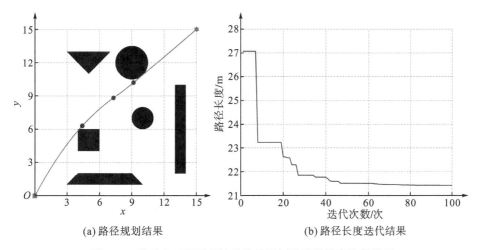

(a) 路径规划结果　　　　　　　　　　　(b) 路径长度迭代结果

图 8-24　基于人工蜂群算法的路径规划及路径长度迭代结果

可以看出，人工蜂群算法在多次迭代优化之后的路径规划结果与粒子群算法、人工鱼群算法相似，但比遗传算法更加优异，其路径在障碍物约束条件下已基本达到最优。从路径长度迭代结果也可以看出，人工蜂群算法相比遗传算法具有更强的迭代优化能力和全局最优搜索能力。

8.5.3　狼群算法

1. 算法原理介绍

狼是一种群居性动物，社会分工明确，通过承担各自的责任与团结协作，共同促进整个狼群的生存与发展。狼群的社会分工有头狼、探狼和猛狼，如图 8-25 所示，三种狼的具体介绍如下。

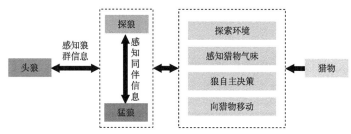

图 8-25　狼群的捕猎模型

（1）头狼。将当前离猎物气味浓度最高（适应度最优）的狼作为头狼，起到指挥狼群行动的作用，头狼召唤其他狼向猎物靠近，在搜寻过程中头狼的角色是动态变化的，一旦有其他狼的适应度更优，则会代替成为新的头狼。

（2）探狼。初始时，狼群会派出一部分狼作为探狼，在环境四周搜寻猎物。探狼在搜寻过程中如果发现猎物气味浓度更高，就作为头狼，呼唤其他的狼进行围捕行为。后期会比较不同的探狼猎物的适应度，选择适应度较高的狼作为头狼。

（3）猛狼。猛狼感应到头狼呼唤，就立刻向头狼位置奔袭，在奔袭的过程中，若是发现猎物的适应度更高，则立刻替代原来的头狼，指挥其他狼行动。

基于此自然现象，就读于空军工程大学的吴虎胜等于 2013 年提出了狼群算法（wolf pack algorithm，WPA）。该算法通过对狼群的捕食行为及其猎物分配方式进行模拟，抽象出三种智能行为，即"胜者为王"的头狼产生规则和"强者生存"的狼群更新机制，以实现在复杂搜索空间的寻优。该算法具有较好的全局收敛性和计算鲁棒性，在函数优化领域表现出广阔的应用前景。

在初始解空间中，具有最优目标函数值的人工狼即为头狼；在迭代过程中，将每次迭代后最优狼的目标函数值与前一代头狼的值进行比较，若更优则对头狼位置进行更新，若此时存在多匹的情况，则随机选一匹成为头狼。头狼不执行三种智能行为，直接进入迭代，直到被其他更强的人工狼代替。三种智能行为具体介绍如下。

（1）游走行为。将除头狼外最佳的 S_{num} 匹人工狼视为探狼，计算探狼的适应度值 Y_i，若 $Y_{lead} < Y_i$，则让探狼替代头狼发起召唤，并令 $Y_{lead} = Y_i$；若 $Y_{lead} > Y_i$，则探狼向 h 个方向以游走步长 step_a 分别前进一步，记录每前进一步后的适应度值，那么向第 p（$p=1,2,\cdots,h$）个方向前进后探狼所处的位置如式（8-16）所示。

$$X_{i,p} = X_i + \text{step}_a \sin\frac{2\pi p}{h}$$

$$(8\text{-}16)$$

此时，探狼所在位置的适应度值为 $Y_{i,p}$，选择适应度最大且大于当前适应度值 Y_i 的方向前进一步，更新探狼的状态。重复以上的游走行为，直到某匹探狼的适应度值 $Y_i > Y_{lead}$ 或游走次数达到上限 T_{max}。

（2）召唤行为。当执行完游走行为后，头狼召集 M_{num} 匹猛狼向头狼所在位置迅速靠拢，其中 $M_{num} = N - S_{num} - 1$；猛狼以相对较大的奔袭步长 $step_b$ 快速逼近头狼所在位置。猛狼 i 在第 $k+1$ 次迭代时，所处的位置为

$$X_i(k+1) = X_i(k) + step_b \cdot \left[g_k - X_i(k) \right] / \left| g_k - X_i(k) \right| \tag{8-17}$$

式中，g_k 为第 k 代头狼的位置。式(8-17)由两部分组成，前者表示狼的当前位置，后者表示狼逐渐向头狼位置聚集的趋势。奔袭途中，若猛狼的适应度值 $Y_i > Y_{lead}$，则令 $Y_{lead} = Y_i$，该猛狼转化为头狼并发起召唤行为；若 $Y_{lead} > Y_i$，则猛狼 i 继续奔袭直到其与头狼之间的距离 d_{is} 小于判断距离 d_{near} 时转入围攻行为。

（3）围攻行为。猛狼经过奔袭后，距离猎物较近，此时猛狼要联合探狼对猎物进行围攻并捕获，这里将头狼的位置视为猎物移动的位置。具体地，对于第 k 代狼群，设猎物的位置为 G_k，则狼群的围攻行为可用式(8-18)表示。

$$X_i(k+1) = X_i(k) + \lambda \cdot step_c \cdot \left| G_k - X_i(k) \right| \tag{8-18}$$

式中，λ 为 $[0,1]$ 区间内均匀分布的随机数；$step_c$ 为人工狼执行围攻行为时的攻击步长。

2. 算法流程框图

综上，狼群算法的流程如图 8-26 所示。

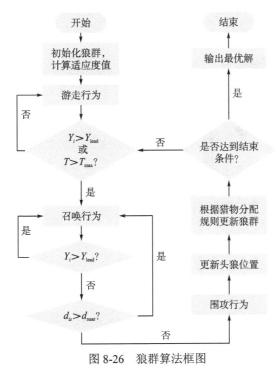

图 8-26　狼群算法框图

步骤 1：初始化狼群，并计算适应度值。

步骤 2：选取头狼以及 S_{num} 匹人工狼为探狼并执行游走行为，直到某只探狼所处位置的适应度值 $Y_i > Y_{lead}$，或达到最大游走次数 T_{max}，跳转到步骤 3。

步骤 3：头狼发起召唤，猛狼根据式(8-17)向猎物奔袭，若奔袭途中猛狼所处位置的适应度值 $Y_i > Y_{lead}$，则该猛狼替代头狼重新发起召唤行为；否则猛狼继续奔袭直至 $d_{is} < d_{near}$，跳转到步骤 4。

步骤 4：按式(8-18)对参与围攻行为的狼的位置进行更新，执行围攻行为。

步骤 5：按"胜者为王"的头狼产生规则对头狼位置进行更新；再按照"强者生存"的狼群更新机制进行群体更新。

步骤 6：若达到优化精度要求或最大迭代次数，输出最优解并结束运行；否则跳转到步骤 2。

3. MATLAB 仿真

狼群算法与粒子群算法也有诸多相似之处，一只人工狼就好比一个粒子，狼群在搜索猎物的目标函数并移动的过程，就好比粒子在个体认知和社会认知的共同作用下移动位置。因此，可以借鉴粒子群算法在路径规划中的应用思路，将一只人工狼搜索到的猎物位置视为路径规划问题的一个可行解，即定义一个猎物包含三个分量，分别代表三个型值点，每一个分量就是一个二维空间的具体位置。

篇幅受限，狼群算法的具体程序代码不再展示，感兴趣的读者可以参考配套资料，这里仅给出仿真结果，如图 8-27 所示。

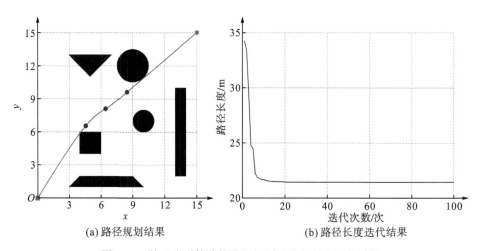

(a) 路径规划结果　　　　　　　(b) 路径长度迭代结果

图 8-27　基于狼群算法的路径规划及路径长度迭代结果

可以看出，狼群算法在多次迭代优化之后的路径规划结果与粒子群算法、人工鱼群算法、人工蜂群算法相似，但比遗传算法更加优异，其路径在障碍物约束条件下已基本达到最优。从路径长度迭代结果也可以看出，狼群算法相比遗传算法具有更强的迭代优化能力和全局最优搜索能力。

第9章 其他常用路径规划算法

9.1 Q学习算法

9.1.1 机器学习、强化学习与深度学习的概念

机器学习(maching learning)是一门实现人工智能的科学,本质上是通过数学算法来解析数据的规律、学习相关的逻辑,以不断提高计算、预测和决策的能力。机器学习可以分为监督学习、无监督学习和半监督学习三种,典型的机器学习算法有 BP 神经网络、贝叶斯分类、决策树、线性回归、随机森林模型、主成分分析、k-means 聚类等。目前机器学习已广泛应用于计算机视觉、自然语言处理、推荐系统、文本分类等领域。因此,机器学习的概念非常广泛,一切通过优化算法挖掘现有问题数据规律,从而实现问题迁移解决的方法都可称为机器学习。随着机器学习算法的不断发展,深度学习和强化学习的概念逐渐被学者提出,三者的关系参考图 9-1。

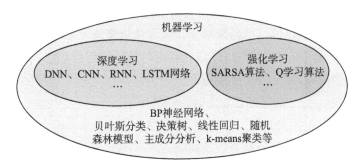

图 9-1 机器学习与深度学习、强化学习的关系

深度学习(deep learning)因其在现代机器学习中的比重和价值巨大,因此常常单独对其研究。深度学习网络是利用多层神经网络来解决特征层分布的一种学习过程,目前广为熟知的深度神经网络(deep neural network,DNN)、卷积神经网络(convolutional neural network,CNN)、循环神经网络(recurrent neural network,RNN)和长短期记忆(long short-term memory,LSTM)网络都是隶属于深度学习的范畴。深度学习在视觉识别,语音识别,自然语言处理等领域取得了传统机器学习算法无法取得的成就。简言之,一切运用了多层神经网络作为参数结构进行优化的机器学习算法称为深度学习。

强化学习(reinforcement learning)是智能系统从环境感知到行为映射的学习,以使奖励信号函数值最大。由于外部环境给出的有效信息很少,强化学习系统必须依靠自身的经历

进行自我学习。通过这种学习获取知识，改进行动方案以适应环境。强化学习最关键的三个因素是状态、行为和环境奖励，常见的强化学习算法有 SARSA 算法、Q 学习算法等。简言之，不仅能利用现有数据，还可以通过对环境的探索获得新数据，并利用新数据循环往复地更新迭代现有模型的机器学习算法称为强化学习。

9.1.2　Q 学习算法原理介绍

Q 学习算法的出现是强化学习领域一个突破性的成就，最早由 Watkins 在 1989 年提出。Q 学习算法是一种基于价值(value)函数的强化学习方法，其中的 Q 是一个数值，通常在初始化时被赋予一个任意数值。

设在迭代时刻 t，车辆的状态(station)为 S_t，此时做出的动作(action)为 a_t，之后得到奖励(reward) r_t，从而进入到一个更新的状态 S_{t+1}，进而 Q 值得到更新。Q 学习最简单的方式是单步学习，Q 值更新公式定义为

$$Q(s_t,a_t) \leftarrow Q(s_t,a_t)+\alpha\left[r_t+\gamma\max_a Q(s_t,a)-Q(s_t,a_t)\right] \tag{9-1}$$

式中，$Q(s_t,a_t)$ 表示状态为 s_t、动作为 a_t 下的 Q 值；α 表示学习率；γ 表示回报折扣系数。

从式(9-1)可以看出，Q 值的更新相当于利用学习率对过去的 Q 值和当前的 Q 值进行加权求和。Q 学习算法的具体步骤如下。

步骤 1：以任意方式初始化 Q 值表。

步骤 2：对于每次迭代，初始化一个初始状态 s。

步骤 3：利用当前的 Q 值，得到策略 π_t，从而依据策略 π_t 和状态 s_t 选择动作 a_t；执行当前的行为 a_t，计算下一个状态 s_{t+1}，以及状态转移所得到的奖励 r_t；利用式(9-1)更新 Q 值表；更新当前状态，即 $s_{t+1}\to s_t$ 重复循环。

步骤 4：当状态 s_t 到达满足终止状态时，结束学习。

算法不断更新 Q 值表的过程，就是逐步让算法识别地图环境的过程，路径经过了障碍物会得到惩罚，而正确的路径则会给予奖励。

9.1.3　MATLAB 仿真

Q 学习算法原理比较简单，比较适用于在栅格图中进行路径规划，具体代码如下。

```
1. clc
2. clear
3. close all
4. %% 场景设定
5. rows = 20;                                    % 行数
6. cols = 20;                                    % 列数
7. startPos = 4;                                 % 起始点
8. goalPos = rows*cols-2;                        % 目标点
9. scene = defScene(rows, cols, startPos, goalPos);   % 调用函数，设定场景
10. reward = defReward(scene, rows, cols);       % 构造奖励矩阵 reward
```

```
11.  %% 参数初始化
12.  Q = 0.5*ones(rows*cols);                              % 初始化 Q 矩阵
13.  gamma = 0.9;                                          % 回报折扣系数
14.  alpha = 0.6;                                          % 学习率
15.  iter_max = 40;                                        % 循环迭代次数
16.  lens_iter = zeros(1, iter_max);                       % 存储每次迭代路径长度
17.  path_cell = cell(0);                                  % 存储每次迭代的路径
18.  %% 通过循环迭代得到 Q-learning 算法的 Q 值表
19.  for i=1: iter_max                                     % 第 i 次迭代
20.      node_now = startPos;                              % 当前节点状态
21.      while true                                        % 循环运行
22.          actions_now = find(reward(node_now, : ) > 0); % 生成当前节点状态的所有可
                                                           能行动的索引，并从中随机选择
23.          action_now = actions_now                      一个动作，把它作为下一状态
              (randi([1, length(actions_now)], 1, 1));
24.          actions_next = find(reward(action_now, : )>=0); % 找到下个状态的所有可能动作
25.          q_max = 0;
26.          for col=1: length(actions_next)
27.              q_max = max(q_max,                        % 在下一个状态的这些所有可
                  Q(action_now, actions_next(col)));        能动作中，找到最大的 Q 值
28.          end
29.          Q(node_now, action_now) = (1-alpha)*          % 更新 Q 值表
              Q(node_now, action_now) + alpha*
              (reward(node_now, action_now) + gamma*q_max);
30.          if(node_now == goalPos)                       % 检查是否到达终点
31.              break;
32.          end
33.          node_now = action_now;                        % 把下一状态设置为当前状态
34.      end
35.      path_iter = updatePath(Q, startPos, goalPos);     % 找到路径
36.      path_cell{1, i} = path_iter;
37.      path_iter_sub = [];
38.      [path_iter_sub(: , 1), path_iter_sub(: , 2)]=ind2sub
              ([rows,  cols], path_iter);
39.      diffX = diff(path_iter_sub(: , 1));
40.      diffY = diff(path_iter_sub(: , 2));
41.      len = sum(sqrt(diffX.^2 + diffY.^2));             % 计算路径长度
42.      lens_iter(i) = len;
43.  end
```

上述代码从以下几个方面进行理解。

(1)参照第 4 章，建立栅格地图场景，这里直接调用封装好的 defScene 函数。

(2)根据地图场景，建立 Q 学习的奖励矩阵，调用 defReward 函数。此部分程序首先根据 scene 矩阵变量，初始化 reward 矩阵，并对障碍物给予负奖励，然后将斜向运动的奖励矩阵值赋为 0.7071，最后考虑到节点不能在边界地带往上、左上、右上运动，以及不与节点直接相邻的 8 邻域，故对上述情况均赋值为 ∞，具体函数代码如下。

```
1.  function reward = defReward(scene,  rows,  cols)       % 函数: 定义奖励矩阵
2.  reward = zeros(rows*cols);                             % 根据 scene, 初始化 reward 矩
                                                           阵, 障碍物应当给予负奖励
3.  for i=1: rows*cols
4.      reward(i, : ) = reshape(scene, 1, rows*cols);
5.  end
6.  reward(reward == 2) = -100;
7.  for i=1: rows*cols                                     % 遍历每一个栅格
8.      if i-cols-1>0 && reward(i, i-cols-1)~=-100         % 向左上运动,将斜向运动的奖励矩
9.          reward(i, i-cols-1) = 1/sqrt(2);              阵值赋为 0.7071
```

```
10.      end
11.      if i+cols-1<rows*cols && reward(i, i+cols-1)~=-100   % 向右上运动
12.         reward(i, i+cols-1) = 1/sqrt(2);
13.      end
14.      if i+cols+1<rows*cols && reward(i, i+cols+1)~=-100   % 向右下运动
15.         reward(i, i+cols+1) = 1/sqrt(2);
16.      end
17.      if i-cols+1>0 && i-cols+1<rows*cols && reward(i,      % 向左下运动
         i-cols+1)~=-100
18.         reward(i, i-cols+1) = 1/sqrt(2);
19.      end
20.  end                                                     % 把不属于本节点 8 邻域的节点的
21.  for i=1: rows*cols                                        奖励值设为-inf
22.      for j=1: rows*cols
23.         if j~=i-cols  && j~=i+cols && j~=i-1 && j~
            =i+1&& j~=i+cols+1 && j~=i+cols-1 && j~
            =i-cols+1&& j~=i-cols-1
24.            reward(i, j) = -Inf;
25.         end
26.      end
27.  end
28.  for i=1: cols: rows*cols                                 % 定义节点不能在边界地带往上、左
29.      for j=1: i+cols                                        上、右上运动
30.         if j==i+cols-1 || j==i-1 || j==i-cols-1
31.            reward(i, j) = -Inf;
32.            reward(j, i) = -Inf;
33.         end
34.      end
35.  end
```

（3）主程序进入循环迭代，在每一次迭代里面重复运行，直至到达 goalPos 状态。首先生成当前节点状态的所有可能行动的索引，在这些索引中，随机选择一个索引和一个动作，并把它作为下一状态，然后找到下一个状态所有可能的动作，并找到最大的 Q 值后更新 Q 值表，若当前状态到达终点，退出 while 循环。

（4）当第 i 代退出 while 循环后，接着执行 updatePath 函数，通过在更新后的 Q 值表中寻找从起点到终点的奖励值最高的路径，具体代码如下。

```
1.  function path = updatePath(Q, Start, Goal)    % 函数: 更新路径
2.  start = Start;                                % 起点
3.  path = start;                                 % 将起点赋值给路径
4.  move = 0;                                     % 动作
5.  while move~=Goal                              % 循环迭代直至找到终点 Goal
6.     [~, move] = max(Q(start, : ));             % 从起点开始搜索
7.     step = 2;
8.     while ismember(move, path)
9.        [~, x] = sort(Q(start, : ), 'descend'); % sort()排序函数, 按降序排序, 消除陷入
10.       move = x(step);                           小循环的情况
11.       step = step + 1;
12.    end
13.    path = [path, move];                       % 将下一个动作加到路径中
14.    start = move;
15. end
```

执行上述主程序代码后，并将第 30、35、40、50 代的路径绘制在栅格图中，结果如图 9-2 所示，再将每一代的路径长度绘制在图 9-3 中。

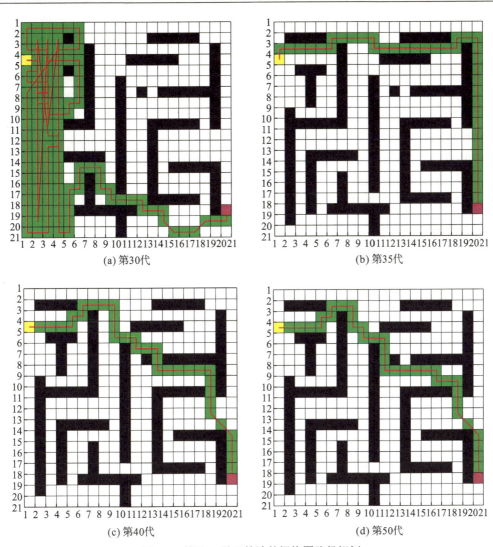

(a) 第30代　　　　　　　　　　(b) 第35代

(c) 第40代　　　　　　　　　　(d) 第50代

图 9-2　基于 Q 学习算法的栅格图路径规划

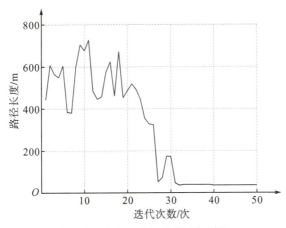

图 9-3　Q 学习路径长度迭代过程

从图 9-2 及图 9-3 可以看出：

(1)在第 30 代前，Q 学习算法规划得到的路径经过了障碍物，表明这一阶段的迭代还属于环境认知阶段，算法需要不断试探周围环境，通过反馈的奖励判断动作的优劣，故图 9-2 (a)尽管搜索到了路径，但该路径在初始阶段不断地遍历起点周围的所有节点，导致经过了很多的障碍物。

(2)第 30 代之后，随着 Q 值表正反馈奖励与负反馈奖励的更新，在选择后继节点时更倾向于 Q 值更大(即正反馈更大)的节点，故选择的路径不再经过障碍物。

(3)第 30 代之后，当搜索路径满足基本障碍物约束条件后，路径长度逐步得到收敛，最后趋于稳定，表明 Q 学习算法已经基本完成。可以看出，第 50 代的搜索路径结果与 4.2 节 A*算法的搜索结果基本相同。

9.2 人工势场法

9.2.1 人工势场法简介

人工势场法是由欧沙玛·哈提卜(Oussama Khatib)于 1986 年提出，其方法是将移动机器人所处的环境用势场来定义，通过位置信息来控制机器人的避障行驶，基本思想是构造目标位置引力场(attraction potential field)和障碍物周围斥力场(repulsion potential field)共同作用的人工势场，搜索势函数的下降方向来寻找无碰撞路径。人工势场法避障技术使得机器人的移动能很好地适应周围环境的变化，实时性高。

经典人工势场法的基本原理是定义并构造一个名为势场的数值函数来表示汽车运行空间内的目标点和障碍物对汽车的影响，通过追寻势场数值变弱的方向实现汽车路径规划。在工作环境中，人工势场法建立两个势场：一个是目标点区域对汽车产生引力作用的引力势场；另一个是障碍物区域对汽车产生斥力作用的斥力势场。工作环境中任意一点的势场都是由引力势场和斥力势场在该点产生的势场矢量之和，该点势场的负梯度值表示这一点的势场力，汽车在斥力与引力的合力作用下，无碰撞地从起点运动到目标点。势场函数的构建有许多种方法，为尽量避免汽车陷入局部最优问题，要求构建的函数及其梯度函数满足连续性。

9.2.2 算法推导

人工势场法的基本思想是在障碍物周围构建斥力势场，在目标点周围构建引力势场，类似于物理学中的电磁场。图 9-4 为人工势场法的引力、斥力及合力示意图，被控对象在这两种势场组成的复合场中受到斥力作用和引力作用，斥力和引力的合力指引着被控对象的运动，搜索无碰的避障路径。更直观而言，势场法是将障碍物比作是平原上具有高势能值的山峰，而目标点则是具有低势能值的低谷。

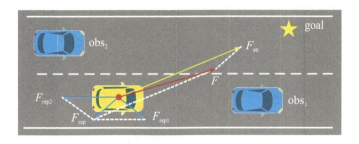

图 9-4　人工势场法的引力、斥力及合力示意图

本节给出具体理论和公式推导，帮助读者理解势场到力的公式转换过程。

1. 引力势场

引力势场主要与汽车和目标点间的距离有关，距离越大，汽车所受的势能值就越大，反之亦然。定义引力势场的函数为

$$U_{\text{att}}(q) = \frac{1}{2}\eta\rho^2(q, q_g) \tag{9-2}$$

式中，η 为正比例增益系数；$\rho(q, q_g)$ 为一个矢量，表示汽车的位置 q 和目标点位置 q_g 之间的欧几里得距离 $|q - q_g|$，矢量方向是从汽车的位置指向目标点位置。

相应的引力为引力势场的负梯度，引力的方向由本车指向目标点。设车辆位置坐标为 (x, y)，目标点位置为 (x_g, y_g)，则引力势场函数可以改写为

$$
\begin{aligned}
U_{\text{att}}(q) &= \frac{1}{2}\eta\rho^2(q, q_g) \\
\Rightarrow U_{\text{att}}(x, y) &= \frac{1}{2}\eta\left[(x - x_g)^2 + (y - y_g)^2\right]
\end{aligned} \tag{9-3}
$$

故引力可以推导为

$$
\begin{aligned}
-\nabla U_{\text{att}}(x, y) &= -U'_{\text{att}, x}(x, y)\vec{i} - U'_{\text{att}, y}(x, y)\vec{j} \\
&= -\eta(x - x_g)\vec{i} - \eta(y - y_g)\vec{j} \\
&= \eta\left[(x_g - x)\vec{i} + (y_g - y)\vec{j}\right] \\
&= \eta\sqrt{(x_g - x)^2 + (y_g - y)^2} = \eta\rho(q, q_g)
\end{aligned} \tag{9-4}
$$

图 9-5 为根据某道路场景绘制的引力势场，较低的一侧代表目标点的方向。可以看出，随着与目标点的距离越来越近，引力势场值逐渐减小。

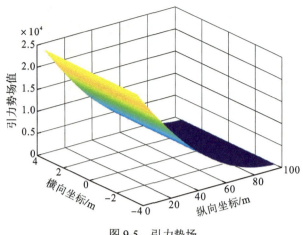

图 9-5 引力势场

2. 斥力势场

决定障碍物斥力势场的因素是汽车与障碍物间的距离,当汽车未进入障碍物的影响范围时,其受到的势能值为零,反之,两者之间的距离越小,汽车受到的势能值就越大。定义斥力势场的势场函数为

$$U_{\text{rep}}(q) = \begin{cases} \dfrac{1}{2}k\left[\dfrac{1}{\rho(q,q_0)} - \dfrac{1}{\rho_0}\right]^2, & 0 \leqslant \rho(q,q_0) \leqslant \rho_0 \\ 0, & \rho(q,q_0) > \rho_0 \end{cases} \tag{9-5}$$

其中,k 为正比例系数;$\rho(q,q_0)$ 为一矢量,方向为从障碍物指向汽车,大小为汽车与障碍物间的欧氏距离 $|q-q_0|$;ρ_0 为一常数,表示障碍物对汽车产生作用的最大距离。

关于斥力的推导,同样设障碍物位置为 (x_0,y_0),当 $0 \leqslant \rho(q,q_0) \leqslant \rho_0$ 时,斥力势场函数可以改写为

$$U_{\text{rep}}(q) = \frac{1}{2}k\left[\frac{1}{\rho(q,q_0)} - \frac{1}{\rho_0}\right]^2$$
$$\Rightarrow U_{\text{rep}}(x,y) = \frac{1}{2}k\left[\frac{1}{\sqrt{(x-x_0)^2 + (y-y_0)^2}} - \frac{1}{\rho_0}\right]^2 \tag{9-6}$$

为表达方便,用 $H(x,y)$ 代替上式外层括号内的部分,并对 x 求偏导,得

$$H(x,y)' = -\frac{1}{2}\left[(x-x_0)^2 + (y-y_0)^2\right]^{-\frac{3}{2}} \cdot \left[(x-x_0)^2 + (y-y_0)^2\right]'$$
$$= -\frac{1}{(x-x_0)^2 + (y-y_0)^2}\left[(x-x_0)^2 + (y-y_0)^2\right]^{-\frac{1}{2}}(x-x_0) \tag{9-7}$$
$$= -\frac{1}{\rho^2(q,q_0)} \cdot \frac{1}{\rho(q,q_0)}(x-x_0)$$

故斥力势场在 x 方向的分势场为 $-U'_{\text{rep},x}(x,y)\vec{i}$,可表示为

$$-U'_{\text{rep},x}(x,y)\vec{i} = -kH(x,y)H(x,y)'\vec{i}$$

$$= k\left[\frac{1}{\rho(q,q_0)} - \frac{1}{\rho_0}\right] \cdot \frac{1}{\rho^2(q,q_0)} \cdot \frac{1}{\rho(q,q_0)}(x-x_0)\vec{i} \quad (9\text{-}8)$$

对斥力势场求负梯度得到斥力，即

$$F_{\text{rep}} = -\nabla U_{\text{rep}}(x,y) = -U'_{\text{rep},x}(x,y)\vec{i} - U'_{\text{rep},y}(x,y)\vec{j}$$

$$= k\left[\frac{1}{\rho(q,q_0)} - \frac{1}{\rho_0}\right] \cdot \frac{1}{\rho^2(q,q_0)} \cdot \frac{1}{\rho(q,q_0)}(x-x_0)\vec{i}$$

$$+ k\left[\frac{1}{\rho(q,q_0)} - \frac{1}{\rho_0}\right] \cdot \frac{1}{\rho^2(q,q_0)} \cdot \frac{1}{\rho(q,q_0)}(y-y_0)\vec{j} \quad (9\text{-}9)$$

$$= k\left[\frac{1}{\rho(q,q_0)} - \frac{1}{\rho_0}\right] \cdot \frac{1}{\rho^2(q,q_0)} \cdot \frac{1}{\rho(q,q_0)}\left[(x-x_0)\vec{i} + (y-y_0)\vec{j}\right]$$

式 (9-9) 比较繁杂，还可以继续化简。对 $\rho(q,q_0)$ 求梯度，有

$$\nabla\rho(q,q_0) = \sqrt{(x-x_0)^2 + (y-y_0)^2}$$

$$= \left[(x-x_0)^2 + (y-y_0)^2\right]^{-\frac{1}{2}}(x-x_0)\vec{i} + \left[(x-x_0)^2 + (y-y_0)^2\right]^{-\frac{1}{2}}(y-y_0)\vec{j} \quad (9\text{-}10)$$

$$= \frac{1}{\rho(q,q_0)}\left[(x-x_0)\vec{i} + (y-y_0)\vec{j}\right]$$

将式 (9-10) 代入式 (9-9)，得到斥力的最终简化表达式：

$$F_{\text{rep}} = -\nabla U_{\text{rep}}(x,y)$$

$$= k\left[\frac{1}{\rho(q,q_0)} - \frac{1}{\rho_0}\right] \cdot \frac{1}{\rho^2(q,q_0)}\nabla\rho(q,q_0) \quad (9\text{-}11)$$

图 9-6 为根据某道路场景绘制的斥力势场，凸起的部分代表障碍物。可以看到，随着与障碍物的距离越来越近，斥力势场值逐渐增大。值得注意的是，靠近障碍物处的斥力势场数值往往特别大，为展示势场的局部细节，图 9-6 对其做了一定的削峰处理。

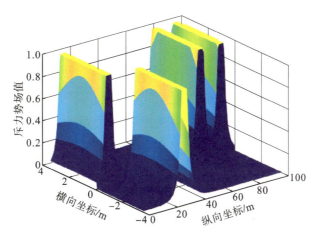

图 9-6 斥力势场

9.2.3　算法缺陷分析及改进

根据图9-4可知，在障碍物斥力和目标点引力的综合作用下，车辆将沿着合力的方向运动，但这种运动机制至少存在三种缺陷。

(1)目标不可达的缺陷，如图9-7(a)所示。由于障碍物与目标点的距离太近，当汽车接近目标点时，由势场函数定义可知，目标点的引力将逐渐降为零，而障碍物的斥力不为零。此时汽车虽然将要到达目标点，但是在斥力的作用下不能停下来，从而导致目标不可达。

(2)陷入局部最优的缺陷，如图9-7(b)所示。车辆在某个位置时，如果若干个障碍物的合斥力与目标点的引力大小相等、方向相反，则合力为零，这将导致车辆"不再受力"，故车辆无法向前运动搜索避障路径。

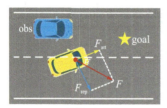 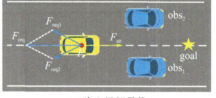

(a) 目标不可达   (b) 陷入局部最优

图9-7　经典人工势场法的算法缺陷

(3)车辆在某种场景下，有可能合力指向车道边界之外，造成车辆容易越过车道边界行驶，这显然不符合规定。

鉴于此，本节提出了三种改进策略，用于规避上述缺陷。

1. 改进障碍物斥力势场函数

首先是通过改进障碍物斥力势场函数来解决局部最优和目标不可达的问题。考虑在传统人工势场法的障碍物斥力势场模型中加入调节因子，使汽车只有到达目标点时，斥力和引力才同时减小到零，从而使局部最优和目标不可达的问题得到解决。除了经典的斥力势场函数外，新增改进后的斥力势场函数为

$$U_{\text{rep}2}(q)=\begin{cases}\dfrac{1}{2}k\left[\dfrac{1}{\rho(q,q_0)}-\dfrac{1}{\rho_0}\right]^2\rho(q,q_g), & 0\leqslant\rho(q,q_0)\leqslant\rho_0\\[3mm]0, & \rho(q,q_0)>\rho_0\end{cases} \tag{9-12}$$

与传统人工势场法相比，改进的斥力势场函数中加入了汽车与目标点间的距离，这样使汽车在驶向目标点的过程中，受到的引力和斥力在一定程度上同时减小，且只有在汽车到达目标点时，引力和斥力才同时减小为零，即目标点成为势能值最小的点，从而使局部最优和目标不可达的问题得到解决。当汽车未到达目标点时，相应的斥力分为两个部分：一部分是经典的斥力势场产生的斥力；另一部分是新增的斥力势场产生的斥力，即

$$
\begin{cases}
F_{\text{rep1}} = k\left[\dfrac{1}{\rho(q,q_0)} - \dfrac{1}{\rho_0}\right] \cdot \dfrac{\rho_g}{\rho^2(q,q_0)} \\[3mm]
F_{\text{rep2}} = \dfrac{k}{2}\left[\dfrac{1}{\rho(q,q_0)} - \dfrac{1}{\rho_0}\right]^2
\end{cases}
\tag{9-13}
$$

式中，F_{rep1} 方向为从障碍物指向汽车；F_{rep2} 方向为汽车指向目标点。

2. 建立道路边界斥力势场

通过建立道路边界斥力势场以限制汽车的行驶区域，并适当考虑车辆速度对斥力势场的影响。

如图 9-8 所示，建立一个同向两车道场景，设车道宽度为 d，车辆宽度为 w，并在中间车道线处建立直角坐标系描述车辆在场景中的相对位置。根据车辆在车道中的横向位置，将车道划分为三个区域，即车道边界禁行区、车道保持行驶区、换道跨线行驶区。

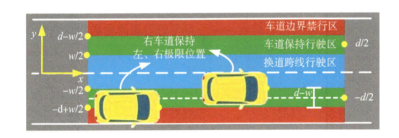

图 9-8　车辆横向移动范围示意图

（1）车道边界禁行区。当 $d-w/2 < y < d$ 或 $-d \leqslant y < -d+w/2$ 时，车辆位于图 9-8 的红色区域，此时车辆已经局部侵入道路边界，极易发生事故。因此要求车道边界能够产生较大的斥力，方向指向车辆车道中心线，以阻止车辆在车道边界危险行驶。

（2）车道保持行驶区。当 $-d+w/2 \leqslant y < -w/2$ 或 $w/2 \leqslant y < d-w/2$ 时，车辆位于图 9-8 的绿色区域，是车辆在本车道保持直线行驶的比较理想的区域。考虑到希望车辆尽量保持车道中心线行驶，将该区域平均分为两部分，以图 9-8 中黄车所在车道为例，当 $-d+w/2 \leqslant y < -d/2$ 时，车辆在车道中心线靠右，故希望此时的道路边界产生大小合适的斥力，方向指向车道中心线；当 $-d/2 \leqslant y < -w/2$ 时，车辆在车道中心线靠左，同样希望道路边界的斥力指向车道中心线。

（3）换道跨线行驶区。当 $-w/2 \leqslant y < w/2$ 时，车辆正处于换道过程，为了避免车辆长时间跨线行驶影响交通，希望车道分界线能产生一定的斥力，迫使车辆朝车道中央的绿色区域行驶。

综上，以图 9-8 下方车道为例，车道边界势场产生的斥力定义为

$$F_{edge} = \begin{cases} \eta_{edge} \, v e^{-d+w/2-y}, & -d \leqslant y < -d+w/2 \\ \dfrac{1}{3}\eta_{edge} \, y^2, & -d+w/2 \leqslant y < -w/2 \\ \eta_{center} \, v e^{y+w/2}, & -w/2 \leqslant y < 0 \end{cases} \tag{9-14}$$

式中，η_{edge} 是车道边界线斥力常数；η_{center} 是车道分界线斥力常数。

3. 建立障碍物速度斥力势场

现实的行车环境中，不仅有静止的障碍物，更多的是动态的障碍物，如汽车、摩托车等，这些物体也以一定的速度在运动，所以汽车沿着传统人工势场法规划出的避障路径行驶的同时，障碍物也在运动。这样在汽车进行避障行驶的过程中，障碍物就有可能运动到之前规划出的路径上，从而导致两者相撞。为此，建立速度斥力势场描述动态交通车辆，势场函数定义为

$$U_{rep,v}(q) = \begin{cases} \dfrac{1}{2}k_v v_r^2, & 0 \leqslant \rho(q,q_0) \leqslant \rho_0 \\ 0, & \rho(q,q_0) > \rho_0 \end{cases} \tag{9-15}$$

式中，k_v 为速度势场的比例常数；$v_r = v - v_{obs}$ 为汽车与障碍物的相对速度，斥力方向与 v_r 的方向相反。则速度斥力势场产生的斥力为

$$F_{rep,v}(q) = \begin{cases} k_v v_r, & 0 \leqslant \rho(q,q_0) \leqslant \rho_0 \\ 0, & \rho(q,q_0) > \rho_0 \end{cases} \tag{9-16}$$

9.2.4 MATLAB 仿真

为验证上述改进人工势场法的效果，利用 MALTAB 的自动驾驶工具箱建立同向两车道超车场景。由于建立的主体程序与 7.4 节类似，此处不再展示代码，本节仅展示其中最为重要的引力和斥力计算函数，具体代码如下。

```
1. function [F_rep, F_att] = calForce(ego, obs, goalPos)   % 函数：计算引力和斥力
2. Eta_att = 10;                                           % 计算引力的增益系数
3. Eta_rep_ob = 10;                                        % 计算斥力的增益系数
4. Eta_rep_edge = 10;                                      % 计算边界斥力的增益系数
5. Eta_rep_center = 0.01;                                  % 道路中心线斥力约束的增益系数
6. d = 3.5;                                                % 道路标准宽度
7. W = 1.8;                                                % 汽车宽度
8. d0 = 30;                                                % 障碍影响距离
9. kv = 1;                                                 % 障碍物速度调节系数
10. %% 引力
11. distToGoal = norm(ego.pos - goalPos);                  % 到目标的距离
12. direction = goalPos - ego.pos;                         % 方向
13. unitVector_goal = direction / norm(direction);         % 到目标点的单位方向向量
14. F_att_abs = Eta_att * distToGoal;                      % 引力绝对值
15. F_att = F_att_abs * unitVector_goal;                   % 引力矢量
16. %% 障碍物斥力
17. F_rep = [0 0];                                         % 初始化斥力;
18. for i = 1: length(obs)                                 % 遍历每一个障碍物
19.     distToObs = norm(ego.pos - obs(i).pos)-0.5;        % 到障碍物的距离
20.     if distToObs <= d0                                 % 若到障碍物的距离小于判断阈值
```

```
21.          direction = ego.pos - obs(i).pos;               % 到障碍物的方向
22.          unitVector_obs = direction / norm(direction);   % 到障碍物的单位方向向量
23.          F_rep_ob1_abs = Eta_rep_ob * (1/distToObs       % 障碍物的斥力 1，方向由障碍物指
             -1/d0) ...                                      向车辆
24.               * distToGoal / distToObs^2;
25.          F_rep(end+1, : ) = F_rep_ob1_abs * unitVector
             _obs;
26.          F_rep_ob2_abs = 0.5 * Eta_rep_ob * (1/distToObs % 障碍物的斥力 2，方向由车辆指向
             -1/d0)^2;                                       目标点
27.          F_rep(end+1, : ) = F_rep_ob2_abs * unitVector_
             goal;
28.     end
29. end
30.
31. %% 障碍物速度斥力
32. for i = 1: length(obs)
33.     distToObs = norm(ego.pos - obs(i).pos);
34.     if distToObs < d0
35.         if ego.pos(1) < obs(i).pos(1)  && ego.v(1) >
    obs(i).v(1) ...
36.                  || ego.pos(1) > obs(i).pos(1)  &&
    ego.v(1) < obs(i).v(1)
37.             %
38.             v_or = obs(i).v -ego.v;
39.             F_rep(end+1, : ) = kv * v_or;               % 障碍物速度斥力
40.         end
41.     end
42. end
43.
44. %% 道路边界斥力
45. v_abs = norm(ego.v);
46. F_rep_edge = [0 0];
47. if ego.pos(2) >= -d && ego.pos(2) < -d+W/2              % 区域 1
48.     F_rep_edge = [0, Eta_rep_edge *v_abs*(exp(-d+W/2-
        ego.pos(2)))];
49. elseif ego.pos(2) >= -d+W/2 && ego.pos(2) < -d/2       % 区域 2
50.     F_rep_edge = [0, 1/3 * Eta_rep_edge * ego.pos(2).^2];
51. elseif ego.pos(2) >= -d/2 && ego.pos(2) < -W/2         % 区域 3
52.     F_rep_edge = [0, -1/3 * Eta_rep_edge * ego.pos(2).^2];
53. elseif ego.pos(2) >= -W/2 && ego.pos(2) <0            % 区域 4
54.     F_rep_edge = [0,  -Eta_rep_center
        *v_abs*(exp(ego.pos(2)+W/2))];
55. elseif ego.pos(2) >= 0 && ego.pos(2)<W/2              % 区域 5
56.     F_rep_edge = [0,  Eta_rep_center *v_abs*(exp(W/2-
        ego.pos(2)))];
57. elseif ego.pos(2) >= W/2  && ego.pos(2)<d/2           % 区域 6
58.     F_rep_edge = [0, 1/3 * Eta_rep_edge * ego.pos(2).^2];
59. elseif ego.pos(2) >= d/2 && ego.pos(2)<=d-W/2         % 区域 7
60.     F_rep_edge = [0, -1/3 * Eta_rep_edge * ego.pos(2).^2];
61. elseif ego.pos(2) >= 0 && ego.pos(2)<=W/2             % 区域 8
62.     F_rep_edge = [0, -Eta_rep_edge *v_abs*(exp
        (-d+W/2-ego.pos(2)))];
63. end
64. F_rep(end+1, : ) = F_rep_edge;
```

封装函数 calForce 根据建立好的场景计算本车受到的引力和斥力，从以下几个方面进行理解。

（1）定义计算引力和斥力所需要用到的各种参数。

（2）计算引力，引力仅由目标点产生，故通过构造方向向量和引力大小计算引力矢量。

（3）计算障碍物斥力，算法改进之后，包括方向由障碍物指向车辆的第 1 部分斥力和方向由车辆指向目标点的第 2 部分斥力。

（4）为考虑动态障碍物，计算障碍物和本车相对速度引起的斥力。

（5）为避免越过道路边界及尽量保持车道中心线行驶，根据本车的在道路上的横向位置计算道路边界斥力。

在主程序中启动仿真，绘制如图 9-9（a）所示的同向两车道超车场景。该场景中，红车为本车，黑车为静止车辆，蓝车为动态车辆。

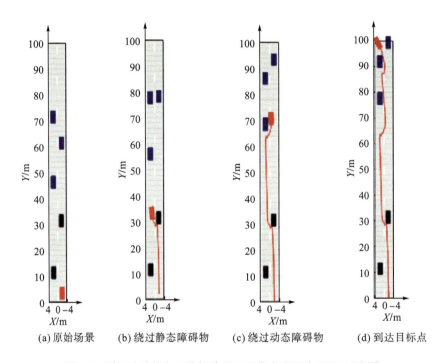

(a) 原始场景　　(b) 绕过静态障碍物　　(c) 绕过动态障碍物　　(d) 到达目标点

图 9-9　利用改进的人工势场法实现动静态障碍物避障（见彩图）

观察红车绕过静态障碍物的局部路径规划［图 9-9（b）］，可以看出，红车在经过黑车时，红色路径有一定的回滞，表明此处所受到的合力存在局部振荡，但凭借上文对斥力势场的改进，车辆在经历短暂的回滞运动后能正确逃逸振荡位置，逐步向目标点靠近。观察图 9-9（c），可以看到，车辆在对前方蓝车动态障碍物进行超车时，由于动态障碍物对本车产生了速度斥力场，故本车会较流畅地从旁边伺机超车，另外，可以看到红车的整条路径均位于车道范围内，未出现侵入车道边界的情况。

整体看来，改进后的人工势场法能够实现在一般场景的动态路径规划，具有一定的研究价值。然而，人工势场法规划的路径存在局部弯折的现象，路径的一阶导数不连续，这并不符合车辆正常行驶的运动学要求。若利用人工势场法进行路径规划，还需要联合利用其他算法（如 B 样条曲线法）对路径进行平滑处理。

9.3　动态窗口法

9.3.1　算法简介

动态窗口法(dynamic window approach，DWA)是一种常用的局部避障规划方法。该方法首先建立智能汽车关于速度和角速度的运动学模型，然后充分考虑智能汽车的速度、加速度等物理限制约束条件，在速度和角速度空间内采样获取一对速度指令，通过设定一个时间区间获得一簇轨迹曲线，最后通过构造一种轨迹性能评价指标选取最优轨迹。动态窗口法步骤清晰易懂，较多应用于室内机器人局部避障等领域。

如图 9-10 所示，在每一个蓝色虚线框内，车辆都会根据当前的速度组合生成若干条备选运动轨迹，这些轨迹构成的轨迹曲线簇就称为一个时间窗，车辆在这个窗口内按照特定规则选择一条最优轨迹运动。当运动到 1 号窗口轨迹的末端后又重新生成一个新的轨迹曲线簇(即 2 号窗口)，如此反复循环动态执行，故命名为动态窗口法。

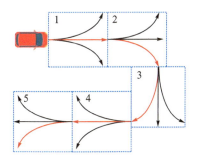

图 9-10　动态窗口法示意图

值得注意的是，动态窗口法所构造的轨迹曲线簇本质上就是一簇基于运动学模型的智能汽车位置状态参数曲线，尽管动态窗口法蕴含速度加速度采样的概念，但这种采样属于动作采样，即采样智能汽车的有关运动参数，而第 5 章所述的采样特指对智能汽车位置状态的采样，两者有一定区别。

9.3.2　运动学模型及速度采样

在直道上建立直角坐标系 xoy，车辆的 x 坐标、y 坐标和航向角 θ 可表示为

$$\begin{cases} x = x + v\Delta t \cos\theta \\ y = y + v\Delta t \sin\theta \\ \theta = \theta + \omega\Delta t \end{cases} \tag{9-17}$$

式中，v 和 ω 分别表示车辆速度和角速度；Δt 表示车辆的运动时间周期。

式(9-17)表明在一定时间窗内，车辆的位置和航向角可由当前车辆速度和当前角速度决定，那么不同的速度和角速度组合将产生不同的车辆位置和航向角，也就产生不同的车辆运动轨迹。因此，接下来的工作就是如何采样获得一组可行的速度和角速度组合，以产生可行的车辆运动轨迹。

在速度和角速度所构成的二维空间 (v, ω) 由于不受任何约束，存在着无穷多种组合，速度和角速度采样的目的就是将采样区域缩小在一定范围，并适当设置速度分辨率，以生成若干组数量有限的速度和角速度组合。缩小采样区域通过设置各类约束条件实现。

(1) 车辆根据自身性能及地面条件，受到本体的最小和最大速度(角速度)限制，有如下约束条件：

$$\begin{cases} v_{\min} \leqslant v \leqslant v_{\max} \\ \omega_{\min} \leqslant \omega \leqslant \omega_{\max} \end{cases} \tag{9-18}$$

(2) 车辆受到发动机或者电机的转矩作用，存在最大的加速度限制，另外，车辆受到制动力矩的作用，存在最大的减速度限制。综上，有如下约束条件：

$$\begin{cases} v_c - a_{\min}\Delta t \leqslant v \leqslant v_c + a_{\max}\Delta t \\ \omega_c - \alpha_{\min}\Delta t \leqslant \omega \leqslant \omega_c + \alpha_{\max}\Delta t \end{cases} \tag{9-19}$$

(3) 如图 9-11 所示，黄色曲线是在速度组合 (v, ω) 和一定时间窗下的本车运动轨迹，考虑到车辆沿着第 1 条轨迹运动到 B 点后，若此时车辆速度较大，车辆即使以最大减速度制动，也会与蓝车发生碰撞。

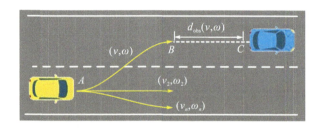

图 9-11　最大减速度下的速度组合约束示意图

设 $d_{\text{obs}}(v, \omega)$ 为速度组合 (v, ω) 对应的轨迹曲线与障碍车的最小距离，为了避免此时与蓝车相撞，黄车在 B 点存在一个速度上限值，由运动学相关理论，有如下约束条件：

$$v \leqslant \sqrt{2\,\text{dist}(v, \omega)a_{\min}} \tag{9-20}$$

若满足式(9-20)，表明速度采样组合 (v, ω) 所对应的轨迹曲线不会与蓝车相撞，则这组速度组合是可行的。值得注意的是，对于结构性道路场景，一般要求本车不能跨过车道边界实线，在实际编程实现中，可以在道路边界从左到右以某个离散度设定一些虚拟的障碍物，这样可以使本车在判断可行路径时，淘汰穿越了道路边界的那部分路径。

综上，可在速度和角速度构成的二维空间内采样获得一定范围内的可行速度组合集。

9.3.3　构造评价函数筛选最优轨迹

速度采样获得了若干组可行的轨迹,建立筛选准则以筛选最优轨迹,可以从如下几个方面进行构造。

(1)航向角评价函数。设在当前采样速度组合 (v,ω) 下时间窗的轨迹末端的航向角为 $\text{heading}(v,\omega)$,该朝向与目标点的角度差值越小,则方位角评价函数值越高,表明此速度组合对应的运动轨迹越好。

(2)障碍物距离评价函数。设 $d_{\text{obs}}(v,\omega)$ 为速度组合 (v,ω) 对应的轨迹曲线与障碍车的最小距离, $d_{\text{obs}}(v,\omega)$ 数值越小,则障碍物距离评价函数值越高,表明此速度组合对应的运动轨迹越好。

(3)加速度评价函数。一个时间窗内车辆的速度视为常量,相邻时间窗的速度若不同则会产生加速度,要使车辆在正常行驶过程中速度足够平缓,就需要相邻时间窗所产生的加速度绝对值较小。

最后,利用归一化思想对上述三种轨迹评价函数进行相加构成综合评价函数指标,以此作为标准筛选时间窗内的最优轨迹。

9.3.4　MATLAB 仿真

图 9-12 为动态窗口法应用案例,其中黄车是本车,4 辆蓝车是交通障碍车。设本车初始状态(x 坐标、y 坐标、航向角、速度和加速度)为 $(0,-1.75,0,0,0)$,4 辆障碍车的位置分别为:$(13,-1.75)$、$(27,-1.75)$、$(40,1.75)$ 和 $(50,-1.75)$。动态窗口时间为 3s,滚动规划的周期为 0.1s。

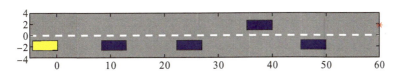

图 9-12　动态窗口法应用案例

动态窗口法具有较强的处理逻辑,本节在主程序中封装了较多的函数,以便于调用。基于图 9-12 编写的主程序如下。

```
1. clc
2. clear
3. close all
4. %% 基本参数设定
5. d = 3.5;                              % 道路标准宽度
6. W = 1.8;                              % 汽车宽度
7. L = 4.7;                              % 车长
8. state = [0 -1.75 0 2 0];             % 车辆状态:x 位置、y 位置、航
                                          向、速度、角速度
9. goal = [60, 1.75];                   % 目标点位置
```

```
10.  [obstacle, obstacleR] = setObs;              % 障碍物设定
11.  dt = 0.1;                                     % 车辆单步运动时间
12.  windowTime = 3;                               % 窗口时间
13.  v_max = 15;                                    % 最高速度
14.  omega_max = 200*pi/180;                        % 最高角速度
15.  acc_max = 3;                                   % 最高加速度
16.  alpha_max = 50*pi/180;                         % 最高角加速度
17.  vResolution = 0.1;                             % 速度分辨率
18.  omegaResolution = 2*pi/180;                    % 角速度分辨率
19.  constraint = [v_max omega_max acc_max alpha_max % 约束数组
        vResolution
        omegaResolution];
20.  Weight = [1,  3 , 3];                          % 航向权重、距离权重、速度权重
21.  %% 主程序
22.  figure                                         % 绘制场景底图
23.  len_line = 60;                                 % 直线距离长度
24.  GreyZone = [-5, -d-0.5;  -5, d+0.5;  len_line, d+0.5; % 灰色地面
        len_line, -d-0.5];
25.  stateSet = [];                                 % 状态集合
26.  for i = 1: 1000                                % 循环运动 1000 次
27.      spdRange = calcSpdRange(state, constraint, dt); % 根据当前状态和约束计算当前
                                                         的速度参数允许范围
28.      windowInfo = getWindow                     % 根据速度范围和分辨率,生成若
            (state, spdRange, constraint, windowTime, dt); 干条运动轨迹
29.      windowInfo = evaluation                    % 计算评价函数
            (constraint,windowInfo,goal,obstacle,obstacleR);
30.      eval = normalizeEval(windowInfo);          % 评价函数归一化处理
31.      feval = eval * Weight(1: 3)';              % 最终评价函数的计算
32.      [~, idx_best] = max(feval);                % 获取控制量,返回最优参数的速
33.      u = [windowInfo(idx_best).v; windowInfo(idx_best). 度、角速度
            omega];
34.      state = windowInfo(idx_best).trajectory(2, :); % 状态更新
35.      stateSet(end+1, : ) = state;               % 历史轨迹的保存
36.      if norm(state(1: 2)-goal)<1                % 若当前位置与目标点的距离小
37.          disp('Arrive Goal!!');                  于 1,打印消息并退出循环
38.          break;
39.      end
40.  end
```

上述程序可从如下几个方面进行理解。

(1)定义自车换道场景中的若干参数,如障碍物位置、本车运动学模型参数等。

(2)进入主程序,根据当前状态和约束计算当前的速度参数允许范围,并根据速度范围和分辨率,生成若干条运动轨迹。

(3)基于评价函数公式计算每一组可用参数的评价得分。

(4)由于不同评价指标的量纲不同,故需要对其进行归一化处理,进而根据评价指标权重计算得到最终的评价函数,并从中选取最高值所对应的运动轨迹作为接下来的运动窗。

(5)判断是否到达目的地,退出循环。

利用动态窗口法实现黄车的动态轨迹规划,规划过程中的几个关键位置的场景图如图 9-13 所示。

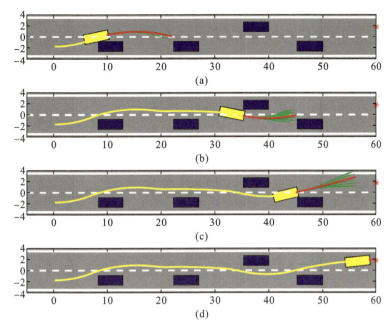

图 9-13　利用动态窗口法实现避障的过程(见彩图)

图 9-13 中，绿色的路径簇就是本车利用动态窗口法得到的若干条备选路径，红色路径是根据评价函数筛选的最优路径，黄色路径是根据滚动规划得到车辆实际行驶路径。从图中可以看出，动态窗口法基本可以实现在静态障碍环境中的路径规划，且路径较为平顺。

绘制图 9-13 中的黄车的速度和加速度曲线，如图 9-14 所示。可以看出：①车辆的整体速度偏小，一旦加速到接近 4 m/s 后，速度又急速下降，这主要是由图 9-13 的静态障碍的间距设置过密导致的，可以将间距适当调大以提高速度；②动态窗口法尽管可以实现避障超车，但速度和加速度曲线均有较多的锯齿，局部曲线突变现象明显，这非常不利于下层轨迹跟踪时对发动机或电机的控制。因此，若要在实际道路环境中应用动态窗口法，还需要适当增加各类约束，如引入加加速度约束可以减缓加速度的波动，从而提高乘坐舒适性。

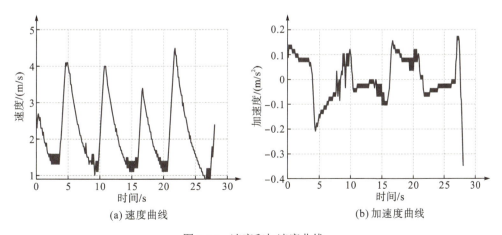

图 9-14　速度和加速度曲线

第四部分

控制算法篇

第10章 轨迹跟踪控制的基本概念

车辆本身具有典型的非线性时变特性以及参数的不确定性(如车辆载荷、轮胎侧偏刚度以及地面附着系数等参数的变化),随着车辆智能化程度的提升,驾驶人逐渐脱离驾驶控制环,导致车辆控制自由度变大,驾驶精度要求越来越高,因此,如何建立高效合理的横向稳定控制策略已经成为车辆控制领域研究的重点。传统车辆的横向控制问题主要表现在横摆稳定性(主要参数指标为横摆角速度)以及轨迹跟踪精度(主要参数指标为质心侧偏角)两个方面。随着车辆控制需求的不断提高,横向控制方法的研究呈现螺旋式发展,从经典控制理论开始,过渡到以状态空间方程的现代控制理论,逐步发展到基于复杂非线性系统的智能控制理论。

10.1 轨迹跟踪控制的横向误差

轨迹跟踪效果的好坏通常用跟踪误差进行评价,轨迹跟踪控制误差可分为航向角误差和横向误差。航向角误差的定义比较好理解,它是指车辆当前位置的航向角与参考线上的参考航向角的误差。然而,受到坐标系的影响,横向误差的定义比较复杂,本节着重推导基于坐标系旋转的横向误差。

在智能驾驶路径跟踪控制中,常常用横向误差来描述车辆当前位置与参考位置在横向上的偏差,横向误差对于车辆横向精确控制具有重要作用。想象在一条直道上,将参考线定义为车道中心线,于是可以直接采用笛卡儿坐标系,则这里的横向误差就是车辆横向坐标与中心线参考点横向坐标的距离。对于更加一般的曲线道路,由 7.1.3 节可知,可以采用 Frenet 坐标系描述位置关系,此时横向误差定义为投影点与车辆位置的距离。很多时候,希望能利用曲线道路在笛卡儿坐标系下的坐标信息来计算横向误差,接下来具体介绍。

首先简单介绍坐标系旋转的相关知识。如图 10-1 所示,设参考线上的某个参考点坐标为 $P(x_0, y_0)$,将 P 点分别向 x 轴和 y 轴投影得到 A 点和 B 点,P 的切线方向与 x 轴夹角为 θ(即参考航向角为 θ)。将坐标系 xOy 绕 O 点逆时针旋转 θ,得到新的坐标系 $x'Oy'$,同理将 P 点分别向 x' 轴和 y' 轴投影得到 F 点和 E 点。

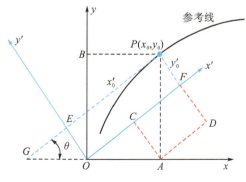

图 10-1 坐标系旋转示意图

为了计算 P 点在坐标系 $x'Oy'$ 的新坐标，对图 10-1 做以下辅助线：首先过 A 点做 $AC \perp OF$ 交于点 C，然后延长 PF 于 D，使得 $AD \parallel CF$，根据三角形相关性质，易得 x_0' 和 y_0' 为

$$
\begin{aligned}
x_0' &= OF = OC + CF \\
&= AO \cdot \cos\theta + BO \cdot \sin\theta \\
&= x_0 \cdot \cos\theta + y_0 \cdot \sin\theta
\end{aligned}
\tag{10-1}
$$

$$
\begin{aligned}
y_0' &= PF = PD - FD \\
&= AP \cdot \cos\theta - AO \cdot \sin\theta \\
&= -x_0 \cdot \sin\theta + y_0 \cdot \cos\theta
\end{aligned}
\tag{10-2}
$$

综合式(10-1)和式(10-2)，可得到坐标系旋转的矩阵表达式：

$$
\begin{bmatrix} x_0' \\ y_0' \end{bmatrix} = \begin{bmatrix} \cos\theta & \sin\theta \\ -\sin\theta & \cos\theta \end{bmatrix} \begin{bmatrix} x_0 \\ y_0 \end{bmatrix}
\tag{10-3}
$$

在坐标系旋转的基础上，再将坐标系 $x'Oy'$ 平移到参考点处，得到新的坐标系 $x''Py''$，如图 10-2 所示。

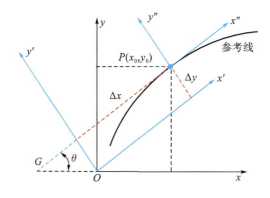

图 10-2　坐标系平移示意图

平移变换公式为

$$
\begin{bmatrix} x'' \\ y'' \end{bmatrix} = \begin{bmatrix} x' \\ y' \end{bmatrix} + \begin{bmatrix} \Delta x \\ \Delta y \end{bmatrix}
\tag{10-4}
$$

式中，Δx 和 Δy 分别代表坐标系 $x'Oy'$ 的横纵轴平移量，当向右(上)平移时，Δx (Δy) 取负，当向左(下)平移时，Δx (Δy) 取正。

综上，原 xOy 坐标系下的任意一点 (x,y) 通过旋转变换和平移变换后，在新的坐标系 $x''Py''$ 可表示为

$$
\begin{bmatrix} x'' \\ y'' \end{bmatrix} = \begin{bmatrix} \cos\theta & \sin\theta \\ -\sin\theta & \cos\theta \end{bmatrix} \begin{bmatrix} x \\ y \end{bmatrix} + \begin{bmatrix} \Delta x \\ \Delta y \end{bmatrix}
\tag{10-5}
$$

有了上述坐标系旋转的转换公式，便可以很方便地描述 Frenet 坐标系下车辆的横向误差。如图 10-3 所示，设车辆位置坐标为 $P_1(x_1,y_1)$，首先对坐标系 xOy 进行旋转、平移得到坐标系 $x''Py''$，由前文定义可知，经过旋转平移变换后 y'' 轴的延长线必然经过车辆质点。

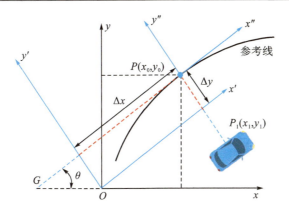

图 10-3　基于 Frenet 坐标系的横向误差示意图

故车辆此时的横向误差即为 P 点到 P_1 点的距离，设此距离为

$$
\begin{aligned}
e_y &= y_1'' - y_0'' \\
&= \left(\begin{bmatrix} -\sin\theta & \cos\theta \end{bmatrix} \begin{bmatrix} x_1 \\ y_1 \end{bmatrix} + \begin{bmatrix} \Delta x \\ \Delta y \end{bmatrix} \right) - \left(\begin{bmatrix} -\sin\theta & \cos\theta \end{bmatrix} \begin{bmatrix} x_0 \\ y_0 \end{bmatrix} + \begin{bmatrix} \Delta x \\ \Delta y \end{bmatrix} \right) \\
&= \begin{bmatrix} -\sin\theta & \cos\theta \end{bmatrix} \begin{bmatrix} x_1 - x_0 \\ y_1 - y_0 \end{bmatrix}
\end{aligned}
\tag{10-6}
$$

从上式可以看出，车辆在 Frenet 坐标系下的横向误差与笛卡儿全局坐标系的位置无关，仅与车辆位置、参考点位置及参考航向角有关。从上述推导还可以这样描述 Frenet 坐标系：在参考线的每一个参考点都建立一个独立的笛卡儿坐标系，x 轴指向参考点切线的前方，y 轴逆时针垂直于 x 轴，这样组成的若干个笛卡儿坐标系就可看作 Frenet 坐标系。

10.2　车辆运动学模型

要控制车辆的运动，首先要对车辆的运动建立数字化模型，模型建立得越准确，对车辆运动的描述越准确，对车辆的跟踪控制效果就越好。除了真实反映车辆特性，建立的模型也应该尽可能地简单易用。车辆模型一般分为运动学和动力学模型。车辆运动学模型（kinematic model）把车辆完全视为刚体，主要考虑车辆的位姿（位置坐标、航向角）、速度、前轮转角等的关系，不考虑任何力的影响。

运动学是从几何学的角度研究物体的运动规律，包括物体在空间的位置、速度等随时间而产生的变化，因此，车辆运动学模型可以反映车辆位置、速度、加速度等与时间的关系。在车辆轨迹规划过程中应用运动学模型，可以使规划出的轨迹更切合实际，满足行驶过程中的运动学几何约束，且基于运动学模型设计出的控制器也具有更可靠的控制性能。

10.2.1 阿克曼转向原理

常见的车辆转向运动模型有独立转向、阿克曼转向、铰接转向及差速转向，常见的四轮汽车一般属于阿克曼转向。阿克曼转向原理（Ackerman principle）最初由德国马车工程师兰肯斯伯格（Lankensperger）于 1817 年提出，他的代理商 Ackerman 于 1818 年在英国申请专利，故之后由此命名。阿克曼转向是一种现代汽车的转向方式，当汽车直线行驶时，四个车轮的轴线互相平行，且垂直于汽车纵向中心面；当汽车转弯行驶时，内外轮转过的角度不一样，内侧轮胎转弯半径小于外侧轮胎，但全部车轮都必须绕着同一个瞬时中心点做圆周滚动。

图 10-4 为阿克曼转向示意图，设车辆的轴距为 L，轮距为 K，右前轮中心点为 A，向右转过的角度为 θ，左前轮中心点为 B，向右转过的角度为 β，根据阿克曼转向原理可知，四个车轮具有相同的转弯中心，设这个中心点为 O。

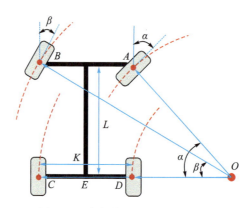

图 10-4　车辆的阿克曼转向示意图

那么，在直角 $\triangle ADO$ 中，有

$$\tan\alpha = \frac{L}{DO} \tag{10-7}$$

同理，在直角 $\triangle BCO$ 中，有

$$\tan\beta = \frac{L}{CO} \tag{10-8}$$

根据式（10-7）和式（10-8），可得

$$K = (CO - DO) = \frac{L}{\tan\beta} - \frac{L}{\tan\alpha}$$
$$\Rightarrow \cot\beta - \cot\alpha = \frac{K}{L} \tag{10-9}$$

因此，为保证车辆转弯时满足阿克曼转向原理，则左右前轮的转向角必须满足式（10-9）。进一步根据式（10-7）和式（10-8），还可以得到车辆后轴中心点与转弯中心的距离，即转弯半径：

$$R = \overline{OE} = \frac{(\overline{CO} + \overline{DO})}{2} = \frac{\dfrac{L}{\tan\beta} + \dfrac{L}{\tan\alpha}}{2} = \frac{L(\cot\beta + \cot\alpha)}{2} \tag{10-10}$$

阿克曼转向原理是车辆运动学模型的基础,其性质对运动学模型的推导及控制算法的研究具有重要意义。

10.2.2 二自由度车辆运动学模型

车辆运动学模型常采用具有二自由度的自行车模型(bicycle model)。顾名思义,简单来讲自行车模型就是将车辆模型横向压缩为一个只具有前后车轮和车体的模型,车辆的姿态可以由位置和航向角完全描述,前后轮由一个刚性轴连接,前轮可转动,后轮只能直行。具体来说车辆的二自由度自行车模型有如下假设。

(1)不考虑车辆在垂直方向的运动(如悬架上下振动等问题),假设车辆仅在二维平面上运动。

(2)假设车辆左右侧轮胎在任意时刻都拥有相同的转向角度和转速,即将阿克曼转向原理中的左右前轮视为平行,这样车辆左右两个车轮的运动可以合并为一个车轮来描述。

(3)假设车辆行驶速度变化缓慢,忽略前后轴载荷的转移。

(4)假设车身和悬架系统都是理想的刚性系统,无任何弹性运动。

(5)假设车辆的运动和转向都是由前轮驱动实现的,不考虑四轮驱动、后轮转向等情况。

车辆运动学模型的建模方式较多,机体坐标系原点选择不同,前驱/后驱和前轮/后轮转向都会导致运动学模型结果不一致。复杂的模型并不一定是最好的选择,对车辆运动学模型进行合理简化并且选择行驶工况的约束条件才是研究的重点,只要能够表示控制对象的真实物理限制即可。本书主要参考《无人驾驶车辆模型预测控制》(第二版),将机体坐标系原点设置在后轴中心,假设只存在前轮偏角,推导了以后轴为原点的运动学模型。

如图 10-5 所示,用车辆后轴中点的 x 轴和 y 轴描述车辆的当前位置,用车辆的当前朝向与 x 轴的夹角描述车辆的姿态,那么就可以用 (x_0, y_0, θ) 完整描述车辆的当前位置。设车辆以图 10-5 的速度 v 运动,则车辆在 x 轴的速度分量、y 轴的速度分量可表示为

$$\begin{cases} v_x = v\cos\theta \\ v_y = v\sin\theta \end{cases} \tag{10-11}$$

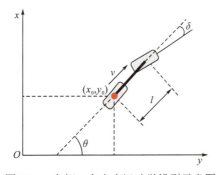

图 10-5 车辆二自由度运动学模型示意图

关于车辆横摆角速度的推导，读者可以参考《无人驾驶车辆模型预测控制》，这里不再赘述。本书提供另一种推导思想，供读者参考。理论力学中关于刚体的平面运动，有如下定义：平面运动绕基点转动的角速度和角加速度与基点的选取无关(即在同一瞬间，刚体图形绕任一基点转动的角速度和角加速度都是相同的)。因此，综合阿克曼转向原理和刚体平面运动，可以认为车辆绕转动中心转向行驶的横摆角速度 $\dot{\varphi}$，与车辆前轴绕后轴转动的角速度 ω 相等。前轴绕后轴转动的线速度可以表示为

$$v_{\mathrm{fr}} = \omega l \tag{10-12}$$

另一方面，前轴绕后轴转动的线速度也可以理解为前轴速度在垂直于前轮方向的速度分量，这个速度分量可由后轴速度和前轮转角建立关系式：

$$v_{\mathrm{fr}} = v \tan \delta \tag{10-13}$$

由式(10-12)和式(10-13)可得车辆横摆角速度：

$$\dot{\varphi} = \omega = \frac{v_{\mathrm{fr}}}{l} = \frac{v \tan \delta}{l} \tag{10-14}$$

10.2.3 基于跟踪误差的运动学模型离散状态空间方程

为方便表示，选取车辆的状态量为 $\boldsymbol{X} = [x, y, \theta]^{\mathrm{T}}$，控制量为 $\boldsymbol{u} = [v, \delta]^{\mathrm{T}}$，整理式(10-11)和式(10-14)，并将其转化成矩阵形式：

$$\begin{cases} \dot{x} = v_x = v\cos\theta \\ \dot{y} = v_y = v\sin\theta \Rightarrow \dot{\boldsymbol{X}} = \begin{bmatrix} \dot{x} \\ \dot{y} \\ \dot{\varphi} \end{bmatrix} = \begin{bmatrix} v\cos\theta \\ v\sin\theta \\ \frac{v\tan\delta}{l} \end{bmatrix} = \begin{bmatrix} f_1 \\ f_2 \\ f_3 \end{bmatrix} \Rightarrow \dot{\boldsymbol{X}} = f(\boldsymbol{X}, \boldsymbol{u}) \\ \dot{\varphi} = \frac{v\tan\delta}{l} \end{cases} \tag{10-15}$$

式中，f_1、f_2 和 f_3 分别表示 x 方向速度、y 方向速度和横摆角速度的函数表达式；f 表示一个关于 $\boldsymbol{X}$ 和 $\boldsymbol{u}$ 的多元函数；由式(10-15)可知，只要为车辆提供一定的速度和前轮转角，则车辆的位姿状态将发生改变。

针对轨迹跟踪，期望能够输入合理的速度和前轮转角控制量，以使车辆的位姿状态满足规划的参考轨迹要求，不妨设车辆在轨迹跟踪过程中的参考轨迹点为 $\boldsymbol{X}_r$，跟踪此参考轨迹点的理想控制量为 $\boldsymbol{u}_r = [v_r, \delta_r]^{\mathrm{T}}$，参照(10-15)即可得到参考轨迹跟踪关系式为 $\dot{\boldsymbol{X}}_r = f(\boldsymbol{X}_r, \boldsymbol{u}_r)$。

将式(10-15)在参考轨迹点处采用泰勒级数展开，并忽略高阶项，得到下列展开式：

$$\dot{\boldsymbol{X}} = f(\boldsymbol{X}_r, \boldsymbol{u}_r) + \frac{\partial f(\boldsymbol{X}, \boldsymbol{u})}{\partial \boldsymbol{X}}(\boldsymbol{X} - \boldsymbol{X}_r) + \frac{\partial f(\boldsymbol{X}, \boldsymbol{u})}{\partial \boldsymbol{u}}(\boldsymbol{u} - \boldsymbol{u}_r) \tag{10-16}$$

式中多元函数 f 对 $\boldsymbol{X}$ 偏导，可利用雅可比矩阵得到，即

$$\frac{\partial f(\boldsymbol{X}, \boldsymbol{u})}{\partial \boldsymbol{X}} = \begin{bmatrix} \dfrac{\partial f_1}{\partial x} & \dfrac{\partial f_1}{\partial y} & \dfrac{\partial f_1}{\partial \theta} \\[6pt] \dfrac{\partial f_2}{\partial x} & \dfrac{\partial f_2}{\partial y} & \dfrac{\partial f_2}{\partial \theta} \\[6pt] \dfrac{\partial f_3}{\partial x} & \dfrac{\partial f_3}{\partial y} & \dfrac{\partial f_3}{\partial \theta} \end{bmatrix} = \begin{bmatrix} 0 & 0 & -v_r \sin\theta_r \\ 0 & 0 & v_r \cos\theta_r \\ 0 & 0 & 0 \end{bmatrix} \tag{10-17}$$

同理，多元函数 f 对 $\boldsymbol{u}$ 求偏导，有

$$\frac{\partial f(\boldsymbol{X}, \boldsymbol{u})}{\partial \boldsymbol{u}} = \begin{bmatrix} \dfrac{\partial f_1}{\partial v} & \dfrac{\partial f_1}{\partial \delta} \\[6pt] \dfrac{\partial f_2}{\partial v} & \dfrac{\partial f_2}{\partial \delta} \\[6pt] \dfrac{\partial f_3}{\partial v} & \dfrac{\partial f_3}{\partial \delta} \end{bmatrix} = \begin{bmatrix} \cos\theta_r & 0 \\ \sin\theta_r & 0 \\ \dfrac{\tan\delta_r}{l} & \dfrac{v_r}{l\cos^2\delta_r} \end{bmatrix} \tag{10-18}$$

设状态量误差为 $\widetilde{\boldsymbol{X}}$，控制量误差为 $\widetilde{\boldsymbol{u}}$，状态量误差的变化量为 $\dot{\widetilde{\boldsymbol{X}}}$，则有

$$\dot{\widetilde{\boldsymbol{X}}} = \begin{bmatrix} \dot{x} - \dot{x}_r \\ \dot{y} - \dot{y}_r \\ \dot{\varphi} - \dot{\varphi}_r \end{bmatrix}$$

$$= \begin{bmatrix} 0 & 0 & -v_r \sin\theta_r \\ 0 & 0 & v_r \cos\theta_r \\ 0 & 0 & 0 \end{bmatrix} \begin{bmatrix} x - x_r \\ y - y_r \\ \theta - \theta_r \end{bmatrix} + \begin{bmatrix} \cos\theta_r & 0 \\ \sin\theta_r & 0 \\ \dfrac{\tan\delta_r}{l} & \dfrac{v_r}{l\cos^2\delta_r} \end{bmatrix} \begin{bmatrix} v - v_r \\ \delta - \delta_r \end{bmatrix} \tag{10-19}$$

$$= \boldsymbol{A}\widetilde{\boldsymbol{X}} + \boldsymbol{B}\widetilde{\boldsymbol{u}}$$

上式表明基于误差的状态量和控制量可以构成线性状态空间，对式(10-19)进行前向欧拉离散化，得到

$$\dot{\widetilde{\boldsymbol{X}}} = \frac{\widetilde{\boldsymbol{X}}(k+1) - \widetilde{\boldsymbol{X}}(k)}{T} = \boldsymbol{A}\widetilde{\boldsymbol{X}} + \boldsymbol{B}\widetilde{\boldsymbol{u}} \tag{10-20}$$

整理后，得

$$\widetilde{\boldsymbol{X}}(k+1) = (T\boldsymbol{A} + \boldsymbol{E})\widetilde{\boldsymbol{X}}(k) + T\boldsymbol{B}\widetilde{\boldsymbol{u}}(k)$$

$$= \begin{bmatrix} 1 & 0 & -Tv_r \sin\theta_r \\ 0 & 1 & Tv_r \cos\theta_r \\ 0 & 0 & 1 \end{bmatrix} \widetilde{\boldsymbol{X}}(k) + \begin{bmatrix} T\cos\theta_r & 0 \\ T\sin\theta_r & 0 \\ T\dfrac{\tan\delta_r}{l} & T\dfrac{v_r}{l\cos^2\delta_r} \end{bmatrix} \widetilde{\boldsymbol{u}}(k) \tag{10-21}$$

$$= \widetilde{\boldsymbol{A}}\widetilde{\boldsymbol{X}}(k) + \widetilde{\boldsymbol{B}}\widetilde{\boldsymbol{u}}(k)$$

至此，建立基于车辆运动学跟踪误差模型的离散线性状态空间方程，利用该方程可以实现车辆轨迹跟踪控制。

10.3　车辆动力学模型

10.3.1　航向角、质心侧偏角与横摆角

在介绍车辆动力学模型前，有必要先介绍航向角、质心侧偏角及横摆角三个概念的区分，这三个概念常常出现在动力学模型中。

如图 10-6 为航向角、质心侧偏角及横摆角示意图，其中 XOY 是地面全局坐标系，xoy 是车身坐标系，v 代表车辆质心速度方向。车辆在转弯行驶时，由于侧偏现象，车辆质心速度方向航向角、质心侧偏角及横摆角有如下定义。

(1)航向一般指物体的运动方向与参考轴的夹角，车辆航向角就是车辆质心速度与地面坐标系 X 轴的夹角，即图 10-6 的 θ 。

(2)图 10-6 前轮右转，由轮胎侧偏现象可知，车辆质心处的速度方向并不与车辆纵轴线平行，定义质心速度方向与车辆纵轴线的夹角为质心侧偏角 β 。

(3)质心速度方向一般不易直接观察，但车辆纵轴(即车身)相对于地面坐标系 X 轴的摆放位置却是可以直接观测的，故将此夹角定义为横摆角 φ 。

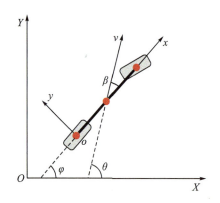

图 10-6　航向角、质心侧偏角及横摆角示意图

综上可以推得，当考虑车辆受力时，尤其是在分析车辆横向动力学时，一般会研究质心侧偏角，此时航向角等于质心侧偏角与横摆角之和，即

$$\theta = \beta + \varphi \tag{10-22}$$

值得注意的是，下面两种情况可以认为航向角等于横摆角：①当不考虑车辆受力，仅分析运动学关系时，航向角与横摆角可认为是相等的；②当考虑车辆受力，若不要求建立特别精确的动力学模型，由于质心侧偏角远小于车辆航向角和横摆角，此时也可认为航向角与横摆角相等。因此，本书后文对航向角和横摆角两个概念不做严格区分。

10.3.2　车辆二自由度动力学模型

基于车辆运动学模型的方法忽略了车辆的动力学特性，因此在车速过快或者曲率变化率过大的情况下，该模型无法满足车辆的稳定性控制要求。车辆动力学模型相比运动学模型最大的区别就是引入了力和力矩，并结合经典力学建立数学模型。

基于车辆动力学模型的控制方法，首要的工作是对车辆动力学进行建模。车辆动力学模型根据自由度可以划分为以下几类：①二自由度模型，仅包括车辆侧向与横摆两个自由度；②七自由度模型，包括车身纵向位移、横向位移，横摆角速度及四个车轮的转动；③十一自由度模型，包括车辆纵向运动、车辆侧向运动、横摆、俯仰、侧倾、四个车轮的转动等。显然，建立的动力学模型自由度越多，模型精度越高，越能真实反映车辆的实际动力学特性，但由于车辆动力学模型具有强非线性时变的特性，精确建模整个车辆动力学十分困难，因此更多采用车辆二自由度动力学模型。由于精确的二自由度动力学模型是非线性的，为了便于进行实时跟踪控制计算，通常还需要在精确的二自由度动力学模型基础上进行一些简化近似，得到线性二自由度动力学模型。

图 10-7 为车辆二自由度动力学模型示意图，该模型同样将四轮车辆简化为一个类似自行车的模型，不过该模型考虑了来自地面的力和力矩的作用，比 10.2.2 节的运动学模型要复杂许多。本节将在转向小角度及轮胎动力学的基础上，研究车辆线性二自由度动力学模型。

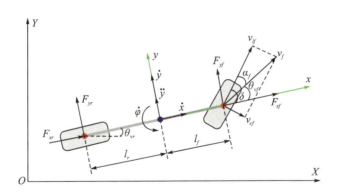

图 10-7　车辆二自由度动力学模型示意图

在车身 y 轴方向应用牛顿第二定律可得：

$$ma_y = F_{yf} + F_{yr} \tag{10-23}$$

式中，a_y 为车辆质心处的横向加速度；F_{yf} 和 F_{yr} 分别为地面给前轮和后轮施加的横向力。

横向加速度 a_y 由两部分组成，一部分是车辆沿车身 y 轴横向运动产生的加速度 $\ddot{y}$，另一部分是车身横摆运动产生的向心加速度 $v_x \dot{\varphi}$，因此有

$$a_y = \ddot{y} + v_x \dot{\varphi} \tag{10-24}$$

将式（10-24）代入式（10-23），得

$$m\left(\ddot{y} + v_x \dot{\varphi}\right) = F_{yf} + F_{yr} \tag{10-25}$$

由车辆绕 z 轴的转矩平衡,可得到横摆动力学方程为

$$I_z\ddot{\varphi} = F_{yf}l_f - F_{yr}l_r \tag{10-26}$$

式中, I_z 为车辆绕 z 轴转动的转动惯量; $\ddot{\varphi}$ 为车辆绕 z 轴转动的角加速度; l_f 和 l_r 分别为车辆质心到前轴和后轴的距离。

对于轮胎受到的两个横向力,考虑到小侧偏角的假设,则地面施加给轮胎的横向力(侧偏力)与轮胎侧偏角呈线性关系。根据《汽车理论》教材相关知识,侧偏角定义为轮胎速度方向与轮胎纵轴平面方向的夹角,且正的侧偏力产生负的侧偏角。前轮侧偏角可通过前轮转角和前轮速度方向进行间接计算:

$$\alpha_f = -(\delta - \theta_{vf}) \tag{10-27}$$

式中, α_f 为前轮侧偏角,根据图 10-7 可知侧偏力为正,故前轮侧偏角为负; δ 为前轮转向角; θ_{vf} 为前轮速度方向和车辆纵轴的夹角。

后轮的侧偏角 α_r 可近似表示为

$$\alpha_r = -\theta_{vr} \tag{10-28}$$

式中, θ_{vr} 为后轮速度方向与车辆纵轴方向的夹角。

设车辆左右车轮侧偏特性完全一致,那么前轮和后轮的横向轮胎力分别为

$$\begin{cases} F_{yf} = 2C_{\alpha f}\left(\theta_{vf} - \delta\right) \\ F_{yr} = -2C_{\alpha r}\theta_{vr} \end{cases} \tag{10-29}$$

式中, $C_{\alpha f}$ 和 $C_{\alpha r}$ 分别为前轮和后轮的侧偏刚度。

将车辆质心到车轮这一部分视为刚体,考虑到 θ_{vr} 是一个正数角度值,而 v_y 比 $\dot{\varphi}l_r$ 小,且角度较小,故有如下推导:

$$\begin{cases} \tan\theta_{vf} = \dfrac{v_y + \dot{\varphi}l_f}{v_x} \\ \tan\theta_{vr} = \dfrac{v_y - \dot{\varphi}l_r}{v_x} \end{cases} \Rightarrow \begin{cases} \theta_{vf} \approx \dfrac{v_y + \dot{\varphi}l_f}{v_x} \\ \theta_{vr} \approx -\dfrac{v_y - \dot{\varphi}l_r}{v_x} \end{cases} \tag{10-30}$$

综上,车辆沿车身 y 轴横向运动产生的加速度 $\ddot{y}$ 为

$$\begin{aligned}
\frac{\mathrm{d}\dot{y}}{\mathrm{d}t} = \ddot{y} &= \frac{F_{yf} + F_{yr}}{m} - v_x\dot{\varphi} = \frac{2C_{\alpha f}\left(\theta_{vf} - \delta\right) + 2C_{\alpha r}\left(-\theta_{vr}\right)}{m} - v_x\dot{\varphi} \\
&= \frac{2C_{\alpha f}\theta_{vf} - 2C_{\alpha r}\theta_{vr}}{m} + \frac{-2C_{\alpha f}\delta}{m} - v_x\dot{\varphi} \\
&= \frac{2C_{\alpha f}\dfrac{v_y + \dot{\varphi}l_f}{v_x} + 2C_{\alpha r}\dfrac{v_y - \dot{\varphi}l_r}{v_x}}{m} - v_x\dot{\varphi} - \frac{2C_{\alpha f}\delta}{m} \\
&= \frac{\left(2C_{\alpha f} + 2C_{\alpha r}\right)v_y + \left(2C_{\alpha f}l_f - 2C_{\alpha r}l_r\right)\dot{\varphi}}{mv_x} - v_x\dot{\varphi} - \frac{2C_{\alpha f}\delta}{m} \\
&= \frac{2C_{\alpha f} + 2C_{\alpha r}}{mv_x}\dot{y} + \left(\frac{2C_{\alpha f}l_f - 2C_{\alpha r}l_r}{mv_x} - v_x\right)\dot{\varphi} - \frac{2C_{\alpha f}}{m}\delta
\end{aligned} \tag{10-31}$$

横摆角变化率为

$$
\begin{aligned}
\frac{\mathrm{d}\dot{\varphi}}{\mathrm{d}t} = \ddot{\varphi} &= \frac{F_{yf}l_f - F_{yr}l_r}{I_z} = \frac{2C_{\alpha f}(\theta_{vf} - \delta)l_f + 2C_{\alpha r}\theta_{vr}l_r}{I_z} \\
&= \frac{2C_{\alpha f}l_f\theta_{vf} + 2C_{\alpha r}l_r\theta_{vr}}{I_z} - \frac{2C_{\alpha f}l_f\delta}{I_z} \\
&= \frac{-2C_{\alpha r}l_r\dfrac{v_y - \dot{\varphi}l_r}{v_x} + 2C_{\alpha f}l_f\dfrac{v_y + \dot{\varphi}l_f}{v_x}}{I_z} - \frac{2C_{\alpha f}l_f\delta}{I_z} \\
&= \frac{\left(2C_{\alpha f}l_f - 2C_{\alpha r}l_r\right)v_y + \left(2C_{\alpha f}l_f^2 + 2C_{\alpha r}l_r^2\right)\dot{\varphi}}{I_z v_x} - \frac{2C_{\alpha f}l_f\delta}{I_z} \\
&= \frac{2C_{\alpha f}l_f - 2C_{\alpha x}l_r}{I_z v_x}\dot{y} + \frac{2C_{\alpha f}l_f^2 + 2C_{\alpha r}l_r^2}{I_z v_x}\dot{\varphi} - \frac{2C_{\alpha f}l_f}{I_z}\delta
\end{aligned}
\tag{10-32}
$$

将横向位置、横向位置变化率、横摆角、横摆角变化率作为状态量，即 $\boldsymbol{X} = \begin{bmatrix} y & \dot{y} & \varphi & \dot{\varphi} \end{bmatrix}^{\mathrm{T}}$，前轮转角作为控制量，即 $\boldsymbol{u} = \delta$。综合上述推导可得

$$
\begin{bmatrix} \ddot{y} \\ \ddot{\varphi} \end{bmatrix} = \begin{bmatrix} \dfrac{2C_{\alpha f} + 2C_{\alpha r}}{mv_x} & \dfrac{2l_fC_{\alpha f} - 2l_rC_{\alpha r}}{mv_x} - v_x \\ \dfrac{2C_{\alpha r}l_r - 2C_{\alpha f}l_f}{I_z v_x} & \dfrac{2l_f^2C_{\alpha f} + 2l_r^2C_{\alpha r}}{I_z v_x} \end{bmatrix} \begin{bmatrix} \dot{y} \\ \dot{\varphi} \end{bmatrix} + \begin{bmatrix} \dfrac{-2C_{\alpha f}}{m} \\ \dfrac{-2l_fC_{\alpha f}}{I_z} \end{bmatrix} \delta
\tag{10-33}
$$

$$
\Rightarrow \dot{\boldsymbol{X}} = \boldsymbol{A}\boldsymbol{X} + \boldsymbol{B}\boldsymbol{u}
$$

10.3.3　基于跟踪误差的动力学模型离散状态空间方程

建立车辆二自由度模型连续状态空间方程之后，就可以分析出在给定的前轮转角输入下，车辆的横向位移、横向速度、横摆角以及横摆角速度的响应，由于横向跟踪控制的目的是减小跟踪偏差，需要的状态方程是能够分析在给定的前轮转角下车辆跟踪偏差的响应，故本节将根据式 (10-33) 推导基于横向跟踪误差的状态空间方程。

若将车辆整体视为刚体，则可直接根据运动学计算车辆的期望横摆角速度和横向加速度：

$$
\begin{cases}
\dot{\varphi}_{\mathrm{des}} = \dfrac{v_x}{R} \\
a_{y,\,\mathrm{des}} = \dfrac{v_x^2}{R} = v_x\dot{\varphi}_{\mathrm{des}}
\end{cases}
\tag{10-34}
$$

但实际上考虑到车辆轮胎的力学特性，车辆的实际横摆角速度和横向加速度与期望值有偏差。横摆角偏差和横摆角偏差变化率为

$$
\begin{cases}
\tilde{\varphi} = \varphi - \varphi_{\mathrm{des}} \\
\dot{\tilde{\varphi}} = \dot{\varphi} - \dot{\varphi}_{\mathrm{des}}
\end{cases}
\tag{10-35}
$$

横向加速度偏差：

$$
\begin{aligned}
\tilde{a}_y = a_y - a_{y,\text{des}} &= \left(\ddot{y} + v_x\dot{\varphi}\right) - v_x\dot{\varphi}_{\text{des}} \\
&= \ddot{y} + v_x\left(\dot{\varphi} - \dot{\varphi}_{\text{des}}\right) = \ddot{y} + v_x\dot{\tilde{\varphi}}
\end{aligned}
\tag{10-36}
$$

对式(10-36)的横向加速度偏差进行积分，即为横向速度偏差，或称为横向位置偏差变化率。

$$
\dot{\tilde{y}} = \dot{y} + v_x\left(\varphi - \varphi_{\text{des}}\right) = \dot{y} + v_x\tilde{\varphi}
\tag{10-37}
$$

车辆沿车身 y 轴横向运动产生的速度误差变化率，即加速度误差为

$$
\begin{aligned}
\frac{\mathrm{d}\dot{\tilde{y}}}{\mathrm{d}t} &= \tilde{a}_y = \ddot{y} + v_x\dot{\tilde{\varphi}} \\
&= \left[\frac{2C_{\alpha f}+2C_{\alpha r}}{mv_x}\dot{y} + \left(\frac{2C_{\alpha f}l_f-2C_{\alpha r}l_r}{mv_x}-v_x\right)\dot{\varphi} - \frac{2C_{\alpha f}}{m}\delta\right] + v_x\dot{\tilde{\varphi}} \\
&= \left[\frac{2C_{\alpha f}+2C_{\alpha r}}{mv_x}\left(\dot{\tilde{y}}-v_x\tilde{\varphi}\right) + \left(\frac{2C_{\alpha f}l_f-2C_{\alpha r}l_r}{mv_x}-v_x\right)\left(\dot{\tilde{\varphi}}+\dot{\varphi}_{\text{des}}\right) - \frac{2C_{\alpha f}}{m}\delta\right] + v_x\dot{\tilde{\varphi}} \\
&= \frac{2C_{\alpha f}+2C_{\alpha r}}{mv_x}\dot{\tilde{y}} - \frac{2C_{\alpha f}+2C_{\alpha r}}{m}\tilde{\varphi} + \frac{2C_{\alpha f}l_f-2C_{\alpha r}l_r}{mv_x}\dot{\tilde{\varphi}} - \frac{2C_{\alpha f}}{m}\delta \\
&\quad + \left(\frac{2C_{\alpha f}l_f-2C_{\alpha r}l_r}{mv_x}-v_x\right)\dot{\varphi}_{\text{des}}
\end{aligned}
\tag{10-38}
$$

横摆角误差变化率为

$$
\begin{aligned}
\frac{\mathrm{d}\dot{\tilde{\varphi}}}{\mathrm{d}t} &= \ddot{\varphi} - \ddot{\varphi}_{\text{des}} \\
&= \frac{2C_{\alpha f}l_f-2C_{\alpha r}l_r}{I_z v_x}\dot{y} + \frac{2C_{\alpha f}l_f^2+2C_{\alpha r}l_r^2}{I_z v_x}\dot{\varphi} - \frac{2C_{\alpha f}l_f}{I_z}\delta - \ddot{\varphi}_{\text{des}} \\
&= \frac{2C_{\alpha f}l_f-2C_{\alpha r}l_r}{I_z v_x}\left(\dot{\tilde{y}}-v_x\tilde{\varphi}\right) + \left(\frac{2C_{\alpha f}l_f^2+2C_{\alpha r}l_r^2}{I_z v_x}\right)\left(\dot{\tilde{\varphi}}+\dot{\varphi}_{\text{des}}\right) \\
&\quad - \frac{2C_{\alpha f}l_f}{I_z}\delta - \ddot{\varphi}_{\text{des}} \\
&= \frac{2C_{\alpha f}l_f-2C_{\alpha r}l_r}{I_z v_x}\dot{\tilde{y}} - \frac{2C_{\alpha f}l_f-2C_{\alpha r}l_r}{I_z}\tilde{\varphi} + \frac{2C_{\alpha f}l_f^2+2C_{\alpha r}l_r^2}{I_z v_x}\dot{\tilde{\varphi}} \\
&\quad - \frac{2C_{\alpha f}l_f}{I_z}\delta + \frac{2C_{\alpha f}l_f^2+2C_{\alpha r}l_r^2}{I_z v_x}\dot{\varphi}_{\text{des}} - \ddot{\varphi}_{\text{des}}
\end{aligned}
\tag{10-39}
$$

将横向位置误差、横向位置误差变化率、横摆角误差、横摆角误差变化率作为状态量，即 $\widetilde{X} = \begin{bmatrix} \tilde{y} & \dot{\tilde{y}} & \tilde{\varphi} & \dot{\tilde{\varphi}} \end{bmatrix}^{\mathrm{T}}$，并忽略 $\dot{\varphi}_{\text{des}}$、$\ddot{\varphi}_{\text{des}}$，综合上述推导可以得到如下基于二自由度动力学模型跟踪误差的连续线性状态空间方程：

$$
\begin{bmatrix} \dot{\tilde{y}} \\ \ddot{\tilde{y}} \\ \dot{\tilde{\varphi}} \\ \ddot{\tilde{\varphi}} \end{bmatrix} = \begin{bmatrix} 0 & 1 & 0 & 0 \\ 0 & \dfrac{2C_{\alpha f}+2C_{\alpha r}}{mv_x} & -\dfrac{2C_{\alpha f}+2C_{\alpha r}}{m} & \dfrac{2l_f C_{\alpha f}-2l_r C_{\alpha r}}{mv_x} \\ 0 & 0 & 0 & 1 \\ 0 & \dfrac{2C_{\alpha f}l_f-2C_{\alpha r}l_r}{I_z v_x} & -\dfrac{2C_{\alpha f}l_f-2C_{\alpha r}l_r}{I_z} & \dfrac{2l_f^2 C_{\alpha f}+2l_r^2 C_{\alpha r}}{I_z v_x} \end{bmatrix} \begin{bmatrix} \tilde{y} \\ \dot{\tilde{y}} \\ \tilde{\varphi} \\ \dot{\tilde{\varphi}} \end{bmatrix}
$$

$$
+ \begin{bmatrix} 0 \\ -\dfrac{2C_{\alpha f}}{m} \\ 0 \\ -\dfrac{2l_f C_{\alpha f}}{I_z} \end{bmatrix} \delta \tag{10-40}
$$

进一步根据前向欧拉公式，对上式进行离散化处理，得

$$
\widetilde{\bm{X}}(k+1) = \widetilde{\bm{A}}\widetilde{\bm{X}}(k) + \widetilde{\bm{B}}\bm{u}(k) \Rightarrow
$$

$$
\begin{bmatrix} \tilde{y}(k+1) \\ \dot{\tilde{y}}(k+1) \\ \tilde{\varphi}(k+1) \\ \dot{\tilde{\varphi}}(k+1) \end{bmatrix} = \begin{bmatrix} 1 & T & 0 & 0 \\ 0 & \dfrac{2C_{\alpha f}+2C_{\alpha r}}{mv_x}T+1 & -\dfrac{2C_{\alpha f}+2C_{\alpha r}}{m}T & \dfrac{2l_f C_{\alpha f}-2l_r C_{\alpha r}}{mv_x}T \\ 0 & 0 & 1 & T \\ 0 & \dfrac{2C_{\alpha r}l_r-2C_{\alpha f}l_f}{I_z v_x}T & -\dfrac{2C_{\alpha r}l_r-2C_{\alpha f}l_f}{I_z v_x}T & \dfrac{2l_f^2 C_{\alpha f}+2l_r^2 C_{\alpha r}}{I_z v_x}T+1 \end{bmatrix}
$$

$$
\times \begin{bmatrix} \tilde{y}(k) \\ \dot{\tilde{y}}(k) \\ \tilde{\varphi}(k) \\ \dot{\tilde{\varphi}}(k) \end{bmatrix} + \begin{bmatrix} 0 \\ -\dfrac{2C_{\alpha f}}{m}T \\ 0 \\ -\dfrac{2l_f C_{\alpha f}}{I_z}T \end{bmatrix} \delta(k) \tag{10-41}
$$

至此，建立了基于跟踪误差的二自由度动力学模型离散状态空间方程，根据此方程可以实现路径跟踪。

10.4　李雅普诺夫稳定性理论

稳定性和能控性、观测性一样，是系统的结构性质。稳定性是控制系统能否正常工作的先决条件。因此，判别和改善系统的稳定性是系统分析的首要问题。一个动态系统的稳定性，通常指系统的平衡状态是否稳定。简单地说，稳定性是指系统在扰动消失后，由初始偏差状态恢复到原平衡状态的性能，它是系统的一个自身动态属性。

李雅普诺夫稳定性理论研究的是在扰动下平衡点的稳定性问题，在分析轨迹跟踪控制

算法的稳定性时，常常利用李雅普诺夫稳定性理论进行判别。

李雅普诺夫稳定性理论有如下几类定义。

(1)如果平衡状态 x_e 受到扰动后，仍然停留在 x_e 附近，就称 x_e 在李雅普诺夫意义下是稳定的。

(2)更进一步，如果平衡状态 x_e 受到某种扰动后，随着时间推移，最终都会收敛到 x_e，就称 x_e 在李雅普诺夫意义下是渐进稳定的。

(3)再进一步，如果平衡状态 x_e 受到任何扰动后，最终都会收敛到 x_e，就称 x_e 在李雅普诺夫意义下是大范围内渐进稳定的。

(4)相反，如果平衡状态 x_e 受到某种扰动后，状态开始偏离 x_e，就称 x_e 在李雅普诺夫意义下是不稳定的。

关于李雅普诺夫意义下的稳定，有如下数学描述：对于任意的 $\varepsilon > 0$，存在 $\delta > 0$，使得如果 $\|x(0) - x_e\| < \delta$，则对于所有的 $t > 0$，都有 $\|x(t) - x_e\| < \varepsilon$。

李雅普诺夫将判断系统稳定性的问题归纳为两种方法，即李雅普诺夫第一法和李雅普诺夫第二法。

(1)李雅普诺夫第一法是通过解系统的微分方程式，根据解的性质来判断系统的稳定性，其基本思路和分析方法与经典控制理论一致。对线性定常系统，只需要解出全部特征根即可判断稳定性。

(2)李雅普诺夫第二法的特点是不必求解系统的微分方程式，就可以对系统的稳定性进行分析判断。该方法建立在能量观点的基础上，若系统的某个平衡状态是渐进稳定的，则随着系统的运动，其存储能量的能力将随时间增长而不断衰减，直至时间趋于无穷大时，系统的运动趋于平衡状态而能量趋于极小值。由此，李雅普诺夫创立了一个可模拟系统能量的"广义能量"函数，根据这个标量函数的性质来判断系统的稳定性。

一般来说，李雅普诺夫第二法应用更广，因此本书仅简单介绍李雅普诺夫第二法在稳定性判断的定理。设线性定常系统的状态空间方程为

$$\dot{x} = Ax \tag{10-42}$$

式中，x 为 n 维状态向量；系统矩阵 A 为 n 阶非奇异常数阵。系统平衡状态 $x_e = 0$ 为大范围渐近稳定的充要条件是：对任意给定的正定实对称矩阵 Q，存在另一个正定实对称阵 P，满足李雅普诺夫方程：

$$A^T P + PA = -Q \tag{10-43}$$

则标量函数：

$$V(x) = x^T P x \tag{10-44}$$

是系统的一个二次型形式的李雅普诺夫函数。

应用上述定理分析线性定常连续系统的稳定性时应注意如下几点。

(1)实际应用时，常先选取一个正定的实对称矩阵 Q，从李雅普诺夫方程[式(10-43)]求解出对应的实对称矩阵 P，然后利用赛尔维斯特(Sylvester)准则确定矩阵 P 的定号性，进而判断系统的渐进稳定性。

（2）尽管正定实对称矩阵 $\boldsymbol{Q}$ 形式可任意选取，最终的判断结果不因所选择的正定实对称矩阵 $\boldsymbol{Q}$ 形式不同而不同，但为了方便求解李雅普诺夫方程，通常选取正定实对称矩阵 $\boldsymbol{Q}$ 为单位矩阵 $\boldsymbol{I}$，这时实对称矩阵 $\boldsymbol{P}$ 应按照下式求解，即

$$\boldsymbol{A}^{\mathrm{T}}\boldsymbol{P} + \boldsymbol{P}\boldsymbol{A} = -\boldsymbol{I} \tag{10-45}$$

式中，$\boldsymbol{I}$ 为 n 阶单位矩阵。

本书在轨迹跟踪控制的若干算法介绍中，会多次利用李雅普诺夫第二法判断控制系统的稳定性。

第 11 章　基于车辆运动模型的轨迹跟踪控制算法

11.1　PID 控制算法

11.1.1　算法简介

　　PID 是比例(proportion)、积分(integral)和微分(differential)的缩写。顾名思义，PID 控制算法是结合比例、积分和微分三个环节于一体的控制算法，它是控制系统中技术最为成熟、应用最为广泛的一种控制算法，该控制算法出现于 20 世纪 30~40 年代，基于 PID 控制理论设计的控制器已有接近 80 年的应用历史，因其结构简单、工作可靠、稳定性好、参数调整便利而成为工业控制的主要工具。当不能精确掌握被控对象的数学模型和控制参数时，其他控制理论的使用受到很大局限，需要依靠经验和现场调试来确定控制器结构和控制参数，此时，采用 PID 控制算法是一个有效的解决方案。实际运行的经验和理论分析都表明，运用这种控制规律对许多工业过程进行控制时，都能得到比较满意的效果。

　　PID 控制的实质就是根据输入的偏差值，按照比例、积分、微分的函数关系进行运算，运算结果用以控制输出。PID 控制算法作为经典控制理论的典型代表算法，因其结构简单、适应性强等优点而受到广泛应用，本章以 PID 控制算法作为开篇控制算法，介绍如何基于车辆模型，运用 PID 控制算法进行轨迹跟踪。

11.1.2　PID 控制算法理论

　　PID 控制算法的经典框图如图 11-1 所示，首先根据输出量 Output 和设定值 Setpoint 计算误差，对该误差分别进行 P、I、D 三项计算并相加，相加之和就是控制量，将该控制量输入给系统 System，得到输出量。

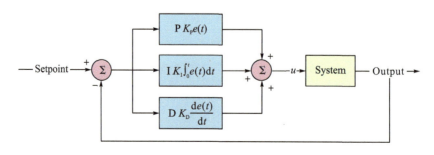

图 11-1　PID 控制算法的经典框图

PID 控制算法的核心就是比例、积分和微分三种控制方式，下面分别详细介绍。

1. 比例控制

比例控制是 PID 控制算法中最简单的控制方式，比例控制的输出与输入的误差值成比例关系，比例控制的控制律为

$$u(t) = K_\mathrm{p} e(t) + u_0 \tag{11-1}$$

式中，u 为被控对象的控制量；K_p 为比例系数；e 为误差；u_0 为控制量的基准值，即当误差为 0 时的控制量。

从式(11-1)可以看出，系统的输出量与目标量一旦有偏差，比例控制器立即产生控制作用，以减小偏差。比例系数越大，控制作用越强，动态响应越快，消除误差的能力越强。但实际上系统是有惯性的，控制量在某个时刻发生突变后，系统的输出量还需要等待一段时间才会逐渐变化到预期值，同时，由于实际系统是有惯性的，比例作用不宜太强，否则会引起系统在达到目标值后不会立即进入稳态，而是在稳态附近上下振荡。因此，比例系数的大小应根据系统响应情况，进行试验标定，通常将比例系数由大向小调，当调试到系统能达到最快响应且无较大超调时，参数较佳。

当仅有比例控制时，系统的输出一般存在稳态误差。关于稳态误差，读者可以这样理解：想象在冬天的户外用水壶烧开水，火力恒定，将水壶和水视为一个系统，将火视为该系统的输入量(控制量)，而水温则是系统的状态量。起初水温较低，与目标水温(100℃)偏差较大，水温会在恒定火力的输入下不断升高。由于水壶会与周围的寒冷环境发生热交换，尽管火力一直在输入，但同时系统也一直在向外散发热量，故当水温升高到接近 90℃时，若此时恒定火力不是足够大，则水温将不再继续升高，此时系统的热量输入与热量输出达到了稳态平衡，将一直保持在 90℃左右。这里的稳态温度(90℃)与目标温度(100℃)的偏差就可视为该系统的稳态偏差。

上述水壶烧水的过程是一个易于理解的稳态误差的典型案例，正因为稳态误差广泛存在，故比例控制一般不会单独出现，需要结合积分控制和微分控制一起使用。

2. 积分控制

上文讲到对于存在稳态偏差的系统，单独的比例控制无法使误差收敛。联系水壶烧水的例子，在达到某个时刻后水温趋于稳定，如果随着时间延长，能够根据温差的累积量逐渐增大而加大火力，是能够继续将水温升高的，此处蕴含了积分控制的核心思想。

对于一个控制系统，如果系统在进入稳态后仍然存在一定的稳态误差，就称该系统为有差系统。为了消除这部分稳态误差，必须在控制器中引入“积分项”。求误差关于时间的积分可知，随着时间的增加，积分项的值会随之增大，因此即使误差很小，随着时间的增加积分项也会越来越大，而积分控制使控制器的输出增大的同时，也会使稳态误差进一步减小，直到误差完全消除。因此，比例控制和积分控制相结合，可以使系统快速进入无误差的稳定状态。这样包含比例控制和积分控制的控制算法称为 PI 控制，如式(11-2)所示。

$$u(t) = K_\mathrm{P}e(t) + K_\mathrm{I}\int_0^t e(t)\mathrm{d}t + u_0 \tag{11-2}$$

式中，K_I 为积分系数。

从式(11-2)可以看出，只要有误差存在，就对误差进行积分，使控制量增大。误差量进而逐渐减小，当误差为零时积分停止。值得注意的是，实际系统是有惯性的，因此积分的快慢必须与实际系统的惯性相匹配，如果积分作用太强，积分输出变化过快，就会引起积分过头的现象，产生积分超调和振荡。积分控制的输出与输入误差值的积分也成比例关系。将比例控制和积分控制的控制量进行相加，最终实现误差逐渐收敛。

3. 微分控制

继续以水壶烧水的例子分析微分控制。设想水壶烧水时，在某个时刻外界环境温度突然以一定的速度不断下降，热水向外界环境散发的热量也将更多。有效利用环境温度线性下降的这一信息，并适当以某一速率增大火力，就可以消除因环境温度下降而使水温上升变慢的影响。上述分析中，环境温度线性下降将会影响水温偏差的变化率，根据水温偏差的变化趋势调整火力，这个变化趋势就是微分控制的基本思想。

无论是比例调节作用还是积分调节作用都是在产生误差后才进行调节以消除误差，因此这种调节对稳态系统来说是无差的，但对动态系统来说肯定是有差的，因为对于负载变化或给定值变化所产生的扰动，必须等待产生误差以后，然后再来慢慢调节予以消除。那么就可以引进微分控制的思想，微分控制反映偏差信号的变化趋势，并能在偏差信号变得太大之前，在系统中引入一个有效的早期修正信号，用于事前预防控制，当发现误差量有变大或变小的趋势时，立即输出一个阻止其变化的控制信号，以防止出现过冲或超调，并加快系统的动作速度，减少调节时间。

在微分控制中，控制器的输出与输入误差信号的微分(即误差的变化率)成正比关系，如式(11-3)所示。

$$u(t) = K_\mathrm{D}\frac{\mathrm{d}e(t)}{\mathrm{d}t} + u_0 \tag{11-3}$$

式中，K_D 为微分系数，其值越大，微分作用越强。系统调试时通常把 K_D 从小往大调，具体参数由试验决定。

综上，PID 控制算法包含了对误差的时序处理：①纠正过去，即利用积分项对过去所有误差进行积分；②专注现在，即利用比例项将当前的误差进行比例放大；③预判未来，即通过控制项抑制误差的未来趋势。

11.1.3　MATLAB 仿真

本节通过展示 P、I、D 三项系数的调节，帮助读者熟悉 PID 控制算法的调参思路，本节的主程序代码如下。

```
1. clc
2. clear
```

```
3.  close all
4.  load  refPath.mat                                         % 导入参考路径文件
5.  %% 相关参数定义
6.  refPos = refPath_sin;                                     % 参考轨迹选为正弦轨迹
7.  diff_x = diff(refPos(: , 1));
8.  diff_y = diff(refPos(: , 2));
9.  cumLength = cumsum(sqrt(diff_x.^2 + diff_y.^2));          % 计算累计长度
10. refHeading = atan2(diff_y ,  diff_x);                     % 计算轨迹的参考航向角
11. refHeading(end+1) = refHeading(end);
12. targetSpeed = 10;                                         % 目标速度,单位: m / s
13. Kp = 0.5;                                                 % P 系数, 0.5
14. Ki = 4;                                                   % I 系数, 0.1
15. Kd = 3;                                                   % D 系数, 2
16. dt = 0.1;                                                 % 时间间隔,单位: s
17. L = 2;                                                    % 车辆轴距,单位: m
18. ld = 5;                                                   % 车辆轴距,单位: m
19. %% 初始化
20. currentPos = refPos(1, : )+0.5;                           % 车辆初始状态定义
21. currentSpd = 0;
22. currentHeading = refHeading(1);
23. posSet = currentPos;                                      % 将初始状态纳入实际状
24. headingSet = currentHeading;                              态数组中
25. spdSet = currentSpd;
26. latErrSet = [];
27. %% 循迹
28. while true
29.     dist = sqrt((refPos(: , 1)-currentPos(1)).^2 + (refPos(: ,
        2) -currentPos(2)).^2);
30.     [~, targetIdx] = min(dist);                           % 寻找最近路径点
31.     if targetIdx >= size(refPos, 1)-1                     % 判断是否超出索引
32.         break
33.     end
34.     [delta, latErr] = PID_Controler                       % 计算前轮转角
        (targetIdx, currentPos, refPos, refHeading, Kp, Ki, Kd);
35.     if abs(latErr) > 6
36.         disp('误差过大,退出程序!')                         % 如果误差过大,退出循迹
37.         break
38.     end
39.     currentAcc = Kp* (targetSpeed-currentSpd);            % 计算加速度,由于不研
                                                              究纵向跟踪,这里简单设
                                                              为 P 控制器即可
40.     [currentPos, currentHeading, currentSpd] = updateState  % 更新状态量
        (currentAcc, currentPos, currentHeading, currentSpd,
        delta, L, dt);
41.     posSet(end+1, : ) = currentPos;                       % 保存每一步的实际量
42.     headingSet(end+1, : ) = currentHeading;
43.     spdSet(end+1, : ) = currentSpd;
44.     latErrSet(end+1, : ) = [cumLength(targetIdx), latErr];
45. end
46. latErr_mean = mean(abs(latErrSet(: , 2)));
```

　　上述程序从如下几个方面进行理解。

　　(1)定义了相关参数,如参考路径、比例项系数、积分项系数和微分项系数等。

　　(2)在主程序里,首先搜索车辆当前位置与参考路径的最近点,将其作为参考点,随后进入到 PID 控制器计算前轮转角和横向误差。PID 控制器被封装为一个函数,首先

计算横向误差，由于积分项和微分项均需要用到历史数据，故将其设为静态变量，然后分别计算 P、I、D 三个误差量，并将三个误差量进行相加得到前轮转角控制量，PID 控制器的程序如下。

```
1. function [delta, latError] = PID_Controler         % 函数：PID 控制器
   (targetIdx,currentPos, refPos, refHeading, Kp, Ki, Kd)
2. dx = currentPos(1) - refPos(targetIdx, 1);
3. dy = currentPos(2) - refPos(targetIdx, 2);
4. phi_r = refHeading(targetIdx);
5. latError = dy*cos(phi_r) - dx*sin(phi_r);          % 计算横向误差
6. persistent err_I err_D                             % 积分项和微分项均需要用到历史数
7. if isempty(err_I) || isempty(err_D)                   据，设为静态变量
8.    err_I = 0;
9.    err_D = latError;
10. end
11. err_P = latError;                                 % 分别计算 P、I、D 三个误差量
12. err_I = latError + err_I;
13. err_D = latError - err_D;
14. delta = -Kp*err_P -Ki*err_I -Kd*err_D;            % 根据误差量得到控制量
15. delta = min([delta,  pi/6]);
16. delta = max([delta,  -pi/6]);
17. err_D = latError;                                 % 将本次误差值给 err_D，用于下
18. end                                                  一周期微分无差价计算
```

(1)计算加速度，由于本节内容不研究纵向速度跟踪，只研究横向路径跟踪，故这里简单设为比例控制器即可，根据当前速度和目标速度求得加速度。

(2)更新状态量，根据当前时刻计算得到的加速度、前轮转角等信息，更新本车位置、速度及航向角。这里封装为了一个函数，具体代码如下。

```
1. function [pos_new, heading_new, v_new] = updateState   % 函数：更新车辆状态
   (acc_old,pos_old, heading_old, v_old,delta,wheelbase, dt)
2. v_new = v_old + acc_old*dt;                        % 根据加速度更新速度
3. heading_new= heading_old + v_new*dt*tan(delta)/wheelbase;  % 根据运动学公式更新航向角
4. pos_new(1) = pos_old(1) + v_new*cos(heading_new)*dt;    % 根据运动学公式更新位置
5. pos_new(2) = pos_old(2) + v_new*sin(heading_new)*dt;
6. end
```

(3)将位置、速度、误差等状态信息存在变量，用于后续计算分析及画图。当主循环执行结束后，计算平均横向误差，需要注意的是，由于横向误差有正负，故平均横向误差采取了先求解绝对值再求解平均值的方式。

11.1.4　PID 参数整定

PID 参数的调节没有一个严格的参考标准，本书按照一种最朴素的试探法逐步调节三个参数。

首先，对误差最敏感的参数应当是比例项，因为其直接根据当前时刻的误差进行反馈，故首先调节参数 K_P。以直线作为参考路径，并让初始位置偏离路径起点，考察 PID 控制算法跟踪直线的稳定性和精确度。设积分项和微分项系数为 0，通过多次试探，选取了 4 组比例项系数进行画图，如图 11-2 所示。

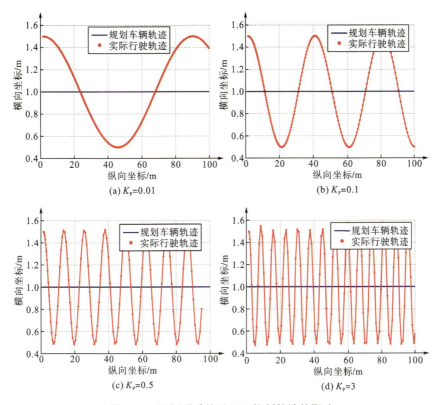

图 11-2　比例项系数对 PID 控制算法的影响

由图 11-2 可以得到如下结论：①当仅存在比例项时，算法存在等幅超调、振荡现象，路径跟踪无法稳定收敛到参考线；②当积分项和微分项不变，且比例项在一定范围内时，随着比例项系数的增大，振荡频率逐渐升高；③振荡频率越高，实际路径越早首次到达参考线。

因此，仅依靠比例项无法达到稳定跟踪参考线的目标，为此再试探积分项。这里，暂定比例项系数为 0.5，微分项系数为 0，通过多次试探，选取了两组系数并绘制结果，如图 11-3 所示。可以看出，对于直线路径跟踪，随着积分项系数的增大，误差随之增大，呈发散的趋势，但这并不能说明积分项毫无作用，此时需要将微分项引入或对比其他参考路径才能给出结论。

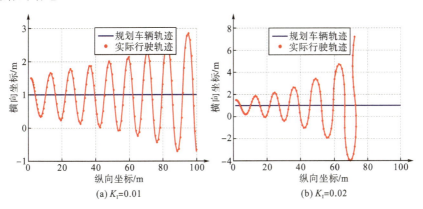

图 11-3　积分项系数对 PID 控制算法的影响

由于图 11-3 暂不能反映积分项的作用，再将目光投向微分项。这里，暂定比例项系数为 0.5，积分项系数为 0，通过多次试探，选取了 4 组系数并绘制结果，如图 11-4 所示。可以看出，微分项系数对振荡具有较强抑制作用，在一定范围内，随着微分项系数的增大，路径跟踪超调现象逐渐减弱，超调幅度逐渐减小，最后逐步稳定收敛到参考线上。

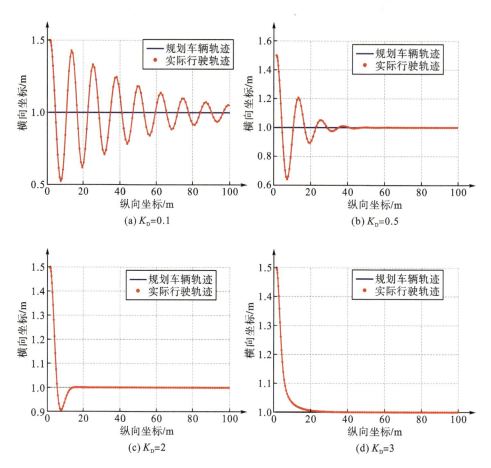

图 11-4   微分项系数对 PID 控制算法的影响

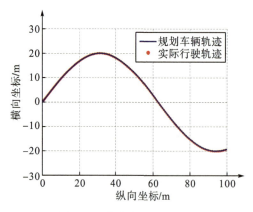

图 11-5   曲线路径跟踪示例

至此，基本了解了比例项和积分项对路径跟踪的作用。接下来，尝试将直线参考路径更换成曲线，考察积分项的作用。这里，暂定比例项系数为 0.5，微分项系数为 3。图 11-5 为其中一条曲线路径跟踪示例，由于整体跟踪效果较好，局部跟踪误差无法直观判断，故通过多次试探，选取了 4 组系数并绘制跟踪误差结果，如图 11-6 所示。

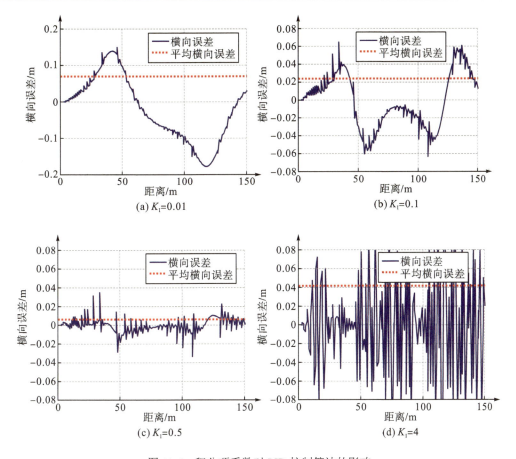

图 11-6　积分项系数对 PID 控制算法的影响

由图 11-6 可以得出如下结论：①在一定范围内时，随着积分项系数的增大(积分项系数从 0.01 变化到 0.5)，平均横向误差逐步减小；②随着积分项系数的进一步增大，当超过某个阈值时，平均误差不降反增。

至此，通过构造直线参考路径和曲线参考路径介绍了 PID 控制算法的三个基本系数的整定方法。需要再次说明的是，PID 控制算法的参数整定并没有一套万能模板，需要根据不同的控制系统结构，针对性地总结归纳出一套比较符合规律的参数整定方案。

11.2　纯跟踪控制算法

11.2.1　算法简介

纯跟踪(pure pursuit，PP)控制算法是一种典型的横向控制方法，最早于 1985 年提出。该算法对外界的鲁棒性较好，原理简单易懂，能适应较大的速度变化区间。

纯跟踪控制算法是一种比较朴素的路径跟踪控制算法，该算法的主要思想是基于当前车辆后轮中心位置，预设一个预瞄距离，在参考路径上以预瞄距离匹配一个预瞄点，假设车辆后轮中心点可以按照一定的转弯半径 R 行驶抵达该预瞄点，根据预瞄距离、转弯半径、车辆坐标系下预瞄点的朝向角之间的几何关系可以确定前轮转角。

11.2.2　算法理论介绍

纯跟踪算法的主要原理涵盖了车辆的阿克曼转向原理和简单的车辆运动学原理，图 11-7 为基于纯跟踪控制算法的路径跟踪示意图，其中，预瞄距离为 l_d，红色实线是参考轨迹，红色虚线是预瞄点 C 下的后轮实际圆弧轨迹。

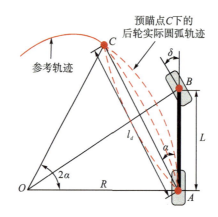

图 11-7　基于纯跟踪算法的路径跟踪示意图

在 $\triangle OAB$ 中，$AB \perp AO$，则 $\angle AOC$：

$$\angle AOC = \pi - 2\angle CAO = \pi - 2\left(\frac{\pi}{2} - \alpha\right) = 2\alpha \tag{11-4}$$

式中，α 是后轮中心与预瞄点及车辆纵轴构成的夹角。

为了使车辆后轮跟踪圆弧虚线轨迹到达 C 点，在 $\triangle OAC$ 中需要满足的正弦定理关系为

$$\frac{l_d}{\sin 2\alpha} = \frac{R}{\sin\left(\frac{\pi}{2} - \alpha\right)} \tag{11-5}$$

化简式(11-5)，得到转弯半径为

$$R = \frac{l_d}{2\sin\alpha} \tag{11-6}$$

在阿克曼转向 $\triangle OAB$ 中：

$$\tan\delta = \frac{L}{R} \tag{11-7}$$

式中，L 是车辆轴距；δ 是前轮转角。

因此，联立式(10-6)和式(10-7)，得到前轮转角的控制律为

$$\delta(t) = \arctan \frac{2L \sin[\alpha(t)]}{l_d} \tag{11-8}$$

另外，定义横向误差为车辆当前姿态和预瞄点在横向上的误差 e_y：

$$e_y = l_d \sin \alpha \tag{11-9}$$

联立式(11-8)和式(11-9)，并考虑小角度假设，有

$$e_y \approx \frac{l_d^2}{2L} \delta(t) \Rightarrow \delta(t) = \frac{2L}{l_d^2} e_y = k_P e_y \tag{11-10}$$

式(11-10)表明前轮转角控制量与横向误差成比例，所以纯跟踪算法本质上可以看作一个关于横向误差的比例控制器。横向跟踪效果将由 l_d 决定，通常定义 l_d 为

$$l_d = k_v v + l_{d0} \tag{11-11}$$

式中，k_v 代表前视预瞄距离系数；l_{d0} 代表最小预瞄距离。

前视距离过小会导致汽车转角变化大，汽车控制不稳定甚至振荡；前视距离过大则会使汽车在过弯道时转向不足，难以很好地跟踪路径，实际应用过程中需要不断调整选取。

11.2.3　MATLAB 仿真

纯跟踪算法的主体程序框架与 PID 控制算法基本类似，不再展示细述。只是在计算前轮转角控制部分存在差异，此部分程序基本涵盖了纯跟踪算法最核心的控制思想，即首先计算 α 角，然后计算预瞄距离，最后根据式(11-8)直接求得前轮转角。此部分程序代码如下。

```
1. function [delta, latError] = pure_pursuit_control      % 函数：纯跟踪控制器
2. (lookaheadPoint, idx, pos, heading, v, RefPos, refHeading,
   Kv, Ld0, L)
3. alpha = atan2(lookaheadPoint (1, 2) - pos(2), lookaheadPoint   % 计算 alpha 角
   (1, 1) - pos(1)) - heading;
4. Ld = Kv*v + Ld0;                                        % 计算预瞄距离
5. x_error = pos(1) - RefPos(idx, 1);                      % 求 x 位置误差
6. y_error = pos(2) - RefPos(idx, 2);                      % 求 y 位置误差
7. heading_r = refHeading(idx);                            % 求航向角的误差
8. latError = y_error*cos(heading_r) - x_error*sin(heading_r);   % 求横向误差
9. delta = atan2(2*L*sin(alpha), Ld);                      % 计算前轮转角控制量
10. end
```

纯跟踪算法具有较多的标定参数，首先分析目标速度对路径跟踪的影响。设前视预瞄距离系数为 0.2，预瞄距离下限值为 2，参考路径为图 11-5 所示的曲线路径，选取了 4 种不同目标速度下的横向误差，如图 11-8 所示。

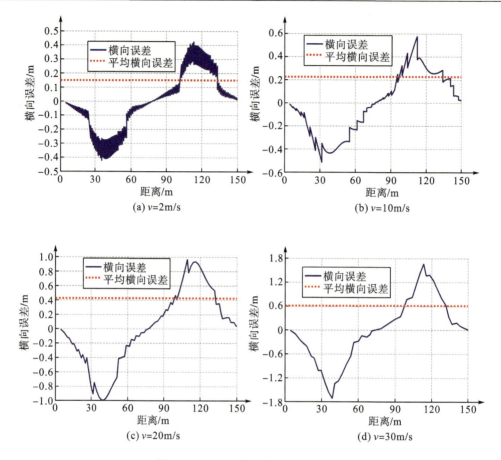

图 11-8　不同目标速度下的横向误差

　　从图 11-8 可以得到如下结论：①纯跟踪算法的误差在分米级，而前文的 PID 算法的误差在厘米级，表明纯跟踪算法的路径跟踪存在较大优化空间；②当目标速度较小时，平均跟踪误差较小，但同时也会使误差振荡频率过大，故跟踪速度过低也会导致前轮转角存在一定的往复振荡；③当目标速度在中间车速区间（10～20m/s）时，平均横向跟踪误差约为 0.3m，此误差对于封闭场景的智能汽车尚可勉强接受，但在公共道路场景此误差已经接近一个轮胎宽度，需要进一步优化；④当目标速度在高速区间（20～30m/s）时，误差进一步增大，已不再适合路径跟踪。

　　再来分析前视预瞄距离系数对路径跟踪的影响，设目标跟踪速度为 10m/s，预瞄距离下限值为 2，参考路径为图 11-5 所示的曲线路径，选取了两种不同前视预瞄距离系数下的横向误差，如图 11-9 所示。

　　由图 11-9 及图 11-8（b）可以看出，在一定范围内时，随着前视预瞄距离系数的增大，横向误差逐渐增大。其实从式（11-11）也可以推得，前视预瞄距离系数的增大等效于速度的增大，都会影响前视预瞄距离，最终影响到前轮转角。

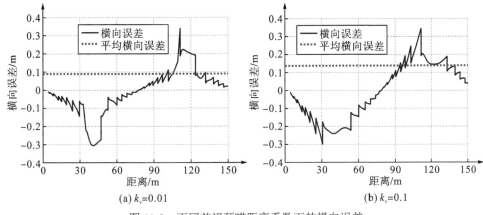

(a) $k_v = 0.01$　　　　　　　　(b) $k_v = 0.1$

图 11-9　不同前视预瞄距离系数下的横向误差

11.3　前轮反馈控制算法(Stanley 算法)

11.3.1　算法简介

第 2 届 DARPA 挑战赛于 2005 年 10 月 8 日举行,在该次比赛中第 1 次由无人驾驶车辆完成了整个越野赛道。在所有跑完全程的 5 支队伍中,由斯坦福大学人工智能实验室主任塞巴斯蒂安·特龙(Sebastian Thrun)创立的 Stanley 车辆以压倒性的优势摘得桂冠,该车辆所使用的路径跟踪算法正是本节将要讲到的路径跟踪算法,即 Stanley 算法。

Stanley 算法不同于纯跟踪算法,它定义前轴中心到最近路径点的距离为横向跟踪误差,是一种基于横向跟踪误差的非线性反馈函数,能实现横向跟踪误差指数收敛于 0,故又称为前轮反馈控制算法。根据车辆位姿与给定路径的相对几何关系可以直观地获得控制车辆方向盘转角的控制变量。在变曲率路径且路径连续可导的条件下,Stanley 算法可以满足局部指数收敛特性。

11.3.2　算法理论介绍

图 11-10 为 Stanley 算法示意图,Stanley 算法基于车辆二自由度模型,将路径跟踪误差解耦为横向误差和航向误差。

一方面,在不考虑横向跟踪误差的情况下,前轮方向角应当与给定路径参考点的切线方向一致,以保证前轮时刻与参考路径的方向变化趋势一致。图 11-10 中,θ_φ 表示车辆航向与最近路径点切线方向之间的夹角,则仅考虑航向误差时的前轮转角应为

$$\delta_\varphi = \theta_\varphi \tag{11-12}$$

另一方面,在不考虑航向跟踪偏差的情况下,横向跟踪误差 e_y 越大,就越需要更大的前轮转角,以使车辆尽快回到参考轨迹上。假设车辆预期轨迹在距离前轮 $d(t)$ 处与给定路径上最近点切线相交,根据几何关系得出如下非线性比例函数:

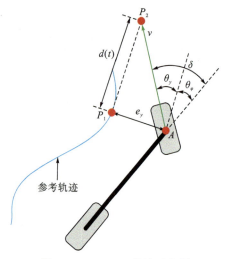

图 11-10　Stanley 算法示意图

$$\delta_y = \theta_y = \arctan\frac{e_y(t)}{d(t)} = \arctan\frac{ke_y(t)}{v(t)} \tag{11-13}$$

式中，$d(t)$ 与车速相关，且 $d(t) = kv(t)$，k 为增益系数，与纯跟踪算法的预瞄距离计算类似，可参考式 (11-11)。

综合式 (11-12) 和式 (11-13) 可知，前轮转角控制变量由两部分构成：一部分是航向误差引起的转角，即当前车身方向与参考轨迹最近点切线方向的夹角 θ_φ；另一部分是横向误差引起的转角，即前轮中心 A 到参考路径切线 $d(t)$ 距离处横向距离引起的转角，则有

$$\delta = \delta_\varphi + \delta_y \tag{11-14}$$

至此，已经推导了 Stanley 算法的前轮转角控制律。接下来继续推导，分析 Stanley 算法的控制稳定性。由图 11-10 可以得到横向误差的变化率：

$$\dot{e}_y = -v\sin\delta_y \tag{11-15}$$

根据几何关系可知，

$$\sin\delta_y = \frac{e_y}{\sqrt{d(t)^2 + e_y^2}} = \frac{ke_y}{\sqrt{v^2 + \left(ke_y\right)^2}} \tag{11-16}$$

联立式 (11-15) 和式 (11-16) 得

$$\dot{e}_y = \frac{-kve_y}{\sqrt{v^2 + \left(ke_y\right)^2}} = \frac{-ke_y}{\sqrt{1 + \left(\dfrac{ke_y}{v}\right)^2}} \tag{11-17}$$

当横向跟踪误差 e_y 很小时，上式改写为

$$\dot{e}_y \approx -ke_y \tag{11-18}$$

积分得

$$e_y(t) = e_y(0) \times e^{-kt} \tag{11-19}$$

由 (11-19) 可知，横向误差指数收敛于 $e_y(0)$，参数 k 决定了收敛速度。

11.3.3　MATLAB 仿真

Stanley 算法的主体程序框架与 PID 控制算法、纯跟踪算法基本类似,不再展示细述。只是在计算前轮转角控制部分存在差异,此部分程序基本涵盖了 Stanley 算法最核心的控制思想,即分别计算只考虑航向误差的前轮转角和只考虑横向误差的前轮转角,然后根据式(11-14)直接计算前轮转角。此部分程序代码如下。

```matlab
1. function [delta, latError] = stanley_control          % 函数:stanley 控制器
   (targetIdx, currentPos, currentHeading, currentSpd,
   refPos, refHeading, k)
2. dx = currentPos(1) - refPos(targetIdx, 1);            % 求 x 位置误差
3. dy = currentPos(2) - refPos(targetIdx, 2);            % 求 y 位置误差
4. phi_r = refHeading(targetIdx);                        % 求参考航向角
5. latError = dy*cos(phi_r) - dx*sin(phi_r);             % 求横向误差
6. theta_fai = refHeading(targetIdx)- currentHeading;    % 分别计算只考虑航向误差和
7. theta_y = atan2(-k*latError, currentSpd);             % 只考虑横向误差的 theta 角
8. delta = theta_fai + theta_y;                          % 将两个角度合并即为前轮转
9. end                                                   % 角
```

与纯跟踪算法类似,Stanley 算法中目标跟踪速度与增益参数对横向误差影响较大,两者的影响趋势可参考纯跟踪算法。在此只分析目标速度对路径跟踪的影响。设增益参数为 1,参考路径仍为图 11-5 所示的曲线路径,选取了 4 种不同目标速度下的横向误差,如图 11-11 所示。

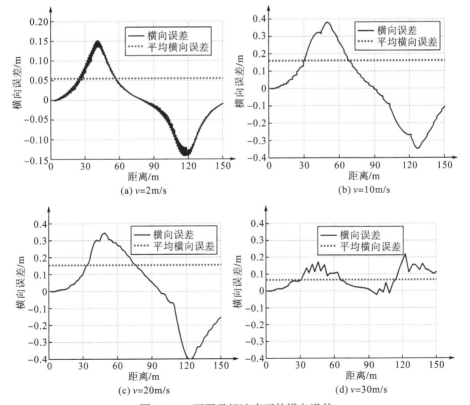

图 11-11　不同目标速度下的横向误差

由图 11-11 可以得出如下结论：①当目标速度较小时，横向误差较小，与纯跟踪算法类似，也存在高频误差振荡现象，这将导致前轮转角出现左右高频晃动；②当目标速度逐步增大时，平均横向误差先增大后减小，故仅用以上 4 组目标速度无法表示横向误差的变化趋势，于是考虑将速度仿真颗粒度细化，得到图 11-12。

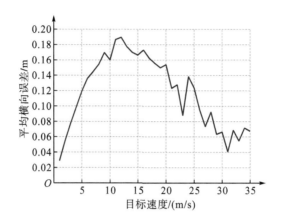

图 11-12　不同目标速度下的平均跟踪误差

由图 11-12 可以看出，在四轮智能汽车的常见速度范围区间，路径跟踪平均横向误差呈现单波峰的变化趋势。当目标速度在接近 12m/s（低中速区域）时，平均横向误差最大，达到了 0.19m；当目标速度在低速和高速区间时，横向误差相对较小，达到了厘米级，此时算法性能与 11.1 节的 PID 控制算法相当。进一步，相比纯跟踪算法，Stanley 算法在中高速区间的横向误差较小，比较适用于中高速场景的路径跟踪。

11.4　后轮反馈控制算法

11.4.1　算法简介

11.3 节的前轮反馈控制算法（Stanley 算法）以前轮中心作为主要研究对象，通过将跟踪误差解耦为横向误差和航向误差进行路径跟踪。与前轮反馈控制算法相反，后轮反馈（rear wheel feedback）控制算法是一种利用车辆后轮中心的路径跟踪偏差量来进行转向控制量计算的方法。

后轮反馈控制算法通过建立车辆速度、横向误差变化率和航向角误差变化率与误差的关系，基于李雅普诺夫反演法巧妙构建横摆角速度的控制律，使其满足稳定性原理，最终实现路径跟踪收敛。

11.4.2　算法理论介绍

1. 基于后轮中心的路径跟踪运动学关系

如图 11-13 所示，以车辆二自由度运动学模型的后轮作为研究对象，后轮中心点 R 向参考轨迹的投影点为 P，该点在 Frenet 坐标系下的纵向坐标为 s，曲率为 κ，切线方向为 $\vec{\tau}_1$，切线 $\vec{\tau}_1$ 平移到后轮中心后作平行线 $\vec{\tau}_2$，参考路径曲率半径所在的圆心为 O。定义投影点 P 距后轮中心点的距离为横向误差 e，切线方向 $\vec{\tau}_1$ 与车辆纵轴的夹角为航向误差 φ_e。

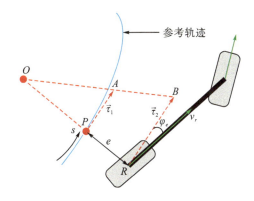

图 11-13　后轮反馈控制算法示意图

过点 O 作一条线段 OB，分别交切线 $\vec{\tau}_1$ 和 $\vec{\tau}_2$ 于 A 和 B，不难得到 $\triangle OAP$ 相似于 $\triangle OBR$，固有

$$\frac{AP}{BR}=\frac{OP}{OR}\Rightarrow AP=\frac{BR}{\dfrac{OP+PR}{OP}}=\frac{BR}{1+\kappa e} \tag{11-20}$$

结合 7.1.3 节及相关车辆运动学知识可知，可以用 $v_r\cos\varphi_e$ 表示后轮沿着 $\vec{\tau}_2$ 方向的速度，再由式(11-20)的比例关系，可得到参考路径投影点 P 的纵向移动速度为

$$\dot{s}=\frac{v_r\cos\varphi_e}{1+\kappa e} \tag{11-21}$$

根据式(11-21)，可进一步得到参考轨迹投影点 P 的角速度，也可理解成车辆为完美跟踪路径的理想角速度变化应满足：

$$\omega_s=\frac{v_r\kappa\cos\varphi_e}{1+\kappa e} \tag{11-22}$$

设车辆角速度为 ω，则航向角误差变化率(角速度误差)可表示为

$$\dot{\varphi}_e=\omega-\omega_s=\omega-\frac{v_r\kappa\cos\varphi_e}{1+\kappa e} \tag{11-23}$$

综上，可将参考轨迹纵向移动速度、横向误差变化率和航向角误差变化率用矩阵表示。

$$\begin{bmatrix} \dot{s} \\ \dot{e} \\ \dot{\varphi}_e \end{bmatrix} = \begin{bmatrix} \dfrac{v_r \cos\varphi_e}{1+\kappa e} \\ v_r \sin\varphi_e \\ \omega - \dfrac{v_r \kappa \cos\varphi_e}{1+\kappa e} \end{bmatrix} \tag{11-24}$$

式(11-24)描述了以车辆后轮进行轨迹跟踪的运动学关系，为了求得基于后轮反馈的控制律，可以采用李雅普诺夫反演法。

2. 基于李雅普诺夫反演法的路径跟踪控制律

由 10.4 节可知，对于二次连续可导的参考轨迹，需要设计车身角速度 ω 保证在李雅普洛夫方程下局部渐进收敛，暂选定李雅普诺夫函数为

$$V(e,\varphi_e) = e^2 + \varphi_e^2 \tag{11-25}$$

将李雅普诺夫函数对时间求一次导可得

$$\dot{V}(e,\varphi_e) = 2e\dot{e} + 2\varphi_e\dot{\varphi}_e = 2ev_r\sin\varphi_e + 2\varphi_e\left(\omega - \frac{v_r\kappa\cos\varphi_e}{1+\kappa e}\right) \tag{11-26}$$

为了保证车辆的李雅普洛夫稳定性，需要构造满足李雅普诺夫第二法的控制律，假设车身角速度为

$$\omega = \frac{v_r\kappa\cos\varphi_e}{1+\kappa e} - v_r\varphi_e - v_r\frac{\sin\varphi_e}{\varphi_e}e \tag{11-27}$$

将式(11-27)代入式(11-26)，得

$$\dot{V}(e,\varphi_e) = 2ev_r\sin\varphi_e + 2\varphi_e\left(-v_r\varphi_e - v_r\frac{\sin\varphi_e}{\varphi_e}e\right) = -2v_r\varphi_e^2 \tag{11-28}$$

由式(11-25)和式(11-28)可知，所选的李雅普诺夫函数满足李雅普诺夫稳定性条件，即

$$\begin{cases} V(e,\varphi_e) \geq 0 \\ \dot{V}(e,\varphi_e) \leq 0 \end{cases} \tag{11-29}$$

式(11-29)表明，只要角速度满足式(11-27)，则在一定时间范围内车辆路径跟踪能实现稳定收敛，因此再结合式(11-30)即可得到前轮转角的控制律：

$$\delta = \arctan\left(\frac{\omega L}{v_r}\right) \tag{11-30}$$

至此，已经推得车辆路径跟踪控制的控制律，并证明了其稳定性。

11.4.3 MATLAB 仿真

后轮反馈控制算法的主体程序框架与 PID 控制算法、纯跟踪算法、Stanley 算法基本类似，不再展示细述。只是在计算前轮转角控制部分存在差异，此部分程序基本涵盖了后轮反馈控制算法最核心的控制思想，即分别计算横向误差和航向误差，然后根据式(11-27)计算目标角速度，并代入式(11-30)求得前轮转角。此部分程序代码如下。

```
1. function [delta, latError] = RWF_Controler(targetIdx, currentPos,    % 函数：后轮反馈控制器
   currentSpd, currentHeading, refPos, refHeading, refK, L)
3. dx = currentPos(1) - refPos(targetIdx, 1);                           % 求 x 位置误差
4. dy = currentPos(2) - refPos(targetIdx, 2);                           % 求 y 位置误差
5. phi_r = refHeading(targetIdx);                                       % 求参考航向角
6. latError = dy*cos(phi_r) - dx*sin(phi_r);                            % 求横向误差
7. headingErr = currentHeading - refHeading(targetIdx);                 % 计算航向误差
8. omega = currentSpd*refK(targetIdx)*cos(headingErr)/                  % 根据公式计算角速度
   (1+refK(targetIdx)*latError) - currentSpd*headingErr -
   currentSpd*sin(headingErr)/headingErr*latError;
9. delta = atan2(omega*L, currentSpd);                                  % 计算前轮转角
10. end
```

与纯跟踪算法类似，后轮反馈控制算法中目标跟踪速度与增益参数对横向误差影响较大，两者的影响趋势可参考纯跟踪算法，在此只分析目标速度对路径跟踪的影响。设增益参数为 1，参考路径仍为图 11-5 所示的曲线路径，选取了 4 种不同目标速度下的横向误差，如图 11-14 所示。

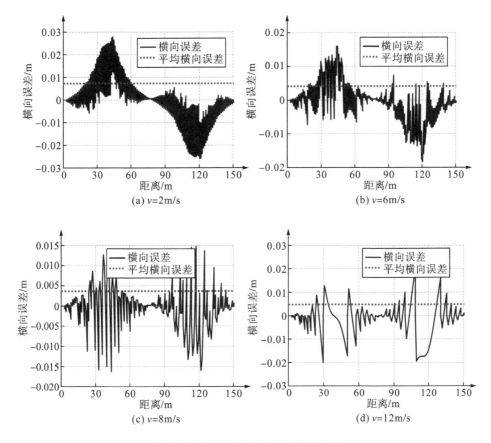

图 11-14　不同目标速度下的横向误差

由图 11-14 可以得出：①在低速区域，后轮反馈控制算法与纯跟踪算法、Stanley 算法类似，也存在高频误差振荡现象，这将导致前轮转角出现左右高频晃动；②当目标速度逐步变大到 12m/s 时，平均横向误差逐渐减小。

实际上，当速度大于 13m/s 时，路径跟踪将会出现明显的振荡现象，如图 11-15 所示。可以看出，在接近参考路径曲线的第 1 个波峰位置时，路径跟踪开始逐步出现明显的振荡现象(俗称"画龙")，之后振荡并未收敛消除，而是一直持续到了参考路径末端。这表明，后轮反馈控制算法只适用于低速区间，另一方面也说明式(11-27)欲满足李雅普诺夫稳定性原理，必须有一个低速区间作为必要条件，即 0～12m/s。

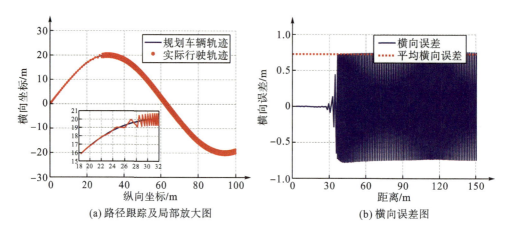

图 11-15　路径跟踪及横向误差图

11.5　模糊控制算法

11.5.1　算法简介

1965 年，美国控制理论专家拉特飞·扎德(Lotfi Zadeh)教授发表了关于模糊集论的论文，主张用"隶属函数"来描述模糊现象差异的中间过渡性，这样模糊概念就可以量化表示。模糊集论的提出奠定了模糊数学的基础，人们在日常生活中经常碰到大量具有模糊性的事物，如大与小、高与矮、好与坏等，这些描述性定性词汇很难划分一条分明的界线，模糊数学就是研究和处理这类模糊现象的学科。

模糊控制算法是一种基于模糊数学的控制方法，它模仿人类活动中人脑的模糊概念和成功的控制决策，运用模糊数学将人工控制策略用计算机实现。模糊控制不依赖系统的精确数学模型，因而对系统参数变化不敏感，具有很强的鲁棒性和适用性，另外，其基于若干条控制规则，算法逻辑清晰、原理简洁，非常适合于如汽车这一类的动态系统。

11.5.2　基于李雅普诺夫反演法的控制律推导

1. 误差微分模型推导

根据 10.2.2 节，选取车速和角速度为控制量，并对式(10-11)进行扩充后得：

$$\begin{cases} \dot{x}=v_x=v\cos\varphi \\ \dot{y}=v_y=v\sin\varphi \\ \dot{\varphi}=\omega \end{cases} \Rightarrow \begin{bmatrix} \dot{x} \\ \dot{y} \\ \dot{\varphi} \end{bmatrix}=\begin{bmatrix} \cos\varphi & 0 \\ \sin\varphi & 0 \\ 0 & 1 \end{bmatrix}\begin{bmatrix} v \\ \omega \end{bmatrix} \tag{11-31}$$

设参考轨迹的期望状态为 $[x_r,y_r,\varphi_r]$，对应的期望控制量为 $[v_r,\omega_r]$。车辆二自由度运动学模型满足非完整约束条件，则有

$$\dot{x}_r\sin\varphi_r-\dot{y}_r\cos\varphi_r=0 \tag{11-32}$$

根据 7.1.3 节，可以将横纵向误差和航向角误差写为

$$\begin{bmatrix} x_e \\ y_e \\ \varphi_e \end{bmatrix}=\begin{bmatrix} \cos\varphi & \sin\varphi & 0 \\ -\sin\varphi & \cos\varphi & 0 \\ 0 & 0 & 1 \end{bmatrix}\begin{bmatrix} x-x_r \\ y-y_r \\ \varphi-\varphi_r \end{bmatrix} \tag{11-33}$$

先计算纵向误差的微分，具体推导如下：

$$\begin{aligned} \dot{x}_e &= \left[(x-x_r)\cos\varphi+(y-y_r)\sin\varphi\right]' \\ &= \left[-\omega(x-x_r)\sin\varphi+(\dot{x}-\dot{x}_r)\cos\varphi\right] \\ &\quad +\left[\omega(y-y_r)\cos\varphi+(\dot{y}-\dot{y}_r)\sin\varphi\right] \\ &= \left[-\omega(x-x_r)\sin\varphi+\omega(y-y_r)\cos\varphi\right] \\ &\quad +\left[-\dot{x}_r\cos\varphi-\dot{y}_r\sin\varphi\right]+\left[\dot{x}\cos\varphi+\dot{y}\sin\varphi\right] \\ &= y_e\omega+\left[-v_r\cos\varphi\cos\varphi_r-v_r\sin\varphi\sin\varphi_r\right] \\ &\quad +\left[v\cos\varphi\cos\varphi+v\sin\varphi\sin\varphi\right] \\ &= y_e\omega-v_r\cos(\varphi-\varphi_r)+v \\ &= y_e\omega-v_r\cos\varphi_e+v \end{aligned} \tag{11-34}$$

再计算横向误差的微分，具体推导如下：

$$\begin{aligned} \dot{y}_e &= \left[-(x-x_r)\sin\varphi+(y-y_r)\cos\varphi\right]' \\ &= \left[-\omega(x-x_r)\cos\varphi-(\dot{x}-\dot{x}_r)\sin\varphi\right] \\ &\quad +\left[-\omega(y-y_r)\sin\varphi+(\dot{y}-\dot{y}_r)\cos\varphi\right] \\ &= \left[-\omega(x-x_r)\cos\varphi-\omega(y-y_r)\sin\varphi\right] \\ &\quad +\left[\dot{x}_r\sin\varphi-\dot{y}_r\cos\varphi\right]+\left[-\dot{x}\sin\varphi+\dot{y}\cos\varphi\right] \\ &= -x_e\omega+\left[v_r\sin\varphi\cos\varphi_r-v_r\cos\varphi\sin\varphi_r\right] \\ &\quad +\left[-v\sin\varphi\cos\varphi+v\cos\varphi\sin\varphi\right] \\ &= -x_\varphi\omega+v_r\sin(\varphi-\varphi_r) \\ &= -x_e\omega+v_r\sin\varphi_e \end{aligned} \tag{11-35}$$

综合式(11-34)和式(11-35)可得横向、纵向和航向角误差的微分方程：

$$\begin{bmatrix} \dot{x}_e \\ \dot{y}_e \\ \dot{\varphi}_e \end{bmatrix} = \begin{bmatrix} y_e\omega - v_r\cos\varphi_e + v \\ -x_e\omega + v_r\sin\varphi_e \\ \omega - \omega_r \end{bmatrix} \tag{11-36}$$

因此，车辆轨迹跟踪的目标就是寻找控制律 $[v,\omega]^{\mathrm{T}}$，使得对任意的参考轨迹和初始状态，系统的误差方程均能收敛到 0。这里，借鉴 11.4 节后轮反馈控制算法的思想，采用李雅普诺夫反演法进行推导。

2. 基于李雅普诺夫反演法的控制律

根据车辆的误差微分方程，利用反演控制器设计的思想，设计合理的李雅普诺夫函数，并根据李雅普诺夫函数的稳定性条件可求得车辆轨迹跟踪的控制律。暂定选取李雅普诺夫函数为

$$V\left(x_e, y_e, \varphi_e\right) = \frac{1}{2}\left(x_e^2 + y_e^2\right) + \frac{1}{k_2}\left(1 - \cos\varphi_e\right) \tag{11-37}$$

式中，k_2 为待定参数。

对李雅普诺夫函数求导，得

$$\begin{aligned} \dot{V}\left(x_e, y_e, \varphi_e\right) &= x_e\dot{x}_e + y_e\dot{y}_e + \frac{\sin\varphi_e}{k_2}\left(\omega - \omega_r\right) \\ &= x_e\left(y_e\omega - v_r\cos\varphi_e + v\right) + y_e\left(-x_e\omega + v_r\sin\varphi_e\right) + \frac{\sin\varphi_e}{l_e}\left(\omega - \omega_r\right) \\ &= x_e\left(v - v_r\cos\varphi_e\right) + \frac{\sin\varphi_e}{k_2}\left(\omega - \omega_r + k_2 v_r y_e\right) \end{aligned} \tag{11-38}$$

根据选定的李雅普诺夫函数及其导函数，选取路径跟踪控制律为

$$\begin{bmatrix} v \\ \omega \end{bmatrix} = \begin{bmatrix} v_r\cos\varphi_e - k_1 x_e \\ \omega_r - k_2 v_r y_e - k_3\sin\varphi_e \end{bmatrix} \tag{11-39}$$

式中，k_1 和 k_3 为待定参数。

将式 (11-39) 代入式 (11-38)，得

$$\dot{V}\left(x_e, y_e, \varphi_e\right) = -k_1 x_e^2 - \frac{k_3}{k_2}\sin^2\varphi_e \tag{11-40}$$

显然，当 k_1、k_2、k_3 均大于 0 时，李雅普诺夫函数满足：

$$\begin{cases} V\left(x_e, y_e, \varphi_e\right) \geqslant 0 \\ \dot{V}\left(x_e, y_e, \varphi_e\right) \leqslant 0 \end{cases} \tag{11-41}$$

因此选用如式 (11-39) 所示的控制律满足车辆轨迹跟踪的稳定性条件。

11.5.3　模糊控制器设计

根据上文分析，控制律 $[v, \omega]^{\mathrm{T}}$ 中共有 k_1、k_2、k_3 三个参数，确定待定参数可以利用系统辨识的传统方法求得，但算法复杂，鲁棒性差。因此，本节基于车辆实际位姿与期望位姿之间的横纵向偏差和航向角偏差设计模糊控制器，实时调整参数，使系统具有较好的鲁棒性和稳定性。

1．模糊系统结构

模糊控制器的一般结构如图 11-16 所示，包括系统输入、模糊化、数据库、规则库、模糊推理、解模糊以及系统输出 7 部分构成。

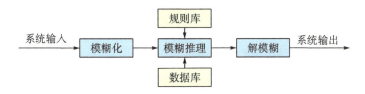

图 11-16　模糊控制器示意图

为了简化轨迹跟踪模糊控制器的模糊规则，将横纵向误差合并为距离误差，即

$$d_e = \sqrt{x_e^2 + y_e^2} \tag{11-42}$$

k_1、k_2、k_3 三个参数需要设计三个模糊控制器，三个模糊控制器均采用距离偏差和航向角偏差作为输入，分别输出三个参数。图 11-17 为利用 MATLAB 模糊工具箱得到的模糊结构示意图，图中展示了将距离偏差和航向偏差作为输入，参数 k_1 作为输出的模糊系统基本结构。

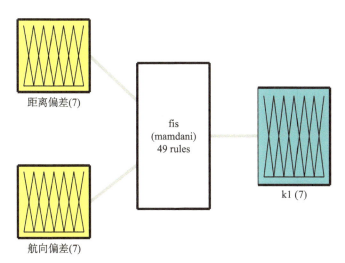

图 11-17　利用 MATLAB 模糊工具箱得到的模糊结构示意图

2. 输入、输出变量模糊化

首先，模糊控制器需要对系统的输入和输出进行模糊化处理，模糊化环节的作用是将系统中的所有精确量（包括系统的外界参考输入、系统输出和系统状态等）转换为模糊量，使其变成符合模糊控制器要求的输入量；然后进行尺度变换，把其变换到各自的论域范围内；最后进行模糊化处理，使原来精确的输入量变为模糊量，并用相应的模糊集合表示。

假定距离偏差 d_e 的值域为 $[0,1.2]$，航向角偏差 φ_e 的值域为 $[0,\pi]$，将 d_e 和 φ_e 分为 7 个模糊集：SB（超大）、HB（很大）、B（大）、M（中等）、S（小）、HS（很小）、SS（超小）。

假定 k_1 的值域为 $[0.1,1.3]$，k_2 和 k_3 的值域均为 $[0.1,0.7]$，将 k_1、k_2、k_3 分为 7 个模糊集：SB（超大）、HB（很大）、B（大）、M（中等）、S（小）、HS（很小）、SS（超小）。

5 个变量 d_e、φ_e、k_1、k_2 和 k_3 均采用三角形隶属度函数，程序如下。

```
1.  %% 构造输入、输出模糊量
2.  % 控制量输出 1-k1
3.  fis1 = addFis();           % 增加模糊量 fis1
4.  fis1 = addOutput(fis1, [0.1 1.3], "Name", "k1");    % 设置输出模糊量 k1 的值域
5.  fis1 = addMF(fis1, "k1", "trimf", [-0.1, 0.1, 0.3], 'Name', "SS");   % 利用三角形隶
    属度函数设置"超小"论域范围
6.  fis1 = addMF(fis1, "k1", "trimf", [0.1, 0.3, 0.5], 'Name', "HS");
7.  fis1 = addMF(fis1, "k1", "trimf", [0.3, 0.5, 0.7], 'Name', "S");
8.  fis1 = addMF(fis1, "k1", "trimf", [0.5, 0.7, 0.9], 'Name', "M");
9.  fis1 = addMF(fis1, "k1", "trimf", [0.7, 0.9, 1.1], 'Name', "B");
10. fis1 = addMF(fis1, "k1", "trimf", [0.9, 1.1, 1.3], 'Name', "HB");
11. fis1 = addMF(fis1, "k1", "trimf", [1.1, 1.3, 1.5], 'Name', "SB");
12.
13. % 控制量输出 2-k2
14. fis2 = addFis();
15. fis2 = addOutput(fis2, [0.1 0.7], "Name", "k2");
16. fis2 = addMF(fis2, "k2", "trimf", [0, 0.1, 0.2], 'Name', "SS");
17. fis2 = addMF(fis2, "k2", "trimf", [0.1, 0.2, 0.3], 'Name', "HS");
18. fis2 = addMF(fis2, "k2", "trimf", [0.2, 0.3, 0.4], 'Name', "S");
19. fis2 = addMF(fis2, "k2", "trimf", [0.3, 0.4, 0.5], 'Name', "M");
20. fis2 = addMF(fis2, "k2", "trimf", [0.4, 0.5, 0.6], 'Name', "B");
21. fis2 = addMF(fis2, "k2", "trimf", [0.5, 0.6, 0.7], 'Name', "HB");
22. fis2 = addMF(fis2, "k2", "trimf", [0.6, 0.7, 0.8], 'Name', "SB");
23.
24. % 控制量输出 3-k3
25. fis3 = addFis();
26. fis3 = addOutput(fis3, [0.1 0.7], "Name", "k2");
27. fis3 = addMF(fis3, "k2", "trimf", [0, 0.1, 0.2], 'Name', "SS");
28. fis3 = addMF(fis3, "k2", "trimf", [0.1, 0.2, 0.3], 'Name', "HS");
29. fis3 = addMF(fis3, "k2", "trimf", [0.2, 0.3, 0.4], 'Name', "S");
30. fis3 = addMF(fis3, "k2", "trimf", [0.3, 0.4, 0.5], 'Name', "M");
31. fis3 = addMF(fis3, "k2", "trimf", [0.4, 0.5, 0.6], 'Name', "B");
32. fis3 = addMF(fis3, "k2", "trimf", [0.5, 0.6, 0.7], 'Name', "HB");
33. fis3 = addMF(fis3, "k2", "trimf", [0.6, 0.7, 0.8], 'Name', "SB");
```

当对模糊控制器进行模糊化处理后，我们绘制 k_1 的两个输入量及一个输出量隶属度函数图，如图 11-18 所示。

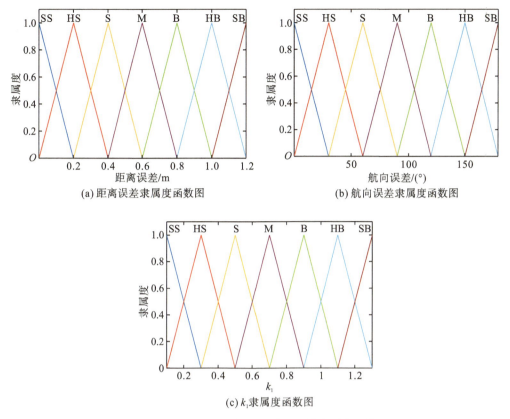

图 11-18　距离误差、航向误差及 k_1 的隶属度函数图

3. 建立模糊规则

数据库和规则库环节包含控制系统具体应用过程中的控制要求,通常由专家数据库和模糊控制规则库组成。其中,专家数据库包括了变量的隶属函数、尺度变换因子和模糊空间的分级数等;模糊规则库包括用模糊变量表示的一系列控制规则,能够反映出控制专家的经验和知识。

分析式(11-39)可知, k_1 影响车辆的速度, k_2 和 k_3 影响车辆的角速度。因此,当距离偏差较小时, k_1 的值应适当增加,以维持速度保持在较大的目标值范围;当航向角偏差较小时, k_2 和 k_3 的值应适当增加,以维持角速度保持在较大的目标值范围;同时转弯半径、速度与角速度满足 $r = v / \omega$,为使转弯半径平滑过渡,在建立模糊规则时应注意 v 与 ω 的协调关系。

综上所述,建立 d_e 、 φ_e 与 k_1 的模糊规则表,如表 11-1 所示。

表 11-1　k_1 模糊规则表

k_1		d_e						
		SS	HS	S	M	B	HB	SB
φ_e	SS	HB	HB	B	M	S	HS	SS

k_1		d_e						
		SS	HS	S	M	B	HB	SB
φ_e	HS	HB	HB	B	B	M	S	HS
	S	HB	HB	B	B	B	S	S
	M	HB	HB	B	B	B	S	M
	B	SB	HB	HB	B	B	S	M
	HB	SB	SB	HB	HB	B	M	M
	SB	SB	SB	HB	HB	B	B	B

根据表 11-1，可以绘制 k_1 的模糊规则曲面，如图 11-19 所示。

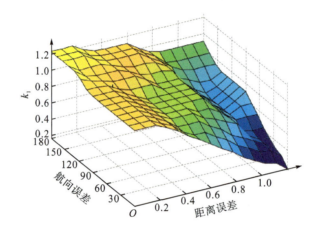

图 11-19　k_1 的模糊规则曲面

d_e、φ_e 与 k_2 的模糊规则表如表 11-2 所示。

表 11-2　k_2 模糊规则表

k_2		d_e						
		SS	HS	S	M	B	HB	SB
φ_e	SS	HB	HB	B	M	S	HS	SS
	HS	HB	HB	B	B	M	S	HS
	S	HB	HB	B	B	B	S	S
	M	HB	HB	B	B	B	S	M
	B	SB	HB	HB	B	B	S	M
	HB	SB	SB	HB	HB	B	M	M
	SB	SB	SB	HB	HB	B	B	B

d_e、φ_e 与 k_3 的模糊规则表如表 11-3 所示。

表 11-3　k_3 模糊规则表

k_3		d_e						
		SS	HS	S	M	B	HB	SB
φ_e	SS	HB	SB	SB	SB	SB	SB	SB
	HS	HB	HB	HB	HB	HB	SB	SB
	S	HB	HB	B	B	B	B	S
	M	HB	HB	B	B	B	S	M
	B	SB	HB	HB	B	B	S	M
	HB	SB	SB	HB	HB	B	M	M
	SB	SB	SB	HB	HB	B	B	SB

4. 解模糊

解模糊环节的作用是将模糊推理过程所得的模糊量转换为用于表示真实含义的清晰量，包含两个过程：①将模糊控制量经清晰化处理，先变换为表示在其论域范围内的清晰量；②将①得到的清晰量经过尺度变换，转换成实际的输出量。

常用的解模糊方法有三种：最大隶属度法、取中位数法及重心法，本书采用重心法进行解模糊。对于具有 m 个输出量化级数的离散域情况，有

$$\begin{cases} \mu_d = \dfrac{2\times 6}{5-0} = \dfrac{12}{5} \\ \mu_\varphi = \dfrac{2\times 6}{\pi-0} = \dfrac{12}{\pi} \end{cases} \tag{11-43}$$

与最大隶属度法相比较，重心法具有更平滑的输出。

11.5.4　MATLAB 仿真

后轮反馈控制算法的主体程序框架与 PID 控制算法、纯跟踪算法、Stanley 算法、后轮反馈控制算法基本类似，不再展示细述。只是在计算前轮转角控制部分存在差异，此部分程序基本涵盖了模糊控制算法最核心的控制思想，即分别计算横向误差、航向误差、参考速度和参考角速度，然后根据式(11-39)计算目标角速度，并求得前轮转角。此部分程序代码如下。

```
1. function [delta, distErr, headingErr, currentSpd] = fuzzy_Controler    % 函数：模糊控制器
   (targetIdx, currentPos, currentSpd, currentHeading, refPos, refSpd,
   refOmega, refHeading, refK, L, k1, k2, k3)
2. dx = currentPos(1) - refPos(targetIdx, 1);              % 求 x 位置误差
3. dy = currentPos(2) - refPos(targetIdx, 2);              % 求 y 位置误差
4. phi_r = refHeading(targetIdx);                          % 求参考航向角
5. latError = dy*cos(phi_r) - dx*sin(phi_r);               % 求横向误差
6. lonError = dx*cos(phi_r) + dy*sin(phi_r);               % 求纵向误差
```

```
7. distErr = sqrt(latError^2 + lonError^2);              % 计算距离误差
8. headingErr = currentHeading - refHeading(targetIdx);  % 计算航向误差
9. v_r = refSpd(targetIdx);                              % 参考速度
10. omega_r = refOmega(targetIdx);                       % 参考角速度
11. v = v_r*cos(headingErr) - k1*lonError;               % 计算速度
12. v = max([0.1, v]);
13. omega = omega_r - k2*v_r*latError- k3*sin(headingErr); % 计算角速度
14. delta = atan2(omega*L, v);                           % 计算前轮转角
15. currentSpd = v;
16. end
```

值得注意的是，上述函数里面输入的 k_1、k_2 和 k_3 由主程序的模糊逻辑系统在每个周期根据距离误差和航向角误差实时更新得到，代码如下。

```
% 根据距离误差和航向角误差, 由模糊逻辑系统更新k1, k2, k3
k1 = evalfis(fis1, [distErr, abs(headingErr)*180/pi]);
k2 = evalfis(fis2, [distErr, abs(headingErr)*180/pi]);
k3 = evalfis(fis3, [distErr, abs(headingErr)*180/pi]);
```

与纯跟踪算法类似，模糊控制算法的路径跟踪误差对目标速度比较敏感。设参考路径仍为图 11-5 所示的曲线路径，选取了三种不同目标速度下的路径跟踪和横向误差，如图 11-20 所示。

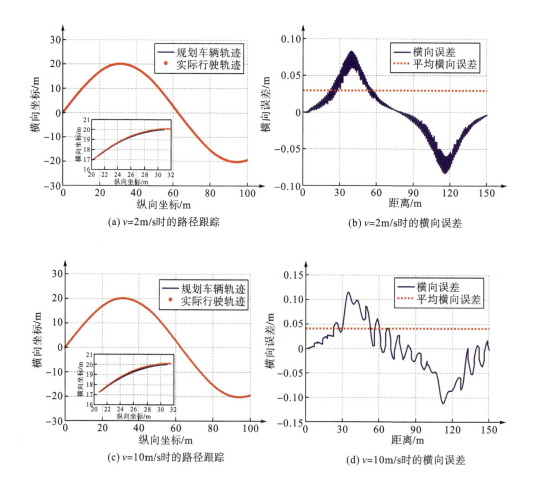

(a) v=2m/s时的路径跟踪

(b) v=2m/s时的横向误差

(c) v=10m/s时的路径跟踪

(d) v=10m/s时的横向误差

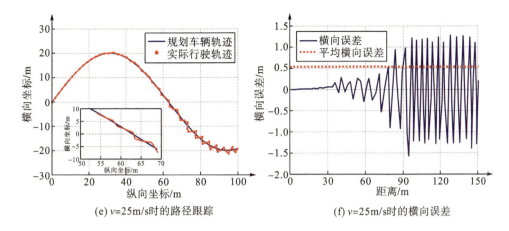

(e) v=25m/s时的路径跟踪　　　　　(f) v=25m/s时的横向误差

图 11-20　不同目标速度下的路径跟踪和横向误差

由图 11-20 可以得出如下结论：①当目标速度较小时，横向误差较小，误差量级在厘米级别，也存在高频误差振荡现象，这将导致前轮转角出现左右高频晃动；②随着目标速度的增大，横向误差逐渐增大；③当速度接近 25m/s 时，平均横向误差达到了 0.5m，此时跟踪效果十分糟糕，算法已无法用于路径跟踪，故本节所述的基于李雅普诺夫反演法得到的模糊控制律也不适用于高速区间。

第12章 基于状态空间方程的轨迹跟踪控制算法

12.1 线性二次型调节器(LQR)算法

12.1.1 算法简介

对于线性系统，若取状态变量或控制变量二次函数的积分作为性能指标函数，这种状态系统最优化问题称为线性系统二次性能指标的最优控制问题，简称线性二次型调节器(linear quadratic regulator，LQR)问题。

在自动控制系统中，线性二次型占有重要地位。一方面，许多控制问题可以化为线性二次型问题，特别是汽车中的控制问题大多是线性二次型问题；另一方面，这种问题在理论上也比较成熟。应用极小值原理可求得最优解的统一的解析表达式，且可导出一个简单的状态线性反馈控制规律，其计算和工程实现都比较容易。正因为如此，线性二次型问题对于从事自动控制的理论工作者和工程技术人员都具有很大的吸引力。目前对这种最优反馈系统的结构、性质及设计方面已进行了许多有效的研究和应用。可以说，线性二次型问题是现代控制理论及其应用中最富有成果的一部分。本节将从理论推导开始逐渐认识LQR这一强大的控制算法，并掌握它在轨迹跟踪控制这一领域的应用。

12.1.2 LQR 理论介绍

1. LQR 的解

在 10.2 节和 10.3 节关于车辆运动学和动力学模型的介绍中，推导了基于误差的状态空间方程。以车辆运动学误差状态空间方程为例，复写如式(12-1)所示。

$$
\tilde{X} = \begin{bmatrix} \dot{x} - \dot{x}_r \\ \dot{y} - \dot{y}_r \\ \dot{\varphi} - \dot{\varphi}_r \end{bmatrix}
$$

$$
= \begin{bmatrix} 0 & 0 & -v_r \sin \varphi_r \\ 0 & 0 & v_r \cos \varphi_r \\ 0 & 0 & 0 \end{bmatrix} \begin{bmatrix} x - x_r \\ y - y_r \\ \varphi - \varphi_r \end{bmatrix} + \begin{bmatrix} \cos \varphi_r & 0 \\ \sin \varphi_r & 0 \\ \dfrac{\tan \delta_r}{l} & \dfrac{v_r}{l \cos^2 \delta_r} \end{bmatrix} \begin{bmatrix} v - v_r \\ \delta - \delta_r \end{bmatrix} = A \tilde{X} + B \tilde{u} \tag{12-1}
$$

可以看出，根据基于误差的状态空间方程，合理给系统输入控制量，可以保证在一定时域范围内误差很小甚至为 0。设理想状态量与参考状态量偏差为 e，用偏差的平方积分来评价控制系统的偏差大小，表达式为

$$J = \int_0^\infty e^2(t)\mathrm{d}t \tag{12-2}$$

一般来说，为了达到控制系统的理想状态，需要适当增大控制量，以使系统趋于理想状态。初学者对这里可能会有一些疑惑，不妨仍以 11.1 节水壶烧水的案例进行理解：烧水时的环境温度为 25℃，而理想温度是 100℃（理想状态量），由于温差（偏差）较大，需要给烧水壶提供火力（控制量）。根据生活常识，若火力大小（控制量大小）和火力输入时间（控制时间）一定，显然火力越大，火力输入结束后的水温越高。设想一种极限场景，若火力输入无限大，则水温将在极短的时间内达到 100℃。

然而，无限大的火力会带来两个问题：①实际应用中，无限大的火力并不存在，所以欲使系统达到理想状态，必须经历一段有限时间；②尽管状态量在较短时间内达到了目标值，但随之付出的代价是较大的控制量，用较大的控制量去换取较短时间的状态量最优是否有必要？如何平衡输入量和产出量的综合最优是一个值得讨论的问题。实际上，控制量的持续输入就好比能量的持续输入，最优控制问题就可以理解为：如何在实现状态量尽早达到目标值的前提下，使控制输入能量最小。

因此，为了平衡状态量最优与控制量最小，对式（12-2）进行改进，在评价函数中引入控制量这一惩罚项，即

$$J = \int_0^\infty \left[e^2(t) + \rho u^2(t) \right] \mathrm{d}t \tag{12-3}$$

式中，$\rho > 0$，是一个加权系数。ρ 越大，控制量幅度越小，则状态量收敛速度越慢，反之亦然。若 ρ 取值适当，会使目标状态收敛较快，控制量又不至于过大，综合效果最令人满意。

通常，将式（12-3）作为控制系统的性能指标评价函数。考虑到一般的系统输入并不唯一，故控制量往往用向量表示，为了表征这种多输入或多状态的性能指标评价函数，进一步将式（12-3）改写为

$$J = \int_0^\infty \left[\boldsymbol{X}^\mathrm{T}(t)\boldsymbol{Q}(t)\boldsymbol{X}(t) + \boldsymbol{u}^\mathrm{T}(t)\boldsymbol{R}(t)\boldsymbol{u}(t) \right]\mathrm{d}t \tag{12-4}$$

式中，$\boldsymbol{X}(t)$ 是一个 $n \times 1$ 的向量，表示系统的若干误差状态量；$\boldsymbol{Q}(t)$ 是一个 $n \times n$ 的非负实对称矩阵，表示系统的状态误差权重；$\boldsymbol{u}(t)$ 是一个 $m \times 1$ 的向量，表示系统的控制能量输入；$\boldsymbol{R}(t)$ 是一个 $m \times m$ 的非负实对称矩阵，表示系统的控制能量输入权重。

可以看出，式（12-4）与式（12-3）只是表现形式不同，并无本质差别。另外，考虑到系统的一般性，式（12-4）的矩阵均与时间相关，即上述矩阵都可能是时变的。一般地，利用式（12-4）描述系统的性能指标。

特别地，对于线性定常可控系统而言，通常可以利用变分法和庞特里亚金极大值原理来求解满足性能指标最优时的最优控制，由于此部分内容涉及较多有一定理论深度的公式推导和原理介绍，学有余力的读者可以参考《汽车控制理论与应用》等书籍进行深入学习，考虑到本书重在应用算法，在此不做赘述，本书直接给出黎卡提（Riccati）方程及其最优控制的相关结论。

式(12-4)的最优解是一个关于状态误差量的线性函数：

$$u = -(R^{-1}B^{\mathrm{T}}P)X = -KX \tag{12-5}$$

式中，矩阵 B 代表状态空间方程的控制量系数矩阵；矩阵 P 代表正定常数矩阵，且是下列矩阵方程的解：

$$PA + A^{\mathrm{T}}P - PBR^{-1}B^{\mathrm{T}}P + Q = 0 \tag{12-6}$$

式(12-6)称为黎卡提方程，黎卡提方程特指一类非线性微分方程，一般表达式如下：

$$y' = P(x)y^2 + Q(x)y + R(x) \tag{12-7}$$

式中，$P(x)$、$Q(x)$、$R(x)$ 分别是因变量二次项、一次项、零次项的且关于 x 的函数式。

联立式(12-4)、式(12-5)、式(12-6)，可以求得最优控制解 u。值得注意的是，式(12-5)中控制量是与状态误差量呈负线性关系，这表明 LQR 本质上是一种负反馈控制。据此画出典型的 LQR 结构，如图 12-1 所示。

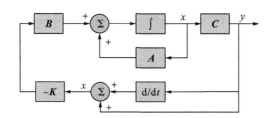

图 12-1 典型的 LQR 结构

2. 稳定性分析

根据 LQR 的性能指标函数及最优控制解，选取如下李雅普诺夫函数：

$$V(X) = X^{\mathrm{T}}PX \tag{12-8}$$

式中，矩阵 P 与式(12-6)的矩阵 P 含义相同，由于 P 是正定常数矩阵，因此 $V(X)$ 是正定的，即

$$V(X) > 0 \tag{12-9}$$

对 $V(X)$ 求一阶导数：

$$\dot{V}(X) = \dot{X}^{\mathrm{T}}PX + X^{\mathrm{T}}P\dot{X} \tag{12-10}$$

根据车辆模型的连续状态空间方程及最优控制解，式(12-10)可转化为

$$
\begin{aligned}
\dot{V}(X) &= \dot{X}^{\mathrm{T}}PX + X^{\mathrm{T}}P\dot{X} \\
&= (AX + Bu)^{\mathrm{T}}PX + X^{\mathrm{T}}P(AX + Bu) \\
&= (AX - BKX)^{\mathrm{T}}PX + X^{\mathrm{T}}P(AX - BKX) \\
&= X^{\mathrm{T}}\left[A^{\mathrm{T}}P - K^{\mathrm{T}}B^{\mathrm{T}}P + PA - PBK\right]X
\end{aligned}
\tag{12-11}
$$

将式(12-6)代入上式(12-11)，得

$$\dot{V}(X) = X^T \left[A^T P - K^T B^T P + PA - PBK \right] X$$

$$= X^T \left(-Q + PBK - K^T B^T P - PBK \right) X$$

$$= -X^T \left(Q + K^T B^T P \right) X \tag{12-12}$$

$$= -X^T \left[Q + \left(R^{-1} B^T P \right)^T B^T P \right] X$$

$$= -X^T \left[Q + \left(B^T P \right)^T \left(R^{-1} \right)^T B^T P \right] X$$

由于矩阵 Q、R、P 均正定，故有

$$\dot{V}(X) < 0 \tag{12-13}$$

因此，可以证明 LQR 算法是渐进稳定的。

12.1.3　基于运动学模型的 MATLAB 仿真

1. MATLAB 代码

LQR 算法的主体程序框架与上一章的 PID 算法基本类似，不再展示细述。只是在计算前轮转角控制部分存在差异，此部分程序基本涵盖了 LQR 算法最核心的控制思想，即分别计算位置、航向角误差，并代入式(12-1)，然后调用 MATLAB 的 LQR 库函数求得 K 向量，最后由反馈控制原理得到控制量。此部分程序代码如下。

```
1. function [v_delta, Delta_delta, delta_r, latError] =      % 函数：LQR
   LQR_controller(targetIdx, currentPos, currentSpd,
   currentHeading, refPos, refHeading, refDelta, refCur, L, Q, R, dt)
2. x_r = refPos(targetIdx, 1);                    % 求 x 位置参考量
3. y_r = refPos(targetIdx, 2);                    % 求 y 位置参考量
4. heading_r = refHeading(targetIdx);             % 求航向角参考量
5. delta_r = refDelta(targetIdx);                 % 求前轮转角参考量
6. x_error  = currentPos(1) - x_r;                % 求 x 位置误差量
7. y_error = currentPos(2) - y_r;                 % 求 y 位置误差量
8. yaw_error = currentHeading - heading_r;        % 求航向角误差量
9. latError = y_error*cos(heading_r) - x_error*sin(heading_r);  % 计算横向误差
10. X(1, 1) = x_error;                            % 将误差值赋值到状态量
11. X(2, 1) = y_error;
12. X(3, 1) = yaw_error;
13. A = [0,  0,   -currentSpd*sin(heading_r);     % 构造状态空间方程 A 矩阵
14.     0,  0,    currentSpd* cos(heading_r);
15.     0,  0,   0];
16. B = [cos(heading_r),     0;                   % 构造状态空间方程 B 矩阵
17.     sin(heading_r),      0;
18.     tan(delta_r)/L,   currentSpd/(L * cos(delta_r)^2)];
19. K = lqr(A, B, Q, R);                          % 调用 LQR 库函数计算 K
20. u = -K * X;                                   % 获得速度误差量、前轮转
21. v_delta = u(1);                               % 角误差量两个控制量
22. Delta_delta = u(2);
23. end
```

需要说明的是，上述 LQR 得到的是前轮转角和速度的变化控制量，即控制增量，而纯跟踪、Stanley 等算法得到的是前轮转角控制量。

2. 目标速度对路径跟踪的影响

与纯跟踪算法类似，LQR 控制算法的路径跟踪误差对目标速度比较敏感。设参考路径仍为图 11-5 所示的曲线路径，Q 权重矩阵和 R 权重矩阵的对角线元素均为 1。选取了 4 种不同目标速度下的路径跟踪和横向误差，如图 12-2 所示。

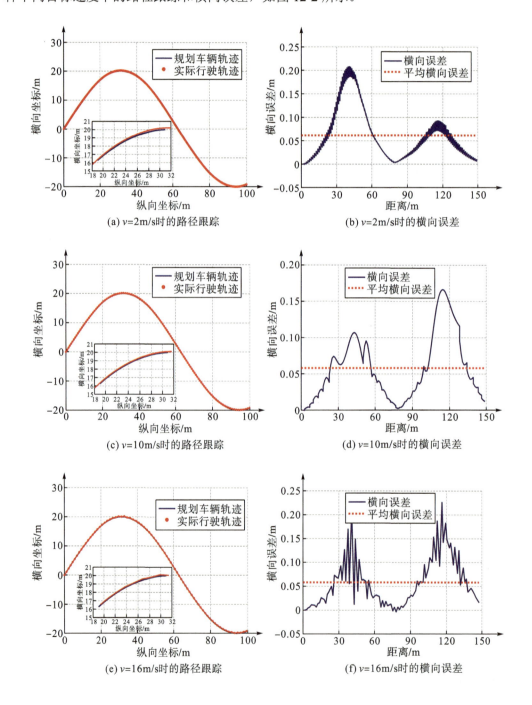

(a) v=2m/s时的路径跟踪

(b) v=2m/s时的横向误差

(c) v=10m/s时的路径跟踪

(d) v=10m/s时的横向误差

(e) v=16m/s时的路径跟踪

(f) v=16m/s时的横向误差

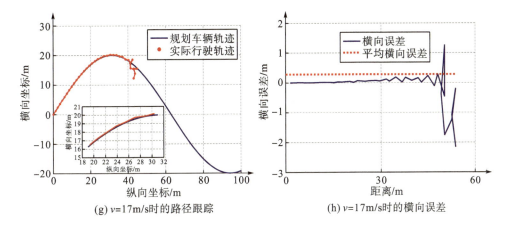

(g) v=17m/s时的路径跟踪　　　　　　(h) v=17m/s时的横向误差

图 12-2　不同目标速度下的路径跟踪和横向误差

　　由图 12-2 可以得出如下结论：①当目标速度较小时，横向误差较小，误差量级在厘米级别，也存在高频误差振荡现象，这将导致前轮转角出现左右高频晃动；②随着目标速度的增大，平均横向误差逐渐基本稳定在 0.06m；③当目标速度接近 17m/s 时，此时跟踪效果十分糟糕，算法已无法用于路径跟踪，故本节所述的基于李雅普诺夫反演法得到的模糊控制律也不适用于高速区间。

3. Q 和 R 权重矩阵对路径跟踪的影响

　　Q 权重矩阵和 R 权重矩阵分别影响着误差量和控制量，只需要固定其中一个矩阵，利用单一变量法即可研究另一个权重矩阵对路径跟踪的影响。设目标速度为 10m/s，R 权重矩阵为 1，挑选如下两组 Q 权重矩阵对应的路径跟踪和横向误差结果，如图 12-3 所示。

　　由图 12-2(c)、图 12-2(d) 和图 12-3 可知，在一定范围内时，随着 Q 权重矩阵对角线元素的增大，路径跟踪的误差逐渐减小。但也需要说明的是，当 Q 权重矩阵对角线元素值过大，同样会导致路径跟踪发散。

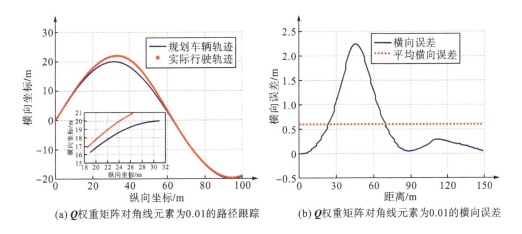

(a) Q权重矩阵对角线元素为0.01的路径跟踪　　(b) Q权重矩阵对角线元素为0.01的横向误差

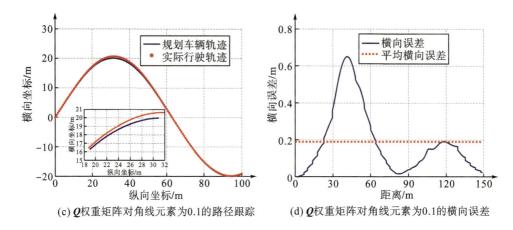

(c) Q权重矩阵对角线元素为0.1的路径跟踪   (d) Q权重矩阵对角线元素为0.1的横向误差

图 12-3   不同 Q 矩阵对角线元素值对路径跟踪的影响

12.1.4   基于动力学模型的 MATLAB 仿真

1. MATLAB 代码

基于动力学模型的 LQR 算法与 12.1.3 节类似，不再展示细述。唯一不同的是计算控制增量的部分，此部分程序代码如下。

```
1. function [Delta,delta_r,latError,yaw_error]= LQR_controller      % 函数：LQR
   (targetIdx, currentPos, currentSpd, currentHeading, refPos,
   refHeading, refDelta,
2. refSpd, refCur, L, Q, R, dt, latError_last, yaw_error_last,
   actualCur, omega)
3. m = 1723;                                                         % 质量
4. lf = 1.232;                                                       % 质心到前轴的距离
5. lr = 1.468;                                                       % 质心到后轴的距离
6. C_af = -66900;                                                    % 前轮侧偏刚度
7. C_ar = -62700;                                                    % 后轮侧偏刚度
8. Iz = 4175;                                                        % 绕 z 轴的转动惯量
9. x_r = refPos(targetIdx, 1);                                       % 求 x 位置参考量
10. y_r = refPos(targetIdx, 2);                                      % 求 y 位置参考量
11. heading_r = refHeading(targetIdx);                              % 求航向角参考量
12. delta_r = refDelta(targetIdx);                                  % 求前轮转角参考量
13. x_error  = currentPos(1) - x_r;                                 % 求 x 位置误差量
14. y_error = currentPos(2) - y_r;                                  % 求 y 位置误差量
15. yaw_error = currentHeading - heading_r;                         % 求航向角误差量
16. latError = y_error*cos(heading_r) - x_error*sin(heading_r);     % 计算横向误差
17. latError_dot = currentSpd * sin(yaw_error);                     % 计算横向误差变化率
18. yawError_dot = omega - currentSpd*refCur                        % 计算航向误差变化率
    (targetIdx)*cos(yaw_error)/(1+refCur(targetIdx)*latError);
19. X(1, 1) = latError;                                             % 将误差值赋值到状态量
20. X(2, 1) = latError_dot;
21. X(3, 1) = yaw_error;
22. X(4, 1) = yawError_dot;
23. A = [0,   1,   0,   0;                                          % 构造状态空间方程A矩阵
24.    0,   2*(C_af + C_ar)/(m*currentSpd),  -2*(C_af + C_ar)/m,
          2*(lf*C_af - lr*C_ar)/(m*currentSpd);
25.    0,   0,   0,   1;
26.    0,   2*(lf*C_af - lr*C_ar)/(Iz*currentSpd),   -2*(lf*C_af -
          lr*C_ar)/Iz, 2*(lf^2*C_af + lr^2*C_ar)/(Iz*currentSpd)];
```

```
27. B = [0; -2*C_af/m; 0; -2*lf*C_af/Iz];       % 状态空间方程 B 矩阵
28. K = lqr(A, B, Q, R);                         % 调用 lqr 函数计算 K
29. u = -K * X;                                  % 获得前轮转角控制量
30. Delta = max(u, -0.44);
31. Delta = min(Delta, 0.44);
32. end
```

2. 目标速度和 $\boldsymbol{Q}$ 矩阵对角线元素对路径跟踪的影响

LQR 算法的路径跟踪误差对目标速度比较敏感。设参考路径仍为图 11-5 所示的曲线路径，$\boldsymbol{Q}$ 权重矩阵和 $\boldsymbol{R}$ 权重矩阵的对角线元素均为 1。选取了 4 种不同目标速度下的横向误差，如图 12-4 所示。

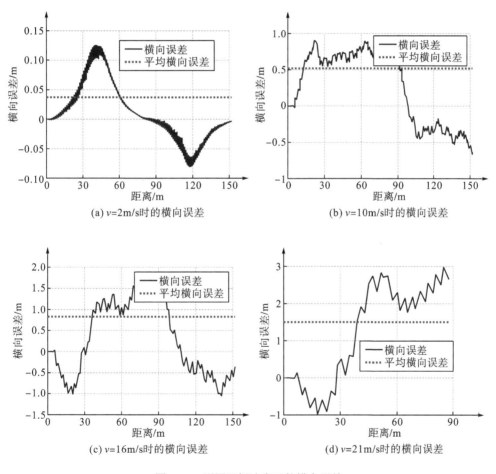

(a) v=2m/s时的横向误差　　　　　　　(b) v=10m/s的横向误差

(c) v=16m/s时的横向误差　　　　　　　(d) v=21m/s时的横向误差

图 12-4　不同目标速度下的横向误差

由图 12-4 可以看出，基于动力学模型的 LQR 算法的横向误差随目标速度的变化规律与运动学模型类似，但仍存在下述不同点：①基于动力学模型的 LQR 算法的横向误差普遍比运动学模型更大，这主要是与模型建立精度相关；②动力学模型的稳定跟踪目标速度上限约为 21m/s，比运动学模型的目标速度上限略高。

再来分析 $\boldsymbol{Q}$ 权重矩阵对路径跟踪的影响，设目标速度为10m/s，$\boldsymbol{R}$ 权重矩阵为 1，挑选如下两组 $\boldsymbol{Q}$ 权重矩阵对应的路径跟踪和横向误差结果，如图 12-5 所示。

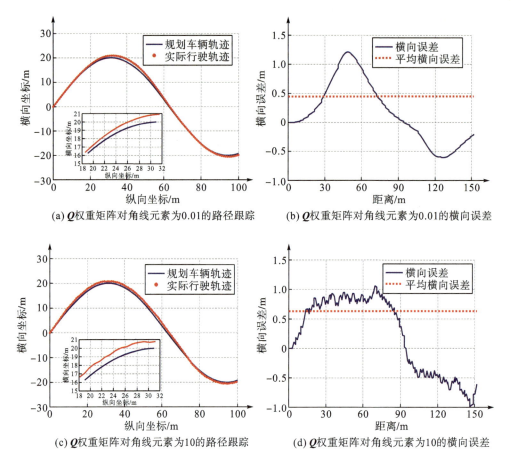

(a) $\boldsymbol{Q}$权重矩阵对角线元素为0.01的路径跟踪　　(b) $\boldsymbol{Q}$权重矩阵对角线元素为0.01的横向误差

(c) $\boldsymbol{Q}$权重矩阵对角线元素为10的路径跟踪　　(d) $\boldsymbol{Q}$权重矩阵对角线元素为10的横向误差

图 12-5　不同对角线元素值对路径跟踪和横向误差的影响

分析图 12-5 及图 12-4(b)可知，随着 $\boldsymbol{Q}$ 权重矩阵对角线元素值的增大，一方面，横向误差平均值基本维持在 0.5m，无太大变化；另一方面，横向误差的波动性越来越大，表明此时算法为了优先满足误差最小化(但实际上横向误差也未明显降低)，牺牲了一定的控制量平稳性。此现象与基于运动学模型的 LQR 算法所表现出的规律有较多矛盾之处，表明建立的动力学模型存在一定的模型精度误差，整体性能不及运动学模型。

12.2　模型预测控制(MPC)算法

12.2.1　算法简介

模型预测控制(model predictive control，MPC)也是一种基于优化思想的特殊控制方法。在每一个采样周期,通过求解有限个时域开环最优控制问题来获得其当前的控制序列。系统的当前状态视为最优控制问题的初始状态,求得的最优控制序列中,只执行第 1 个控制动作,这是其与使用优先求解控制律的控制方法的最大区别。模型预测控制实际上是一种与时间相关的、利用系统当前状态和当前的控制量,来实现对系统未来状态的控制,而系统未来的状态是不定的,因此在控制过程中要不断地根据系统状态对未来的控制量做出调整。相较于经典的 PID 控制,模型预测控制具有优化和预测的能力,也就是说,它是一种致力于将更长时间跨度甚至无穷时间的最优化控制问题,分解为若干更短时间跨度或者有限时间跨度的最优化控制问题,并且在一定程度上仍然追求最优解。本质上模型预测控制是要求解一个开环最优控制问题,它的思想与具体的模型无关,但是实现的过程则与模型有关。

12.2.2　MPC 算法理论介绍

1. 初识模型预测控制

模型预测控制算法是一个相对比较复杂的算法,在正式学习该算法前,不妨先以投篮作为案例,为读者深入理解算法做铺垫。图 12-6 为投篮角度控制示意图,在投篮的起点 O 建立直角坐标系 xOy,投篮起点距离篮筐的水平距离为 l,垂直距离为 h,现在的问题是如何根据这两个距离,确定初始投篮速度和角度 θ,使得篮球刚好投进篮筐。

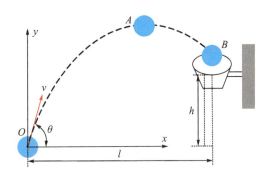

图 12-6　投篮角度控制示意图

根据物理知识,将篮球视为质点,投篮起点时刻为 0,在不考虑空气摩擦等阻力作用下,篮球在空中的运动可视为一个斜抛运动,斜抛运动由竖直方向的上抛运动和水平方向的匀速运动构成,故有以下方程:

$$\begin{cases} y(t) = v\sin\theta \cdot t - \dfrac{1}{2}gt^2 \\ x(t) = v\cos\theta \cdot t \end{cases} \tag{12-14}$$

因此,若给定投篮起点距离篮筐的水平距离 l、垂直距离 h 以及进篮时刻 T,则上式转化为

$$\begin{cases} h = v\sin\theta \cdot T - \dfrac{1}{2}gT^2 \\ l = v\cos\theta \cdot T \end{cases} \tag{12-15}$$

式(12-15)有两个方程，包含两个未知数，故可以求得唯一解，即初始投篮速度和投篮角度。

再回到本案例的问题，已知初始条件以及斜抛运动的公式，就可以求得满足条件的一组解。称斜抛运动学方程[式(12-14)]为"模型"（model），篮球能否按照预期的位置和时刻投进球框就是"预测"（prediction），通过调整初始点投球时的角度和速度就是"控制"（control）。当然，在实际投篮过程必然会有多种阻力，若期望投篮准确度更高，必须更细致地考虑不同位置、不同速度的空气阻力等因素对篮球投射过程的影响，而不只是简单地忽略所有阻力，从而建立更加精确的斜抛运动模型，并基于此模型求解初始控制量。

2. 模型

以基于跟踪误差的运动学模型离散状态空间方程为例，介绍如何构造用于预测控制的模型。为了突出后文递推模型的符号含义，此处对 10.2.3 节的基于跟踪误差的运动学模型离散状态空间方程[式(10-21)]的部分符号做了更改，具体表达式为

$$\tilde{x}(k+1) = a x(k) + b \tilde{u}(k)$$

$$= \begin{bmatrix} 1 & 0 & -Tv_r\sin\varphi_r \\ 0 & 1 & Tv_r\cos\varphi_r \\ 0 & 0 & 1 \end{bmatrix} \tilde{x}(k) + \begin{bmatrix} T\cos\varphi_r & 0 \\ T\sin\varphi_r & 0 \\ T\dfrac{\tan\delta_r}{l} & T\dfrac{v_r}{l\cos^2\delta_r} \end{bmatrix} \tilde{u}(k) \tag{12-16}$$

定义输出方程：

$$y(k) = \begin{bmatrix} 1 & 0 & 0 \\ 0 & 1 & 0 \\ 0 & 0 & 1 \end{bmatrix} \tilde{x}(k) = c\tilde{x}(k) \tag{12-17}$$

构建新的状态向量：

$$\xi(k) = \begin{bmatrix} \tilde{x}(k) \\ \tilde{u}(k-1) \end{bmatrix} \tag{12-18}$$

那么新的状态空间表达式为

$$\xi(k+1) = \begin{bmatrix} \tilde{x}(k+1) \\ \tilde{u}(k) \end{bmatrix} = \begin{bmatrix} a\tilde{x}(k) + b\tilde{u}(k) \\ \tilde{u}(k) \end{bmatrix}$$

$$= \begin{bmatrix} a\tilde{x}(k) + b\tilde{u}(k-1) + b\tilde{u}(k) - b\tilde{u}(k-1) \\ \tilde{u}(k-1) + \tilde{u}(k) - \tilde{u}(k-1) \end{bmatrix}$$

$$= \begin{bmatrix} a\tilde{x}(k) + b\tilde{u}(k-1) \\ \tilde{u}(k-1) \end{bmatrix} + \begin{bmatrix} b\tilde{u}(k) - b\tilde{u}(k-1) \\ \tilde{u}(k) - \tilde{u}(k-1) \end{bmatrix}$$

$$= \begin{bmatrix} \begin{bmatrix} a & b \end{bmatrix} \begin{bmatrix} \tilde{x}(k) \\ \tilde{u}(k-1) \end{bmatrix} \\ \begin{bmatrix} 0 & I_{N_u} \end{bmatrix} \begin{bmatrix} \tilde{x}(k) \\ \tilde{u}(k-1) \end{bmatrix} \end{bmatrix} + \begin{bmatrix} b \\ I_{N_u} \end{bmatrix} (\tilde{u}(k) - \tilde{u}(k-1)) \quad (12\text{-}19)$$

$$= \begin{bmatrix} a & b \\ 0 & I_{N_u} \end{bmatrix} \begin{bmatrix} \tilde{x}(k) \\ \tilde{u}(k-1) \end{bmatrix} + \begin{bmatrix} b \\ I_{N_u} \end{bmatrix} (\tilde{u}(k) - \tilde{u}(k-1))$$

$$= \begin{bmatrix} a & b \\ 0 & I_{N_u} \end{bmatrix} \xi(k) + \begin{bmatrix} b \\ I_{N_u} \end{bmatrix} \Delta\tilde{u}(k)$$

$$= A\xi(k) + B\Delta\tilde{u}(k)$$

式中，0 代表一定维度的矩阵，下同。

因此新的输出方程为

$$\eta(k) = \begin{bmatrix} I_{N_x} & 0 \end{bmatrix} \begin{bmatrix} \tilde{x}(k) \\ \tilde{u}(k-1) \end{bmatrix} = C\xi(k) \quad (12\text{-}20)$$

类比投篮案例可知，利用式(12-19)和式(12-20)描述系统的状态和输出观测量，也就是构建了该系统的模型。

3. 预测

根据离散状态空间方程进行递推，以预测若干步之后的状态量和输出量。设预测时域为 N_P，控制时域为 N_C（$N_P \geqslant N_C$），对新的状态空间方程，即式(12-19)进行递推，$k+2$ 步和 $k+3$ 步依次为

$$\begin{aligned} \xi(k+2) &= A\xi(k+1) + B\Delta\tilde{u}(k+1) \\ &= A^2\xi(k) + AB\Delta\tilde{u}(k) + B\Delta\tilde{u}(k+1) \\ \xi(k+3) &= A\xi(k+2) + B\Delta\tilde{u}(k+2) \\ &= A^3\xi(k) + A^2B\Delta\tilde{u}(k) + AB\Delta\tilde{u}(k+1) + B\Delta\tilde{u}(k+2) \end{aligned} \quad (12\text{-}21)$$

因此，第 $k+N_P$ 步为

$$\begin{aligned} \xi(k+N_P) &= A^{N_P}\xi(k) + A^{N_P-1}B\Delta\tilde{u}(k) + A^{N_P-2}B\Delta\tilde{u}(k+1) \\ &\quad + \cdots + A^0 B\Delta u(k+N_P-1) \end{aligned} \quad (12\text{-}22)$$

可以看到，新的状态空间方程式在进行状态逐级递推时有这样的规律：状态系数矩阵

A 的指数与控制系数矩阵 u 的控制步之和为 N_p+k-1，同样地，对新的输出方程，即式（12-20）进行多步骤推导，第 $k+1$、$k+2$ 和 $k+3$ 步依次为

$$\boldsymbol{\eta}(k+1) = \boldsymbol{C}\boldsymbol{\xi}(k+1) = \boldsymbol{C}\boldsymbol{A}\boldsymbol{\xi}(k) + \boldsymbol{C}\boldsymbol{B}\Delta\tilde{\boldsymbol{u}}(k)$$

$$\boldsymbol{\eta}(k+2) = \boldsymbol{C}\boldsymbol{A}^2\boldsymbol{\xi}(k) + \boldsymbol{C}\boldsymbol{A}\boldsymbol{B}\Delta\tilde{\boldsymbol{u}}(k) + \boldsymbol{C}\boldsymbol{B}\Delta\tilde{\boldsymbol{u}}(k+1) \quad (12\text{-}23)$$

$$\boldsymbol{\eta}(k+3) = \boldsymbol{C}\boldsymbol{A}^3\boldsymbol{\xi}(k) + \boldsymbol{C}\boldsymbol{A}^2\boldsymbol{B}\Delta\tilde{\boldsymbol{u}}(k) + \boldsymbol{C}\boldsymbol{A}\boldsymbol{B}\Delta\tilde{\boldsymbol{u}}(k+1) + \boldsymbol{C}\boldsymbol{B}\Delta\tilde{\boldsymbol{u}}(k+2)$$

第 $k+N_p$ 步为

$$\boldsymbol{\eta}\left(k+N_p\right) = \boldsymbol{C}\boldsymbol{A}^{N_p}\boldsymbol{\xi}(k) + \boldsymbol{C}\boldsymbol{A}^{N_p-1}\boldsymbol{B}\Delta\tilde{\boldsymbol{u}}(k) + \boldsymbol{C}\boldsymbol{A}^{N_p-2}\boldsymbol{B}\Delta\tilde{\boldsymbol{u}}(k+1)$$
$$+\cdots+\boldsymbol{C}\boldsymbol{A}^0\boldsymbol{B}\Delta\tilde{\boldsymbol{u}}\left(k+N_p-1\right) \quad (12\text{-}24)$$

可以看出，新的输出方程在进行逐级递推时有这样的规律：$\boldsymbol{\xi}(k)$ 前面的系数矩阵是一个关于 $\boldsymbol{C}\boldsymbol{A}^N$ 形式的矩阵，其中 N 为递推步；控制向量 $\Delta\tilde{\boldsymbol{u}}(k), \Delta\tilde{\boldsymbol{u}}(k+1), \cdots, \Delta\tilde{\boldsymbol{u}}\left(k+N_p-1\right)$ 的系数矩阵是关于 $\boldsymbol{C}\boldsymbol{A}^N\boldsymbol{B}$ 形式的矩阵，其中 N 与递推步之和恒为 N_p+k-1。照此规律，对输出方程进行矩阵合并表示，设：

$$\boldsymbol{Y} = \begin{bmatrix} \boldsymbol{\eta}(k+1) \\ \boldsymbol{\eta}(k+2) \\ \vdots \\ \boldsymbol{\eta}\left(k+N_C\right) \\ \vdots \\ \boldsymbol{\eta}\left(k+N_P\right) \end{bmatrix}, \quad \boldsymbol{\Psi} = \begin{bmatrix} \boldsymbol{C}\boldsymbol{A} \\ \boldsymbol{C}\boldsymbol{A}^2 \\ \vdots \\ \boldsymbol{C}\boldsymbol{A}^{N_C} \\ \vdots \\ \boldsymbol{C}\boldsymbol{A}^{N_P} \end{bmatrix}, \quad \Delta\boldsymbol{U} = \begin{bmatrix} \Delta\tilde{\boldsymbol{u}}(k) \\ \Delta\tilde{\boldsymbol{u}}(k+1) \\ \Delta\tilde{\boldsymbol{u}}(k+2) \\ \vdots \\ \Delta\tilde{\boldsymbol{u}}\left(k+N_C-1\right) \end{bmatrix}$$

$$\boldsymbol{\Theta} = \begin{bmatrix} \boldsymbol{C}\boldsymbol{B} & \boldsymbol{0} & \boldsymbol{0} & \cdots & \boldsymbol{0} \\ \boldsymbol{C}\boldsymbol{A}\boldsymbol{B} & \boldsymbol{C}\boldsymbol{B} & \boldsymbol{0} & \cdots & \boldsymbol{0} \\ \vdots & \vdots & \vdots & \ddots & \vdots \\ \boldsymbol{C}\boldsymbol{A}^{N_C-1}\boldsymbol{B} & \boldsymbol{C}\boldsymbol{A}^{N_C-2}\boldsymbol{B} & \boldsymbol{C}\boldsymbol{A}^{N_C-3}\boldsymbol{B} & \cdots & \boldsymbol{C}\boldsymbol{A}^0\boldsymbol{B} \\ \vdots & \vdots & \vdots & \ddots & \vdots \\ \boldsymbol{C}\boldsymbol{A}^{N_P-1}\boldsymbol{B} & \boldsymbol{C}\boldsymbol{A}^{N_P-2}\boldsymbol{B} & \boldsymbol{C}\boldsymbol{A}^{N_P-3}\boldsymbol{B} & \cdots & \boldsymbol{C}\boldsymbol{A}^{N_P-N_C}\boldsymbol{B} \end{bmatrix}$$

$(12\text{-}25)$

值得注意的是，由于预测时域一般大于控制时域，当预测的时间步大于 N_C 时，输出方程就要受到 N_C 的限制，故最后一项的 A 指数不为 0。

根据式（12-25），输出方程可以改写为

$$\boldsymbol{Y} = \boldsymbol{\Psi}\,\boldsymbol{\xi}(k) + \boldsymbol{\Theta}\Delta\boldsymbol{U} \quad (12\text{-}26)$$

至此，找到了系统在未来任意步时的状态及输出量的一般规律，根据此规律就可以在离散状态在空间方程和控制量已知的情况下，实现状态量和输出量的预测。

4. 目标函数设计

考虑到新的状态量即式（12-18）均为原状态量和控制量的误差形式，在实际控制中，期望状态量和控制量与参考值的误差为 0，因此可以设系统输出量的参考值为

$$\boldsymbol{Y}_r = \begin{bmatrix} \boldsymbol{\eta}_r(k+1) & \boldsymbol{\eta}_r(k+2) & \cdots & \boldsymbol{\eta}_r\left(k+N_C\right) & \cdots & \boldsymbol{\eta}_r\left(k+N_P\right) \end{bmatrix}^{\mathrm{T}}$$
$$= \begin{bmatrix} \boldsymbol{0} & \boldsymbol{0} & \cdots & \boldsymbol{0} & \cdots & \boldsymbol{0} \end{bmatrix}^{\mathrm{T}} \quad (12\text{-}27)$$

设 $\boldsymbol{Q}_Q = \boldsymbol{I}_{N_P} \otimes \boldsymbol{Q}, \boldsymbol{R}_R = \boldsymbol{I}_{N_P} \otimes \boldsymbol{R}$（$\otimes$ 为克罗内克积符号，克罗内克积是两个任意大小的矩阵间的运算，如果 $\boldsymbol{A}$ 是一个 $m\times n$ 的矩阵，而 $\boldsymbol{B}$ 是一个 $p\times q$ 的矩阵，克罗内克积则是一个 $mp\times nq$ 的分块矩阵），参考 LQR 算法的性能指标函数构造方法，有

$$
\begin{aligned}
J &= \widetilde{\boldsymbol{Y}}^{\mathrm{T}} \boldsymbol{Q}_Q \widetilde{\boldsymbol{Y}} + \Delta \boldsymbol{U}^{\mathrm{T}} \boldsymbol{R}_R \Delta \boldsymbol{U} = (\boldsymbol{Y} - \boldsymbol{Y}_r)^{\mathrm{T}} \boldsymbol{Q}_Q (\boldsymbol{Y} - \boldsymbol{Y}_r) + \Delta \boldsymbol{U}^{\mathrm{T}} \boldsymbol{R}_R \Delta \boldsymbol{U} \\
&= [\boldsymbol{\Psi}\xi(k) + \boldsymbol{\Theta}\Delta \boldsymbol{U} - \boldsymbol{Y}_r]^{\mathrm{T}} \boldsymbol{Q}_Q [\boldsymbol{\Psi}\xi(k) + \boldsymbol{\Theta}\Delta \boldsymbol{U} - \boldsymbol{Y}_r] + \Delta \boldsymbol{U}^{\mathrm{T}} \boldsymbol{R}_R \Delta \boldsymbol{U}
\end{aligned}
\tag{12-28}
$$

式(12-28)比较复杂，对其进行化简。从以下几个方面着手：①由于系统输出量的参考值 $\boldsymbol{Y}_r$ 为 $\boldsymbol{0}$ 矩阵，故实际上 $\boldsymbol{Y}_r$ 可以直接消掉；②由前文定义，$\boldsymbol{\Psi}\xi(k)$ 是一个常量，令 $\boldsymbol{E} = \boldsymbol{\Psi}\xi(k)$；③根据上文定义可知，$\boldsymbol{Q}_Q$ 为对称阵，故有 $\boldsymbol{Q}_Q = \boldsymbol{Q}_Q^{\mathrm{T}}$；④对式(12-28)整理去掉所有括号后得到的每一项均为标量值，标量值的转置仍为自身，则有

$$
\left(\xi^{\mathrm{T}} \boldsymbol{\Psi}^{\mathrm{T}} \boldsymbol{Q}_Q \boldsymbol{\Theta}\Delta \boldsymbol{U}\right)^{\mathrm{T}} = \Delta \boldsymbol{U}^{\mathrm{T}} \boldsymbol{\Theta}^{\mathrm{T}} \boldsymbol{Q}_Q^{\mathrm{T}} \boldsymbol{\Psi}\xi = \Delta \boldsymbol{U}^{\mathrm{T}} \boldsymbol{\Theta}^{\mathrm{T}} \boldsymbol{Q}_Q \boldsymbol{\Psi}\xi = \xi^{\mathrm{T}} \boldsymbol{\Psi}^{\mathrm{T}} \boldsymbol{Q}_Q \boldsymbol{\Theta}\Delta \boldsymbol{U}
\tag{12-29}
$$

则式(12-28)可以继续转化为

$$
\begin{aligned}
J &= [\boldsymbol{\Psi}\xi(k) + \boldsymbol{\Theta}\Delta \boldsymbol{U}]^{\mathrm{T}} \boldsymbol{Q}_Q [\boldsymbol{\Psi}\xi(k) + \boldsymbol{\Theta}\Delta \boldsymbol{U}] + \Delta \boldsymbol{U}^{\mathrm{T}} \boldsymbol{R}_R \Delta \boldsymbol{U} \\
&= \left[\xi(k)^{\mathrm{T}} \boldsymbol{\Psi}^{\mathrm{T}} \boldsymbol{Q}_Q + \Delta \boldsymbol{U}^{\mathrm{T}} \boldsymbol{\Theta}^{\mathrm{T}} \boldsymbol{Q}_Q\right][\boldsymbol{\Psi}\xi(k) + \boldsymbol{\Theta}\Delta \boldsymbol{U}] + \Delta \boldsymbol{U}^{\mathrm{T}} \boldsymbol{R}_R \Delta \boldsymbol{U} \\
&= \xi(k)^{\mathrm{T}} \boldsymbol{\Psi}^{\mathrm{T}} \boldsymbol{Q}_Q \boldsymbol{\Psi}\xi(k) + \Delta \boldsymbol{U}^{\mathrm{T}} \boldsymbol{\Theta}^{\mathrm{T}} \boldsymbol{Q}_Q \boldsymbol{\Psi}\xi(k) + \xi(k)^{\mathrm{T}} \boldsymbol{\Psi}^{\mathrm{T}} \boldsymbol{Q}_Q \boldsymbol{\Theta}\Delta \boldsymbol{U} \\
&\quad + \Delta \boldsymbol{U}^{\mathrm{T}} \boldsymbol{\Theta}^{\mathrm{T}} \boldsymbol{Q}_Q \boldsymbol{\Theta}\Delta \boldsymbol{U} + \Delta \boldsymbol{U}^{\mathrm{T}} \boldsymbol{R}_R \Delta \boldsymbol{U} \\
&= \Delta \boldsymbol{U}^{\mathrm{T}} \left(\boldsymbol{\Theta}^{\mathrm{T}} \boldsymbol{Q}_Q \boldsymbol{\Theta} + \boldsymbol{R}_R\right) \Delta \boldsymbol{U} + 2\boldsymbol{E}^{\mathrm{T}} \boldsymbol{Q}_Q \boldsymbol{\Theta}\Delta \boldsymbol{U} + \boldsymbol{E}^{\mathrm{T}} \boldsymbol{Q}_Q \boldsymbol{E}
\end{aligned}
\tag{12-30}
$$

式中，$\boldsymbol{E}^{\mathrm{T}} \boldsymbol{Q}_Q \boldsymbol{E}$ 为常数，在求解目标函数时可以舍去。

令 $\boldsymbol{H} = \boldsymbol{\Theta}^{\mathrm{T}} \boldsymbol{Q}_Q \boldsymbol{\Theta} + \boldsymbol{R}_R, \boldsymbol{g} = \boldsymbol{E}^{\mathrm{T}} \boldsymbol{Q}_Q \boldsymbol{\Theta}$，那么轨迹跟踪的目标函数就是使代价值 J 最小，则上式可以转化为

$$
\begin{aligned}
\min_{\Delta U} J &= 2\left(\frac{1}{2} \Delta \boldsymbol{U}^{\mathrm{T}} \boldsymbol{H} \Delta \boldsymbol{U} + \boldsymbol{g}^{\mathrm{T}} \Delta \boldsymbol{U}\right) \\
&\Leftrightarrow \min_{\Delta U} J = \frac{1}{2} \Delta \boldsymbol{U}^{\mathrm{T}} \boldsymbol{H} \Delta \boldsymbol{U} + \boldsymbol{g}^{\mathrm{T}} \Delta \boldsymbol{U}
\end{aligned}
\tag{12-31}
$$

至此，将目标函数转化成了典型的二次规划形式。

5. 约束条件

对于控制量和控制增量的关系，有如下递推式：

$$
\begin{aligned}
\widetilde{\boldsymbol{u}}(k) &= \widetilde{\boldsymbol{u}}(k-1) + \Delta\widetilde{\boldsymbol{u}}(k) \\
\widetilde{\boldsymbol{u}}(k+1) &= \widetilde{\boldsymbol{u}}(k) + \Delta\widetilde{\boldsymbol{u}}(k+1) = \widetilde{\boldsymbol{u}}(k-1) + \Delta\widetilde{\boldsymbol{u}}(k) + \Delta\widetilde{\boldsymbol{u}}(k+1) \\
&\vdots \\
\widetilde{\boldsymbol{u}}(k+N_C-1) &= \widetilde{\boldsymbol{u}}(k+N_C-2) + \Delta\widetilde{\boldsymbol{u}}(k+N_C-1) \\
&= \widetilde{\boldsymbol{u}}(k-1) + \Delta\widetilde{\boldsymbol{u}}(k) + \Delta\widetilde{\boldsymbol{u}}(k+1) + \cdots + \Delta\widetilde{\boldsymbol{u}}(k+N_C-1)
\end{aligned}
\tag{12-32}
$$

将上式改写为矩阵形式：

$$U = \begin{bmatrix} \tilde{u}(k) \\ \tilde{u}(k+1) \\ \tilde{u}(k+2) \\ \vdots \\ \tilde{u}(k+N_{\mathrm{C}}-1) \end{bmatrix}$$

$$= \begin{bmatrix} \tilde{u}(k-1) \\ \tilde{u}(k-1) \\ \tilde{u}(k-1) \\ \vdots \\ \tilde{u}(k-1) \end{bmatrix} + \begin{bmatrix} I_2 & 0 & 0 & \cdots & 0 \\ I_2 & I_2 & 0 & \cdots & 0 \\ I_2 & I_2 & I_2 & \cdots & 0 \\ \vdots & \vdots & \vdots & & 0 \\ I_2 & I_2 & I_2 & \cdots & I_2 \end{bmatrix} \begin{bmatrix} \Delta\tilde{u}(k) \\ \Delta\tilde{u}(k+1) \\ \Delta\tilde{u}(k+2) \\ \vdots \\ \Delta\tilde{u}(k+N_{\mathrm{C}}-1) \end{bmatrix} \tag{12-33}$$

$$= U_t + A_I \Delta U$$

针对每一个控制量 $\tilde{u}$，其有最小值和最大值，即

$$U_{\min} = \begin{bmatrix} \tilde{u}_{\min} \\ \tilde{u}_{\min} \\ \tilde{u}_{\min} \\ \vdots \\ \tilde{u}_{\min} \end{bmatrix} \leqslant \begin{bmatrix} \tilde{u}(k) \\ \tilde{u}(k+1) \\ \tilde{u}(k+2) \\ \vdots \\ \tilde{u}(k+N_{\mathrm{C}}-1) \end{bmatrix} \leqslant \begin{bmatrix} \tilde{u}_{\max} \\ \tilde{u}_{\max} \\ \tilde{u}_{\max} \\ \vdots \\ \tilde{u}_{\max} \end{bmatrix} = U_{\max} \tag{12-34}$$

$$\Rightarrow U_{\min} \leqslant U_t + A_I \Delta U \leqslant U_{\max}$$

考虑到二次规划的约束条件表达式一般用小于号，故式(12-34)约束矩阵还可继续转化为

$$\begin{cases} A_I \Delta U \leqslant U_{\max} - U \\ -A_I \Delta U \leqslant -U_{\min} + U_t \end{cases} \tag{12-35}$$

综上，模型预测控制问题可以转化为一个标准二次规划问题，如下所示：

$$\min_{\Delta U} J = \frac{1}{2}\Delta U^{\mathrm{T}} H \Delta U + g^{\mathrm{T}} \Delta U$$

$$\mathrm{s.t.} \begin{cases} A_I \Delta U_t \leqslant U_{\max} - U \\ A_I \Delta U_t \leqslant -U_{\min} + U_t \\ \Delta U_{\min} \leqslant \Delta U \leqslant \Delta U_{\max} \end{cases} \tag{12-36}$$

至此，构造了二次规划的目标函数和约束条件，可以利用二次规划的相关原理进行最优化求解。

12.2.3　基于运动学模型的 MATLAB 仿真

1. MATLAB 代码

基于运动学模型的 MPC 算法的主体程序框架与 LQR 算法基本类似，不再展示细述。只是在计算前轮转角控制部分存在差异，此部分程序基本涵盖了 MPC 算法最核心的控制思想，具体程序代码如下。

```
1. function  [Delta_real, v_real, targetIdx, latError, U ] =        % 函数：MPC 控制器
      MPC_controller(targetIdx, currentPos, currentHeading,
      refPos, refHeading, refDelta, dt, L, U, refSpeed)
2. %% MPC 预设参数
3. Nx = 3;                                                          % 状态量的个数
4. Nu = 2;                                                          % 控制量的个数
5. Np = 60;                                                         % 预测步长
6. Nc = 30;                                                         % 控制步长
7. rau = 10;                                                        % 松弛因子
8. Q = 100*eye(Np*Nx);                                              % Q 矩阵，(Np*Nx)×(Np*Nx)
9. R = 1*eye(Nc*Nu);                                                % R 矩阵，(Nc*Nu)×(Nc*Nu)
10. umin = [-0.2; -0.54];                                           % 控制量约束条件
11. umax = [0.2; 0.332];
12. delta_umin = [-0.05; -0.64];
13. delta_umax = [0.05; 0.64];
14. %% 原运动学误差状态空间方程的相关矩阵
15. v_r = refSpeed;                                                 % 计算参考控制量
16. Delta_r = refDelta(targetIdx);
17. heading_r = refHeading(targetIdx);
18. X_real = [currentPos(1), currentPos(2), currentHeading];        % 实际状态量与参考状态量
19. Xr = [refPos(targetIdx, 1), refPos(targetIdx, 2),
      refHeading(targetIdx)];
20. x_error = currentPos(1) - refPos(targetIdx, 1);                 % 求位置、航向角的误差
21. y_error = currentPos(2) - refPos(targetIdx, 2);
22. latError = y_error*cos(heading_r) - x_error*sin                 % 计算横向误差
      (heading_r);
23. a = [1    0   -v_r*sin(heading_r)*dt;                           % a，b 两个矩阵
24.       0    1    v_r*cos(heading_r)*dt;
25.       0    0    1];
26. b = [cos(heading_r)*dt        0;
27.       sin(heading_r)*dt        0;
28.       tan(heading_r)*dt/L   v_r*dt/(L * (cos(Delta_r)^2))];
29. %% 新的状态空间方程的相关矩阵
30. kesi = zeros(Nx+Nu, 1);                                         % 新的状态量，% (Nx+Nu)×1
31. kesi(1: Nx) = X_real - Xr;
32. kesi(Nx+1: end) = U;
33. A_cell = cell(2, 2);
34. A_cell{1, 1} = a;
35. A_cell{1, 2} = b;
36. A_cell{2, 1} = zeros(Nu, Nx);
37. A_cell{2, 2} = eye(Nu);
38. A = cell2mat(A_cell);                                           % 新的 A 矩阵，(Nx+Nu)×
                                                                    (Nx+Nu)
39. B_cell = cell(2, 1);
40. B_cell{1, 1} = b;
41. B_cell{2, 1} = eye(Nu);
42. B = cell2mat(B_cell);                                           % 新 B 矩阵，(Nx+Nu)×Nu
43. C = [eye(Nx), zeros(Nx, Nu)];                                   % 新的 C 矩阵，Nx×(Nx+Nu)
44. PHI_cell = cell(Np, 1);
45. for i = 1: Np
46.    PHI_cell{i, 1}=C*A^i;
47. end
48. PHI = cell2mat(PHI_cell);                                       % PHI 矩阵，(Nx * Np) ×(Nx
49. THETA_cell = cell(Np, Nc);                                      + Nu)
50. for i = 1: Np
51.    for j = 1: Nc
52.       if j <= i
```

```
53.            THETA_cell{i, j} = C*A^(i-j)*B;
54.        else
55.            THETA_cell{i, j} = zeros(Nx, Nu);              % Nx × Nu
56.        end
57.    end
58. end
59. THETA = cell2mat(THETA_cell);                            % THETA 矩阵, (Nx*Np)×
                                                             (Nu*Nc)
60. %% 二次型目标函数的相关矩阵
61. H_cell = cell(2, 2);
62. H_cell{1, 1} = THETA'*Q*THETA + R;
63. H_cell{1, 2} = zeros(Nu*Nc, 1);
64. H_cell{2, 1} = zeros(1, Nu*Nc);
65. H_cell{2, 2} = rau;
66. H = cell2mat(H_cell);                                    % H 矩阵, (Nu * Nc + 1) × (Nu
                                                             * Nc + 1)
67. E = PHI*kesi;                                            % E 矩阵, % (Nx * Np) × 1
68. g_cell = cell(1, 1);
69. g_cell{1, 1} = E'*Q*THETA;                               % (Nu * Nc ) × 1, 行数为了
70. g_cell{1, 2} = 0;                                        和 H 的列数匹配, 新添加一列 0
71. g = cell2mat(g_cell);                                    % g 矩阵, (Nu * Nc + 1) × 1
72. %% 约束条件的相关矩阵
73. A_t = zeros(Nc, Nc);                                     % 下三角方阵
74. for i = 1: Nc
75.    A_t(i, 1: i) = 1;
76. end
77. A_I = kron(A_t, eye(Nu));                                % A_I 矩阵, %(Nu * Nc) × (Nu
                                                             * Nc)
78. Ut = kron(ones(Nc, 1), U);                               % Ut 矩阵, %(Nu * Nc) × 1
79. Umin = kron(ones(Nc, 1), umin);                          % 控制量与控制量变化量的约束
80. Umax = kron(ones(Nc, 1), umax);
81. delta_Umin = kron(ones(Nc, 1), delta_umin);
82. delta_Umax = kron(ones(Nc, 1), delta_umax);
83. A_cons_cell = {A_I,  zeros(Nu*Nc, 1);
     -A_I,   zeros(Nu*Nc, 1)};
84. A_cons = cell2mat(A_cons_cell);                          % 构造用于 quadprog 函数不
85. b_cons_cell = {Umax-Ut;                                  等式约束 Ax <= b 的矩阵 A,
     -Umin+Ut};                                              (Nu * Nc * 2) × (Nu * Nc +1)
86. b_cons = cell2mat(b_cons_cell);                          % 构造用于 quadprog 函数不
                                                             等式约束 Ax <= b 的向量 b
87. lb = [delta_Umin; 0];                                    % △U 的上下界约束
88. ub = [delta_Umax; 0];
89. %% 开始求解过程
90. options = optimoptions('quadprog', 'MaxIterations', 100,  % (Nu * Nc +1) × 1
    'TolFun', 1e-16);
91. delta_U = quadprog(H, g, A_cons, b_cons, [], [], lb, ub,
    [], options);
92. %% 计算输出
93. delta_v_tilde = delta_U(1);                              % 只选取 delta_U 的第 1 组控制
94. delta_Delta_tilde = delta_U(2);                          量。注意: 这里是 v_tilde 的变
                                                             化量和 Delta_tilde 的变化量
95. U(1) = kesi(4) + delta_v_tilde;                          % 更新这一时刻的控制量。注
96. U(2) = kesi(5) + delta_Delta_tilde;                      意, 这里的"控制量"是 v_tilde
                                                             和 Delta_tilde
97. v_real = U(1) + v_r;                                     % 求解真正的控制量 v_real
98. Delta_real = U(2) + Delta_r;                             和 Delta_real
99. end
```

上述程序从如下几个方面进行理解。

(1) 预设 MPC 参数，包括状态量个数、控制量个数、预测步长、控制步长等重要参数。

(2) 构造原运动学误差状态空间方程，即式(10-21)的相关矩阵。

(3) 参照式(12-19)，构造新状态空间方程的相关矩阵。

(4) 构造二次型目标函数的相关矩阵。

(5) 构造约束条件的相关矩阵。

(6) 调用 MATLAB 的 quadprog 函数，求解最优控制序列。

(7) 从最优控制序列中选取第 1 组控制量，用于本周期的实际控制量，包括速度和前轮转角。

与 LQR 算法类似，MPC 算法的路径跟踪效果与目标速度、Q 权重矩阵和 R 权重矩阵等有关，下面分别介绍。

2. 目标速度对路径跟踪的影响

设参考路径仍为图 11-5 所示的曲线路径，Q 权重矩阵和 R 权重矩阵的对角线元素均为 1。选取了三种不同目标速度下的路径跟踪和横向误差，如图 12-7 所示。

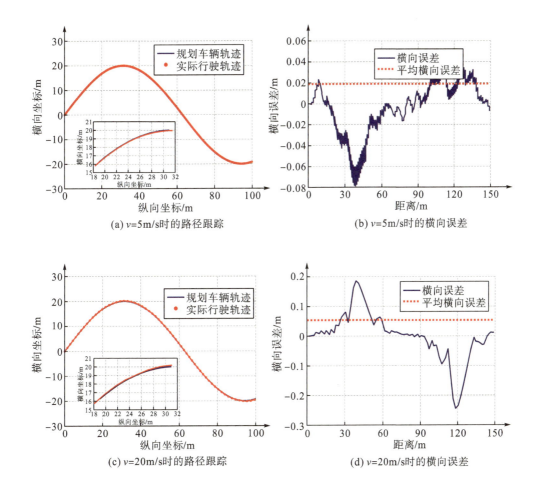

(a) v=5m/s时的路径跟踪

(b) v=5m/s时的横向误差

(c) v=20m/s时的路径跟踪

(d) v=20m/s时的横向误差

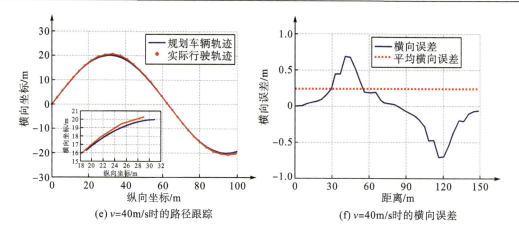

(e) v=40m/s时的路径跟踪　　　　　　(f) v=40m/s时的横向误差

图12-7　不同目标速度下的路径跟踪和横向误差

由图 12-7 可以得出：①当目标速度较小时，路径跟踪横向误差较小，误差量级在厘米级别，也存在高频误差振荡现象，这将导致前轮转角出现左右高频晃动；②基于运动学模型的 MPC 算法在 40m/s 时的目标速度仍具有较低的跟踪误差，无跟踪发散现象，表明在高速运动区间具有比较稳定的跟踪表现；③相比基于运动学模型的 LQR 算法，MPC 算法具有更高的稳定跟踪目标速度。

3. Q 和 R 权重矩阵对路径跟踪的影响

Q 权重矩阵和 R 权重矩阵分别影响误差量和控制量，只需要固定一其中一个矩阵，利用单一变量法即可研究另一个权重矩阵对路径跟踪的影响。设目标速度为 20m/s，R 权重矩阵为 1，挑选如下两组 Q 权重矩阵对应的路径跟踪和横向误差结果，如图 12-8 所示。

由图 12-7(c)、(d)和图 12-8 可知，在一定范围内时，随着 Q 权重矩阵对角线元素的增大，路径跟踪的误差将逐渐减小。

当然，MPC 算法的预测步长、控制步长等参数对路径跟踪效果均有影响，感兴趣的读者可以利用本节配套代码自行研究分析。

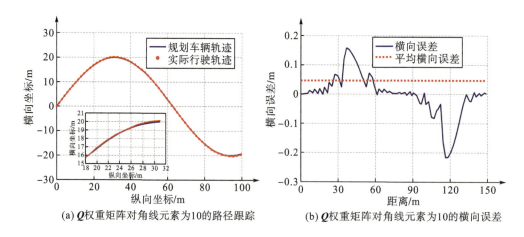

(a) Q权重矩阵对角线元素为10的路径跟踪　　　(b) Q权重矩阵对角线元素为10的横向误差

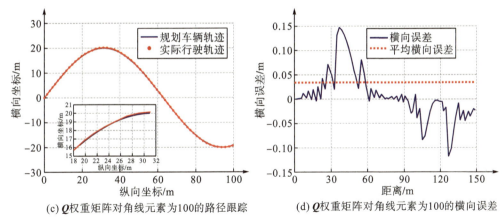

(c) Q 权重矩阵对角线元素为100的路径跟踪　　　　(d) Q 权重矩阵对角线元素为100的横向误差

图 12-8　不同 Q 权重矩阵对角线元素值对路径跟踪的影响

12.2.4　基于动力学模型的 MATLAB 仿真

1. MATLAB 代码

基于动力学模型的 MPC 控制算法的主体程序框架与上一章的 PID 算法基本类似，不再展示细述。只是在计算前轮转角控制部分存在差异，此部分程序基本涵盖了 MPC 算法最核心的控制思想，而这部分代码也与基于运动学模型的程序类似，本书仅展示状态空间方程中有差别的部分代码，如下所示。

```
1. %% MPC 预设参数
2. Nx = 4;                                              % 状态量的个数
3. Nu = 1;                                              % 控制量的个数
4. Np = 10;                                             % 预测步长
5. Nc = 5;                                              % 控制步长
6. rau = 10;                                            % 松弛因子
7. Q = 0.01*eye(Np*Nx);                                 % Q 矩阵，(Np*Nx)×(Np*Nx)
8. R = 1*eye(Nc*Nu);                                    % R 矩阵，(Nc*Nu)×(Nc*Nu)
9. umin = -0.44;                                        % 控制量约束条件
10. umax = 0.44;
11. delta_umin = -0.05;
12. delta_umax = 0.05;
13. %% 原运动学误差状态空间方程的相关矩阵
14. m = 1723;                                           % 质量
15. lf = 1.232;                                         % 质心到前轴的距离
16. lr = 1.468;                                         % 质心到后轴的距离
17. C_af = -66900;                                      % 前轮侧偏刚度
18. C_ar = -62700;                                      % 后轮侧偏刚度
19. Iz = 4175;                                          % 绕 z 轴的转动惯量
20. dt = 0.1;                                           % 时间步长
21. x_r = refPos(targetIdx, 1);                         % 求 x 位置参考量
22. y_r = refPos(targetIdx, 2);                         % 求 y 位置参考量
23. heading_r = refHeading(targetIdx);                  % 求航向角参考量
24. Delta_r = refDelta(targetIdx);                      % 求前轮转角参考量
25. X_real = [currentPos(1), currentPos(2), currentHeading];  % 构建实际状态量
26. Xr = [x_r, y_r, heading_r];                         % 构建参考状态量
27. x_error = currentPos(1) - x_r;                      % 求 x 位置误差量
28. y_error = currentPos(2) - y_r;                      % 求 y 位置误差量
29. yaw_error = currentHeading - heading_r;             % 求航向角误差量
```

```
30. latError = y_error*cos(heading_r) - x_error*sin        % 计算横向误差
    (heading_r);
31. latError_dot = currentSpd * sin(yaw_error);            % 计算横向误差变化率
32. yawError_dot = omega - currentSpd*refCur               % 计算航向误差变化率
    (targetIdx)*cos(yaw_error)/(1+refCur(targetIdx)*latE
    rror);
33. X(1, 1) = latError;                                    % 将误差值赋值到状态量
34. X(2, 1) = latError_dot;
35. X(3, 1) = yaw_error;
36. X(4, 1) = yawError_dot;
37. a = [0,   dt,   0,   0;                                % 构造状态空间方程 a 矩阵
38.      0,   2*(C_af + C_ar)/(m*currentSpd)*dt+1,  -2*(C_af +
         C_ar)/m*dt,  2*(lf*C_af - lr*C_ar)/(m*currentSpd)*dt;
39.      0,   0,   1,   dt;
40.      0,   2*(lf*C_af - lr*C_ar)/(Iz*currentSpd)*dt, -2*(lf
         *C_af - lr*C_ar)/Iz*dt,  2*(lf^2*C_af +
         lr^2*C_ar)/(Iz*currentSpd)*dt+1];
41. b = [0; -2*C_af/m*dt; 0; -2*lf*C_af/Iz*dt];            % 状态空间方程 b 矩阵
```

上述代码有以下值得关注的地方：基于动力学的 MPC 算法的状态空间方程与基于运动学的 MPC 算法一样，都使用了离散状态空间方程。与基于运动学的 MPC 算法类似，MPC 算法的路径跟踪效果与目标速度、Q 权重矩阵和 R 权重矩阵等有关，下面分别介绍。

2. 目标速度对路径跟踪的影响

设参考路径仍为图 11-5 所示的曲线路径，Q 权重矩阵和 R 权重矩阵的对角线元素均为 1。选取了两种不同目标速度下的路径跟踪和横向误差，如图 12-9 所示。

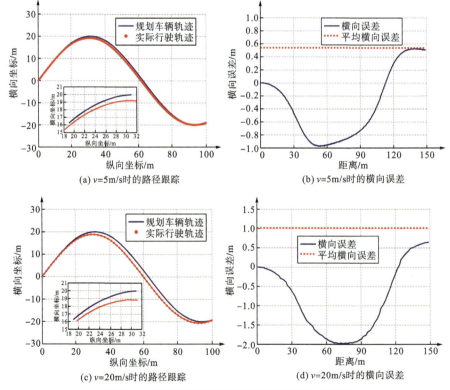

图 12-9　不同目标速度下的路径跟踪和横向误差

由图 12-9 可以得出如下结论：①随着目标速度的增大，横向误差随之增大，当目标速度在 20m/s 时，平均横向误差甚至达到了 1m，显然不符合高速运动要求；②当目标速度较小时，路径跟踪横向误差量级在分米级别，比基于运动学模型的 MPC 算法的误差大得多；③相比基于运动学模型的 MPC 算法，在低速区的横向误差不存在高频误差振荡现象。

12.3　MPC 算法与 LQR 算法的异同

MPC 算法和 LQR 算法在状态方程、控制实现等方面有很多相似之处，但也有很多不同之处，如工作时域、最优解等，基于各自的理论基础，现从研究对象、状态方程、工作时域、目标函数及约束条件、轨迹跟踪效果及时效性方面，对 MPC 算法和 LQR 算法做简要对比分析。

1．研究对象

LQR 算法的研究对象是现代控制理论中以状态空间方程形式给出的线性系统，而 MPC 算法的研究对象可以是线性系统，也可以是非线性系统，不过考虑到计算便捷性和控制时效性等，一般会将非线性系统转换为线性系统进行计算。

本书所介绍的 LQR 算法和 MPC 算法都选用的是二自由度自行车模型，运动学模型可以直接转化为线性状态空间方程，而动力学模型本身是非线性的，本书通过适当转换将其进行了线性化处理。

2．状态方程

LQR 算法的状态方程多以微分方程的形式给出，基于该方程的系数矩阵通过 MATLAB 的库函数 lqr()可以直接求出负反馈系数矩阵，所以读者可以看到 LQR 算法中的程序在构建状态空间方程时全部采用了连续状态空间方程(即微分形式)；MPC 算法的状态方程通常采用离散化状态空间方程的形式给出，并根据相关推导步骤将 MPC 问题转化为一个关于二次规划最优求解的问题。

3．工作时域

LQR 算法在一个固定的时域上求解，这个固定时域可以是无限时长，也可以是某个确定的时域范围，在这样的固定时域内求解性能指标函数的最小值，必然有且只有一个最优控制解，且这个控制解是可以一直在这个固定时域重复执行的，只不过考虑到系统执行总会有误差等情况，通常会在每一个时刻都计算最优控制解并作用于系统。

MPC 算法在一个有限时域进行求解，因此引入了控制时域和预测时域的概念，算法通过递推状态空间方程和输出方程从而构造出预测时域内的一般递推表达式，最终将其转化为二次规划形式。另外，MPC 算法计算得到的最优解实际上是一个在预测时域内的最优控制序列，该序列的控制量一般并不相等，序列内的每一个控制量与时刻严格对应，并仅将序列的第 1 个控制量输入给系统，再在下一采样时刻结合车辆当前状况求取下一个最优控制解，这就是 MPC 算法所谓的滚动优化。目的是使控制效果在一定时间内可期，并且能根据控制效果尽早调整控制变量，使实际状态更切合期望状态。

4. 目标函数及约束条件

对于目标函数，由于 LQR 算法一般基于微分形式的状态方程进行求解，故 LQR 算法的目标函数为积分形式；MPC 算法基于离散状态方程进行求解，故为求和形式。尽管两者形式不同，但本质都是对代价值的累计，都期望求取最小值。

对于约束条件，本书在 LQR 算法章节中并未提及任何有关约束条件的构造，这是因为 LQR 算法本身并不支持，而 MPC 算法由于最终转化为了二次规划问题，可以对状态量、控制量等添加多种形式的约束条件。

5. 轨迹跟踪效果及时效性

一般来说，由于 MPC 算法利用了滚动优化的思想进行最优化求解，故 MPC 算法比 LQR 算法的控制效果更优，但是，其计算时效性一般较 LQR 算法差。

参 考 文 献

安林芳, 陈涛, 成艾国, 等, 2017. 基于人工势场算法的智能车辆路径规划仿真[J]. 汽车工程, 39(12): 1451-1456.

曹波, 李永乐, 朱英杰, 等, 2019. 基于梯形规划曲线的智能车速度规划算法研究[J]. 计算机科学, 46(10): 273-278.

陈虹, 申忱, 郭洪艳, 等, 2019. 面向动态避障的智能汽车滚动时域路径规划[J]. 中国公路学报, 32(1): 162-172.

崔胜民, 2020. MATLAB 自动驾驶函数及应用[M]. 北京: 化学工业出版社.

高嵩, 张金炜, 戎辉, 等, 2019. 基于贝塞尔曲线的无人车局部避障应用[J]. 现代电子技术, 42(9): 163-166.

龚建伟, 姜岩, 徐威, 2014. 无人驾驶车辆模型预测控制[M]. 北京: 北京理工大学出版社.

杭鹏, 陈辛波, 张榜, 等, 2019. 四轮独立转向-独立驱动电动车主动避障路径规划与跟踪控制[J]. 汽车工程, 41(2): 170-176.

昊俏, 2015. 基于城市路网的行程时间估计及预测方法研究[D]. 杭州: 浙江大学.

黄壹凡, 胡立坤, 薛文超, 2021. 基于改进 RRT-Connect 算法的移动机器人路径规划[J]. 计算机工程, 47(8): 22-28.

冷雨泉, 张会文, 张伟, 等, 2019. 机器学习入门到实战: MATLAB 实践应用[J]. 北京: 清华大学出版社.

黎万洪, 胡明辉, 陈龙, 等, 2021. 计及路网权值时变特性的全局最优路径规划[J]. 重庆大学学报, 44(12): 31-42.

黎万洪, 自动驾驶汽车多层次多目标决策规划研究[D]. 重庆: 重庆大学.

李克强, 戴一凡, 李升波, 等, 2017. 智能网联汽车(ICV)技术的发展现状及趋势[J]. 汽车安全与节能学报, 8(1): 1-14.

李克强, 李家文, 常雪阳, 等, 2020. 智能网联汽车云控系统原理及其典型应用[J]. 汽车安全与节能学报, 11(3): 261-275.

李立, 徐志刚, 赵祥模, 等, 2019. 智能网联汽车运动规划方法研究综述[J]. 中国公路学报, 32(6): 20-33.

李晓磊, 邵之江, 钱积新, 2002. 一种基于动物自治体的寻优模式: 鱼群算法[J]. 系统工程理论与实践, 22(11): 32-38.

李以农, 郑玲, 2021. 汽车控制理论与应用[M]. 北京: 清华大学出版社.

刘永兰, 李为民, 吴虎胜, 等, 2015. 基于狼群算法的无人机航迹规划[J]. 系统仿真学报, 27(8): 1838-1843.

刘志强, 朱伟达, 倪婕, 等, 2017. 基于新型人工势场法的车辆避障路径规划研究方法[J]. 科学技术与工程, 17(16): 310-315.

莫蓉, 常智勇, 2009. 计算机辅助几何造型技术[M]. 2 版. 北京: 科学出版社.

潘立彦, 张大成, 2018. 改进 Floyd 算法在城市交通网络优化中的应用[J]. 物流技术, 37(11): 71-74, 115.

任玥, 郑玲, 张巍, 等, 2019. 基于模型预测控制的智能车辆主动避撞控制研究[J]. 汽车工程, 41(4): 404-410.

随裕猛, 陈贤富, 刘斌, 2015. D-star Lite 算法及其动态路径规划实验研究[J]. 微型机与应用, 34(7): 16-19.

孙湘海, 刘潭秋, 2008. 基于 SARIMA 模型的城市道路短期交通流预测研究[J]. 公路交通科技, 25(1): 129-133.

孙宇航, 2018. 动态交通网络乘用车经济环保出行路径规划方法研究[D]. 淄博: 山东理工大学.

唐志荣, 冀杰, 吴明阳, 等, 2018. 基于改进人工势场法的车辆路径规划与跟踪[J]. 西南大学学报(自然科学版), 40(6): 174-182.

吴虎胜, 张凤鸣, 吴庐山, 2013. 一种新的群体智能算法: 狼群算法[J]. 系统工程与电子技术, 35(11): 2430-2438.

余伶俐, 周开军, 陈白帆, 2020. 智能驾驶技术: 路径规划与导航控制[M]. 北京: 机械工业出版社.

余志生, 2009. 汽车理论[M]. 5 版. 北京: 机械工业出版社.

张殿富, 刘福, 2013. 基于人工势场法的路径规划方法研究及展望[J]. 计算机工程与科学, 35(6): 88-95.

周慧子, 胡学敏, 陈龙, 等, 2017. 面向自动驾驶的动态路径规划避障算法[J]. 计算机应用, 37(3): 883-888.

朱伟达, 2017. 基于改进型人工势场法的车辆避障路径规划研究[D]. 镇江: 江苏大学.

Boroujeni Z, Goehring D, Ulbrich F, et al., 2017. Flexible unit A-star trajectory planning for autonomous vehicles on structured road maps[C]//2017 IEEE International Conference on Vehicular Electronics and Safety(ICVES). Vienna, Austria. IEEE: 7-12.

Claussmann L, Revilloud M, Gruyer D, et al., 2020. A review of motion planning for highway autonomous driving[J]. IEEE Transactions on Intelligent Transportation Systems, 21(5): 1826-1848.

Colorni A, Dorigo M, Maniezzo V, 1991. Distributed Optimization by ant colonies[J]. Proceedings of the First European Conference on Artificial Life, 1991: 134-142.

Dubins L E, 1957. On curves of minimal length with a constraint on average curvature, and with prescribed initial and terminal positions and tangents[J]. American Journal of Mathematics, 79(3): 497.

Eusuff M M, Lansey K E, 2003. Optimization of water distribution network design using the shuffled frog leaping algorithm[J]. Journal of Water Resources Planning and Management, 129(3): 210-225.

Eusuff M, Lansey K, Pasha F. 2006. Shuffled frog-leaping algorithm: A memetic meta-heuristic for discrete optimization[J]. Engineering Optimization, 38(2): 129-154.

Hart P E, Nilsson N J, Raphael B, 1968. A formal basis for the heuristic determination of minimum cost paths[J]. IEEE Transactions on Systems Science and Cybernetics, 4(2): 100-107.

Hoffmann G M, Tomlin C J, Montemerlo M, et al., 2007. Autonomous automobile trajectory tracking for off-road driving: controller design, experimental validation and racing[C]//2007 American Control Conference. New York, NY, USA. IEEE: 2296-2301.

Holland J H, 1975. Adaptation in Natural and Atifcial Systems[M]. Ann Arbor: University of Michigan Press.

Jiang C, Hu Z, Mourelatos Z P, et al., 2022. R2-RRT*: Reliability-based robust mission planning of off-road autonomous ground vehicle under uncertain terrain environment[J]. IEEE Transactions on Automation Science and Engineering, 19(2): 1030-1046.

Jin X J, Yan Z Y, Yin G D, et al., 2020. An adaptive motion planning technique for on-road autonomous driving[J]. IEEE Access, 9: 2655-2664.

Karaboga D, 2005. An Idea Based on Honey Bee Swarm for Nmumerical Optimization[R]//Technical Report-TR06.

Kennedy J, Eberhart R, 2002. Particle swarm optimization[C]//Proceedings of ICNN'95 - International Conference on Neural Networks. Perth, WA, Australia. IEEE: 1942-1948.

Krishnanand K N, Ghose D, 2005. Detection of multiple source locations using a glowworm metaphor with applications to collective robotics[C]//Proceedings 2005 IEEE Swarm Intelligence Symposium, 2005. SIS. Pasadena, CA, USA. IEEE: 84-91.

Ma L, Xue J R, Kawabata K, et al., 2015. Efficient sampling-based motion planning for on-road autonomous driving[J]. IEEE Transactions on Intelligent Transportation Systems, 16(4): 1961-1976.

Ngo T G, Dao T K, Thandapani J, et al., 2021. Analysis urban traffic vehicle routing based on dijkstra algorithm optimization[C]//Sharma H, Gupta MK, Tomar GS, et al. Communication and Intelligent Systems. Singapore: Springer, 2021: 69-79.

Passino K M, 2002. Biomimicry of bacterial foraging for distributed optimization and control[J]. IEEE Control Systems Magazine, 22(3): 52-67.

Pendleton S, Andersen H, Du X X, et al. 2017. Perception, planning, control, and coordination for autonomous vehicles[J]. Machines, 5(1): 6.

Reeds J, Shepp L, 1990. Optimal paths for a car that goes both forwards and backwards[J]. Pacific Journal of Mathematics, 145(2): 367-393.

Rimmer A J, Cebon D, 2016. Planning collision-free trajectories for reversing multiply-articulated vehicles[J]. IEEE Transactions on Intelligent Transportation Systems, 17(7): 1998-2007.

Shi Y Y, Li Q Q, Bu S Q, et al., 2020. Research on intelligent vehicle path planning based on rapidly-exploring random tree[J]. Mathematical Problems in Engineering, 2020: 5910503.

Wu Z, Sun L T, Zhan W, et al., 2020. Efficient sampling-based maximum entropy inverse reinforcement learning with application to autonomous driving] [J] IEEE Robotics and Automation Letters, 5(4): 5355-5362.

Yang X S, Deb S, 2009. Cuckoo Search via Lévy flights[C]//2009 World Congress on Nature & Biologically Inspired Computing(NaBIC). Coimbatore, India. IEEE: 210-214.

Yoshida H, Shinohara S, Nagai M S, 2008. Lane change steering manoeuvre using model predictive control theory[J]. Vehicle System Dynamics, 46(sup1): 669-681.

Yurtsever E, Lambert J, Carballo A, et al., 2020. A survey of autonomous driving: Common practices and emerging technologies[J]. IEEE Access, 8: 58443-58469.

Zeidenberg M, 1990. Neural network models in artificial intelligence[M]. New York: E. Horwood.

Zhang J, Wu J, Shen X, et al., 2021. Autonomous land vehicle path planning algorithm based on improved heuristic function of A-Star[J]. International Journal of Advanced Robotic Systems, 18(5): 172988142110427.

彩色图版

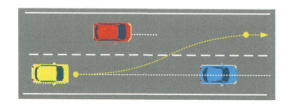

图 1-2　局部路径规划示意图

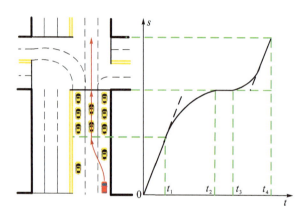

图 1-3　路径规划与速度规划示意图

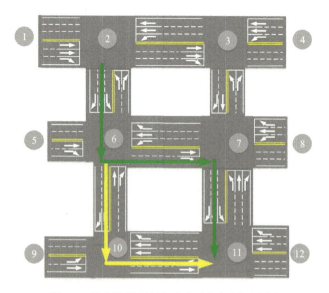

图 1-4　静态路径规划与动态路径规划示意图

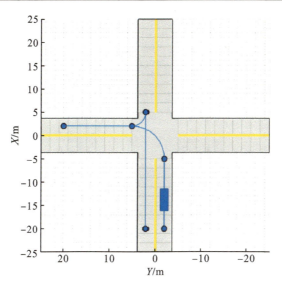

图 2-4　十字路口转向仿真场景

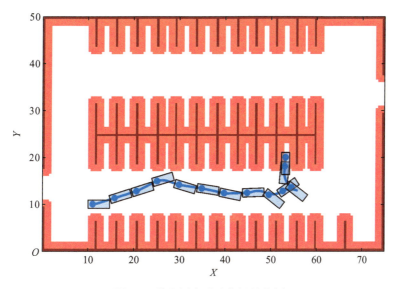

图 2-6　停车场自动泊车场景案例

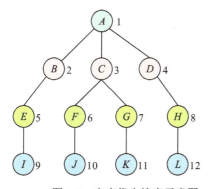

图 3-3　广度优先搜索示意图

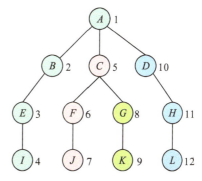

图 3-4　深度优先搜索示意图

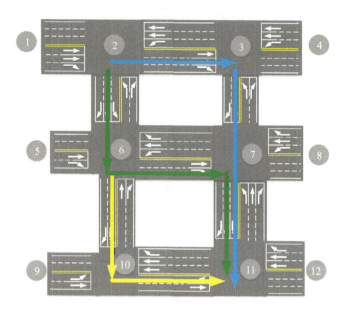

图 3-9　示例路网及路径规划思想比较

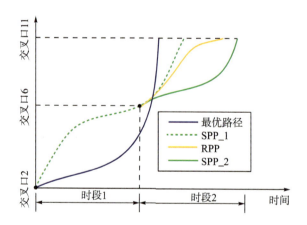

图 3-10　不同路径规划思想与起点的直线距离变化示意图

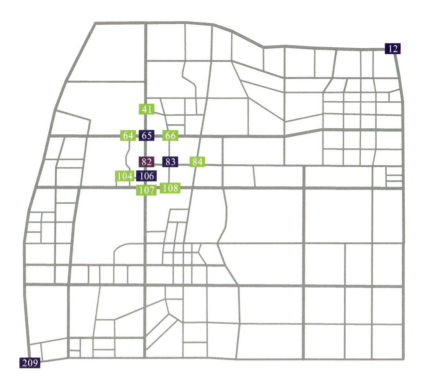

图 3-12　重庆大学城局部路网拓扑图

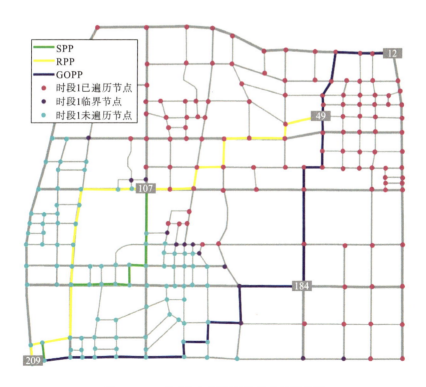

图 3-14　三种路径规划思想的仿真结果比较

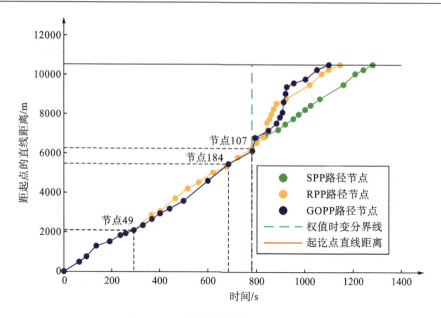

图 3-15　三种路径规划思想的 D-T 图

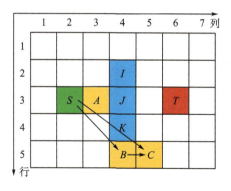

图 4-1　栅格图

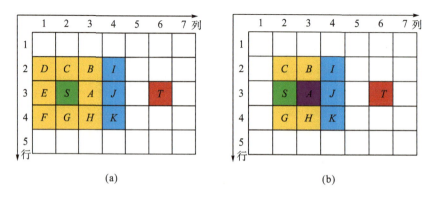

图 4-2　节点 S 和节点 A 的后继节点示意图

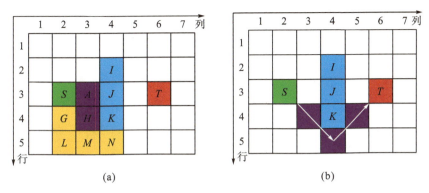

图 4-3　节点 *H* 的后继节点示意图

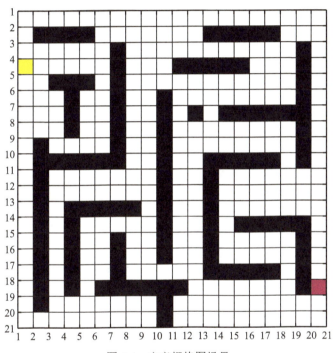

图 4-4　定义栅格图场景

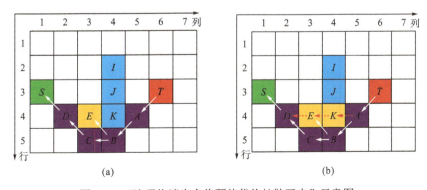

图 4-6　"障碍物消失会将预估代价扩散开来"示意图

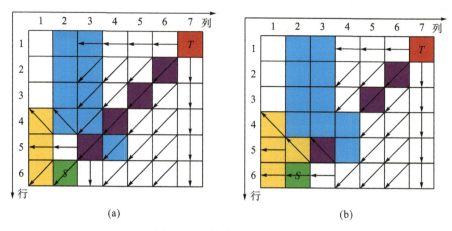

图 4-7　D*算法路径规划示例

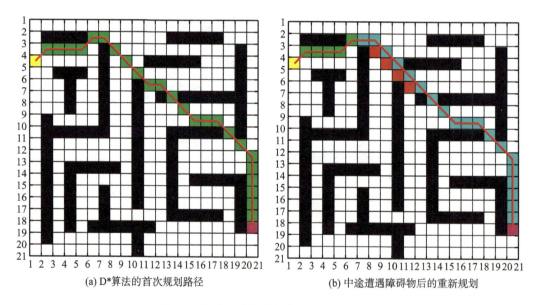

图 4-8　基于 D*算法的栅格图路径规划结果

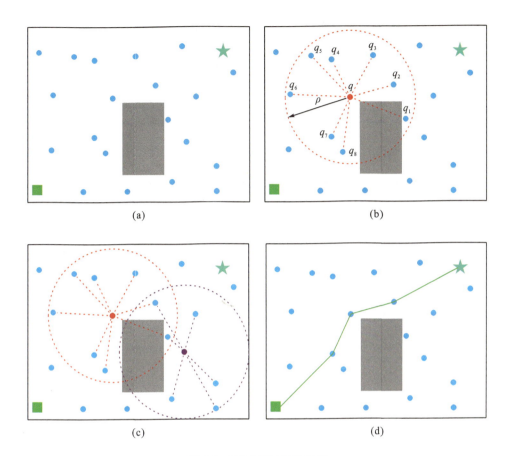

图 5-5　PRM 算法精讲示例

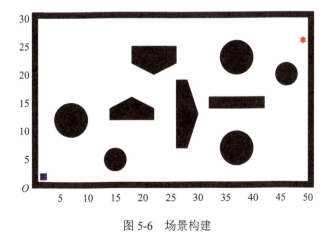

图 5-6　场景构建

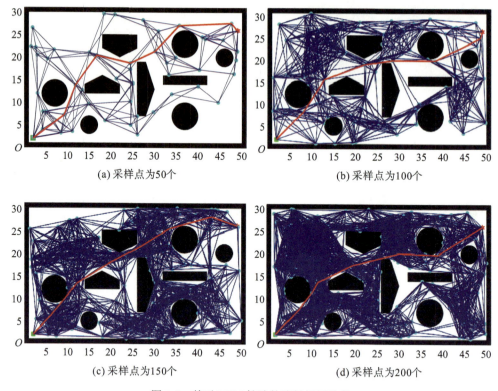

(a) 采样点为50个   (b) 采样点为100个

(c) 采样点为150个   (d) 采样点为200个

图 5-7　基于 PRM 算法的路径规划结果

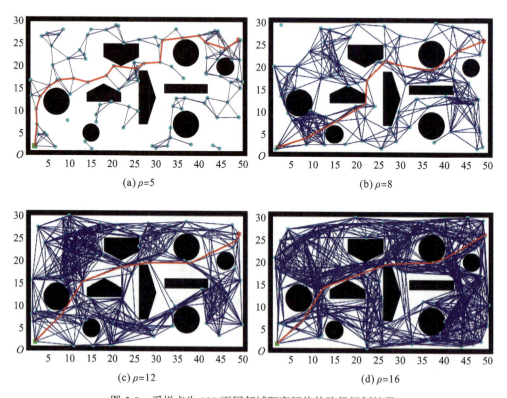

(a) $\rho=5$ (b) $\rho=8$

(c) $\rho=12$ (d) $\rho=16$

图 5-8　采样点为 100 不同邻域距离阈值的路径规划结果

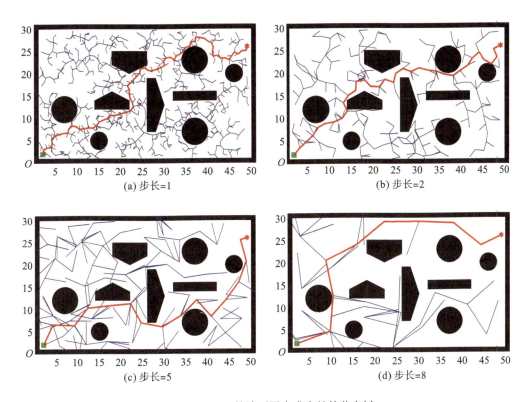

(a) 步长=1 (b) 步长=2

(c) 步长=5 (d) 步长=8

图 5-10　RRT 算法不同生成步长的节点树

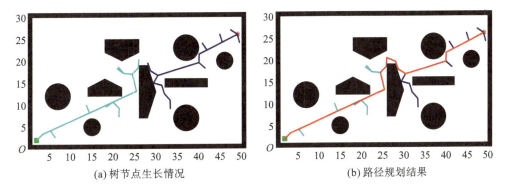

(a) 树节点生长情况 (b) 路径规划结果

图 5-12　基于 RRT-Connect 算法的路径规划结果

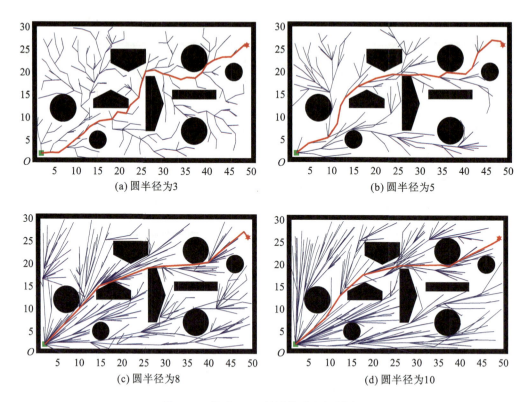

(a) 圆半径为3

(b) 圆半径为5

(c) 圆半径为8

(d) 圆半径为10

图 5-14　基于 RRT*算法的路径规划结果

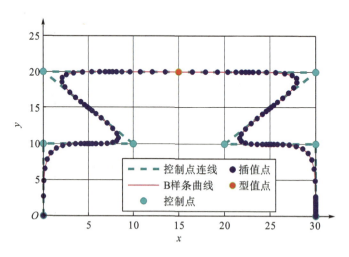

图 6-2　控制点、型值点和插值点对比示意图

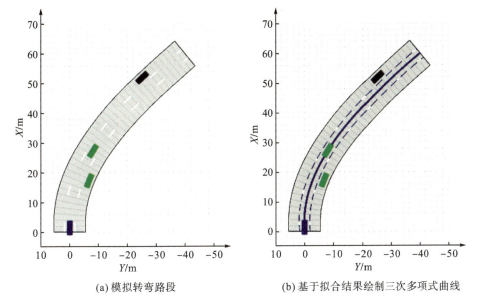

(a) 模拟转弯路段   (b) 基于拟合结果绘制三次多项式曲线

图 6-3 模拟路段

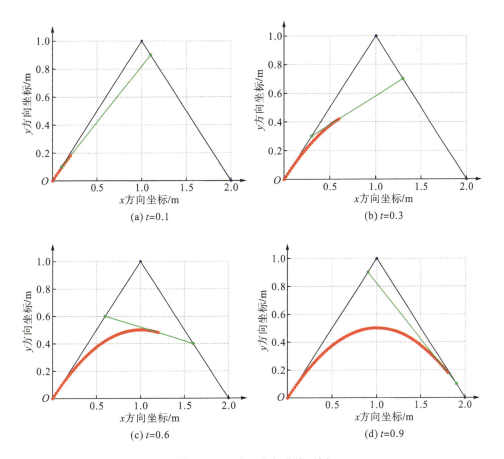

(a) $t=0.1$ (b) $t=0.3$

(c) $t=0.6$ (d) $t=0.9$

图 6-20 二次贝塞尔曲线示例

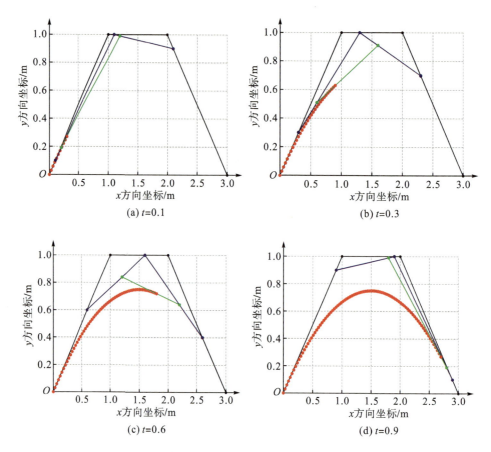

图 6-21　三次贝塞尔曲线示例

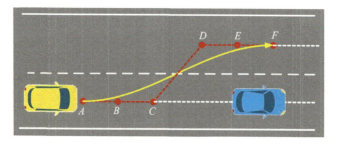

图 6-22　贝塞尔曲线应用示例

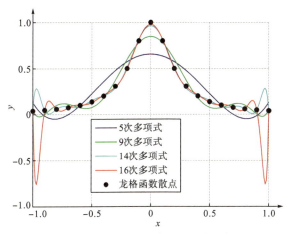

图 6-34 龙格函数散点及龙格现象

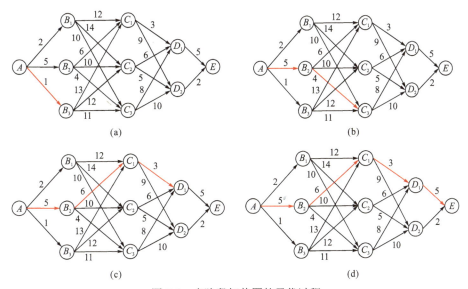

图 7-5 多阶段拓扑图的寻优过程

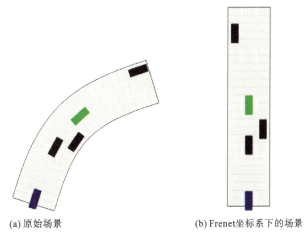

(a) 原始场景 (b) Frenet坐标系下的场景

图 7-6 智能驾驶汽车超车场景示意图

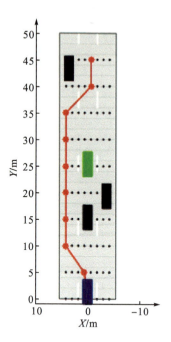

图 7-8　利用动态规划算法初步规划可行路径

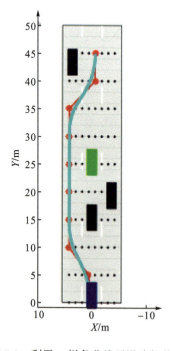

图 7-9　利用 B 样条曲线平滑路径节点

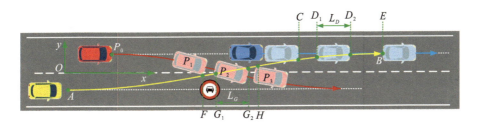

图 7-11 周围车辆在本车规划路径的占据点及占据轨迹段

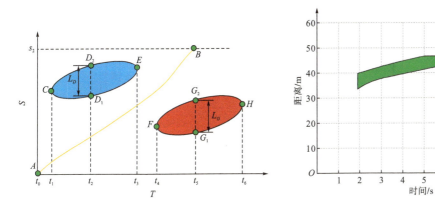

图 7-12 ST 图构建及速度规划示意图

图 7-13 生成 ST 图

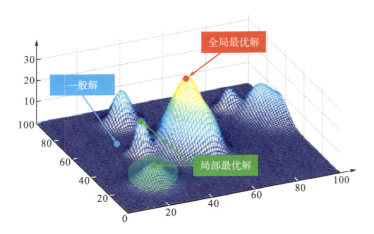

图 8-1 一般解、局部最优解与全局最优解的示意图

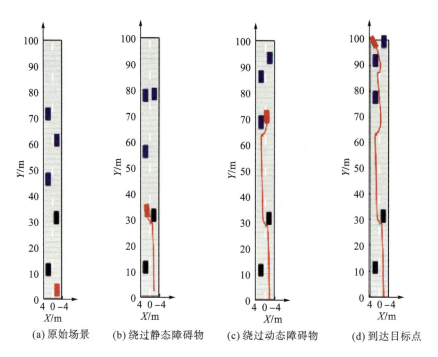

(a) 原始场景 (b) 绕过静态障碍物 (c) 绕过动态障碍物 (d) 到达目标点

图 9-9 利用改进的人工势场法实现动静态障碍物避障

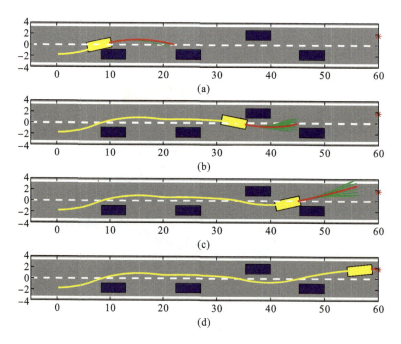

图 9-13 利用动态窗口法实现避障的过程